全国高等职业教育规划教材·电子商务专业

# 电子商务网站建设与维护

臧良运 崔连和 编著

吴迪 于红岩 焦慧敏 张慧博 参编

電子工業出版社

Publishing House of Electronics Industry

北京·BEIJING

## 内 容 简 介

本教材采用模块化、任务驱动模式编写，以网站建设技术为一个中心，以网站建设的规划、设计和管理三大环节为三个基本点，系统地讲授了 HTML 基础语言、DreamWeaver 排版、网站图像处理、网站建设平台的选型、网站维护管理五项技术。教材内容主要包括电子商务网站概述、电子商务网站的规划与设计、电子商务网站的基础语言 HTML、电子商务网站的实现工具 DreamWeaver、电子商务网站图像处理技术、电子商务网站的构建、电子商务网站的运营与推广、电子商务网站的安全与信息发布和电子商务网站案例分析等。

本教材适用于四年制应用型本科和二、三年制高职高专、成人高校和社会培训等电子商务、计算机应用及相关专业的学生使用，更是电子商务网站建设、经营者难得的工具用书。



**图书在版编目(CIP)数据**

电子商务网站建设与维护 / 臧良运，崔连和编著. —北京：电子工业出版社，2010.2
全国高等职业教育规划教材・电子商务专业
ISBN 978-7-121-09019-6

I. 电… II. ①臧…②崔… III. 电子商务－网站－高等学校：技术学校－教材 IV. .F713.36 TP393.092

中国版本图书馆 CIP 数据核字（2009）第 093837 号

策划编辑：王沈平
责任编辑：周宏敏　　特约编辑：沈德雨
印　　刷：北京京华虎彩印刷有限公司
装　　订：北京京华虎彩印刷有限公司
出版发行：电子工业出版社
　　　　　北京市海淀区万寿路 173 信箱　　邮编　100036
开　　本：787×1 092　1/16　印张：19.5　字数：492.8 千字
版　　次：2010 年 2 月第 1 版
印　　次：2016 年 9 月第 8 次印刷
定　　价：32.00 元

凡所购买电子工业出版社图书有缺损问题，请向购买书店调换。若书店售缺，请与本社发行部联系，联系及邮购电话：（010）88254888，88258888。

质量投诉请发邮件至 zlts@phei.com.cn，盗版侵权举报请发邮件至 dbqq@phei.com.cn。

本书咨询联系方式：（010）88254019，jrm@phei.com.cn。

# 出 版 说 明

为了适应我国职业教育改革的要求，满足高等职业院校对新型财经类教材的需要，电子工业出版社从2004年开始出版财经类高等职业教育规划教材，目前已出版和正在出版“经济管理基础课”、“市场营销专业”、“财务会计专业”、“电子商务专业”、“连锁经营管理专业”和“国际贸易专业”以及反映教学改革成果和经验的“教学改革示范系列”、“工作过程导向系列”和“任务驱动与项目导向系列”等教材。

由于教材主编多是全国性或地区性专业学会的专家、学者，国家级和省市级科研或教研项目的负责人和参与者，活跃在教学一线的“双师型”教师和企业精英，且教材全部配备了相应的教学资源；所以教材一经推出，就受到了相关院校师生的欢迎，众多教材荣获“普通高等教育‘十一五’国家级规划教材”、省市级优秀教材或科研成果等奖项，不少教材成为了市场畅销书。

为了贯彻和落实教育部16号文件精神，反映近年来我国高等职业教育改革的成果和经验，新近修订和策划出版的财经类教材力求体现教育部16号文件精神，体现教材对学生就业能力的培养，提高学生的实践能力、创造能力、就业能力和创业能力。

财经类系列教材具有以下主要特点。

（1）教材内容和体系力图体现“工学结合”精神，突出教学过程的实践性、开放性和职业性，强化对高职学生职业能力的培养。

（2）教材内容兼顾学历课程与职业资格应试要求，多种教材融“教、学、做”为一体，以“工学交替”、“任务驱动”、“项目导向”等形式，按岗位工作流程和需要进行编写，以便学生在毕业时顺利取得学历证书和职业资格证书。

（3）教材内容适当引用实际案例，通过案例教学和实训操作，缩短学生校内学习与实际工作的距离，提升高职学生的岗位竞争能力，以期实现“教学与实践零距离，毕业与上岗零过渡”。

（4）教材配有丰富的教学资源，为教学提供全方位、立体化的解决方案。教学资源除包括教学所必需的课程教学建议、电子教案和习题参考答案外，许多教材还增加了成套的模拟试卷及其答案和课程教学网站。利用教学资源，可为课程教学安排提出指导性意见，减轻教师的备课负担，解决教师在组织教学资料方面遇到的困难；同时，精美、形象的电子教案也有利于学生更好地理解教材内容，提高学习兴趣。

我们相信，财经类教材的出版，对于高等职业教育的改革与发展以及高等职业专业人才的培养将起到积极的推动作用。我们希望，通过精心打造的优秀教学产品，让科学的教学理念、实用的专业知识在广大受众中得以传播。

电子工业出版社 职业教育分社

2010年1月

教学资源网名称：华信教育资源网

教学资源网地址：http://www.hxedu.com.cn

客户服务热线：010-88254481；传真：010-88254483；电子邮件：hxedu@phei.com.cn

# 前　言

“电子商务网站建设”是电子商务、计算机应用等专业的核心课程，是一门动手能力和实践应用要求高、与实际应用联系紧密、多学科综合的课程。

教材内容主要包括电子商务网站概述、电子商务网站的规划与设计、电子商务网站的基础语言 HTML、电子商务网站的实现工具 DreamWeaver、电子商务网站图像处理技术、电子商务网站的构建、电子商务网站的运营与推广、电子商务网站的安全与信息发布和电子商务网站案例分析等。

教材内容围绕基本理论阐述具体操作技巧，语言流畅，通俗易懂，可读性和实用性强；构建以知识要点、本章技能、学习方法、案例导航、正文、小结、每课一考为内容的复合型教材模式，符合教师精讲、学生参与、师生互动、提高技能的新型教学理念。

教材内容的选取遵循“基础理论以够用、必需为度，突出应用，工学结合”的原则，结合作者多年的教学和网站建设与维护实践，精心选择了培养学生应用能力所必需的理论知识，深浅适度；教学重点在于加强技能训练，使学生学习该课程后即可独立设计、制作、维护和推广电子商务网站。

教材内容采用案例导入模式，以网站建设技术为一个中心，以网站建设的规划、设计和管理三大环节为三个基本点，系统讲授了 HTML 基础语言、DreamWeaver 排版、网站图像处理、网站建设平台的选型、网站维护管理五项技术。

教材采用模块化、任务驱动模式编写，每节设有下列四个模块。

（1）应知应会。介绍必需的基础理论。

（2）高手点拨。介绍实践中的一些技巧和注意事项等。

（3）制作实务。以案例方式引领学生动手操作。

（4）技能训练。留给学生的具体实践内容。

本教材由臧良运和崔连和共同编著，并负责拟定编写提纲、统稿和定稿；吴迪、于红岩、焦慧敏和张慧博参加编写；由齐齐哈尔师范高等专科学校副教授王子明主审。教材编写的具体分工为：第一章和第九章由齐齐哈尔大学臧良运编写；第二章、第三章和第六章由齐齐哈尔大学崔连和编写；第七章由西安大略大学国王学院张慧博编写；第四章由山西财贸职业技术学院焦慧敏编写；第五章由齐齐哈尔市来盈网络公司工程师吴迪编写；第八章由齐齐哈尔职业学院于红岩编写。

本书在编写过程中参考了大量文献，得到了佛山市“动易网络科技有限公司”副总经理粟维胜、上海“易久科技网络公司”技术经理陆邓林和哈尔滨“海天科技开发有限公司”技术总监王宗仁的大力支持与帮助以及由他们提供的大量的资料与素材；西安大略大学国王学院的张慧博对本书所有英文进行了校对；齐齐哈尔信息工程学校的张民、张海燕、张春才等教师对本教材编写付出了大量的辛勤劳动，在此一并表示衷心的感谢！

由于编者水平所限，书中难免有疏漏之处，敬请广大读者批评指正，以期不断改进。

作　者

2009 年 10 月于齐齐哈尔大学

# 课程特点与教学建议

## ——如何成为电子商务网站制作与维护的高手

通过这门课程的学习，尽快成长为电子商务网站制作与维护的高手，是每位电子商务专业学生最纯朴的愿望；通过系统的大学专业教育，踏上电子商务辉煌的人生旅途，是每位天之骄子的梦想。从实际应用出发，以够用的理论、实用的知识、超强的技能打造电子商务网站制作与维护人才，正是本书的初衷。

如何学好这门课程呢？通过下列内容，作者试图打开读者智慧的源泉，引领大家抵达理想的彼岸。

### 一、电子商务网站从业人员必备知识

电子商务网站从业人员应该具备哪些知识呢？确切地说，要具备的知识很多，但从网站建设的角度来看，可将应该具备的知识用“一二三四五”概括如下。

#### 1. 一个起步知识

电子商务网站的规划与设计是网站建设的起步知识，必须经过详细规划和周密准备，才能开始网站的实质性建设。本书第二章电子商务网站的规划与设计正是针对这一起步知识进行讲解的。学习时一定要注意大量地阅读相关资料，并到互联网上搜索相关主题，到图书馆查阅有关资料，开阔自己的知识视野。

#### 2. 二种语言功夫

制作电子商务网站，必须掌握一定的基础知识；经营维护电子商务网站也必须掌握必需的基础语言。在电子商务网站语言方面，必须掌握 HTML（超文本标记语言）和 ASP 网络编程语言。

为什么必须掌握 HTML 语言呢？

现在 XML、XHTML 已经比较成熟，为什么还要掌握 HTML 语言呢？这是因为 XML 较为复杂，使用者并不多，而 XHTML 则成为国际上网页制作标准，而 XHTML 则是 HTML 语言的扩展，只要掌握了 HTML，就等于掌握了 XHTML 的 90%。而 HTML 的易学、通用则成为我们必须先学习 HTML 作为基础标识语言的最大理由。

为什么必须学习 ASP 网络编程语言？

现在有安全性能极强的 JSP，有流行的 ASP.NET，为什么还倡导掌握 ASP 语言呢？这不仅因为 ASP 是最简单的网络编程语言，极易掌握，而且由于它是网络上应用最广泛的语言，其源代码、相关资料十分容易获得；再者，ASP 是学习其他语言的基础语言，掌握了 ASP 语言，再学习其他网络编程语言易如反掌。作为非计算机专业的学生，作者强烈建议从 ASP 入手。

怎么学习这两种语言呢？

作者建议，先掌握核心内容，学其精髓，学以致用，在实践中遇到问题再查阅专业书籍，进一步扩充知识。不要面面俱到地用上两三年时间掌握一种编程语言。

本书第三章系统讲解了 HTML 语言，第六章则把 ASP 网络编程语言的入门精髓进行了全面讲解，是学习者难得的简洁、通俗教材。

### 3．三类基础知识

学习电子商务网站建设必须掌握的三类基础知识是网络技术基础知识、网站建设基础知识和电子商务基础知识，不具备这三种基础知识，就不具备网站建设的坚实基础。本书第一章的主要内容就是针对这三种基础知识设置的。

### 4．四种软件使用

电子商务网站就是将图片、文字等资料利用排版工具组合在一起，并利用数据库对网站数据进行管理，利用后台程序实现网站功能。网站制作必须掌握排版软件、图像处理软件、数据库系统、后台程序四种软件。

排版软件以 DreamWeaver 最为通用，第四章对其进行了全面讲解；图像处理软件则主要使用 Photoshop，第五章以案例方式全面、系统地对其进行了介绍；对于数据库系统，第六章讲解了 Access 桌面数据库系统的基本使用；对于后台程序，第六章讲解了最著名的动易 CMS 的使用。

### 5．五项管理技能

网站建设完成后，网站的管理尤为重要。网站的管理主要有五项内容：网站测试、网站运营、网站推广、网站安全和网站维护。这些知识的掌握关系到网站实际经营结果的成败与否。本书第七、八两章对其进行了较为全面的讲解。学习时，作者强烈建议要大量阅读并实际动手操练。

## 二、专家忠告

网站制作专家对学好这门课程提出如下忠告。

### 1．学好基础理论

一定要把基础理论知识学好，其重点是网站的规划与设计知识、HTML 基础知识、网络编程知识。不会规划你永远做不出像样的网站；没有 HTML 基础知识你永远只能停留在表面；不会一门编程语言，即使对于现成的后台管理系统的使用，你也会感觉力不从心。常用软件不要求精通，会基本使用即可，遇到问题时再随时查阅。

### 2．边学边做

不要等到什么都会了时再去做网站，要边学边做。不管网站做得多么简陋，只要出自自己之手，就已经成功了一半。在知识增长过程中，随时可以完善自己的网站，甚至从头再来也不足为惜，因为所有的努力都是为了一个目的，即锻炼。

### 3. 建立自己的网站

一定要在网上给自己安个家。每年花几十元钱买个空间、买个域名，在网上给自己安个家，经常做维护，经常去管理，提升网站管理水平。如果你能对网站的管理和维护做到信手拈来，那么你的水平会在悄无声息中增长。

### 4. 脚踏实地，不好高骛远

不管每天都涌现出多么巨量的新知识，我们都要脚踏实地，从做最简单的网站开始，从最简单的语言学起。标志语言从HTML学起，网络编程语言从ASP入门，数据库用Access上手，后台用动易的CMS起步。切记，不管功能多么强大的网站，只要学精了基本知识就能实现其全部功能。

### 5. 有效利用网络资源

一定要学会利用网络资源，不会的问题上“百度”去搜索，缺少的素材到网上去下载，起步阶段可以从模仿现有网站开始。

## 三、本书编写特色

本书围绕培养电子商务网站建设人才这一中心编写。那么，本书要为哪些人服务呢？本书的服务对象包括两类，一是教师，二是学生。

面对教师，我们要把相关的课程教学资源准备齐全，如教学计划、教学大纲、实训大纲、实训计划、教学课件、教案、题库等，使他们的教学工作备感轻松、愉快。

面对学生，除教材文字应通俗易懂，具有很好的可读性外，我们更要把课程相关知识准备好，如与市场接轨的内容、缤纷多彩的视频资料等，供他们饱享知识大餐。

本书编写特色可用7个“化”来概括。

### 1. 知识模块化

本书采用国际上通用的模块体系构建每个章节，通用四个模块将全书知识有机组织在一起。这四个模块分别是“应知应会模块”、“高手点拨模块”、“制作实务模块”和“技能训练模块”。其中，应知应会模块侧重基础知识的讲授，以理论知识为主体；高手点拨模块则介绍常用技巧、专业人士的经验感悟；制作实务模块则是对一章知识的凝结，以动手训练案例引导实践技能；技能训练模块则是根据章节内容给出训练题目，供学生上机训练使用。

力求做到模块化体系与高等职业教育的宗旨相吻合，使每一个模块都符合当代高等职业院校学生的实际需要。

学习时，课堂上要重点掌握应知应会模块，上机时重点练习制作实务模块，课外阅读时重点学习高手点拨模块，业余练习时重点练习技能训练模块。

### 2. 习题试卷化

每章配有一套习题，而且全部习题均具有以下试卷特点。

（1）每一套习题均为百分制。便于学生自测，也便于教师期末出题。

（2）习题覆盖面100%。习题内容与教材章节对应，覆盖面100%。

（3）习题概括章节内容要点。习题对章节内容要点进行了很好的概括总结，以便于学生抓住重点进行有效的复习。

（4）习题以标准化为主。除第九章外，全部习题以标准化为主，每章均有填空题、选择题、判断题和拓展技能综合题四类。

**3．案例企业化**

本书采用的案例，均为现在已经运行的网站，既具有代表意义，又能使课堂教学与岗位实际需要无缝对接。学生能真正领悟企业实际需要的是什么，而自己应该学习什么。

**4．实践视频化**

本书大量的操作实践均在配套网站上配有全程视频教程，弥补了本书篇幅所限不能面面俱到之不足，能够实现手把手进行生动教学的目的，既可方便学生自学，又可为教师授课提供方便。

**5．讲解通俗化**

本书语言力求通俗易懂，便于学生自学，便于网络爱好者钻研。教材中很多章节的内容，读者一看便懂，实例部分则配套有教学视频。

**6．内容市场化**

本书在编写过程中，充分考虑到市场对电子商务网站制作人才的实际需求，作者则是长期从事电子商务网站经营的专业人士；同时，多位企业一线工程师对本书的编写提出了有益的建议。编者在全国各地从事电子商务工作的学生也都积极参与了本书的编写工作，使本书的内容市场化，符合市场对人才的实际需求。例如，本书第二章网站的规划与设计完全采用网络公司的实际制作流程，而不是纯理论化的知识讲解。本书第四章的网站制作工具在对 DreamWeaver 的讲解上，则完全是实际案例的制作，以实际存在的网站为蓝本，无关知识一概摒弃。第五章在对 Photoshop 的讲解上，完全将网站实际需要的图像处理技术搬上了课堂。第九章的案例分析没有像以往教材那样，哪个网站成功就讲哪个网站，使学生感觉高不可攀，而是既选择了成熟的淘宝网从高层次上指引，又讲解了专业公司刚上线的“易万贝”做实例，还引入了让学生可攀可比的草根网民张伟山的“尚志都市”网站。

**7．资源多样化**

本书充分考虑到学生自学、教师备课的需要，本着方便师生的原则，在配套资源上进行综合设计。配套资源具体包括以下几方面。

（1）精彩的教学课件。设计精美、重点突出、方便教学是本书配套课件的最大特点。

（2）丰富的教学材料。包括题库、教学大纲、教学计划、实训大纲、实训计划、教学课件、教案和讲稿等。

（3）专业的网站。本书配套有专门的教学网站，为师生提供教学平台，其网址为 http://dzsw.qqhre.com。同时，作者还建有个人网站，配有更加丰富的相关资源，其网址为 http://zly.qqhre.com 和 http://www.qqhre.com/cls。

## 四、本书关键知识点及学习方法

本书内容分为 9 章，共 29 个知识点；严格的网络公司应用模式如下图所示，以此引领大家走向成功。

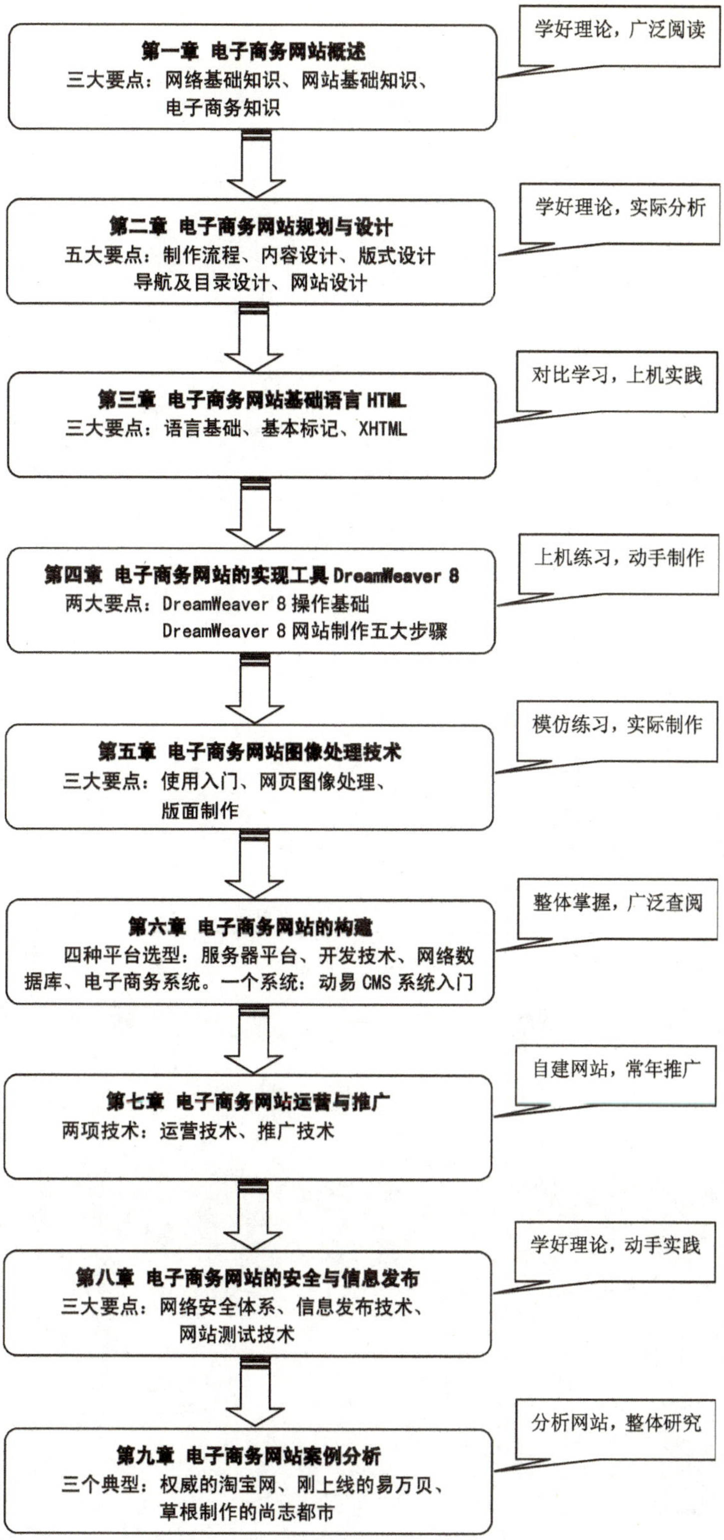


图 1　本书关键知识点及学习方法框图

# 目　录

## 第一章　电子商务网站概述



## 第二章　电子商务网站的规划与设计

## 第三章　电子商务网站的基础语言 HTML

## 第四章 电子商务网站的实现工具 DreamWeaver 8

## 第五章　电子商务网站图像处理技术



## 第六章　电子商务网站的构建

## 第七章　电子商务网站的运营与推广

## 第八章　电子商务网站的安全与信息发布



## 第九章　电子商务网站案例分析

# 第一章

# 电子商务网站概述

## 知识要点

1. 计算机网络概述；
2. 网站建设概述；
3. 电子商务网站建设概述。

## 七大技能

1. 网线制作技能；
2. 宽带连接技能；
3. 网上视频下载技能；
4. 网站素材收集方法；
5. 服务器架设方法；
6. 网络连通情况测试方法；
7. 网站抓图的方法及软件的使用。

## 学习方法

技能精通，基础先行。要成为电子商务网站制作高手，必须要懂得网络的基本知识。本章以一带百，以点带面，将与电子商务网站建设密切相关的网络知识做了深入浅出的讲解。本章的学习方法有两个：

1. 熟记关键知识点，牢记基础知识；
2. 对技能实践部分动手实践，将理论知识升华为技能。

现在开始学习电子商务网站建设。你知道电子商务网站有多大的魅力吗？你相信电子商务网站能改变你的命运吗？你相信你也是下一个世界首富的人选吗？请看：

**案例导航**

**谁是下一个世界首富？**

“阿里巴巴”的创始人马云，他虽然不是计算机专业的毕业生，但却凭借着独特的思维，出奇制胜，短短几年的时间不仅打败了“eBay”，还吃掉了“雅虎中国”，从而谛造了中国电子商务网站的神话。迄今，在全球互联网市场上共有四种模式，它们是以“谷歌”为代表的搜索模式、以“雅虎”为代表的门户模式、以“eBay”为代表的C2C模式、以“亚马逊”为代表的B2C模式。而目前，马云开创了“第五模式”，即“阿里巴巴”的B2B模式，创造了互联网财富神话。

2007年4月，微软公司董事长比尔·盖茨在海南博鳌亚洲论坛上发表演讲时表示：“亚洲有一批优秀的人才，会在科技创新方面成为领军人物。因此在美国有人问，下一个比尔·盖茨会出现在哪里时，我的回答是亚洲。”而随后在接受中央电视台采访时，记者提问谁又会是亚洲的下一个比尔·盖茨时，比尔·盖茨说：比如“阿里巴巴”的马云。

没有任何网络基础，如何进入网络的殿堂？怎样才能建设和维护好一个电子商务网站？请大家认真地学习好书中安排的基础理论，掌握主要技能要领，“万丈高楼平地起”，扎扎实实最重要，相信大家一定可以成功！

# 第一节　计算机网络知识综述

## 模块一：应知应会

### 一、计算机网络的定义

计算机网络，是指利用通信线路，将分布在不同地理位置的具有独立功能的多台计算机、终端以及各种附属设备连接起来，按照网络协议进行数据通信，实现资源共享的系统的集合。

从以上定义不难看出，该定义指出了网络的以下关键点。

#### 1. 传输媒介

网络数据传输媒介，是指两台（或两台以上）计算机连接在一起所使用的数据传输介质。例如，生活中所用的两部电话相互通话时，是用电话线作为传输媒介，通过交换机连在一起的。计算机网络数据传输使用的是通信线路，常见的有两种。

（1）有线线路。有线线路是指数据传输方式是通过各种电缆线进行传输的。例如，常说的某某网吧是光纤的，学校机房是用双绞线连接的，等等，这里的光纤、双绞线都是网络的连线。

（2）无线线路。无线线路是指网络之间的连接是以无线方式进行的。手机与手机之间，对讲机之间都属于无线传输；目前的无线上网也很流行。常见的无线传输有红外线传输、微波传输。

#### 2．传输距离

定义中指出，传输必须是分布在不同的地理位置，处于不同地理位置的计算机之间的距离，可以是 3m、5m 的近距离，也可以是相隔万里的远距离。

#### 3．连接设备

连接的设备要求具有独立功能，任何一台连接入网络的计算机均具有较完善的软硬件配置，不连接网络时也可作为独立计算机使用。

#### 4．传输规则

网络协议，是指通信双方约定好的、达成一致的共同遵守和执行的约定。网络传输时必须遵循网络协议。

#### 5．网络功能

假如计算机没有安装腾讯 QQ，可以从网上邻居的其他计算机上找到该软件，然后下载过来。其他计算机也可以把你所拥有的软件从你的计算机下载到他的计算机上，这便是资源交换。例如，某办公室有 5 台计算机，而打印机却只有 1 台，将 5 台计算机联网后，每台计算机都可使用打印机，这便是资源共享。

### 二、计算机网络的分类

计算机网络的分类方式很多，但通常的分类方法是按地理范围将计算机网络分为局域网、城域网、广域网三大类。

#### 1．局域网

局域网（LAN：Local Area Network）是一种小范围的计算机网络，一般在一个建筑物内，或一个工厂、一个事业单位内部使用，为单位所独有。局域网的传输距离可在几米到十几千米的范围以内，其特点是结构简单，布线容易。

#### 2．城域网

城域网（MAN：Metropolitan Area Network）是在一个城市内部组建的计算机网络，面向全市提供网络服务。其规模介于广域网与局域网之间。目前，我国许多城市的城域建设网正在完善之中。

#### 3．广域网

广域网（WAN：Wide Area Network）也称远程网，即通常所说的互联网，所覆盖的范围广泛，地理范围可从几百千米到几千千米。

**小窍门**

如何记住 LAN、MAN、WAN 呢？局域网“滥”（LAN），城域网“慢”（MAN），广域网要“完”（WAN）蛋。可以这样理解，局域网处处都有，很泛滥；城域网刚刚兴起，技术还不成熟，很慢；广域网病毒太多，病毒再多下去，可就要完蛋了。

## 三、什么是 Internet

Internet，即国际互联网，简称互联网，它是世界上最大的网络系统，是由成千上万个网络互相连接起来构成的计算机网络系统。互联网已经走入千家万户，目前在人们生活、科研、教育、商业活动中发挥了重要的作用，尤其是现代的电子商务活动已经离不开互联网。

## 四、计算机网络的有关设备

### 1. 网卡（Nic）

网卡，是指计算机与网络相连的接口卡，每台入网的计算机中必须安装一块网卡。目前网卡的接口有 ISA、PCI 两种。ISA 网卡已是昨日黄花，不再辉煌；而 PCI 接口今日正红，广泛使用。从速度上看，目前有 10Mb/s、100Mb/s、1000Mb/s 网卡，当今计算机上使用的网卡以 100Mb/s 网卡独霸天下！

### 2. 集线器（Hub）

顾名思义，集线器就是将网线集中到一起的机器，也就是多台计算机的连接器。每台计算机通过一根网线连接到集线器上，集线器好比所有联网计算机的“集中营”。目前集线器已经被高速的交换机所取代。

### 3. 交换机（Switch）

交换机是按照通信两端传输信息的需要，用人工或自动的方法，把要传输的信息送到符合要求的相应路线上的技术的统称。广义的交换机就是一种在通信系统中完成信息交换功能的设备。在计算机网络中，“交换”概念的提出是对于“共享”工作模式的改进。我们以前介绍过的集线器就是一种共享设备，集线器本身不能识别目的地址，当同一局域网内的 A 主机给 B 主机传输数据时，数据包以广播方式传输，每一台连入集线器的计算机都要通过验证信息来确定是否接收；也就是说，在这种工作方式下，同一时刻网络上只能传输一组数据，如果发生碰撞还得重试。这种方式就是共享网络带宽。而交换机是一种基于 MAC（网卡的硬件地址）识别、能完成封装转发数据包功能的网络设备。交换机可以“学习”MAC 地址，并把它存放在内部地址表中，通过在数据的始发者和目标接收者之间建立临时的交换路径，使数据直接由源地址到达目的地址。在以前的电影或电视中，看到一些老影片中常有人在电话机旁狂摇几下（注意不是拨号），然后就说：“给我接某某”，接线员接到要求后就会把相应端线头插在要接的端子上，即可通话。其实这就是最原始的交换机系统，只不过它是一种人工电话交换系统，不是自动的，现在的交换机是全自动的。

**友情提醒**

到网吧上网，仔细看一下，所有的计算机都将网线连到一个大铁盒子上，这就是交换机。家庭上网的“宽带猫”就是路由器。

### 4．路由器（Router）

要解释路由器的概念，首先得知道什么是路由。所谓“路由”，是指把数据从一个地方传送到另一个地方的动作。长途汽车通常有始发站、经由站、终点站，而这个经由站，则是该次客车路途经过的站点；相对应，“路由”则可理解为网络传输路上信号经过的中转设备。而路由器，正是执行这种动作的机器，是一种连接多个网络或网段的网络设备，它能将不同网络或网段之间的数据信息进行“翻译”，以使它们能够相互“读懂”对方的数据，从而构成一个更大的网络。

例如，利用家庭宽带上网时，电话线上传来的信息必须经过宽带路由器的“翻译”之后，才能在计算机上正常浏览。

## 五、计算机网络的基本概念

### 1．网络拓扑

计算机网络的连线方式称为网络的拓扑结构。按计算机连接的结点，计算机网络常用的拓扑结构有总线状、星状和环状3种。

总线状网络是一种比较简单的计算机网络结构，它采用一条称为公共总线的传输介质，将各计算机直接与总线连接，信息沿总线介质逐个结点广播传送。好比一根棍上串着的糖葫芦，所有计算机共用一条传输线路。

星状网络由中心结点和其他从结点组成；中心结点可直接与从结点通信，而从结点间必须通过中心结点才能通信。

环状网络将计算机连成一个环。在环状网络中，每台计算机按位置不同有一个顺序编号。

三种拓扑结构的连线方式如图1.1所示。

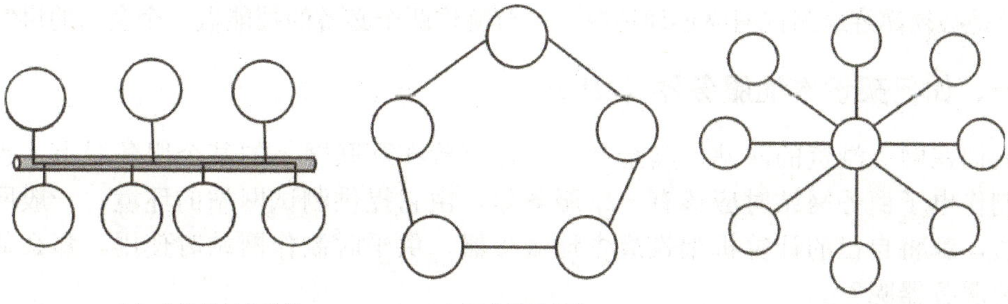

（a）总线状拓扑结构　　（b）环状拓扑结构　　（c）星状拓扑结构

图1.1　计算机网络连线方式

### 2．IP地址

某办室的电话全称是086-0452-2747188，这便是电话运营商分配的电话号码。那么每台上网的计算机也应该有一个号码。在电话通信中，电话用户是靠电话号码来识别的。同样，在网络中为了区别不同的计算机，也需要给计算机指定一个号码，这个号码就是“IP地址”，IP地址是计算机在网络上的唯一标志。

**知识拓展**

计算机IP地址的32位二进制数分成4段，每段8位，中间用小数点隔开；然后将8位二进制数转换成十进制数。这样，计算机的IP地址就变成了以下形式：210.73.140.2。

### 3. 网络协议

网络协议是计算机在网络中实现通信时必须遵守的约定，也就是通信协议。不同计算机之间联网，好比不同的两个人之间通话，要求双方必须约定好都使用某一种语言，否则一个说英语，一个说汉语，他们将无法沟通。

不同的网络要使用不同的协议，接入互联网的计算机都要使用TCP/IP协议，才能正常上网。TCP/IP协议中，TCP是指传输控制协议，IP是指网际协议，它们由上百个子协议组成。例如，浏览网页时，在地址栏中输入www.qqhre.com，在其前面系统将自动添加了http：//，而将网址变成为http：//www.qqhre.com。这里的http便是TCP/IP协议中的一个子协议。

### 4. 互联网服务提供商（ISP）

## 模块二：高手点拨

ISP的英文是Internet Service Provider，翻译为“互联网服务提供商”，即向广大用户综合提供互联网接入业务、信息业务和增值业务的电信运营商。例如，我们办理宽带业务要到网通公司或者铁通公司等网络运营服务商，也就是我们常说的ISP。

电子商务网站制作的高手，必须掌握的基础技能有哪些呢？一是必须熟练地架设服务器，二是必须熟练地测试网络连通情况。本节就这两个必备的技能做一个全面的讲解。

## 一、如何架设本地服务器（IIS）

人们在网上浏览的网站，其全部内容均存放在互联网上的某个服务器上，也就是说，制作电子商务网站时应该有一个服务器，由它提供测试网站的环境。一般网站制作人员，都将自己的计算机架设成本地服务器，供平时制作网站时使用。那么如何架设本地服务器呢？

### 1. 安装IIS组件

第一步：依次选择“开始”→“设置”→“控制面板”→“添加或删除程序”，打开“添加或删除程序”对话框。

第二步：在该对话框的左侧按钮面板中单击“添加/删除Windows组件”，打开“Windows组件向导”对话框。在对话框的“组件”列表中选择“Internet信息服务（IIS）”复选框，如图1.2所示。

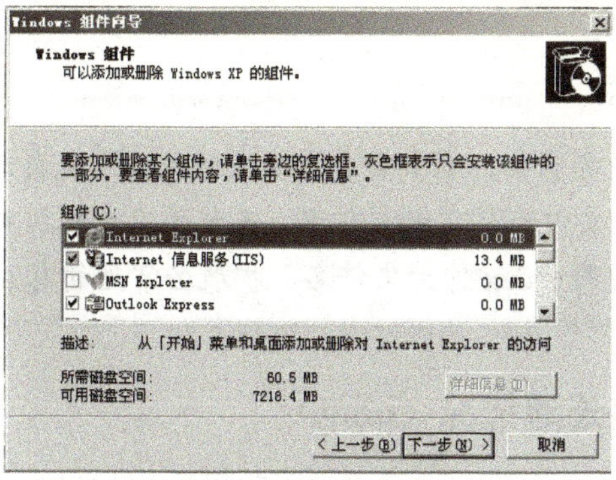


图 1.2　安装 IIS 组件

第三步：按照向导的提示进行安装，在安装过程中，系统会提示你插入 Windows XP 的安装光盘，此时，你将其路径指向 Windows XP 安装程序的“I386”目录下即可。

### 2. 配置 IIS

安装好 IIS 组件后，就可以使用 IIS 服务了，但现在你的 Web 服务器还没配置完成，还需要对 IIS 进行配置。

第一步：依次选择“开始”→“设置”→“控制面板”→“管理工具”→“Internet 信息服务”，打开“Internet 信息服务”对话框。

第二步：在该对话框左侧的列表中依次展开“Internet 信息服务”→“本地计算机”→“网站”→“默认网站”，在该列表下显示“C：\Inetpub\wwwroot”下的文件和文件夹，也就是网站所存放的路径，这也是系统的默认设置，可以对此进行修改，如图 1.3 所示。

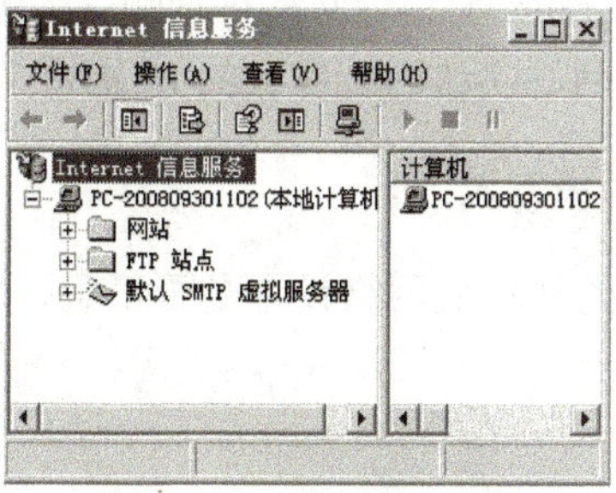


图 1.3　配置 IIS

第三步：依次选择对话框菜单中的“操作”→“属性”，打开“默认网站属性”对话框。选择“主目录”选项卡，在该选项卡的“本地路径”文本框中输入网站所在的路径。

第四步：由于默认情况下浏览站点不支持 ASP 程序，所以需要进行设置。在“默认网站属性”对话框中选择“文档”选项卡，接着在“启用默认文档”选项区域中单击“添加”按钮，在打开的“添加默认文档”对话框输入“index.asp”（这里设置的是网站的首页文件名称，可根据实际情况修改），然后单击“确定”按钮。

第五步：IIS 的配置工作到此就算完成了，现在打开 IE 浏览器并在地址栏中输入“http：//127.0.0.1”或“http：//localhost”就可以浏览网页了。

**知识点**

网站上传到服务器中，浏览者直接输入网址，系统自动打开的就是主页文件，所以主页文件有固定的文件名，而扩展名则根据编程语言不同而设定。网站一般使用 index 作为文件名，扩展名常见的有 asp、php、jsp。

## 二、如何测试网络连通情况（ping）

使用计算机时，经常遇到网络不通，连不上互联网的情况。如何测试自己的计算机与指定的某台计算机是否连通呢？如何测试自己的宽带连接是否正常呢？如何测试自己的计算机是否能连接到指定的网站呢？

### 1. IP 地址的检测方法

如果你想得到你正在使用的计算机的 IP 地址是什么，请按下列步骤操作 ipconfig 命令：

“开始”→“运行”→输入命令“cmd”→在命令行窗口输入命令“ipconfig”，即可查看本机 IP。

如果你想知道某网站的 IP 地址，请在“开始”→“运行”→输入命令：

```
ping 网址 –t
```

得到下列文字：

```
pinging www.qqhre.com [218.10.246.32] with 32bytes of data
```

其含义：计算机正在使用 ping 工具对网络进行测试，测试使用的字节数是 32 字节，测试的网址：www.qqhre.com 网站，该网址对应的 IP 地址是 218.10.246.32。

### 2. 测试网络是否连通的常用方法

【例 1.1】：测试正在使用的计算机网络设置是否正确，即测试本机网络安装是否正确。

```
ping 127.0.0.1 –t
```

**知识拓展**

网络中有很多特殊的 IP 地址，就像电话号码有 110、112 等专用号码一样，IP 地址中 127 开头的是本机地址，也就是代表自己所使用的计算机的 IP 地址。而常见的 192.168. xxx. xxx 则是保留地址，就是互联网上不使用的 IP 地址；既然互联网上不使用，局域网中就可以大量采用了。所以这个 IP 段通常用来设置局域网的 IP 地址。

【例 1.2】：测试计算机 A 与同在局域网中的计算机 B 是否连通。

先在计算机 B 上进行操作，单击“开始”→“运行”，输入 ipconfig，得到计算机 B 的 IP 地址，例如，得到的 IP 地址是 192.168.1.45。

```
Ping 192.168.1.45 -t
```

【例 1.3】：测试自己的计算机是否连通了互联网。

如果不知道接入的宽带服务商的 IP，则输入：

```
Ping www.baidu.com –t
```

如果知道当地 ISP 服务商的 IP，例如，某市 ISP 服务商的 IP 为 202.68.8.23，则输入

```
Ping 202.68.8.23 -t
```

【例 1.4】：测试自己的计算机是否能正常浏览新浪网。

```
Ping www.sina.com.cn -t
```

### 3. ping 命令总结

**功能：**ping 是 windows 自带的网络测试工具，其功能有两个：一是测试网络是否畅通；二是获取计算机的 IP 地址。

**常用参数：**-t，有-t 这个参数时，如果用 ping 命令测试一个主机，则系统将不停地运行 ping 命令，直到你按下组合键“Ctrl+C”。

## 模块三：制作实务

## 一、网线制作实务

每个从事电子商务网站制作的人都离不开计算机网络，而网线则是网络必需的连接线路。亲手制作网线既是广大计算机爱好者的必备技能之一，又是电子商务网站制作人员必须掌握的专业知识。

目前，广泛使用的网线是双绞线。每根双绞线由八种不同颜色的细线组成，要先按照规定颜色确定配线顺序，然后两端用专用工具压上水晶头，整个制作过程十分简单，网线制作成功的关键是线序的准确无误。

**制作步骤**

（1）按所需要的长度剪下双绞线，然后再用双绞线剥线器或剪刀将双绞线的塑料绝缘外皮除去 2～3cm。

（2）将裸露的双绞线中的橙色对线拨向自己的前方，棕色对线拨向自己身体方向，绿色对线拨向左方，蓝色对线拨向右方。

（3）将绿色对线与蓝色对线放在中间位置，而橙色对线与棕色对线保持不动，即放在靠外的位置。

（4）小心剥开每一对线，排列线序。标准配线顺序从左至右依次是白橙、橙、白绿、蓝、白蓝、绿、白棕、棕。

（5）将裸露出的双绞线用剪刀剪下只剩约 14mm 的长度，再将双绞线的每一根线依序放入 RJ-45 接头的引脚内，第一只引脚内应该放白橙色的线；按排线顺序，其余类推。

（6）确定双绞线的每根线已经正确放置之后，用 RJ-45 压线钳压接水晶头。至此，整个制作过程即告完成。

（7）制作完成后，用专用测试工具进行测试。不能连通时要重新制作。

## 二、ADSL 宽带连接实务

**目的：**学会将 1 台普通的计算机接入互联网的方法。

**材料准备：**带网卡的计算机 1 台，到电信部门（网通公司、铁通公司、电信公司）开通互联网入网手续，同时取得宽带路由器（俗称宽带猫）一个，制作好的网线一段。

图 1.4 是 ADSL 宽带连接的安装原理图。

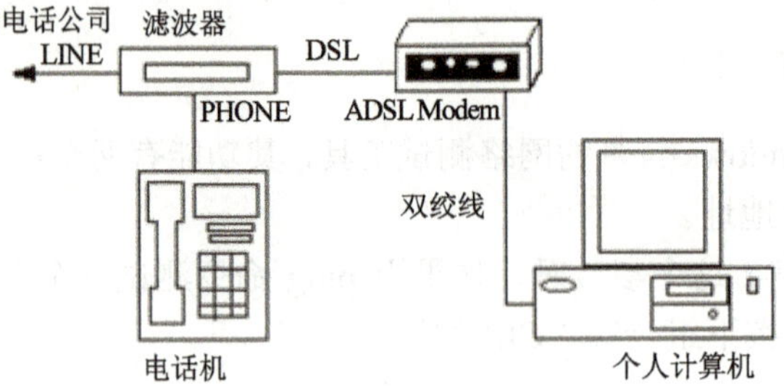


图 1.4　ADSL 安装原理图

**安装步骤**

（1）安装准备工作。准备好计算机。安装好网卡，并对网卡进行驱动。

（2）安装 ADSL Modem 的信号分离器。先将来自电信局端的电话线接入信号分离器的输入端，然后再用事先准备的一根电话线，一端连接信号分离器的语音信号输出口，另一端连接电话机。此时，电话机应该已经能够正常接听和拨打电话。

（3）安装 ADSL Modem。用事先准备的另一根电话线将来自于信号分离器的 ADSL 信号接入 ADSL Modem 的 ADSL 插孔，再用一根双绞线，一头连接 ADSL Modem，另一头连接计算机网卡。这时打开计算机和 ADSL Modem 的电源，如果两边连接网线的插孔所对应的指示灯都亮了，那么硬件连接就成功了，如图 1.5 所示。

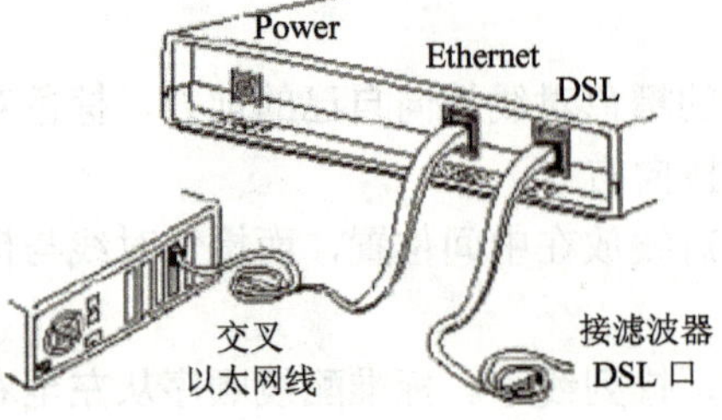


图 1.5　ADSL 连接示意图

（4）拨号设置。硬件连接完成后，按下述步骤进行设置。

“网上邻居”→鼠标右键→“属性”→“创建一个新的连接”→出现对话框后→“下一步”→“连接到 Internet”→“下一步”→“手动设置我的连接”。

然后根据提示，一步一步连接即可。当出现要求输入用户名和密码时，将办理 ADSL 宽带时服务商提供的用户名和密码输入即可。

## 模块四：技能训练

### 一、网线制作

**【训练内容】**用给定的双绞线制作普通网线

**【训练目的】**

（1）学会双绞线的制作。

（2）增强自己动手的信心，激发学生学习网络知识的热情。

**【训练要求】**

（1）严格按照标准进行制作，且必须掌握线序。

（2）制作完成后，要用测试仪进行测试，或双机对联测试，保证畅通。

（3）反复制作，不断练习，通过理论指导实践来提升技能。

### 二、宽带上网

**【训练内容】**对给定的计算机以及已经办理完毕的上网手续，进行实际安装训练。

**【训练目的】**

（1）学会家庭宽带上网的实际操作。

（2）学会宽带路由器的使用方法。

**【训练要求】**

（1）仔细阅读宽带路由器使用说明书，严格按照说明书上的要求进行连接操作。

（2）连接完成后，保证网络畅通。

（3）在桌面上建立连接上网的快捷方式。

# 第二节　网站建设概述

## 模块一：应知应会

### 一、网站建设的含义

网站建设，是指应用各种网页设计技术，为企事业单位、公司或个人在互联网（Internet）上建立自己的站点并发布信息。网站是企业展示自身形象、发布产品信息、把握市场动态的新平台。

## 二、网站建设的有关概念

### 1. WWW

WWW 是 World Wide Web 的缩写，即环球信息网，也可以简称为 Web，中文名字为“万维网”。简单地说，Web 就是网页，Web 是 Internet 提供的一种服务，是存储在全世界 Internet 计算机中的数量巨大的网页的集合，Web 中海量的信息是由彼此关联的网页组成的。

### 2. 主页

主页，英文为 Home Page，浏览者访问站点时第一个出现的页面被称为主页。它在站点中起着索引和导航的作用。用户在访问 web 站点时，不用指出主页的地址和名称，只要访问到该站点，WWW 服务器会自动提供该站点的主页，由于它总是最先出现在浏览者的眼前，因此主页是 Web 站点中最重要的网页，主页制作得好坏直接影响站点被访问的次数。

### 3. URL

URL 即 Uniform Resource Locator 的缩写，汉译为“统一资源定位器”，通俗地说就是网址，每个文件无论以何种方式存在于哪个服务器上，都有一个唯一的 URL 地址。可见，可把 URL 看做是一个文件在 Internet 上的标准通用地址。

### 4. HTML

HTML 是 Hypertext Markup Language 的缩写，汉译为“超文本标记语言”，它是构成网页的主要工具。在网上，如果要向全球范围内发布信息，需要有一种能够被所有的计算机都能够理解的“母语”。Internet 所使用的语言就是 HTML 语言。

### 5. 域名

域名，是指企业在 Internet 上的地址，人们可以通过这个地址访问网站。与现实中通信地址不同的是，INTERNET 域名除了按地理位置编排域名之外，还按单位性质分类编排域名。例如，http：//www.qqhru.edu 中的 qqhru.edu 就是域名，edu 表示该网站属于教育行业。而 http：//www.sina.com.cn 这个网址中，除了表示上述含义外，还表明该公司的地理位置在中国。在全世界，没有重复的域名，从商界看，域名已被誉为“企业的网上商标”。

### 6. 超链接

超链接是指从一个网页指向一个目标的连接关系。这个目标可以是另一个网页，也可以是相同网页上的不同位置，还可以是一个图片、一个电子邮件地址或一个文件，甚至是一个应用程序。而在一个网页中用来超链接的对象，可以是一段文本或者是一个图片。当浏览者单击已经链接的文字或图片后，链接目标将显示在浏览器上，并且根据目标的类型来打开或运行。按照链接路径的不同，网页中超链接一般分为以下 3 种类型：内部链接、锚点链接和外部链接。

### 7. HTTP

HTTP 协议（HyperText Transfer Protocol，超文本传输协议）是用于从 WWW 服务器传输超文本到本地浏览器的传送协议。当我们想浏览一个网站的时候，只要在浏览器的地址栏里输入网站的地址就可以了。例如，www.baidu.com，但是在浏览器的地址栏里面出现的却是：http://www.baidu.com，这个 HTTP 就是浏览网页必须使用的协议。浏览器通过超文本传输协议（HTTP），将 Web 服务器上站点的网页代码提取出来，并翻译成漂亮的网页。

### 8. 代理服务器

代理服务器（Proxy Server），是一种代表客户机转送服务请求的服务器，为用户建立 Internet 连接的程序。简单说，就是代理网络用户去取得网络信息，或者形象地说，它是网络数据的中转站。在一般情况下，我们使用网络浏览器直接去连接其他 Internet 站点取得网络数据时，是直接联系到目的站点服务器，然后由目的站点服务器把数据传送回来。代理服务器是介于浏览器和 Web 服务器之间的另一台服务器，有了它之后，浏览器不是直接到 Web 服务器去取回网页，而是向代理服务器发出请求，数据会先送到代理服务器，由代理服负责器负责取回浏览器所需要的数据并传送给浏览器。

### 9. Web 服务器

Web 服务器，也称为 WWW（World Wide Web）服务器，其主要功能是提供网上信息浏览服务。

### 10. 远程网站

网站制作完成后，必须上传到 Web 服务器上，才能被世界各地的浏览者访问。远程网站，就是已经上传到服务器上的网站。

### 11. 本地网站

制作网站时，必须先在自己的计算机上制作。自己计算机上已经制作完成但尚未上传的网站称为本地网站。

## 三、Web 标准

Web 标准，是一系列标准的集合，即网站建设所采用的标准，一般指网站建设采用基于 XHTML 语言的网站设计语言，Web 标准中典型的应用模式是“css+div”。

## 四、网站的组成与结构

网站，由网页、域名和空间组成，它们是网站必不可少的组成部分。网站空间，就是存储网站的磁盘空间，由专门的服务器或租用的虚拟主机承担；网页，即网站的源程序，放在网站空间里面，表现为网站前台和网站后台。每个网站由许许多多网页组成，有的大型网站甚至由数千个页面组成，页面之间以超链接相关联。

在 Web 标准下，网页主要由三部分组成：结构（Structure）、表现（Presentation）和行为（Behavior）。对应的网站标准也分三方面：结构化标准语言，主要包括 XHTML 和 XML；表现标准语言，主要包括 CSS；行为标准，主要包括对象模型（如 W3C DOM）、ECMAScript 等。这些标准大部分由 W3C 组织起草和发布，也有一些标准是其他标准组织制订的，例如 ECMA（European Computer Manufacturers Association）的 ECMAScript 标准。

## 五、网站建设工具

网站建设工具主要分为三部分：第一部分是网站前台开发工具；第二部分是网站后台开发环境；第三部分是项目管理和辅助软件。下面分别予以简要介绍。

### 1. 网站前台开发工具

网站前台开发工具，主要是指网站页面设计（包括网站整体框架建立、常用图片、Flash 动画设计，等等）所常用的软件，如 Photoshop、DreamWeaver 、Flash 、Fireworks 等。

（1）图片工具。网页中涉及大量的图片，需要有专门的软件进行处理，在实际工作中常用的软件有 Photoshop 及 Firework 两种，相比之下，实际应用中 Photoshop 使用得更普遍。Photoshop 是网页设计人员必须熟练使用的工具软件。

**友情提醒**

请您一定要学习 Photoshop 软件的应用，目前在人们日常生活中，数码相机已经普及，处理数码照片最常用的就是 Photoshop；网站开发设计中大量的图片处理也离不开 Photoshop。

（2）动画工具。网页动画制作工具很多，目前广泛使用的是 Flash，这是当前最热门的网页动画制作工具，Flash 的出现是网页设计的一次革命性突破。其特点是用矢量图代替传统的点阵图，而且互动性极强，可以做出很多精彩眩目的效果。

（3）页面编辑工具。目前常用的网页编辑工具有 DreamWeaver 及 FrontPage，但广为使用的是 DreamWeaver。DreamWeaver 不但极为专业，而且功能强大，掌握十分容易；对浏览器的兼容性也特别好。可以说，DreamWeaver 是目前最强大的网页编辑器！本书将在第四章进行详细介绍。

### 2. 网站后台开发工具

网站后台开发，主要指网站动态程序开发和数据库建模。网站后台开发所使用的相关软件主要有 ASP、JSP、PHP、ASP.NET、PowerDesigner（数据库建模）、Rational Rose（程序建模）。

### 3. 项目管理及辅助软件

网站的维护管理工具很多，上传工具是使用最为频繁的工具，也是每个电子商务网站制作人员必会的工具。上传工具中，cuteFTP 应用得比较广泛，这个软件可以方便地将网站文件上传到服务器空间中，也可以将修改后的网页重新上传覆盖原有网页，达到网页维护的目的。

## 模块二：高手点拨

### 一、标准网络公司网站制作流程

互联网的高速普及，使得以网站制作为主要经营项目的网络公司如雨后春笋。这些网络公司每天都要接手大量的网站制作业务，每天都有大量成品网站诞生。网络公司有一套规范、标准、快捷的网站制作体系，同时内部分工明确，通过团队合作共同打造高质量的成品网站。以下是某网络公司网站制作服务流程，这是一套标准的业务流程，供大家参考。

（1）业务洽谈，客户提出制作要求，双方签定合同，预付部分费用。网络公司根据客户要求撰写网站制作策划书；

（2）网络公司按客户要求申请域名及空间。双方进一步沟通，敲定网站建设结构图，并确定网站相应栏目及功能；

（3）出具主页面、部分内页小样（word 或 Photoshop 格式），交给客户进行审核；

（4）根据客户最后确定的版样开展美工设计；

（5）美工设计完成，交由客户再次审核，并根据要求反复修改，直至客户满意定稿；

（6）根据具体栏目功能要求，开展相应的程序设计；

（7）把前台美工、后台程序全面整合，形成完整网站；

（8）网站制作完成后，先进行内测工作，总体内部检查一次；

（9）初步交工。根据客户要求，对整站不断进行修改、完善；

（10）对网站进行备份、整理和上传工作。网站制作完成后，即转入客服部，开展网站后期的维护工作。

### 二、小型网络公司网站制作揭秘

相比之下，小型网络公司则没有大公司规范，也没有大公司标准，一般四五个人就组建了一个公司。常见的做法是五人团队，其中，经理一人，业务两人，技术两人。经理带领业务人员洽谈业务，业务接纳后，由经理安排技术人员中的一个进行整站制作，他们一般不需要编写后台代码，公司自备几套网站程序，直接调用挂接即可。这类公司的网站制作流程一般如下：

第一步，前台版面设计。通常的做法是到 Internet 上找类似的网站，下载后直接修改；也有的公司在网上找模板，经修改后直接使用。这样得到的网站页面整体效果相当好，而且也相当标准和规范。

第二步，后台代码编制。通常的做法是用公司自备的程序，前台页面制作完成后，直接将后台代码复制挂接即可，方便快捷。

目前，网上资源丰富，导致很多网站非原创，参考、临摹、修改已经成为小型网络公司制作网站的一个主要手段。本书作者从教多年，接触过很多网站制作高手，他们均能够快速地制作成品网站，而且网站效果极佳；但仔细接触之后，发现他们多是修改高手。对已有网站进行参考、临摹和修改也是电子商务网站制作的初学者快速成长的有效途径。

## 模块三：制作实务

### 一、如何收集网站上的素材

#### 1. 文字素材的收集

网站上有大量的文字，有时需要将其收集起来，成为电子商务网站制作的素材。那么如何收集呢？成熟的网站制作人员必会的方法有两种：

一种是复制粘贴的方法。就像 Word 软件使用一样，把网上需要的文字选中、复制之后，再粘贴到 Word 文档中。这是最简便、最常用的方法。

另一种是先编辑再复制的方法。有的网站为了保护自己的文字不被他人复制，采用了防复制的代码。对这类网页，只要将其调入 DreamWeaver 等网页制作工具中进行编辑，然后再复制即可。

#### 2. 图片素材的收集

网站上有大量的图片，有的可以直接使用，有的则需要修改后才能使用，还有的供制作时参照。如何下载网页上的图片呢？必须掌握的方法有两种：

一种是单一图片文件下载。将鼠标移至网页的图片上，单击鼠标右键，选择“图片另存为”即可。这是最常用的方法，其最大的特点是便捷。

另一种是批量下载页面上所有图片。首先进入 IE 临时文件夹，清空该目录中全部文件，然后打开欲下载图片的网页，该网页中所有图片均会自动下载到 IE 临时文件夹中；之后，再将所有图片文件选中，复制到自行指定的目录中即可。

**友情提醒**

IE 临时文件夹在哪里？依下列步骤即可找到：打开 IE 浏览器，单击“工具”→Internet 选项→浏览历史记录→设置→查看文件。

#### 3. 动画素材的收集

网页上的动画一般有两种格式：一种是 GIF 格式；另一种是 Flash 格式。对于 GIF 格式的动画，可以直接通过单击鼠标右键另存的方法实现动画的下载。对于 Flash 格式的动画则不能直接下载，这与上文中批量下载页面上所有图片方法完全相同，即打开网页时，网页上所有的图片、Flash 动画等全部下载到了 IE 临时文件夹，只需要将所有 Flash 文件复制到指定的文件夹中即可完成 Flash 文件的批量下载。

### 二、如何将整个页面存成图片

在实际学习网页制作过程中，通常需要参照各类网页，集思广益，形成自己的网页制作思路。对网上浏览时遇到的优秀配色方案、精美版式，需要及时以图片格式保存下来。

但由于网页长度往往超过一屏，无法使用传统的复制屏幕的方式保存，也不能使用一般的抓图软件实现，以下两种方法是网络公司最常用的两大抓图“特技”。

### 1．通过专用抓图工具 SnagIt 实现

在众多的抓图工具中，SnagIt 不但功能强大，而且设计了专门针对网页抓图的功能，特别是针对超长网页的抓图，极其方便。其操作步骤如下：

（1）打开目标网页，启动 SnagIt，进入抓图界面，如图 1.6 所示。

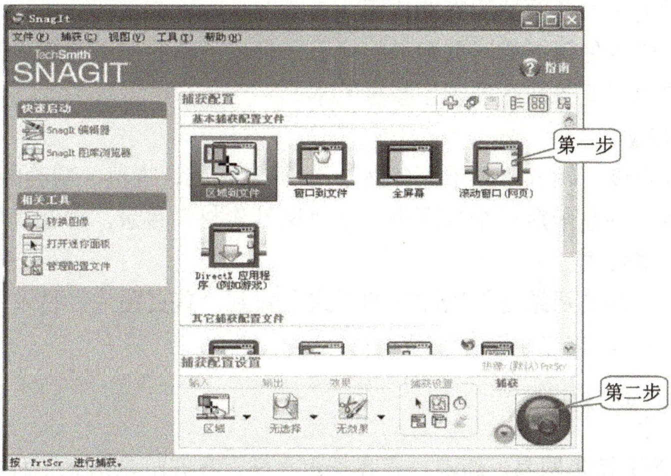


图 1.6　SnagIt 抓图界面

（2）在基本捕获配置文件中选择“滚动窗口（网页）”。

（3）单击“捕获”按钮，位置在右下角，即右下角的大红色按钮。

（4）SnagIt 自动关闭，出现先前打开的浏览器窗口；当红框出现后，在网页的左上角单击，光标改变形状后，将光标下移至屏幕最底端，屏幕将自动滚动至网页尾部，此时单击鼠标右键，结束图像捕捉。

（5）图像捕获后，软件自动进入 SnagIt 捕获预览窗口，单击工具栏中“另存为”将网页存储到硬盘中。注意最好选择 JPG 格式。

### 2．通过流行的遨游浏览器来实现

计算机系统默认的浏览器是 IE 浏览器，目前火狐狸、遨游等浏览器以其功能强大、简便易用而广泛使用在计算机上。遨游浏览器（华军软件园有最新版本供免费下载）与其他浏览器相比有一项突出的功能，该浏览器能够把网页以图片的形式保存下来，具体操作方法如下：

（1）启动浏览器，打开欲保存为图片的网页。

（2）单击浏览器右侧“屏幕截图”，打开截图功能菜单，单击“截图选项”设置，确定保存路径、保存格式，一般保存格式为 JPG 格式，保存路径可以自行设置目录。

（3）根据需要进行截图，如需要将整个网页保存为图片，则单击菜单“当前页面截图”，其组合键为“Ctrl+F2”。

## 模块四：技能训练

### 一、强化了解电子商务网站

**【训练内容】**搜索并将整个首页以图片的形式下载存储

**【训练目的】**

（1）通过本题的训练，可以使学生主动搜索电子商务网站，在大量检索、查看、下载过程中增强对电子商务网站的感性认识。

（2）训练学生使用下载网页工具的能力，将该工具的使用熟练化。

（3）积累电子商务网站的制作参考范本。

**【训练要求】**

（1）登录百度，输入“电子商务网站”，检索标准、规范、精美的电子商务网站。

（2）在本地硬盘最后一个分区中建立“网站素材”目录，并在其下建立“首页图片”子目录，供后继使用。

（3）将检索到的网站首页以图片的形式下载到“首页图片”目录中。

（4）共下载 30 幅电子商务网站首页。

### 二、网站素材收集

**【训练内容】**搜集网易、新浪、齐齐哈尔大学、齐齐哈尔信息工程学校四个网站上的图片、Flash 素材

**【训练目的】**

（1）学会网站建设所需素材的搜集办法。

（2）巧妙搜集 Flash 素材。

（3）为自己以后的电子商务网站制作搜集素材。

**【训练要求】**

（1）对网易、新浪、齐齐哈尔大学、齐齐哈尔信息工程学校四个网站上的图片、Flash 素材进行快速搜集。

（2）专门建立一个目录，将下载的图片存放到专门的目录下，将下载的 Flash 素材另存到其他指定目录下。

# 第三节　电子商务网站建设基础

## 模块一：应知应会

### 一、电子商务网站的基本概念

所谓电子商务（Electronic Commerce），是利用计算机技术、网络技术和远程通信技术，实现整个商务（买卖）过程中的电子化、数字化和网络化。人们不再是面对面的、看着实实在在的货物进行买卖交易，而是通过网络，通过网上琳琅满目的商品信息、完善的物流配送系统和方便安全的资金结算系统进行交易（买卖）。

电子商务网站，是指通过网站技术发布、展示商品信息，实现电子交易，并通过网络开展与商务活动有关的各种售前和售后的服务，全面实现电子商务功能的网站。

## 二、电子商务模式

### 1．B2B

B2B（Business To Business），是企业对企业的电子商务。除了在线交易和产品展示，B2B 业务的更重要的意义，在于将企业内部网，通过 B2B 网站与客户紧密联系起来，通过网络的快速反应，为客户提供更好的服务，从而促进企业的业务发展。

### 2．B2C

B2C（Business To Customer），是商业机构对消费者的电子商务。它是按交易对象分类中的一种电子商务，这种形式的电子商务一般以网络零售业为主，主要借助于 Internet 开展在线销售活动。

### 3．C2C

C2C（Customer To Customer），是个人向个人销售的电子商务经营模式。目前众所周知的淘宝网即是一个典型。

### 4．B2A

B2A（Business To Administrations），是商业机构对行政机构的电子商务，商业机构对行政机构的电子商务指的是企业与政府机构之间进行的电子商务活动。例如，政府将采购的细节在 Internet 上公布，通过网上竞价方式进行招标，企业也要通过电子商务的方式进行投标。

### 5．B2M

B2M（Business To Manager），是相对 B2B、B2C、C2C 的电子商务模式而言的，是一种全新的电子商务模式。B2M 所针对的客户群是该企业或者该产品的销售者或者为其工作者，而不是最终消费者。

## 三、电子商务网站的建设

电子商务网站的建设，从制作角度看其本质与一般网站建设没有差别，其制作流程、规划设计、页面制作、维护管理与普通网站完全相同。然而，电子商务网站是以电子商务为主题，因此必须突出电子商务的特色，在功能上实现电子商务的功能，在页面效果上突出商务的特点。

在组织电子商务网站建设的时候，要先研究其功能需求，然后研究其面对的客户群。根据规划要求，组织素材，进行统筹规划设计；然后组织页面的编写工作，最后进行代码编写以实现其功能。

## 四、电子商务网站的类型

Internet 面世以来，带动了商务活动的电子化，电子商务以互联网为主要实现手段，通过网站来具体表现与实施。常见的网上交费、网上购物都是典型的电子商务网站。广义的电子商务网站不仅包括淘宝网这样的在线交易网站，而且包括各个工商企业自建的以本企业产品、商品为主要内容的网站。电子商务网站实际范围十分广泛，可以不夸张地说电子商务给从商的人们在微利时代带来了柳暗花明又一村的希望。

### 1．工商企业的电子商务网站

目前，越来越多的企业家，意识到 Internet 的魅力，不甘落后，纷纷登上网络的时代列车，越来越重视商务网站的建设与应用。企业自建的以本企业为主题的网站便是企业电子商务网站，它是企业在 Internet 上设立的一个商业系统，它由众多网页、后台数据库等构成，具备一定的电子商务功能。工商企业电子商务网站，不但能宣传企业文化、弘扬企业精神，更能长期、有效地宣传产品信息，提供便捷的网上售后服务。

### 2．专业的网上交易网站

专业的网上交易网站，是指专门从事各类商品交易的网站，类似百货商场，诸如阿里巴巴、淘宝网。这类商务网站里货物琳琅满目、品种繁多、查询方便、检索快速，置身这类网站，仿佛置身于商场之中。

电子商务网站除了上述分类方法外，还有其他分类方法。按销售商品范围分类，可分为销售单一商品的网站、销售某一类商品的网站、销售各类商品的网站。按企业性质分类，可分为生产型电子商务网站及流通型电子商务网站。生产型电子商务网站以工业企业为主体构建，而流通型电子商务网站则以商业企业为主体构建。

了解了电子商务网站的分类，在建设电子商务网站时，可以根据网站的不同类别选择合适的模型，有的放矢、快速建设。

## 五、电子商务网站的三大功能

电子商务网站在商业活动中的作用毋庸置疑，它已经成为新时代商人不可或缺的有力竞争手段，其功能众多，而且十分强大。一般来说，电子商务网站主要有三大功能。

### 1．宣传功能

目前，企业的广告经费是一项巨大的财务支出。以往的宣传方法虽然效果直接，但却具有时效限制，而网络媒体具有长效的特点，是企业产品宣传的重要方法。一般的做法是，企业将生产经营的产品放在网上，通过互联网详尽展示，包括产品图片、功能、特点，甚至还包括产品的使用手册。然后对本企业的网站进行全面推广，借助网络无地域限制的特点，低廉的投入换来巨大的广告效应。

### 2．交易功能

目前，计算机网络的应用已悄然进入寻常百姓家，整个社会信息化程度越来越发达，网站的功能日益强大，交易的保障体系越来越健全。网上购物已经成了一代青年的时尚。大到网上购房买车，小到一张火车票、一本书，鼠标轻点，弹指间立即实现。

网上交易，以其品种齐全、物美价廉、安全方便等特点，越来越多地赢得百姓的信赖；百姓的认可促使网上交易驶入良性发展的快车道。现在足不出户既可以随心所欲地购物，又可以轻松地消费。电子商务的交易功能极大地方便了信息时代人们的生活。

### 3. 服务功能

服务功能是电子商务网站的一项重要功能，商家可以很方便地通过网络随时收集客户意见，解决买家出现的问题，对大宗商品的维修可以很方便地派人上门实施现场服务。而广大买家，出现了售后问题，可以网上投诉、网上报修，电子商务的服务功能给百姓带来了极大的方便。

## 模块二：高手点拨

### 电子商务网站应如何保证诚信

电子商务网站的诚信，直接决定着电子商务网站的存亡。如何保证电子商务网站的诚信呢？目前国内著名的电子商务网站“搜易得”（资料来自“搜易得”官方网站）的做法如下：

（1）执行严格的准入制度。“搜易得”对平台内的卖家做了严格的要求：入驻“搜易得”的商户，必须在公司资质、信用等级、经济实力、经营状况等方面完全达到搜易的标准。

（2）完善的信用评级。不同产品之间存在着较大的价格差异，经营不同的产品承担的成本也不尽相同。“搜易得”对商户的信用评级，完全根据其在每个产品线的实际表现而定，从而避免了商户以低成本获得高信用对消费者进行误导和欺骗。在目前国内尚没有一个可以通用的信用体系情况下，更加适合国内的电子商务，也更适合网络交易平台。

（3）充足的保证基金。“搜易得”对每个进入“搜易得”进行销售的商户都收取产品和服务质量保证金，同一个商户经营不同的品类，必须交纳各个品类相应的保证基金。当消费者因为产品质量问题，与商户不能达成一致时，“搜易得”将动用该商户在“搜易得”的保证金对消费者进行赔偿。

（4）权威的先行赔付。对于广大消费者来说，先行赔付是目前比较适合国内电子商务网站的一种机制。“搜易得”在海淀区消费者协会设立了 60 万元的行业第一笔先行赔付基金，当消费者与“搜易得”之间因为产品质量纠纷不能够得到妥善解决时，消费者协会便可根据先行赔付条款，无须经“搜易得”同意，对消费者按照国家相关的法律法规进行赔偿。

（5）额外的购物保险。“搜易得”目前正与多家商业保险公司进行洽谈，积极商讨由搜易得出资，建立每一笔“搜易得”网站交易的购物保险。这样，消费者就在商户、搜易得、消费者协会以及保险公司四个端口获得多重的保障，完全避免权益受到侵犯。

## 模块三：制作实务

### 如何下载网站上的视频文件

对于网上大量的视频文件，如视频教程、电影、歌曲等，很多网站没有提供下载功能，而有时需要将其下载并保存，以便随时离线观看。目前，使用较多也很方便的下载工具是

RealPlayer 软件，其 V11 版本具有在线下载功能，只需单击下载按钮即可录制和保存相关视频文件。

RealPlayer 的 Web 下载和录制功能识别诸如 YourTube、MySpace 或电视台站点之类的网站上的嵌入式视频。RealPlayer 安装完成后，打开包含视频的网站后，下载按钮出现在每个可用视频的旁边。使用此按钮可快速下载视频，并将视频直接保存到我的媒体库“下载和录制”中，无论从视频播放的任何时刻开始下载，RealPlayer 均会录制整个视频。下载将在独立窗口中进行，并且不需要人为干预，具体步骤如下：

（1）在网站上查看视频时，单击鼠标右键，会弹出菜单，有时也会弹出下载按钮。下载按钮一般出现在视频外侧右上方，如图 1.7 所示。

图 1.7　RealPlayer 视频下载按钮

（2）单击该按钮以开始下载视频，RealPlayer 下载管理窗口将出现。

（3）下载和录制管理器独立窗口将打开。RealPlayer 将这些视频保存到下载和录制下的“我的媒体库”中。

## 模块四：技能训练

### 视频及流媒体下载技能训练

**【训练内容】**下载教学视频

**【训练目的】**

（1）学会不同格式的视频下载。

（2）熟练使用视频下载工具。

（3）提高学生自主学习网站制作的能力。

**【训练要求】**

（1）登录百度，搜索“网站制作视频教学”，检索多种以网站制作为主题的视频素材。

（2）专门建立一个目录，将下载的视频素材存放到专门的目录下。

（3）下载约 10 个网站的相关素材，然后制作视频。

# 本章小结

本章是本书的开山章节，为后续的学习奠定必要的基础，是学生学习电子商务网站建设的基础知识。

第一节，以计算机网络基础知识为主要内容，从网络的概念、网络的分类、Internet 到网络的基本设备等进行了全面详细的阐述。本节还对架设 IIS 服务器以及测试网络的技巧做了点拨，并且对实际生活中必须掌握的网线制作与 ADSL 宽带连接两项技能做了全面的讲解，并对制作步骤进行了详细分析。第二节，系统讲解了网站建设的含义和有关概念、网站的组成与结构以及网站建设的工具，尤其对网站建设的有关概念做了详细的讲解，对学生学好后续章节奠定了良好的基础。第三节，阐述电子商务网站的基本概念、电子商务模式、电子商务网站建设、电子商务网站的分类、电子商务网站的功能，尤其是对“电子商务网站应如何保证诚信”单独在模块二中列出，希望读者高度重视。这一节是对电子商务知识的概括与总结，学过电子商务概论的学生可以略过这一节。

本章共涉及了计算机网络、互联网、网络拓扑、网络协议、ISP、网络建设、电子商务、电子商务网站八个概念，需要大家熟记。

本章以一个中心，三个基本点，七项技能形成了一个完整的知识体系。一个中心就是以为后续章节的学习奠定基础为中心；三个基本点则是计算机网络知识、计算机网站建设基础、电子商务网站；网线制作、宽带连接、网上视频下载、网站素材收集、服务器架设、网络连通测试、网站抓图七项技能贯穿始终。

# 每课一考

## 一、填空题（共 40 空，每空 1 分）

1．计算机网络就是指利用（　　），将分布在不同地理位置的具有（　　）的多台计算机、终端以及各种附属设备等连接起来，按照（　　）进行数据通信，实现（　　）的系统的集合。

2．常见的网络通信线路有两种，即（　　）和（　　）。

3．计算机网络常见的无线传输有（　　）和（　　）。

4．互联网必须遵循的协议是（　　）协议。

5．网络的两大功能是（　　）和（　　）。

6．计算机网络按照地理位置分为（　　）、（　　）、（　　）三类，其中，LAN 指（　　），WAN 指（　　），MAN 指（　　）。

7．世界上最大的计算机网络是（　　）。

8．计算机网络的连线方式称为网络的（　　）。按计算机连接的结点，计算机网络中常用的拓扑结构有（　　）、（　　）、（　　）等。

9．网络协议即（　　），是计算机在网络中实现通信时必须遵守的（　　）。

10．网站建设是指（　　）。

11．http://www.qqhru.edu.cn 中的 qqhre.com 是指（　　），com 表示（　　），.cn 是指（　　）。

12．电子商务是利用（　　）技术、（　　）技术和（　　）技术，实现整个商务过程中的电子化、（　　）和网络化。

13．B2C 表示商业机构对（　　）的电子商务。这种形式的电子商务一般以（　　）为主。

14．DreamWeaver 属于（　　）类的工具。

15．HTML 是 Hypertext Markup Language 的缩写，即（　　）语言。

16．测试自己的计算机是否能正常浏览网易的方法是（　　）。

17．Router 是指网络中的（　　）设备。

18．ping 是 Windows 自带的网络测试工具，其功能有两个，一是测试网络是否畅通，二是（　　）。

19．网络中的（　　）是用来将电话线路中的高频数字信号和低频语音信号进行解调的设备。

## 二、选择题（共 20 题，每题 1 分）

1．以下哪些不是目前常说的网卡的速率（　　）。

A．10Mb/s　　B．1000Mb/s　　C．100Mb/s　　D．667Mb/s

2．Hub 是指（　　）。

A．集线器　　B．交换机　　C．路由器　　D．网卡

3．以下设备中用于两种网络互联的设备是（　　）。

A．集线器　　B．交换机　　C．路由器　　D．网卡

4．ISP 是指（　　）。

A．互联网服务提供商　　B．基于 Java 的编程语言

C．网站　　D．宽带

5．pinging www.qqhre.com –t 中参数 t 的含义是（　　）。

A．在 DOS 中测试　　B．进行远程测试

C．连续测试　　D．以上都不对

6．网线制作时，排线的顺序左起颜色是（　　）。

A．白绿　　B．白橙　　C．蓝　　D．棕

7．WWW 是指（　　）。

A．网页　　B．网站　　C．主页　　D．网址

8．每个网站的主页有（　　）个。

A．一个　　B．两个　　C．无数个　　D．以上都不对

9．URL 是指（　　）。

A．网页　　B．网址　　C．主页　　D．网站

10．RealPlayer 具备以下（　　）功能。

A．下载视频　　B．上传网页　　C．制作主页　　D．制作动画

11．以下哪些不是网站的组成部分（　　）。

A．网页　　B．域名　　C．空间　　D．Hub

12. Photoshop 在网页制作中的作用是（　　）。
A. 上传网页　B. 编辑排版　C. 图像修改　D. 动画制作
13. 最常用的网络动画制作工具是（　　）。
A. 3dmax　B. MAYA　C. Flash　D. Photoshop
14. FTP 工具的作用是（　　）。
A. 高速下载　B. 上传　C. 站点推广　D. 流量统计
15. 能实现网页截图的浏览器是（　　）。
A. IE 浏览器　B. 火狐狸浏览器　C. 遨游浏览器　D. 以上都不对
16. 遨游浏览器将整个网页保存为图片，则单击菜单“当前页面截图”，其组合键为（　　）。
A. Ctrl+F2　B. ALT+F2　C. Ctrl+F5　D. Esc
17. 以下（　　）不属于电子商务与传统商务活动相比较的优越点。
A. 电子化　B. 数字化　C. 网络化　D. 利润最大化
18. B2B 是指（　　）。
A. 企业对企业　B. 企业对个人　C. 个人对企业　D. 个人对个人
19. 电子商务以（　　）为主要实现手段。
A. 互联网　B. 洽谈　C. 计算机　D. 以上都不对
20. 以下（　　）不属于电子商务网站按销售商品范围分类。
A. 销售单一商品的网站　B. 销售一类商品的网站
C. 销售各类商品的网站　D. 只实施中介的网站

## 三、判断题（共 20 题，每题 1 分）

1. 互联网的地理范围可从几百千米到几千千米。（　　）
2. 某机房现有计算机 100 台，同时使用一个数码相机作为摄像器材，这种方式就属于网络的交换功能模式。（　　）
3. 接入同一个网络中的计算机必须是分布在不同的地理位置。（　　）
4. 网络传输媒介是通信线路，通信线路只能是有线的，不可以是无线的。（　　）
5. NETBEUI 是互联网必须使用的协议。（　　）
6. Internet 就是常说的互联网。（　　）
7. 集线器本身不能识别目的地址。（　　）
8. 总线状网络中，如果一个结点出现故障，则整个网络将全部瘫痪。（　　）
9. IP 地址是在网络中用于区别不同的计算机的一种手段。（　　）
10. 互联网使用的协议是 TCP/IP 协议。（　　）
11. IIS 的功能是编写网站代码。（　　）
12. 访问站点时第一个出现的页面被称为主页。（　　）
13. 主页是 Web 站点中最重要的网页。（　　）
14. HTML 是构成网页的主要工具。（　　）
15. 在全世界，没有重复的域名。（　　）
16. 网站空间就是存储网站的磁盘空间，由专门的服务器或租用的虚拟主机承担。（　　）
17. 上网浏览网页时，所浏览的页面中的内容都临时存放到了本地硬盘中。（　　）

18．网页上的 Flash 文件可以通过单击鼠标右键另存的方法实现动画的下载。（ ）
19．RealPlayer 可以下载网站上的绝大多数种类的视频文件。（ ）
20．淘宝网属于 C2C 的一个案例。（ ）

## 四、拓展技能综合题（共 20 分）

某学生宿舍中共有 5 台计算机，欲使用一条宽带线路上网，请查阅资料，做出方案，并寻找环境实际操作实践。

# 第二章

## 电子商务网站的规划与设计

### 知识要点

1. 网站制作的三大流程；
2. 网站的七大功能模块；
3. 网站内容设计的五大原则；
4. 网站导航栏的两种表现形式；
5. 网站导航栏常见的四大内容；
6. 布局的两种方法、四大原则。

### 九大技能

1. 网站策划书的撰写方法；
2. 网站 LOGO 的快速设计技巧；
3. 网站内容收集的技巧；
4. 网站栏目确定的技巧；
5. 移花接木布局的技巧；
6. 栏目的汉英互译方法；
7. 网站常用单词的英汉对照；
8. 初学者网站配色技巧；
9. 红、绿、蓝三基色的使用技巧。

### 学习方法

1. 多观察成品网站，多分析其他网站的设计方法和制作风格；
2. 对本章涉及的知识点要熟记，对关键理论要全面掌握；
3. 多动脑，多动手不断上机练习，强化记忆，从理论到实践，将知识升华为技能。

一个网站的成功，重在奠基。没有刻苦的学习，没有辛勤的付出，没有人能随随便便成功。网络上只有第一，没有第二，要么发展，要么灭亡。如何构思一个网站，怎么开始创业之旅，看看大学时成绩一直处于班上前 5 名的丁磊吧，或许你会知道身为天之骄子的大学生现在应该怎么做……

**案例导航**

**网易首席构架师丁磊的成长之路**

丁磊，网易公司首席架构设计师，1997 年 6 月创立网易公司，将网易从十几个人的私企发展到今天拥有近 300 名员工并在美国公开上市的知名互联网技术企业。丁磊在电子科技大学读书时，成绩一直是班上的前 5 名，大学最后一学期，丁磊开始在计算机公司兼职任工程师；毕业后丁磊回了老家宁波，从 1993 年到 1995 年在宁波电信局做了两年工程师。因为单位有装有 UNIX 操作系统的计算机，两年中丁磊几乎天天晚上 12 点才离开单位，在那两年中丁磊掌握了 UNIX 的精华，网易后来的成功和他很早就掌握了 UNIX 精华是分不开的。1993 年，丁磊无意间在一本杂志上得知北京开了一个名叫“火腿”的 BBS 站。当时网站上的内容很少，不过丁磊立刻意识到，BBS 是以后发展的方向。第一次登录 BBS 的丁磊当晚就搭建了自己的 BBS 站。从 1994 年丁磊第一次登录 Internet 开始，丁磊三次跳槽后，自立门户，开始了创业之旅。具有扎实功底的丁磊，把网易公司经营得有声有色。今天，丁磊和他的网易正在蓬勃发展。

从丁磊的“前 5 名”、“兼职工程师”、“12 点”、“无意间”，你受到了哪些启发？你如果也想趁青春年华激情创业，如果你也想从电子商务网站的路上出发，你应该具备哪些知识？本章将带你学习有关电子商务网站设计的基础知识。请跟我来，让我们一起学习，让我们一起出发！

## 第一节　电子商务网站的建设流程

### 模块一：应知应会

“凡事预则立，不预则废”。电子商务网站的建设是一个系统工程，必须有计划、有步骤，按流程进行，才能保证网站的制作工期和质量。很多网站制作爱好者，制作初期激情澎湃，越做越无精打采，多少次从头再来，最后不了了之。网站的流程是否符合实际，是否按照标准流程进行网站建设，关系着一个网站的成功与否。

### 一、网站建设流程概述

网站制作流程，是指网站制作过程中必须遵循的工作顺序。每个成品网站都必须按标准流程进行建设。这类似于企业的产品生产线，一个工序一个工序地完成整个产品加工。很多人把网站制作与网页制作混为一谈，在他们的意识中，所谓做网站，就是用 DreamWeaver 把图片、文字弄到一起，形成一个页面。他们制作网站时，往往直奔主题，直接进入 DreamWeaver 环境，随着制作的深入，越来越糟糕，越来越难以维系。最后，网站的夭折将会导致网站制作者创作激情的泯灭。电子商务网站的功能较多，应用性极强，更要注重按流程制作。可见，网站的制作流程在网站制作中有着重要的意义。

### 1. 以网站建设流程为指导

只有具备一套标准的网站建设流程，网络公司或制作网站的个人才能开始电子商务网站的实际制作工作，才能有序地组织素材，设计界面，编写代码，网站建设的每个步骤才能清晰明了。

### 2. 建设流程是网站成功的保障

网站建设是一个系统工程，好比盖一座高楼，工序清晰、有序开展，才能保证工程顺利进行。网站建设决不是今天做个界面，明天编个代码，这样的网站即使做出来，日后的维护工作也无法进行。电子商务网站的制作必须按标准流程进行，这样，网站建设才有成功的保障。

### 3. 建设流程可以有效提高网站制作效率

网站制作，一般都有明确的工期要求，必须有一个整体计划，才能按时、保质完成网站建设工作。有了标准的流程，确定了明确的分工，每个阶段有了具体的时间要求，网站才能如期交付用户使用。

### 4. 建设流程有利于实施团队合作

一个人的力量总是单枪匹马，众人的力量才能移山填海。网站的建设，不是一个人的力量所能完成的，必须发挥团队的优势，业务、策划、美工、程序编写都必须按照标准流程分工协作，共同完成。没有标准流程，就谈不上分工协作，就会打乱仗。

**友情提醒**

电子商务网站的开发需要一个团队合作，所以，你不必全面“精”，但要一门“通”，整个网站制作过程都要学习，但是要有一项最突出，做到专一博百。

### 5. 建设流程有利于保障网站的科学性和严谨性

网站是一个系统工程，必须保证其科学性与严谨性，而且网站的制作只是电子商务网站建设的第一步，日后的维护与更新将是一个漫长的过程。只有按照标准流程设计的网站，才能有规可循，维护工作才能轻松、便利。

## 二、网站建设流程

电子商务网站的建设流程与普通网站的建设流程相同，即网站规划实施、设计制作和发布维护三大流程；每个流程又包括若干细节，流程之间有着严格的顺序。

### 1. 网站规划

网站规划，是指在网站建设前对市场进行分析，确定网站建设的目的和功能，并根据需要对网站建设中的技术、内容、费用、测试、维护等做出规划。网站规划对网站建设起着纲领性的指导作用，对网站的内容和维护起到定位作用。

电子商务网站在建设之前，必须进行一系列的准备工作，也就是网站的规划设计工作。具体来说包括以下几个方面。

**友情提醒**

兼听则明，如果受别人之托制作网站，规划设计阶段，一定要让对方派人专门参与，可以减轻大量繁杂的工作，又可以随时修正设计过程中的错误。

（1）确定网站建设的主题。网站制作前，要确定网站的主题，即明确做一个关于什么内容的网站，是专门卖化妆品的网站？还是一个类似于淘宝网的综合网站？根据已经确定的主题，确定网站的名字；再根据网站的名字注册网站的域名，同时申请网站的空间。

（2）规划分析。明确了主题，就要根据客户的要求，进行整体规划、系统分析。网站的题目是什么？网站的主色调是什么？网站的结构怎样？网站的风格如何定位？网站的导航、网站的栏目如何确定？等等。

（3）收集资料。主题已定，规划分析完毕，接下来，就要收集各种资料，具体来说包括文字资料、图片素材、影音素材等。

（4）撰写网站规划书。网站规划书应该尽可能考虑周全，涵盖网站建设中的各个方面。网站规划书的写作要科学、认真、实事求是。网站规划书的书写还要切实可行，确保具有较强的可操作性。网站规划书所包含的内容有网站建设前的市场分析、网站建设目的及功能定位、网站技术解决方案、网站内容规划、网页设计方案、网站维护计划等。

**2. 设计制作**

（1）版面设计。网站建设规划完毕之后，首要工作便是版面设计，就是网络公司常说的“打版”。所谓版面设计就是指用 Photoshop 等图像处理软件进行网页页面的设计制作过程。实际工作中，一般用 Photoshop 进行页面设计，设计结束后，经领导审核，提交客户，由客户指出意见，然后不断进行修改，直至客户满意为止。

（2）编辑排版。客户满意的前台版面，经分割后，导入网页排版软件中进行排版。行业上习惯用 Photoshop 设计版面，用 DreamWeaver 进行编辑排版。排版结束，前台美工部分工作即告完成。

（3）后台功能实现。前台美工工作完成后，由软件编程人员，按照客户要求编写相应的功能模块，即常说的后台管理功能程序模块。目前已经有大量的专业后台管理系统，使得后台代码编写工作越来越简化。

（4）代码整合。前台美工、后台程序模块均完成后，进行代码整合，即后台挂接的过程，就是把已经编写好的相应功能模块，与页面部分进行链接。

**友情提醒**

版面设计之前，你可以到本书配套网站下载版面实例，选定参照物后的设计将更轻松。此外，客户满意后，一定要让客户签字确认。

### 3. 发布维护

（1）网站测试。网站制作完成后，要进行有效测试，才能保证网站发布后可靠运行。测试内容主要包括功能测试、链接测试、流量压力测试、响应时间测试等方面。测试过程中发现问题要及时纠正。

（2）上传发布。经过测试的网站，就可以上传发布了。所谓网站发布就是指将已经制作完成的网站上传到已经开通的网站空间上去。

（3）日常维护。网站上传完毕，就开始了漫长的网站维护阶段。所谓网站的维护，一般包括内容的维护与版面的维护两种。内容的维护一般由客户自行完成，根据企业电子商务活动需要，利用网站提供的后台管理功能，随时向网站页面上添加内容。版面维护，就是常说的改版，即网站运营一段时间以后，为了继续吸引网民访问，改变网站的首页风格，一般是重新制作一个网站的首页，上传到原空间，覆盖原网站首页，完成改版工作；这类似软件的升级工作。

## 模块二：高手点拨

### 如何撰写电子商务网站建设规划书

电子商务网站建设规划书的撰写是一项极其重要的工作，因为它是网站建设的指导性文件。撰写网站建设规划书的方法如下。

#### 1. 网站建设前的分析

（1）公司概况了解。这就是孙子兵法“知已知彼”中的“知已”；

（2）行业市场分析。这就是孙子兵法“知已知彼”中的“知彼”。

#### 2. 网站建设的目的及功能定位

（1）确定网站目的。即为什么要建立网站。是为了宣传产品，还是要进行网上交易？是做本企业网站，还是建立行业性网站？是企业的需要还是市场开拓的延伸？

（2）确定网站功能。根据公司的需要和网站建设计划，确定网站的整体功能。目的确定，功能明晰，为后继工作掌握好了方向，此后的工作才能顺利进行。

#### 3. 网站建设技术解决方案

根据网站需要实现的功能确定网站建设技术解决方案，主要包括下述内容。

（1）服务器的选用。一是采用自建服务器，二是租用虚拟主机；

（2）服务器平台选型。即选择使用的操作系统类型；

（3）开发技术选型。即使用何种技术进行开发；

（4）数据库选型。即采用何种数据库系统。

#### 4. 网站内容规划

（1）根据网站的目的和功能规划网站内容，一般电子商务类网站要提供会员注册、详细的商品服务信息、信息查询搜索、定单确认、付款、个人信息保密措施和相关帮助等。

（2）确定网站的栏目。

#### 5. 网页设计

（1）确定网站整体风格，网页色彩、图片的应用及版面规划，保持网页的整体一致性。

（2）确定网站的布局。

#### 6. 网站维护

写明网站的详细维护方案，对服务器及相关软、硬件的维护，对可能出现的问题进行评估，制定响应时间，包括网站的管理方案、网站的运营与推广方案、网站的安全性措施等。

## 模块三：制作实务

### “古狗特色商品连锁店”电子商务网站规划书

#### 1. 项目简介

“古狗特色商品连锁店”是一种新型的 B2C 电子商务模式。随着互联网宽带和技术应用的成熟，以及物流和支付系统的完善，可以预见，电子商务将成为互联网普及应用的主流，并日益成为社会商业活动的重要形式。“古狗特色商品连锁店”的出现旨在改变特色商品在网上销售困难这一局面。通过特色商品推介、特色商品网站认证、连锁推广、商家加盟等多种形式，将在特色商品销售方面有货源和销售经验与有网络优势的商家联合起来，扩大宣传和推广规模，争取各特色商品网站和商家的应得份额。

#### 2. 行业现状分析与市场需求预测

据搜狐网站统计，在搜狐登录搜索引擎的网上购物网站共有 1968 家，除去综合商城、通信、图书、音像、办公、鲜花、成人用品等网上较为普遍和集中的类别外，还有 1106 家网上购物网站基本属于特色商品销售网站。

网络的优点在于用户足不出户就能买到自己所需要的东西。随着物流和支付系统的完善，现在的网上购物既能够方便付款，又能够快速送达，真正体现了网络时代购物的优势。然而事情并不都是如此完美，许多特色商品在各大网上商店并不能见到，当然在网下住所周边也难找到。其实，有许多商家提供特色商品销售，并且在网上也有自己的销售网站，同时也苦于寻找对应的消费者。若做大规模推广又增加销售成本，不划算。同时，网站因为规模小，物流支付疲于应付，公众认可程度低，网上业务开展也造成困难。显然，这当中缺乏一个将这部分商家和对应消费者联系在一起的桥梁。

#### 3. 可行性分析

项目特色：本项目最大的特点在于联合各类小 B2C 电子商务网站或商家，培育网上特色商品消费市场，利用各连锁店在本商品销售领域内的优势，联合形成“古狗特色商品连锁店”这一品牌优势，扩大并稳定各连锁店网上销售市场份额，并用以对抗大型 B2C 电子商务对各连锁店商品销售的入侵和垄断。

访问者范围：只要具有民事行为能力并具有一定购买力的网民，都是我们的潜在客户。

访问者目的和实现办法：访问者可通过“古狗特色商品连锁店”总站了解到各个加盟连锁店的商品种类和价格，如果需要详细了解或购买的商品，单击即可进入该连锁店进行操作。各连锁店独立进行商品的销售工作，支付和物流可选择自行解决或由“古狗特色商品连锁店”总站平台协助解决。总站同各加盟连锁店施行的是松散式合作结构，总站对各加盟店的信用度进行认证和监督，总站义务为各连锁店进行特色商品陈列和宣传推广，并对不同级别和档次的连锁店进行评估推介。各加盟店必须有明确的“古狗特色商品连锁店”字样和编号，并有相关连接到总站查阅该连锁店的详细信息。

竞争性分析：各大 B2C 电子商务网站和没有加盟成为连锁店的网站或商家同我们形成竞争。竞争策略上面，我们坚持联盟与抗衡并举的原则。对于较有实力的特色商品网站或商家，尽力争取其加盟到连锁店当中；通过连锁店的宣传和推广，以提高各连锁店的知名度和业绩的直接手段来增强各加盟店信心，壮大连锁店阵线，同综合类大 B2C 电子商务网站进行抗衡，尽力争取固定市场格局，稳定各连锁店网上销售市场份额并有所突破。

### 4．项目内容和功能

（1）网站概述。“古狗特色商品连锁店”网站是一个 B2C 电子商务网站，网站的核心仍然是各类商品的分类展示、介绍、购买、配送等过程。同一般电子商务的区别在于商品的展示和购买配送是分开的。每一件商品均由相关连锁店负责交易和配送（连锁店不能有效完成交易和配送过程的也可由总站的交易配送平台协助完成）。每件商品在总站柜台展示的时候，均会标明该商品的专营连锁店，单击购买则进入该连锁店完成余下的工作。

“古狗特色商品连锁店”网站的另一个重要内容是各连锁店的推介，包括连锁店查询、连锁店最新产品信息和网站动态资讯发布、加盟连锁店的过程、连锁店认证和星级评定等内容。

（2）栏目编排。栏目的编排及其要求如表 2.1 所示。

**表 2.1 栏目编排及说明**

| 栏　目 | 说　明 |
|---|---|
| 首页 | 各特色商品分类导航、重点推荐产品图文展示、人气榜、重要连锁店推介、热门搜索词、站内搜索、专题产品展示、招商通道、大幅广告等 |
| 周刊 | 每周一期，重点介绍某一家或多家连锁店的特色商品，或紧扣时政和生活主题进行主题商品推介活动；订阅了电子杂志的用户可定期收到该周刊 |
| 招商 | 网站推广初期，招商栏目重点介绍古狗连锁的特点和好处，宣传网上连锁销售理念，鼓励新商家加入，提供招商联系办法 |
| 网上连锁 | 各连锁店介绍、分类列出、星级评定（由注册会员进行投票评选）、访客投诉 |

续表

| 栏　目 | 说　明 |
|---|---|
| 社区 | 古狗公告、连锁店新闻动态（连锁店会员可自行添加）、生活资讯、用户评论 |
| 人气榜 | 各商品单击查看人气分类排行榜 |
| 连锁会员区 | 各连锁店管理员可到此处发布该连锁店的产品信息和网店活动介绍。该会员账号由系统给出 |
| 注册 | 访问者可以注册成为网站普通会员，可发表评论，可进行投票，可对展示商品提出意见或疑问，可对连锁会员进行投诉、可申请加盟连锁店（须认证后方可开通） |

（3）功能需求。功能需求及其说明如表 2.2 所示。

表 2.2　功能需求及说明

| 功 能 名 | 说　明 |
|---|---|
| 商品展示 | 各连锁店在总站展示的商品由该连锁店自行管理（系统管理员也可以管理），可随时对网上销售的商品进行新品追加、包括价格在内的商品信息更新、下架与恢复上架等操作，可以通过系统建立商品与商品之间的相关关系，关联商品有自动推介功能。商品详细介绍页面可添加访客评论（管理员还可直接回复）和相关媒体介绍文章。单击购买展示商品可连接到各连锁店的直接购买页面，在连锁店实现购买功能。记录商品单击次数，生成商品人气排行总榜和分类榜 |
| 连锁会员 | 连锁会员系统，普通会员注册，申请加盟连锁店，认证通过后，可使用连锁会员系统。连锁会员具有在总站添加管理自身商品展示的权限。连锁会员分普通会员和信得过会员两种。由管理员审核通过即可成为信得过会员（无须申请）。各会员均有得票数和投诉记录。管理员可禁止被投诉会员登录及发布信息 |
| 社区 | 网站公告发布功能，网站管理员和连锁店会员可发布连锁店动态（促销活动、商品宣传等），普通会员发表帖子、评论信息等，分类信息发布功能 |
| 其他小功能 | 连锁店代码：各连锁店放置其特有代码，在连锁店网站显示古狗连锁标志，单击进入总站的该连锁店介绍页面；<br>广告系统：管理员可更新广告条、注释、连接等信息，并有广告显示次数统计；<br>统计系统：总站访问情况统计 |

### 5．推广和营销策略

推广和营销策略是网站运营的重要一环，设计的内容也很多，由于篇幅所限，在此省略，有兴趣的读者可以参阅其他书籍。

### 6．投资与收益预算

**投资：**技术人力投资，零成本推广。

**收益：**填补网络行业空白，品牌价值巨大；替客商搭筑连锁店网站平台；自身连锁店建设和商品销售得益；电子商务服务收益（推广、功能开发、物流、支付）。

**资料来源：**http：//idc.onfj.com/help/news/web/2007/12/6/08291533537.html.

由于篇幅所限，内容有删节。更详细的内容请登录相关网站查看。

## 模块四：技能训练

**网站建设规划书的制作**

**【训练内容】**为你所在学校的网站制作一个网站建设规划书

**【训练目的】**

（1）深化网站制作理论，提高学生对网站制作的感性认识。

（2）从身边最熟悉的对象起步，制作网站建设规划书。

**【训练要求】**

（1）详细分析你所在学校的情况，从实际出发对网站进行规划与设计。

（2）按照标准格式进行设计。

# 第二节　电子商务网站的内容设计

## 模块一：应知应会

不同行业的企业，其电子商务网站的内容也不尽相同。但其主要的功能和模块却是万变不离其宗。各企业根据自己的实际情况，在网站上放置以本企业产品为主题的内容，只有内容充实而且实用，才能使网站被客户接受并长期使用，从而有效地实施企业网络营销活动。

### 一、网站应该包括的内容

电子商务网站是网站的一个分支，具备普通网站应该具备的常规内容。一般网站有 10 项必备内容，按照人们的认识规律将网站分为头部、体部和尾部三大板块。下面具体分析网站应该具备的内容。

#### 1．头部内容

（1）网站标志（Logo）。Logo 是网站的图形标志，是与其他网站链接以及让其他网站链接的标志。Internet 之所以叫做“互联网”，在于各个网站之间可以相互自由链接。要让其他人走入你的网站，必须提供一个让其进入的门户。而 Logo 以图形化的形式，特别是动态的 Logo，比文字形式的链接更能吸引人的注意。在如今争夺眼球的时代，Logo 的设计尤其重要。如图 2.1 所示是新浪网、网易、百度的 Logo 图。

网站标志（Logo）的设计要从功用性、识别性和艺术性三方面进行考虑，标志的本质在于它的功用性，标志不仅仅是为了供人欣赏，更重要的是要实用；标志（Logo）的识别性，是指 Logo 要色彩强烈醒目、图形简练清晰，整体创意要独特，易于识别，能够显示企业特征。

图 2.1　新浪网、网易、百度的 Logo 图

（2）标题（Title）。网站的标题就是指网站的题目，有些网站的标题与 Logo 一体，如新浪网，网易等；而有些网站的标题则与 Logo 是分离的，如齐齐哈尔信息工程学校网站（http://www.qqhre.com），首页上直接写明“齐齐哈尔信息工程学校”，即为网站的标题，如图 2.2 所示。

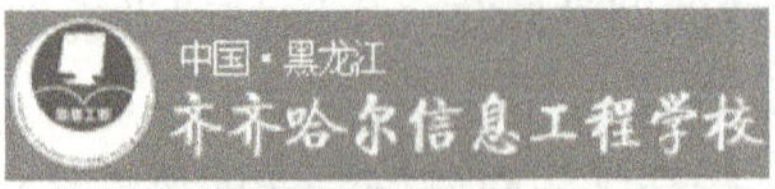


图 2.2　网站标题

（3）广告条（Banner）。很多电子商务网站在头部放置了宣传标语，这是吸引人的有力手段。在网络营销术语中，广告条（Banner）是一种网络广告形式，一般放置在网页上的醒目位置，在用户浏览网页信息的同时，吸引用户对广告信息的关注，从而获得网络营销的效果。Banner 广告有多种表现规格和形式，其中，最常用的是 486×60 像素的标准标志广告；由于这种规格曾处于支配地位，在早期有关网络广告的文章中，如没有特别指明，通常都是指标准标志广告。这种标志广告有多种不同的称呼，如横幅广告、全幅广告、条幅广告、旗帜广告等，通常采用图片、动画等方式来制作 Banner 广告。

常见的 Banner 广告规格是全幅标志广告 468×60 像素，半幅标志广告 234×60 像素，垂直 Banner 为 120×240 像素，宽型 Banner 尺寸为 728×90 像素，小型广告条则为 88×31 像素。

（4）分类导航（Menu）与检索（Search）。电子商务网站由于涉及大量商品交易，而头部则是网上的黄金宝地。很多商家不失时机地在此处放置了分类信息，还有的网站在此处放置了产品检索。网站的站内搜索功能对于用户获取网站信息具有非常重要的作用，尤其对于含有大量信息的网站，如 B2C 零售网站、含有大量产品类别的大型电子商务网站等，站内搜索功能是否健全，在一定程度上影响着网站的发展。知名市场研究公司 Forrester Research 对 179 个欧洲网站的调查发现，高达 97%的欧洲在线消费者都使用搜索引擎寻找需要的信息，并且他们把这种搜索习惯带到了站内搜索中。

### 2. 体部内容

（1）用户注册与登录（Login）。一般电子商务网站均具有用户注册与登录功能，实现会员功能，对会员与一般用户区别对待。

（2）各类栏目。网站的主要功能分布在各类栏目上，依靠各类栏目实现网站的全部功能，电子商务网站的栏目一般有交易栏目，如我要销售、我要采购、商品热卖；新闻类栏目，如行业资讯、公告通知等；产品展示栏目，如社区论坛、广告位等。

（3）相关站点链接（Links）。友情链接是各类网站不可或缺的内容，也是电子商务网站的一项主要内容，如对于相关商品的网站，有关知识类网站，都可设为友情链接。

### 3. 尾部内容

（1）版权声明（CopyRight）。网站的尾部一般都要有版权声明以及工业与信息化部的备案号，用于声明网站的版权以及网站的合法批号。

（2）管理入口。很多电子商务网站在尾部放置了管理入口，用于后台管理人员登录管理程序，对网站内容进行动态维护使用。

（3）联系方式。为了便于联系，网站的尾部都留有各类联系方式，一般有电话、在线QQ、电子邮箱等。

**友情提醒**

在网页尾部设计时适当地采用一些小的卡通图标，可以为你的网站尾部增加灵气。

## 二、网站应具有的功能模块

### 1．网上电子商务系统

电子商务网站最主要的功能就是在网上开展营销活动，其典型模式就是网上超市。商品目录模块是网上超市的基础，而促销引擎、认证管理、信用管理、支付和结算、订单处理、配送处理等模块则是完整的电子商务网站所必需的功能。

### 2．用户认证管理系统

电子商务网站的一个重要功能是对客户的管理。这种管理，主要是通过对用户提交的注册信息的分析，对不同业务系统的用户登录进行统一认证，包括用户密码、身份及权限的认证，并且根据系统的配置，在认证成功后跳转到相应的系统中去。

### 3．报价系统

电子商务网站中的报价系统应为用户提供灵活的商品价格查询和分析手段，用户可以自己定义复杂的查询条件，从不同的角度去搜寻自己需要的商品及其价格。

### 4．商品检索引擎

目前的电子商务网站中，通过畅销商品、推荐商品、特别企划、专卖店、更新商品、商场打折等方式，向消费者提供购买导向，更好地为消费者提供服务。

### 5．自助服务系统

很多设计先进的网站都开通了自助服务系统，为购买者提供了更多的便利，最大限度地吸引消费者浏览网站并购买商品。

### 6．论坛系统

电子商务网站只有以开诚的胸襟、诚信的经营理念进行网上商务活动，才能赢得用户的认可。论坛系统为电子商务买卖双方提供了一种极为常见的互动交流服务。网友们可以在此发表自己的购买心得，对某些产品发表看法，就某件产品展开评论等。

### 7. 网上调查系统

网上调查系统用于各种调查活动，协助企业在网上开展调查，用来了解客户的消费心理，从而更好地改善服务。并且通过分析调查结果，能及时地掌握客户需求和市场走向。

## 三、网站内容的设计原则

电子商务网站内容的设计必须遵循下列五项原则。

### 1. 相关性

电子商务网站内容设计的相关性原则，是指网站内容要紧紧围绕网站的主题，以主题为主线展开内容设计，即所有内容均应与主题具有相关性，无关内容一概不予使用。

### 2. 真实性

电子商务网站的真实性：一方面是指要真实地传递本网站所掌握的客观情况；另一方面是指要表达商务活动中的真实数字。总的来说，就是要遵循交易上的诚信原则。电子商务网站的内容一定要具有真实性，在网站管理阶段对内容要严格把关，道听途说的内容不能采用，不确定的内容也不能采用。

### 3. 动态性

电子商务网站以其最新产品、最新报价吸引消费者常去浏览。电子商务网站在设计时必须保证能够随时进行修改和更新，并且注明修改和更新日期，为经常访问的用户提供最大便利。

### 4. 准确性

电子商务网站上的内容，尤其是报价、库存等，应具有准确性，否则在交易实施过程中将产生不必要的麻烦和难以处理的纷争。

### 5. 图像替代

图像信息能够比普通文本提供更丰富和更直接的信息，产生更大的吸引力；但文本字符可提供较快的浏览速度，为此，要在两者之间认真权衡，适度地使用图像代替文本。

## 模块二：高手点拨

## 一、网站的标志（Logo）如何一分钟搞定

为商家制作电子商务网站，必须要有标志（Logo）；而设计标志（Logo）既需要创意，又需要时间，如果你不是美术设计专业出身，很难在短时间内拿出满意的标志（Logo）。那么，能在 1min 内搞定标志（Logo）吗？答案是肯定的！你只要向客户索取他们的宣传彩页，将彩页上的公司标志扫描照搬即可做到既标准，又让客户无可挑剔。

## 二、网站内容的收集技巧

在制作电子商务网站时，需要大量的文字资料。如果你为别人制作电子商务网站，如何收集网站的内容呢？这里有几个技巧可供参考。

（1）网站所有内容一律由客户负责提供，万不可擅自到网上自行搜索，否则文责自负；

（2）文字材料一律要电子版，千万不要印刷或手写的资料，因为你只是制作人员，不是录入人员，录入过程中难免出现错字，好心帮助录入，却要为文字担负责任，何苦呢？

（3）电子版的文字材料一律要通过邮箱发送，不要接受U盘材料。一旦出现文字责任，你的邮箱可以挺身而出，还你清白。

## 三、确定栏目的技巧

制作电子商务网站，如果你没有接触过商务的日常活动，对客户文化知识了解有限，无法全面提供栏目信息资料，令人无所适从，而客户只是让制作者“照量着办”。那么，怎么“照量着办”呢？

秘诀很简单，就是上网搜索10个与客户主题相关的同类电子商务网站，每个网站都有的栏目，你一定要有；70%以上网站都有的栏目你不妨也加上；如果50%网站有的栏目，你要询问客户的意见后，再决定是否采用此栏目。50%以下网站有的栏目要注意了，这类栏目：一是用处不大的栏目，二是特色栏目，你要根据情况再三斟酌，而后决定。

# 模块三：制作实务

## “阿里巴巴”网站内容分析

“阿里巴巴”网站在国内电子商务网站市场上可谓是一面旗帜，其内容设计值得我们仔细分析。本次制作实务，将对“阿里巴巴”网站的各个部分进行详细分析，以期抛砖引玉，激发大家学习网站制作的热情。

## 一、头部内容分析

如图2.3所示是“阿里巴巴”网站的头部内容，它包括标题、宣传标语、产品检索、分类导航等内容。

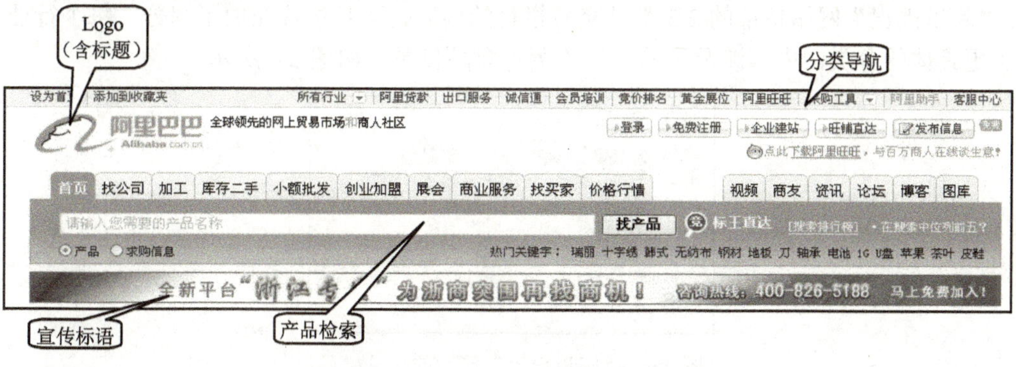


图2.3 “阿里巴巴”网站的头部内容

## 二、体部内容分析

“阿里巴巴”网站在体部设计时充分显示了一个设计良好的电子商务网站的主题内容。下面按栏目予以分析。

### 1．资讯栏目

“阿里巴巴”的资讯栏目如图 2.4 所示，包括热点聚焦、经营实务、价格行情，甚至还包括股票行情实时查询，给人的感觉很实用，很贴切。

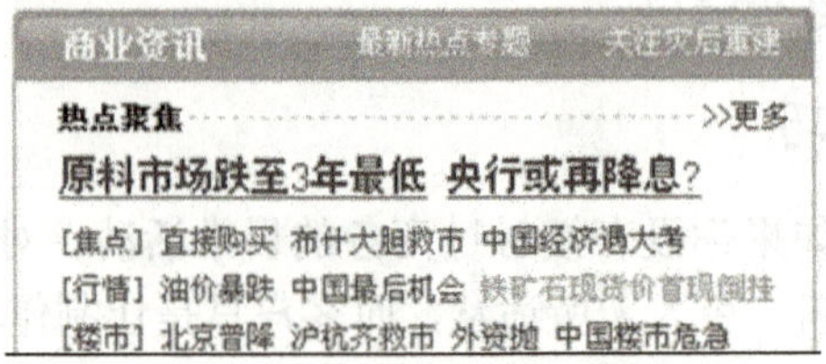


图 2.4　“阿里巴巴”网站的资讯栏目

### 2．社区栏目

“阿里巴巴”的社区栏目提供了网民交互的自由空间，不但有商人论坛，还有管理杂谈、专用设备论坛，甚至还有人们喜闻乐见的谈天贴图、实用性极强的阿里贷款、视频中心、聊天室，以及当下正红的奥运专栏。可以说，电子商务网站的交互功能，让“阿里巴巴”做得智慧超群，堪称一绝！如图 2.5 所示。

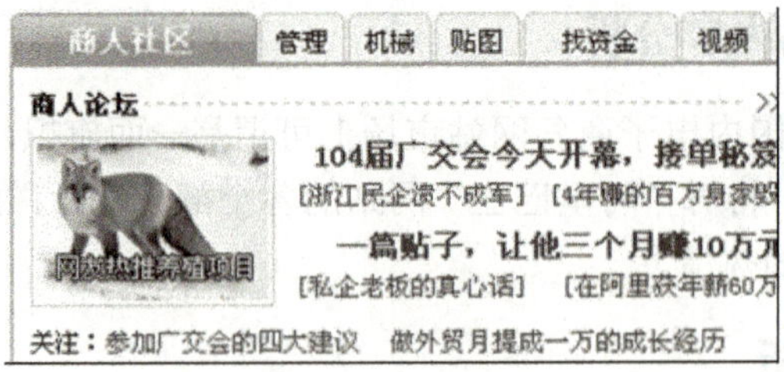


图 2.5　“阿里巴巴”网站的社区栏目

### 3．交易栏目

“阿里巴巴”网站体部的 2/3 都是交易栏目的内容，而且按行业做了细分，每个行业又做了更具体的分类，内容涉及了其交易的所有商品目录，如图 2.6 所示。

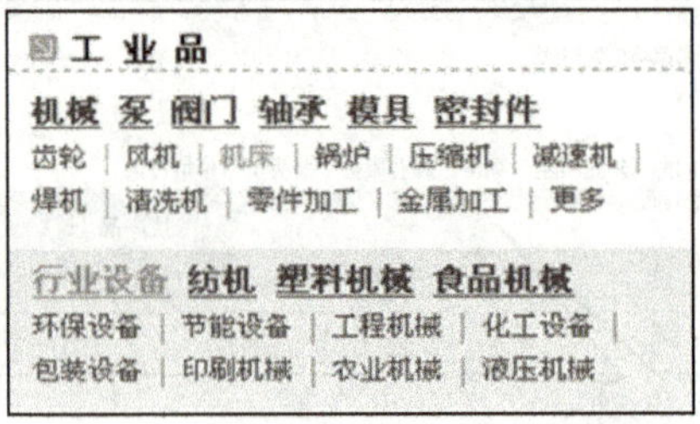


图 2.6　“阿里巴巴”网站的交易栏目

### 4. 尾部内容分析

“阿里巴巴”网站的尾部以链接为主，并且放置了版权声明，如图 2.7 所示。

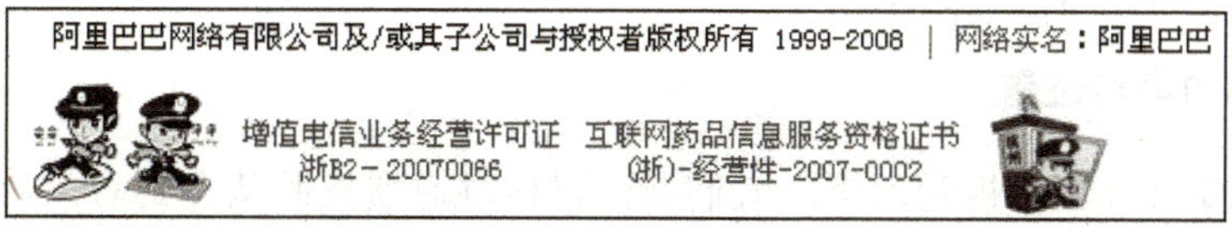


图 2.7　“阿里巴巴”网站的尾部

## 模块四：技能训练

### 网站内容的设计

**【训练内容】**如果你欲为自己的班级做一个网站，请先进行网站内容设计。

**【训练目的】**

（1）综合运用本节知识，强化网站理论。

（2）进一步增强对网站的认识。

**【训练要求】**

（1）详细分析你所在班级情况，从实际情况出发进行规划与设计。

（2）内容要全面。

（3）边设计边上网查找相关网站，以便参照。

# 第三节　电子商务网站的版式设计

## 模块一：应知应会

合理的布局、美观的页面、规范的版式，会给网民一个深刻难忘的印象。如何进行版式设计？如何进行版面布局设计？本节将就这些问题给予详细的讲解。

## 一、版面布局基础

网页的展示设备是计算机，而网页的受众对象则是人。因此，网页版面布局的设计既要根据计算机的显示能力，又要符合人的视觉习惯。好的网页布局是一个网站成功的重要因素。

### 1. 分辨率的确定

像素是指荧光屏上的每一个发光小点。例如，某台计算机的显示器横向能显示 1024 个发光小点，即 1024 像素，纵向能显示 768 个发光小点，即 768 像素，则该显示器的分辨率为 1024×768 像素。目前，广泛流行的显示器的分辨率有 1280×1024 像素、1024×768 像素、800×600 像素三种。

电子商务网站的建设，首先要确定网站的尺寸，即以什么样的分辨率作为网站制作依据。一般来讲，网站的宽度以 1024 像素或 800 像素为依据者居多，而高度则比较随意。

一般网站在设计时两边需留出少许空白？以1024像素为宽度依据的网站，其实际宽度多为1000像素左右，而以800像素为宽度依据的网站，实际制作时其宽度多选择为750像素至780像素，以采用776像素者居多。

### 2. 网页的内容与位置

版面布局要符合人的视觉习惯。人们阅读材料时习惯按照从左到右，从上到下的顺序进行。人的眼睛首先看到的是左上角，其次是顶部居中的位置。网页的左上角是整个网页的黄金地段，也是人的最佳视域。根据这一习惯，设计时可以把重要信息放在页面的左上角或页面顶部，如标志、通知新闻等，然后依据重要程度放置其他内容。

页面中不同的位置，吸引人的程度不同，给人心理上的感受也不同。一般而言，上部给人轻快、积极之感；下部给人压抑、稳定的印象；左侧，感觉轻便、自由；右侧，感觉局促却显得庄重。

## 二、网页常用布局

网站的布局灵活多样，但万变不离其宗，其标准布局共有2种。

### 1. 结构化的布局

（1）左右结构布局。这种布局结构，体部由左、右两部分组成：左半部分占整个宽度的20%～30%，左半部内容可以是菜单、用户登录、流量统计、联系方式等内容；右部则用于显示主体内容。这是网页设计中使用最为广泛的一种布局结构，如图2.8所示。

（2）左中右结构布局。这种结构左面、中间部分与左右结构相同，其右侧，多为友情链接等不太重要的栏目。这种结构比较呆板，不够灵活，如图2.9所示。

（3）上下结构布局。上下结构，整个网页只有上下两部分组成，上面是标题，下面则只有正文，也称为标题正文型布局，通常的二级页面、文章页面等都采用这种布局版式，如图2.10所示。

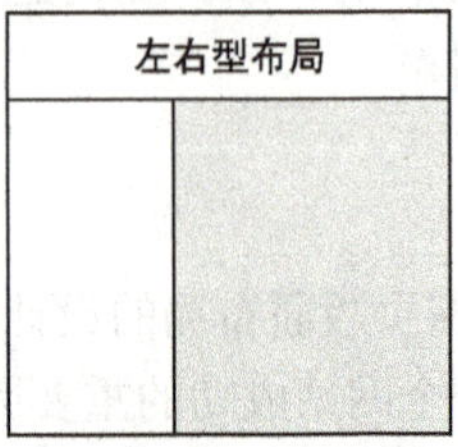


图2.8　左右结构

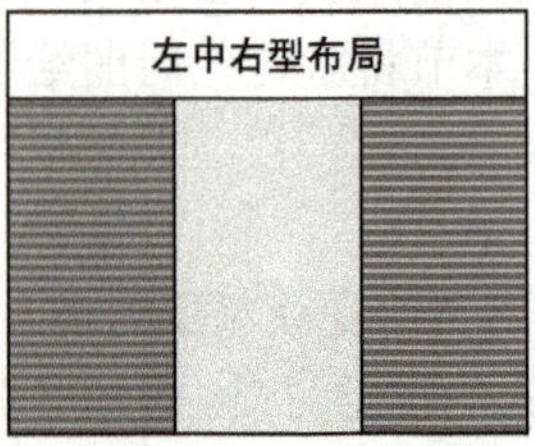


图2.9　左中右结构

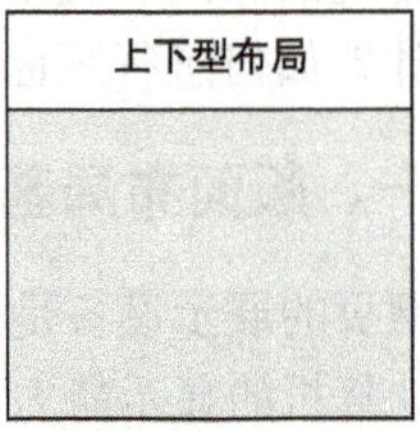


图2.10　上下结构

### 2. 艺术化的布局

（1）海报式布局。整个页面布局像一张海报，也称为POP布局，是个人网站建设的主要布局版式，一般适合美术功底较强者采用。否则，不但达不到效果，反到弄巧成拙。

（2）综合式布局。综合使用上述各种布局方法，使整个页面布局富于变化。一般采用Flash实现，给人以焕然一新的感觉，可带来良好的视觉效果。

## 三、版面布局原则

### 1. 根据客户群选择布局

网站的客户群决定了网站布局的方法。例如，以儿童用品为主题的电子商务网站，采用海报式布局是最佳的选择，而新闻页面则适合采用上下结构的布局方法。

### 2. 整体布局要简洁大方

简洁大方是网页版式布局的重要原则，整个布局不要过于花哨，提倡简约的布局，突出网站的主题，强调网站的内容，不要以繁杂的布局吸引网民一时的眼球。

### 3. 视觉效果与内容翔实相结合

整个网页的布局要注意视觉效果的实现，恰当使用图像及文字，将有些标题文字用图像表现出来，更好地突出文字的内容。网站的内容要翔实，要为网站的主要内容留出足够的空间。

### 4. 主次分明、条理清晰

设计网站布局时要突出网站的主题，将网站的主要部分放在左上角以及上面居中位置，而无关紧要的内容则放置在其他位置，做到主题突出，主次分明。内容与视觉效果要兼顾，形成和谐统一的整体布局。

## 模块二：高手点拨

### 移花接木巧构思

今天，让我们一起来为某书店设计一个电子商务网站。怎么布局呢？网站上都放什么东西呢？拿起笔来画草图又无从下手。这里介绍笔者摸索出的一个好办法，移花接木构思法。

其实，方法很简单。首先在“百度”中检索相关网站，例如，检索“网上书店”，然后依次打开检索到的每一个网站，重点查看每个网站的头部，发现令你眼前一亮的网站头部，与你设想的极其吻合，有“众里寻她千百度”的那种感觉，立即将该网站的头部用抓图工具截下，放到 Word 中。运用此法，然后依次找到体部的每一个板块以及适合的尾部。最后用 Word 组合成一个完整的页面，于是就初步形成了整体网站的构思。

实际版面设计时，照此构思即可完成版面设计工作。

## 模块三：制作实务

### “阿里巴巴”网站布局分析

首先，“阿里巴巴”网站的宽度依据 1024×768 像素进行设计，这是目前最流行的网页宽度设计方案。网页上面的黄金地带既放置了网站的 Logo，又放置了导航，还放置了长长的一条 Flash 动画广告。

其次，“阿里巴巴”网站符合结构化布局的标准。一般来讲，电子商务类网站最好选用结构化布局的方法进行布局。“阿里巴巴”网站采用左右结构对体部内容进行了编排。内容虽然多而杂，但左右两部分，都采用上下两行，条理清晰。

再次，“阿里巴巴”网站简洁大方、视觉效果极佳、主次分明、条理清晰，符合网站制作的五大原则。

## 模块四：技能训练

### 网站版式分析

**【训练内容】**分析新浪博客、网易、齐齐哈尔大学四个网站的版式

**【训练目的】**

（1）分析成熟网站的版式设计。

（2）学习、借鉴其他网站版式设计经验。

（3）提升自己网站设计能力。

**【训练要求】**

（1）对给定网站进行仔细分析，对其结构、版式进行全面观察。

（2）对照版面布局的原则，逐条对比分析。

# 第四节　电子商务网站导航栏及目录的设计

## 模块一：应知应会

### 一、导航栏设计概述

美丽的扎龙，丹顶鹤的故乡，初来乍到的你，需要一个导游；现代化的医院，迈进大门的一刹那，美丽的导医小姐，会让你的病痛一下子减轻许多。一个成功的电子商务网站，也需要一个向导，实现类似导游、导医的功能，这便是网站的导航栏。

#### 1．导航栏的作用

网站的导航栏对于网站能起到提纲挈领的作用，设计好的网站导航对整个网站功能的发挥，对网民浏览整个网站的引导起到引人入胜的作用。对网页设计者来说，导航栏不仅要美观大方，而且要高效易用。

#### 2．导航栏的设计原则

不管网站系统多么复杂，都必须让浏览者觉得它既直接又简单。事实上，许多浏览者都是以一种跳跃的方式来访问网站的内容。为了使浏览者不在网站中迷失方向，最好的办法是为网站设计导航系统，最低限度应该保证每个网页中至少有一个指向主页的链接。

### 3．导航栏的分类

从应用的角度，可将导航分为两类：

（1）全局导航。全局导航包括网站的主要栏目和一级目录内容所对应的页面，这些页面的链接出现在网站的每页上。这样，用户在浏览网站的任何时刻和任何地点，都可以由全局导航链接直接抵达相应的页面上。

（2）局部导航。局部导航一般包括网站的次要栏目和二级以上目录内容所对应的页面。这些页面仅出现在一些相关的页面上。用户只有在这些相关的页面上通过局部导航链接进入这些页面。

## 二、导航栏的设计方法

电子商务网站导航栏如何进行设计呢？如何将你的智慧在电子商务网站导航的设计中发挥得淋漓尽致呢？这需要方法。

### 1．导航栏的表现形式

电子商务网站导航栏一般位于网站的上方，即位于网站的黄金地段，这一位置是争抢浏览者眼球的重要区域，其表现方法有两种。

（1）纯文字表现法。纯文字表现法是指导航内容用文字的方式表现出来，其优点是显示速度快，几乎是打开网址的一刹那，导航也同步呈现在浏览者面前。其缺点是视觉效果不好。为了弥补这一点，一般将导航栏背景设置为漂亮的颜色，同时文字颜色与背景颜色巧妙搭配，将整个导航栏完美表现出来。

（2）图片表现法。图片表现法是目前广泛使用的方法，就是将导航文字用 Photoshop 等工具制作成图片，图片可以采用任何艺术化的手法，实现最佳的效果。其优点是视觉效果好，其缺点是速度慢，但随着互联网技术的发展，目前速度已经不再是问题。因此提倡采用图片表现法。

**友情提醒**

导航栏中各栏目分割常用一条竖线，这条竖线的实现很简单，按住 Shift 键，同时按下“\”键即可实现。

### 2．导航栏的常见内容

电子商务网站导航栏内容五花八门，不同的网站有不同的导航。但不管是什么样的网站其常用内容却是不变的，具体来说有以下几个。

（1）首页。每个网站的导航上，都固定有一个“首页”，其链接网址为本站的首页地址，这也是所有电子商务类网站必不可少的内容。

（2）简介类。每一个网站都有一个自我介绍的栏目，虽然叫法不一，但其内容却唯一，都以介绍本企业为主，类似的叫法有“单位概况”、“企业简介”、“走近企业”等。

（3）展示类。每一个电子网站都有一个展示类的栏目，向浏览者展示其产品或服务，全面宣传自己的产品，从产品的说明到产品的图片，从产品的特点到产品的优异之处，总之竭尽全力炫耀其光华。这类栏目常见的称呼有“产品介绍”等。

（4）社区类。社区类是为网站与浏览者交互提供的平台，例如论坛、留言板等。

## 三、目录的设计原则与建立步骤

一个网站由大量的图片、网页、数据库等文件组成，小的网站有几十个文件，而大的网站则有成百上千个文件；无论在自己的计算机上建设网站还是制作完成后上传到服务器上发布网站，这么大量的文件都要建立目录、分类有序存放。网站目录是指建立网站时创建的目录，目录结构的好坏，对浏览者来说并没有什么太大的感觉，但是对于站点本身的维护、未来的扩充和移植有着重要的影响。否则，不但网站查找费时费力，而且网站读取速度会越来越慢。

为了方便日后维护以及扩充升级，网站的目录建设，必须在网站建设之初，按标准进行，不得随意建立目录，更不得随意存放文件。

### 1. 目录的设计原则

网站目录建设的总原则是以最少的层次提供最清晰简便的访问结构。网站目录在建设时必须遵循以下原则。

（1）分类存放、分别建立目录的原则。网站上的图片、数据库等文件要根据其性质，分别建立相应目录，将各类文件分门别类，有序存放。

（2）目录的层次不要太深。建议不要超过 3 层，这样的结构维护管理方便。

（3）根目录下不要存放所有文件。网站的根目录下只能存放主页文件以及用于流量统计的文本文件，其他文件一律不得放置在根目录下。

（4）根据栏目内容建立子目录。除了公共的目录以外，要根据网站栏目，为每一个栏目建立相应的子目录，并存放其对应的网页文件。

（5）在每个主栏目子目录下都建立独立的 Images 目录。每个网页中都有大量的图片文件，为此，要在每个栏目目录下，再建一个独立的 Images 子目录，用于存放各栏目对应网页的图像文件。

（6）不要使用中文目录。网站制作上不允许使用中文目录，虽然也有极个别网站使用中文目录，这不但是一种极不规范的做法，而且在检索、使用过程中很容易出现错误。

（7）不要使用过长的目录。网站要经常被检索，一般不建议使用过长的目录。网站目录的命名一般以与栏目对应的英文为主，这样可以做到望文知义。

### 2. 目录的建立步骤

（1）建立一个用于存放网站的总目录如 MyWeb。

（2）进入此网站目录，展开网站目录的建设工作。

（3）在网站的根目录下建立一个 Images 子目录，用于存放首页图像文件。

（4）在网站的根目录下建立一个 Style 子目录，用于存放样式表文件。

（5）在网站的根目录下为每一个栏目建立对应子目录，每个子目录下建立 Images 子目录。

## 模块二：高手点拨

### 栏目英文的处理

在建设目录时，经常遇到栏目对应的英语单词不知如何拼写的情况，尤其是栏目往往都是几个单词组合在一起，而目录名又不能用长文件名。现在笔者将多年工作中经常用到的栏目英文拼写与汉语对照一并奉上，供大家参考。

**1．常用栏目的英文拼写**

| | | | |
|---|---|---|---|
| 网站导航 | Sitemap | 公司简介 | Profile or Company |
| 公司荣誉 | Glories | 企业文化 | Culture |
| 组织机构 | organization | 经理致辞 | Manager's oration |
| 发展历程 | Development History | 产品展示 | Product |
| 合作加盟 | Join In Cooperation | 技术力量 | Technology |
| 工程项目 | Engineering Projects | 业务范围 | Business Scope |
| 分支机构 | Branches | 供求信息 | Supply & Demand |
| 产品销售 | Sales | 联系我们 | Contact Us |
| 信息发布 | Information | 返回首页 | Homcpagc |
| 分类浏览 | Browse By Category | 电子商务 | E-Business |
| 商业新闻 | Trade News | 客户留言 | Customer Message |
| 客户服务 | Customer Service | 新闻动态 | News & Trends |
| 销售热线 | Sales Hot-Line | 论坛 | Forum |
| 在线询问 | On-line order | 招聘 | Join Us |
| 社区 | Community | 业务介绍 | Business Introduction |
| 在线调查 | Online Inquiry | 下载中心 | Download |
| 会员登录 | Member Entrance | 意见反馈 | Feedback |
| 常见问题 | FA | 教育培训 | Education & Training |
| 在线交流 | Online Communication | 专题报道 | Special Report |

**2．网上在线翻译**

如果您仍然没有找到理想的拼写，请登录 http：//www.hao123.com/ss/fy.htm 网站，根据提示输入汉字，然后，网站会为您翻译成相应的英文。

## 模块三：制作实务

### 敦煌网目录结构的制作

**1．敦煌网的 Logo 及导航栏（如图 2.11 所示）**

图 2.11　网站目录结构示例

2. 敦煌网的目录结构设计（如图 2.12 所示）

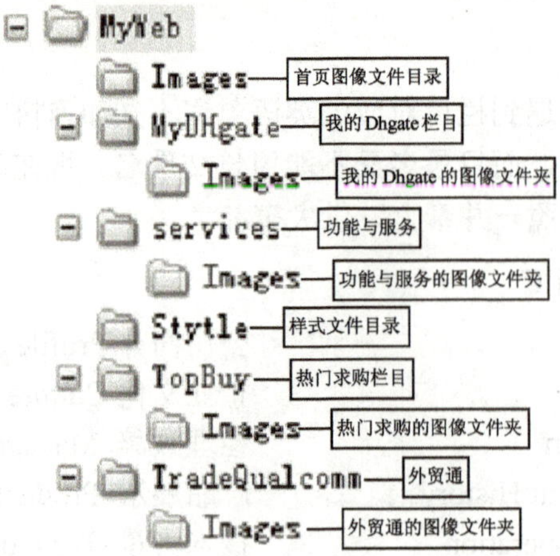


图 2.12　网站目录结构示例

## 模块四：技能训练

### 网站目录结构的设计

**【训练内容】**根据图 2.13～图 2.16 所示的网站导航设计网站的目录结构

**【训练目的】**

（1）进一步巩固所学知识。

（2）提升自己动手的能力，激发学习热情。

（3）学会网站目录的建设。

**【训练要求】**

（1）在 D 盘上建立一个 DIRSTU 的目录，将下列四条目录全部建在此目录下。

（2）按照网站制作的标准进行目录设计。

①黑龙江电教馆（如图 2.13 所示）

图 2.13　黑龙江电教馆网站导航条

②黑龙江消费网（如图 2.14 所示）

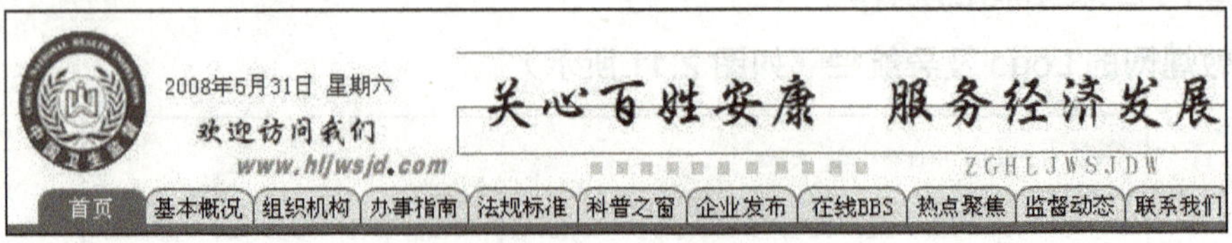


图 2.14　黑龙江消费网导航条

③齐齐哈尔大学研究生处（如图 2.15 所示）

图 2.15 齐齐哈尔大学研究生处网站导航条

④上海家用电器研究所实验工厂（如图 2.16 所示）

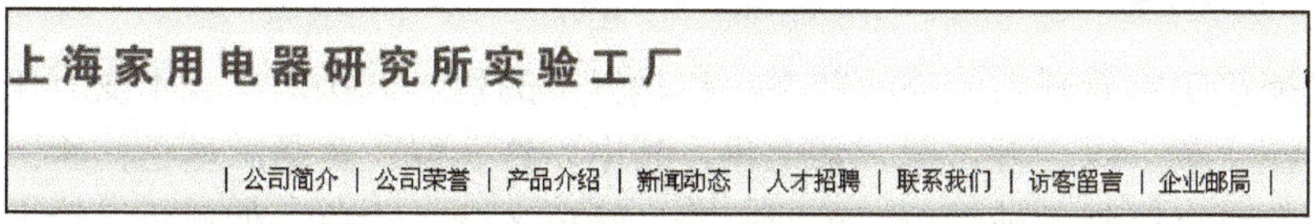


图 2.16 上海家用电器研究所实验工厂网站导航条

# 第五节 电子商务网站的风格设计

## 模块一：应知应会

## 一、风格设计概述

每个人都有自己的风格，给人一种特定的印象；每个电子商务网站也都应该有自己的风格，风格独特的网站给人持久的印象，甚至被加入收藏夹，经常浏览；更有甚者，将其设为网站的首页。网站设计独特的风格带来了公众的认可，随之而来的是流量大增，效益提高。

### 1. 风格与印象

电子商务网站的风格，是指站点的整体形象给浏览者的综合感受，是该站点的与众不同之处，包括站点的 CI（标志，色彩，字体，标语），版面布局，浏览方式，交互性，文字等方面。例如，淘宝网站平易近人，IBM 网站专业严肃，这些都是网站给人们留下的不同感受。

有风格的网站与普通网站的区别在于：普通网站看到的只是堆砌在一起的信息，浏览后的感受只能是信息量大小，浏览速度快慢等。但浏览过有风格的网站后令人能有更深一层的感性认识，觉得站点有品位，有层次。

### 2. 如何打造网站的风格

打造电子商务网站的风格可以从以下几个方面入手。

（1）色调。色彩的搭配既要符合网站的内容，又要有独特的创意。链接色彩、背景色彩、文字颜色、导航颜色、栏目颜色尽量使用与标准色彩一致的色彩。

（2）简繁。网站建设者要善于把握好简洁与花哨尺度，尤其是门户类的电子商务网站，要将大量的商品图片放置其上，如何做到既齐全又不花哨，需要进行一番分析设计。

（3）字体的使用。字体的使用要标准、统一，字体要符合多数人的审美习惯，这里有一点尤其要注意，网站正文的字体以宋体 12 像素为主，这是因为，多数人习惯阅读的书刊、报纸都是标准的五号字，即 12 像素。

（4）站内风格的统一。每一个网站要有统一的风格，各个二级页面风格要统一，原则上各个页面的主色调要保持一致。

## 二、色彩的搭配

### 1. 色彩搭配概述

网站的配色决定着网站的整体效果。自然界中的色彩五颜六色、千变万化，通常将颜色分为红、橙、黄、绿、青、蓝、紫七色，其中，红、绿、蓝是三基色；将三基色通过不同比例的混合可以得到各种颜色。色彩有冷、暖色之分，冷色（如蓝色）给人的感觉是安静、冰冷，而暖色（如红色）给人的感觉是热烈、奔放。冷暖色的巧妙运用可以让网站产生意想不到的效果。

色彩与人的心理感觉和情绪也有一定的关系，利用这一点可以在设计网页时形成自己独特的色彩效果，给浏览者留下深刻的印象。

### 2. 主色调的选择

每个网站使用的颜色原则上不得超过 3 种，并且有一个占比例较大的颜色，我们称为网站的主色调，而其他颜色则称为网站的辅色调。每种颜色适合不同类别的网站，具体说明如下：

（1）蓝色。蓝色属于冷色调，给人以沉静、踏实、寒冷之感，也是网站采用最多的主色调，一般适用于企业、事业单位的网站。

（2）红色。红色属于典型的暖色调。红色，是火的色彩，也是血的颜色，首先给人的感觉是温暖、兴奋、热烈、坚强和威严，所以我们的国旗使用红色赋予了革命的含义。红色一般用于政府网站制作，也有的企业网站在重大节日期间改版为红色，代表喜庆。

（3）绿色。绿色是大自然的代表色，象征春天、新鲜、自然和生长，也用来象征和平、安全、无污染，比如，人们常说的绿色食品；同时，绿色也是未成年人的象征。绿色一般用于食品、农业类网站，也有用于购物类网站以及儿童类网站。

（4）黑色。黑色是典型的冷色调，它表示一种深沉、神秘，把黑和其他颜色相配时却显出黑色的力量和个性，如黑白相衬，显得精致、新鲜、有活力。在黑色衬托下可以使用各种非常刺激的冷暖颜色，因为它有调和色彩的作用。这类颜色一般用于科幻、游戏类网站。

（5）粉色。粉色给人一种活泼的感觉，一般用于妇女、儿童类网站。

## 三、文字的使用

### 1. 字体的运用

在电子商务网站中，字体的设置要遵循以下原则。

（1）正文字体。网页正文，若无特殊情况一般使用宋体。书刊、报纸通常使用的标准字体是宋体，这也是人们平时接触最多的字体，是最符合人们阅读习惯的字体。

（2）非标准字体的使用。正常情况下网站上使用黑体、宋体、楷体、仿宋体以外的字体时，必须将字体以图形的形式表现出来，浅显地说，就是把文字在 Photoshop 中做成图像文件再使用。如果使用了上述字体以外的其他字体，在没有安装更多字体的计算机上将无法按设计效果显示出来。

（3）网站标题字体的使用。网站头部标题字体一般要使用方方正正的字体，不得使用行楷等过于活泼的字体，以表达庄严、稳重之意。

（4）栏目字体。栏目字体一般为黑体或其他艺术字体，但一般要用图形的方式表现出来，略加艺术化处理，以及搭配一些小图标，可以达到意想不到的视觉效果。

### 2．字号的设置

网站字号的设定，要注意以下几点。

（1）网站正文。网站正文的字号一般设置为 12 像素，如果用磅表示则为 10 磅，其大小相当于平时常说的五号字，即标准的书刊用字大小，这个文字字号标准最符合人们的阅读习惯，也是网站标准文字字号。

（2）网站大标题。网站的大标题，即网站头部名称，此处使用的文字字号，一般来说是网页中最大的字号，但其实际大小一般不能超过 36 像素，过大的标题给人以笨重的感觉，过小的标题，则不显眼。

（3）网站栏目标题。网站的栏目标题，即网站的小标题，一般为 16 像素至 18 像素，类似常用的三号字大小，太小起不到栏目标题的作用，太大则不灵活，一般以黑体或宋体加粗为好，但目前广泛使用的办法是将栏目标题图片化，通过图像处理软件，实现一些特殊的文字效果。注意文字不要进行过多的艺术处理，否则弄巧成拙。

### 3．行间距的设置

网站文字的行距设置一般方法是在样式表中定义，其大小一般为 1.2 倍至 1.5 倍行距，通常宋体 12 像素大小的正文文字，将行间距设为 18 像素是比较理想的数值。

## 模块二：高手点拨

## 一、网站配色技巧

初学者没有美术基础，不会颜色搭配，做出的网站自己都不愿意看，是每一个网站制作者在入门阶段都曾有过的经历。没有美术基础的初学者应如何配色呢？其技巧是什么？

其实很简单，小孩子最初学走路的时候，总是先由人搀扶着走，然后自己扶着墙壁走，接着才能慢慢蹒跚走路，到最后学会了走路，以至于学会奔跑。我们在每次制作网站前，先到网上随意浏览，找到中意的网站，在制作初期配色可以对原网站“照猫画猫”、原样照搬；随着经验的积累，慢慢地可以部分参考，可以做到“照猫画虎”；到最后，你就可以完全脱离参考其他网站，随心所欲地搭配颜色了。

## 二、红、绿、蓝三基色使用的诀窍

红色、绿色、蓝色是网站制作中最常用的颜色。如何使用才能达到最佳的效果呢？其实方法很简单，就是使用时不要使用纯粹的单一颜色，在每一种颜色中掺杂少许白色，就能获得意想不到的效果。

## 模块三：制作实务

### 典型电子商务网站的风格剖析（中国建材网 http：//www.c-bm.com）

1．网站的整体风格

中国建材网，整体效果极佳。内容丰富，又井然有序，色彩斑斓，又不显花哨。两侧广告条的运用恰到好处，蓝色为主的色调配以红色点缀，平和中又突显重点，动画的运用再一次增强了整体效果。

2．网站颜色的使用

（1）主色调。该网站以蓝色为主色调，Logo 为蓝色，导航为蓝色，栏目标题为蓝色，是标准的企业类网站配色方案，整体效果淡雅而清新。

（2）辅助配色。该网站使用了红色作为辅色调。在页面上需要突出的地方使用了红色，这与该网站作为电子商务网站的性质相吻合，满足了浏览者的视觉享受，增强了广告效应，而且红色与蓝色巧妙地进行了搭配，整体效果十分理想。

3．网站文字的运用

中国建材网中的文字使用，无论是标题还是正文都符合文字使用的规则，给人的感觉是标准、规范。标准的宋体字，与人们的阅读习惯相一致，12 像素的大小，标准的行间距，塑造了一个整体的效果。

## 模块四：技能训练

### 网站设计风格分析

**【训练内容】**分析齐齐哈尔大学网站的设计风格，网址是 www.qqhru.edu.cn

**【训练目的】**

（1）巩固网站风格设计的相关理论知识。

（2）对网站风格设计进行分析，提高实践动手能力。

**【训练要求】**

（1）对齐齐哈尔大学网站进行全面分析，要求具体、细致。

（2）分析结果以文本形式呈现，请用 Word 排版。

## 本 章 小 结

网站制作流程是指网站制作过程中必须遵循的工作顺序，每个成品网站都必须按标准流程进行建设。电子商务网站的制作与普通网站的制作流程类似，有规划设计、实施制作和发布维护三个环节，每个环节又包括若干细节，各个环节之间有着严格的顺序。按照人的认识规律将网站分为头部、体部、尾部三个板块。电子商务网站有网上电子商务系统、用户认证管理系统、报价系统、商品检索引擎、自助服务系统、论坛系统、网上调查系统七大功能模块。电子商务网站内容设计应遵循相关性、真实性、动态性、准确性和图像替代五大原则；网页的常用版式有结构化的布局、艺术化的布局两种。网站的导航对于网站则起到提纲挈领的作用，电子商务网站导航栏的表现有纯文字表现法、图片表现法两种形式，电子商务网站导航栏的常见内容有首页、简介类、展示类、社区类四种。网站目录建设的总原则是以最少的层次提供最清晰、简便的访问结构。电子商务网站的风格是指站点的整体形象给浏览者的综合感受，打造电子商务网站的风格可以从色调、简繁、字体的使用、站内风格的统一入手。每个网站使用的颜色原则上不得超过 3 种，并且有一个占比例较大的颜色，称为网站的主色调，而其他颜色则称为网站的辅色调。每种颜色适合不同类别的网站；网页正文无特殊情况一般使用宋体，大小为 12 像素。

## 每 课 一 考

### 一、填空题（共 40 空，每空 1 分）

1．网站规划是指在网站建设前对市场进行分析、确定网站的目的和功能，并根据需要对网站建设中的（　　）、（　　）、（　　）、（　　）和（　　）等做出规划。
2．按照人们的认识规律将网站分为（　　）、（　　）、（　　）三大板块。
3．电子商务网站内容设计应遵循的原则有（　　）、（　　）、（　　）、（　　）和（　　）。
4．电子商务网站应包括的功能模块有（　　）、（　　）、（　　）、（　　）、（　　）、（　　）和（　　）。
5．网页的宽度一般有（　　）和（　　）两种。
6．网站的最佳视域是（　　）。
7．网页的结构化布局包括（　　）、（　　）、（　　）。
8．网页版面布局的原则包括（　　）、（　　）、（　　）和（　　）。
9．网站的（　　）对于网站则起到提纲挈领的作用。
10．电子商务网站导航栏的表现形式有（　　）和（　　）两种。
11．电子商务网站的风格是指站点的（　　）。
12．打造电子商务网站的风格要从（　　）、（　　）、（　　）、（　　）和（　　）入手。
13．每个网站都有一个占比例较大的颜色，称为网站的（　　）。

### 二、选择题（共 20 题，每题 1 分）

1．以下选项中（　　）不是电子商务网站制作的三大流程。
A．规划设计　　B．实施制作　　C．网站推广　　D．发布维护
2．以下选项中（　　）不是网站规划书包含的内容。
A．网页设计方案　　B．网站
C．网站技术解决方案　　D．建设网站目的

3. 所谓版面设计，是指用图像处理软件进行网页页面的设计制作过程，一般使用的软件是（ ）。

A. Word　B. Photoshop　C. FTP　D. EXCEL

4. 以下选项中（ ）不是电子商务网站的实施制作阶段。

A. 版面设计　B. 编辑排版　C. 撰写网站规划书　D. 代码整合

5. 网站测试内容主要包括（ ）。

A. 风格测试　B. 功能测试

C. 链接测试　D. 流量压力测试

6. Logo 是指（ ）。

A. 网站标志　B. 导航栏　C. 广告条　D. 以上都不对

7. Banner 是指（ ）。

A. 网站标志　B. 导航栏　C. 广告条　D. 栏目

8. 以下选项中（ ）不是网站尾部内容。

A. 版权声明　B. 管理入口　C. 联系方式　D. 导航栏

9. 以下选项中（ ）不是电子商务网站导航栏的常见内容。

A. 首页　B. 简介类　C. 展示类　D. 管理入口

10. 以下选项中（ ）文件允许在根目录下放置。

A. index.htm　B. logo.jpg　C. Logo.asp　D. title.jpg

11. 网站目录的层次一般不得超过（ ）层。

A. 1　B. 3　C. 5　D. 10

12. 每个栏目对应一个（ ）。

A. 图片　B. 程序　C. 目录　D. 网站

13. 以下选项中允许为主页的扩展名的是（ ）。

A. DBF　B. ASP　C. DOC　D. JPG

14. Style 子目录用于存放（ ）。

A. 图像　B. 样式表文件　C. 数据库　D. 网页文件

15. 网站标志对应的英文拼写是（ ）。

A. SiteMap　B. Addr　C. Brand　D. Logo

16. 网站的“整体形象”不包括（ ）。

A. 站点的 CI　B. 版面布局

C. 浏览方式　D. 采用的编程语言

17. 网站正文的字体以（ ）为主。

A. 宋体　B. 黑体　C. 楷体　D. 仿宋体

18. 适用于企业、事业单位的网站的颜色是（ ）。

A. 红色　B. 绿色　C. 蓝色　D. 粉色

19. 红色适用于（ ）单位的网站。

A. 农业　B. 政府　C. 学校　D. 企业

20. 网站文字的行距设置一般采用的方法是在（ ）中定义。

A. 表格　B. 表单　C. 程序　D. 样式表

## 三、判断题（共 20 题，每题 1 分）

1. 电子商务网站的制作与普通网站的制作流程相同。（　　）
2. 网站规划对网站建设起到计划和指导的作用，对网站的内容和维护起到定位作用。（　　）
3. 网站的代码整合是在前台美工设计完成之后，后台模块编写之前进行。（　　）
4. 所谓网站发布就是指将已经制作完成的网站刻录成光盘。（　　）
5. 电子商务网站的改版工作是指用新制作的网站覆盖原网站。（　　）
6. 网页中最好不要使用过长的目录。（　　）
7. 网站中所有的图片都必须放在根目录下的 Images 子目录中。（　　）
8. 每一个网站要有统一的风格，各个二级页面风格要统一。（　　）
9. 网站大标题的字号大小可以随便设置。（　　）
10. 文件目录越长越好。（　　）
11. 网站中允许使用中文目录。（　　）
12. 导航颜色、栏目颜色尽量使用与主色调一致的色彩。（　　）
13. 每个网站使用的颜色原则上不得超过 3 种。（　　）
14. 红色属于典型的冷色调。（　　）
15. 网站的目录建设可以方便日后维护以及扩充升级。（　　）
16. 每一个网站只能有一个首页。（　　）
17. 电子商务网站导航栏一般位于网站的底部。（　　）
18. 像素是指荧光屏上的每一个发光小点，一般显示器有 500 万像素。（　　）
19. 网站上使用黑体、宋体、楷体、仿宋体以外的字体时，必须将字体以图形的形式表现出来。（　　）
20. 网站的栏目标题，即网站的小标题，一般为 12 像素至 14 像素。（　　）

## 四、拓展技能综合题（20 分）

请根据所学知识以及上网经历，为一个以销售绿色食品为主题的网站进行整体风格设计，写出网站风格设计说明。

# 第三章

## 电子商务网站的基础语言 HTML

### 知识要点

1. HTML 基础知识；
2. HTML 组成；
3. HTML 的基本标记；
4. 表格标记；
5. 表单标记；
6. XHTML。

### 五大技能

1. 学习 HTML 的技巧；
2. 查看网站 HTML 代码的方法；
3. 背景音乐、视频的使用技巧；
4. 关键字的设定；
5. 13 种常用 HTML 技巧。

### 学习方法

HTML 尤如鸡肋，繁乱的代码学之无味，作为网页的基础弃之又不可，因此，学习方法就显得特别重要。其实，只要方法正确，就可以在短短几日之内完全掌握 HTML，供你日常建设电子商务网站随意使用。其方法是记住最基本的代码，浏览其他不常用的代码，反复在网页制作环境中对比学习，时间久了，自然会达到“随风潜入夜，润物细无声”的效果。

一个人的成功，关键在于要脚踏实地，一步一个脚印地前进。一个网站的成功要从基础做起，才会慢慢发展壮大。如何构思一个网站，怎样开始创业之旅，看看一个只有初中学历的草根站长李兴平吧，或许你会知道现在该怎样做。

**案例导航**

**Hao123 的草根站长李兴平**

从当网管员创建个人网页，从每月几百元收入到 2003 年每月 80 万元的广告费进账，最后到 2004 年百度以 1190 万人民币及 4 万股股票收购了 Hao123 的神话，就是一个初中毕业生，一个月薪几百元的网管员创造的。Hao123 的成功也许会让那些回国创业的海归们愤愤不平，一个“土八路”竟赢得了这场网络战争？Hao123 的成功真正说明，成功的关键是在于 Hao123 的规划及其准确定位。

Hao123 的创始人李兴平，1979 年出生于广东兴宁县。2005 年，上网着迷的李兴平当上了网管员。遨游在网络世界不能自拔的李兴平，他发觉网上找资料非常困难。于是，他设计了一个网页，把他认为好的网站链接在自己的主页上。后来，他开始有意识地去做网站地址收集分类工作，爱琢磨的他想到要做一个“网址大全”式的东西。半年后，李兴平的个人主页开始有了 Hao123，他把当时中国排名前 5000 位的站点进行分门别类，按用途组合在一起。随后他开始做一些单击广告以及网站联盟等，随着流量增大，网站的固定广告业务随之而来。Hao123 一直只有李兴平一个人在管理，低调的他一直在“偷偷地”做这件事，他身边的朋友甚至不知道他就是 Hao123 网站的站长。

HTML 虽然简单，也许有人会感觉微不足道，可是没有坚实的基础，在这竞争激烈的互联网领域，你能找到立足之地吗？没有立足之地，更谈何发展？认真地学习 HTML 吧，仔细地分析每一行代码。为了成功的明天，让我们一起努力！

# 第一节　HTML 基础知识

## 模块一：应知应会

对于现在常用的 Windows 操作系统，使用者只要鼠标轻点，便可完成所有的操作，可是一旦出现故障，专业人员却要在黑底白字的屏幕上输入命令进行修复，这便是我们常说的 DOS。现在的网页制作，虽然可以用 DreamWeaver 或 FrontPage 等所见即所得的软件进行编辑制作，不需要输入代码即可完成。但在实际的电子商务网站制作中，很多功能的实现需要编写代码，作为网页的“母语”，HTML 发挥了至关重要的作用。它是我们必须掌握的基础语言。

### 一、HTML 简介

HTML 是 Hypertext Markup Language 的缩写，即超文本标记语言，是 WWW 的描述语言，是网页的“母语”。HTML 文件其实质就是一个加了标记的普通文本文件，这些标记是用来描述其颜色、字体、字号等格式，同时加上声音、图像等多媒体的标记，就形成了 HTML

超文本标记文件。其扩展名是html或htm。HTML文件通过浏览器来解释执行。因此，它具有很好的跨平台性。任何一台安装有浏览器的计算机均可显示其效果。

HTML超文本标记语言具体来说，有以下特点。

（1）HTML简便易学。HTML不是程序设计语言，如C++、VB之类，它只是标记语言，只要掌握各种标记的用法和含义，便能迅速学会HTML，因此HTML十分简便易学。

（2）HTML是网页制作的标准语言，无论是什么样的网页制作工具，都提供直接以HTML的方式来制作网页的功能。即便使用所见即所得的图形软件来制作网页，最后生成的其实都是HTML代码，所以HTML是一种以不变应万变的网页制作方法，并且HTML语言有时可以实现所见即所得工具所不能实现的功能。

（3）HTML代码需要手动调整，在设计网页功能时，需要对HTML代码进行手动调整，才能实现指定的功能，达到特殊的效果。

**友情提醒**

目前，除了HTML，还有XML、XHTML，但HTML是最基础的知识，是学习其他网页制作语言知识的基础，所以请大家一定要扎实学好HTML。

## 二、HTML的组成

HTML文件是由HTML标记组成的文本文件，用记事本即可进行编辑、修改。HTML标记可以说明文字、图形、动画、声音、表格、链接等。

大家知道，人的身体是由头部（Head）和躯干（Body）两大部分组成的。HTML文件的整体结构也是如此，包括头部（Head）、体部（Body）两大部分，其中，头部描述浏览器所需要的信息，而体部则包含所要说明的具体内容。整体网页的组成框架如下：

```
01 <HTML>
02 <HEAD>
03 此处是网页的头部
04 </HEAD>
05 <BODY>
06 此处是网页的具体内容
07 </BODY>
08</HTML>
```

### 1．HTML标记

<html></html>是HTML文件的开始及结束标记，无论多么复杂的HTML文档都必须以<html>开始，</html>结束。

### 2．头标记

<head></head>是HTML文件的文件头标记，用于描述网页的标题等信息，其中通常包含如下信息：

（1）<title>标记。<title>用于设置网页标题信息，即浏览网页时显示在网站标题上的信息。通常网页的标题信息就是网站的主题，这样的设置更有利于网站宣传。

（2）<style>标记。打开用 DreamWeaver 等软件生成的 HTML 文件，会发现在头标记中有大量的<style>标记。<style>标记用于在文档中嵌入样式表，即常说的内部样式。其功能是对整体页面进行格式化控制。

（3）<meta>标记。<meta>标记主要用来设置页面关键字、控制页面缓存、刷新页面等功能。它所实现的功能在页面上是不可见的。

### 3．主体标记

<body></body>是网站的主体标记，用于标志网站的体部。其中的内容决定网页页面实际显示的内容。Body 标记的格式如下：

```
<body bgcolor="   " text="   " link="   " alink="   " vlink="   " background="   ">
```

（1）bgcolor：设置背景色彩；
（2）text：设置非可链接文字的色彩；
（3）link：可链接文字的色彩；
（4）alink：正被单击的可链接文字的色彩；
（5）vlink：已经单击(访问)过的可链接文字的色彩；
（6）background：设置页面背景图像。

**友情提醒**

网页中颜色的标识方法一般用十六进制表示，格式为#rrggbb；rr 表示红色，gg 表示绿色，bb 表示蓝色。也可以使用颜色英文直接表示，如 red、green、blue、black、white、yellow 等。

## 三、HTML 代码规范

在编写 HTML 代码时必须遵循以下规范。
（1）每个 HTML 文件由 HTML 标记开始，由/HTML 标记结束；
（2）HTML 不区分大小写，</p>与</P>是同一个标记；
（3）在 HTML 文件中所有标记都必须放在“<>”之中；
（4）HTML 的任何标记都由“<”和“>”围起来，例如<P><I>；

（5）在起始标记的标记名前“ / ”便是该标记的终止标记，如</I>，夹在起始标记和终止标记之间的内容受标记的控制。例如，<I>齐齐哈尔大学</I>，夹在标记 I 之间的“齐齐哈尔大学”将受标记 I 的控制。标记 I 的作用是将所夹内容显示为斜体，所以我们在浏览器中看到的“齐齐哈尔大学”将是这个样子的“齐齐哈尔大学”；

（6）HTML 标记有单标记和双标记两种，单标记是只有开始没有结束的标记，即有始无终，如<P>；双标记是指既有开始，又有结束的标记，即有始有终，如<title></title>，HTML 标记中大部分是双标记。

## 四、HTML 应用案例

下面来看一个最简单的实例。采用记事本进行编辑（如图 3.1 所示），存盘文件名为 lx001.htm，实际运行效果如图 3.2 所示。

```
01 <HTML>
02 <HEAD>
03 <Title>
04 鹤城绿色食品网
05 </Title>
06 </HEAD>
07 <BODY>
08  鹤城既出航天员，又产国鸟，是个可以让梦想飞翔的地方
09 <I>这便是美丽的齐齐哈尔，丹顶鹤的故乡</I>
10 </BODY>
11</HTML>
```

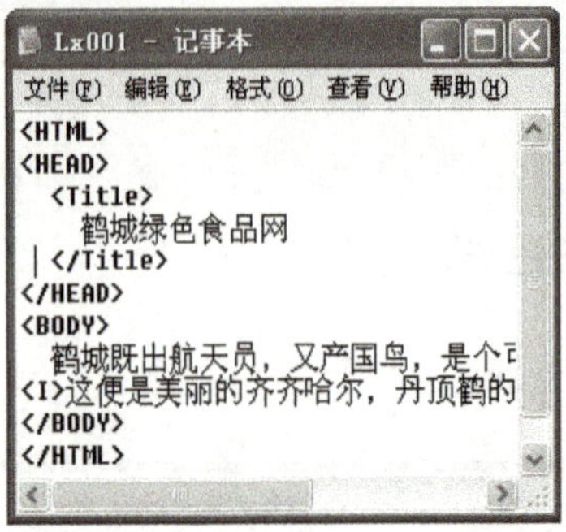


图 3.1　用记事本编辑 HTML 代码

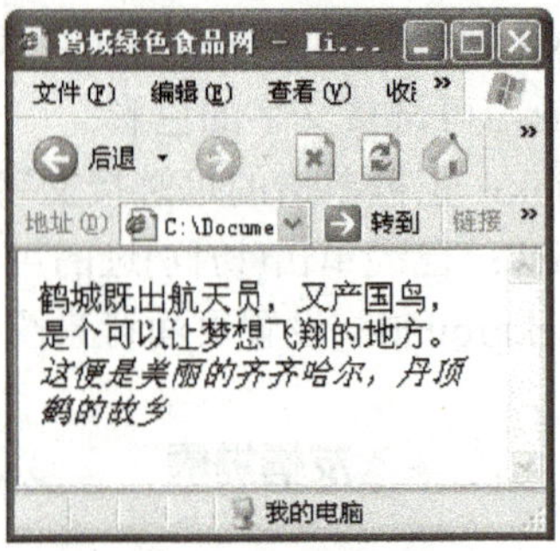


图 3.2　实际运行效果

（1）第 1 行及第 11 行，<HTML>是 HTML 页面的开始标记，表明本文件是一个 HTML 文件，此处是 HTML 文件的开始处；</HTML>是 HTML 的结束标记，表明此处是整个 HTML 文件的结束处。

（2）第 2 行及第 6 行，<HEAD>是网站头部开始标记，</HEAD>是网站头部结束标记；

（3）第 3 行至第 5 行，用来定义显示在浏览器标题栏中的内容为“鹤城绿色食品网”；

（4）第 7 行至第 10 行，即网站的体部，用来定义显示在浏览器窗口中的内容，其中<body>是体部开始标志，</body>是体部的结束标记，<I>是斜体标志，</I>是斜体结束的标志。

## 五、本节标记归纳

（1）<Html></Html>，是 HTML 文件的起始与结束标记。

（2）<Head></Head>，是 HTML 文件头部的起始与结束标记。

（3）<Body></Body>，是 HTML 文件体部的起始与结束标记。

（4）<Title></Title>，是 HTML 文件标题的起始与结束标记。

（5）<I></I>，是斜体的起始与结束标记。

## 模块二：高手点拨

### 一、如何快速轻松地学习 HTML 标记

利用对照法，即在 DreamWeaver 中打开网页，然后切换到设计/代码视图。在设计视图中随意操作，代码视图立即显示相关代码，这样即可当场理解，又可强化记忆；经过一段时间之后，常用代码即可全部掌握，如图 3.3 所示。

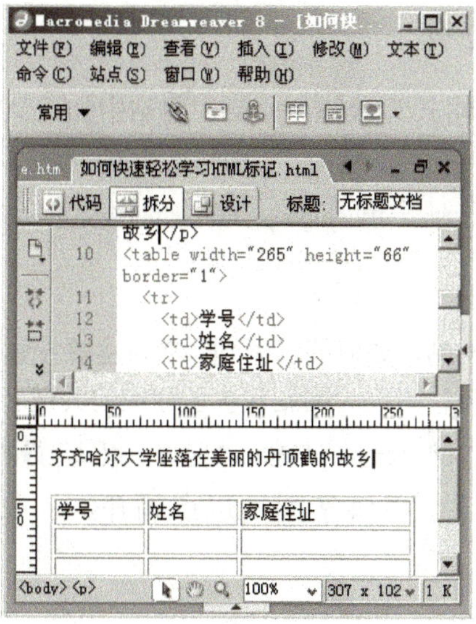

图 3.3　对照法学习 HTML 标记

### 二、如何查看网页的 HTML 代码

查看网页的 HTML 代码的方法很简单，首先打开需要查看代码的网页，然后单击浏览器的“查看”菜单，在出现的下拉菜单中选取“源文件”，即可得到该页面的全部 HTML 代码，如图 3.4 所示。

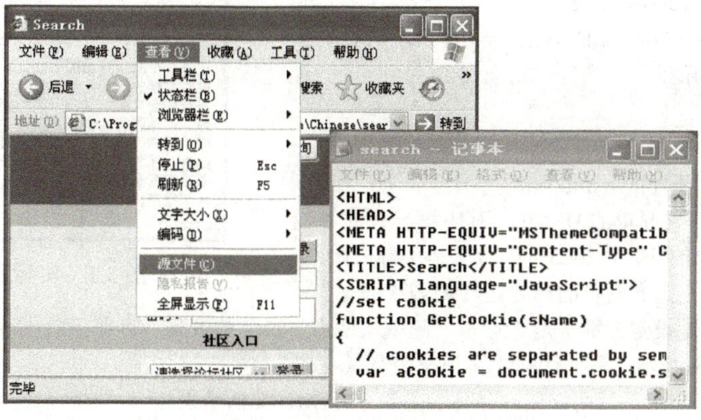

图 3.4　查看网站的源代码

## 三、设置背景音乐

如何让浏览者刚刚进入你的网站，就可以听到一首优美曼妙的歌曲？方法很简单，只要在体部加入下列语句即可，文件一般以 Midi 文件最好。

```
<bgsound src= " 音乐文件名 " >
```

如果嵌入 MP3，则应该使用以下代码：

```
<embed src=bj.mp3 autostart=true ></embed>
```

## 四、嵌入 AVI 视频文件

目前，常用的视频文件格式为 AVI，如何在网站中加入 AVI 文件呢？只要在欲加入视频之处，加上如下代码即可。

```
<embed src=视频文件名  autostart=true hidden=no></embed>
```

## 五、设定关键字

如果是一个专卖足球的网站，如何能够做到，在百度等搜索工具中搜索“足球”，“卖足球”，“质量最好的足球”呢？只要为网站设置了相应的关键字，就可以实现。其方法如下：

```
<meta name="keyword" contents="足球，卖足球，质量最好的足球">
```

设定整个网站的关键字，关键字间用逗点隔开。

## 模块三：制作实务

## 编写 HTML 文件

编写一个简单的欢迎页面的 HTML 代码，要求有背景音乐，设有关键字，其实现效果如图 3.5 所示。

```
01 <html>
02 <head>
03 <title>鹤城欢迎你</title>
04 <meta name="keyword" contents="音乐，鹤城欢迎你，最美的音乐">
05 </head>
06 <body>
07 <bgsound src="bjhyn.mid">
08 这是一个非常简单的 HTML，其中第一行的含义是 HTML 文档的开始；第二行的含义是头部开始；第三行的含义是定义网页的标题是“鹤城欢迎你”；第四行的含义是设定关键字是“音乐，鹤城欢迎你，最美的音乐”；第五行的含义是头部结束；第六行的含义是体部开始；第七行的含义是设定背景音乐是 bjhyn.mid；最后两行依次是体部结束，HTML 文档结束。
09 </body>
10 </html>
```

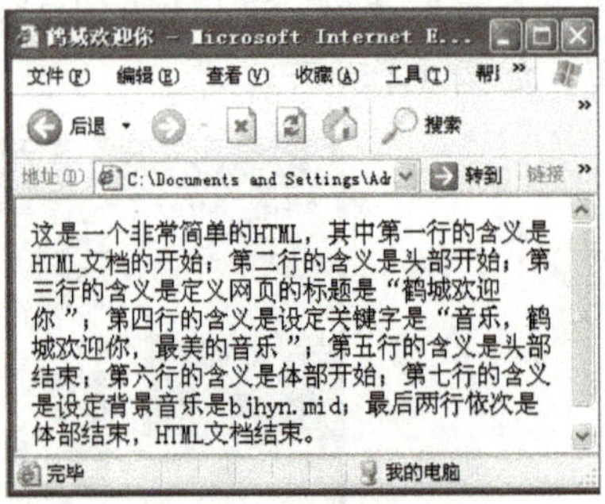


图 3.5　实际显示效果

## 模块四：技能训练

### 接触 HTML 代码

**【训练内容】**查看网站的 HTML 代码，熟悉常用的功能

**【训练目的】**

（1）查看 www.qqhre.com 首页文件的 HTML 代码。

（2）编写一个播放视频文件的 HTML 代码。

**【训练要求】**

（1）编写时要求具备网页必备的 Html、Head、Body 三大基本要素。

（2）编写代码要求简洁，实现基本功能即可。

# 第二节　HTML 的基本标记

## 模块一：应知应会

当面对数以万计的英语单词，不免令人顿觉迷茫；但是经验证明：只要掌握两千多个核心单词便可完成 90%的英语报刊阅读。HTML 的标记很多，但是常用的标记并不多，只需要掌握核心标记，了解一般标记，即可胜任日常工作；对实际工作中出现的生疏标记，则可以通过查阅手册，顺利解决。下面将以实例的方式全面掌握核心标记，熟悉一般标记。

### 一、HTML 的常用标记

HTML 中的基本标记以文字标记为主，还有常用的段落标记以及链接标记、多媒体标记，这些都是最常用的标记，也是学起来最容易的标记；要求每一位电子商务网站制作人员必须掌握。

#### 1. 常用标记简介

HTML 中的常用标记及其描述如表 3.1 所示。

表 3.1　HTML 中的常用标记

| 标　签 | 描　述 |
| --- | --- |
| <h1>到<h6> | 从<h1>到<h6>，<h1>最大，<h6>最小。使用标题标签时，该标签会将字体变成粗体字，并且会自成一行 |
| <font size=3>文字</font> | <font size=1>（最小）到<font size=7>（最大），也可写为：<font size=+1>文字内容</font>，其意思就是说：比预设字大一级。当然也可以 font size=+2（比预设字大二级），或是 font size=-1（比预设字小一级），以一般而言，预设多为 3 |
| <font color="#6 位 16 进制数值">文字颜色</font> | 设定文字颜色，如<font color="#00ff00">绿</font>，<font color="#000000">黑</font> |
| <font face="字型名称">文字</font> | 设定文字字体 |

续表

| 标　签 | 描　述 |
|---|---|
| <b>加粗文字</b> | 将文字加粗 |
| <i>斜体文字</i> | 将文字变为斜体 |
| <U>下画线文字</U> | 将文字加下画线 |
| <P> | 分段标记 |
| <Br> | 换行标记 |
| Hr | 显示一条水平分割线 |
| IMG | 图像标记 |

**2．常用标记详解**

（1）<h1>至<h6>，是专门用于标题设置的标记。

（2）<Font> 标记是专门的字体设置标记，包括 color 设置文字颜色，font 设置字体，size 设置字体大小。

（3）<b><i><u>，学过 Word 的同学一定不会忘记在 Word 的工具栏上也有这三个标记，b 代表粗体，i 代表斜体，U 代表下画线，在 HTML 标记中，这三个标记与 Word 的功能完全相同。

（4）<P><Br>，其中，P 相当于分段，而 Br 则是换行。这两个标记是段落中最常用的标记。

**3．常用标记用法举例**

（1）<font face="黑体"color="#00ff00" size=3>

设置字体为黑体，字色为绿色，字号大小为 3 级。

（2）<a href="http：//www.qqhre.com">齐齐哈尔信息工程学校</a>

这是链接到齐齐哈尔信息工程学校（网址为：http：//www.qqhre.com）网站。

（3）<a href="login.htm">齐齐哈尔信息工程学校</a>

这是链接到本网站当前目录下的 login.htm 文件

（4）<img src="images/logo.jpg">

显示 images 目录下的 logo.jpg 图片。

## 二、链接标记

HTML 之所以称为超文本标记语言，是因为它支持文档的超链接。超链接，是指从一个网页指向一个目标的连接关系，这个目标可以是另一个网页，也可以是相同网页上的不同位置，还可以是一个图片，一个电子邮件地址，一个文件，甚至可以是一个应用程序。而在一个网页中用来超链接的对象，可以是一段文本或者是一个图片。当浏览者单击已经链接的文字或图片后，链接目标将显示在浏览器上，并且根据目标的类型来打开或运行，可以很方便地在不同文档以及同一文档的各段落之间跳转。

HTML 中的链接包括两部分：锚标和目标点。锚标就是链接的源点，当鼠标被移到锚标处时就会变成小手状。此时，用户通过单击鼠标就可以到达链接的目标。

HTML 是通过链接标签<a>来实现超链接的。链接标签<A>是成对标签，首标签<A>和尾标签</a>之间的内容就是锚标。<A>标签有一个不可默认的属性 href，用于指定链接目标点的位置。

### 1．链接标记格式

<a href="URL" name="书签的名称" traget="网页的放置位置">链接文字或图片...</a>

### 2．链接标记说明

（1）<a>～</a>标记为双标签。

（2）URL 网络资源参数可为以下内容：

- 网页：<a href="网页文件名">提示说明文字</a>
- 网站：<a href="链接网址">提示说明文字</a>
- 下载文件：<a href="欲下载文件名">提示说明文字</a>
- 书签跳转：标记记号的格式为：<a name="记号名">...目标点...</a>，引用记号的格式为：<a href="URL#记号名">...链接文字...</a>
- 发送电子邮件的链接：其格式为：mailto:邮箱地址

（3）NAME 属性:用来设定书签的名称。

（4）position 属性：设定网页的放置位置。

target="framename"该语句只运用于框架网页中。若被设定则链接结果将显示于该“框窗名称”之框窗中，框窗名称是事先由框架标记所命名的。

target="_self" 将链接的网页内容，在本窗口中显示(内定值)。

target="_blank"或 target="new" 将链接的网页内容，在新的窗口中显示。

target="_top" 将框架中链接的网页内容，显示在没有框架的窗口中（除去了框架)。

target="_parent"将链接的网页内容当成文件的上一级网页。

### 3．用法举例

（1）链接到网址

<a href="http://www.qqhre.com">齐齐哈尔信息工程学校</a>

（2）链接到下载文件

<a href="wnwb.zip">万能五笔下载</a>

（3）链接到电子邮件

mailto:CuiLH666@126.com

（4）链接到网页

<a href="index.htm">首页</a>

## 三、表格标记

### 1．HTML 中表格产生的过程

HTML 表格用<table>表示。一个表格可以分成很多行，用<tr>表示；每行又可以分成很多单元格，用<td>表示。举个例子来说，如果要做一个 3 栏 2 列的表格，在 Word 中，只要设定表格为 3 栏 2 列就可以了。而在网页中做一个 3 栏 2 列的表格，要分成好几个步骤。步骤 1，利用<table></table>标签告诉计算机“我要做一个表格”；步骤 2，利用一组<tr></tr>标签先做一个行，然后在行中利用三组<td></td>标签再分出三列；步骤 3，重复步骤 2，再做一行，然后再分三列，便得到一个 3 栏 2 列的表格。其过程如图 3.6 所示。

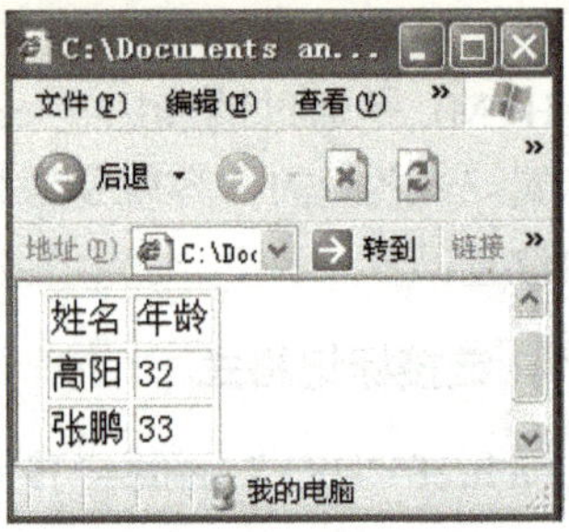


图 3.6 表格产生过程示例

```
<table border="1">
<tr>
<td>姓名</td>
<td>年龄</td>
</tr>
<tr>
<td>高阳</td>
<td>32</td>
</tr>
<tr>
<td>张鹏</td>
<td>33</td>
</tr>
</table>
```

其中，<table border="1">中的 border 是指表格线的宽度。

### 2. HTML 中表格标记详解

HTML 中表格标记详细解释如表 3.2、表 3.3 所示。

表 3.2 表格标记

| 标　签 | 描　述 |
|---|---|
| <table>...</table> | 定义表格开始和结束 |
| <th>...</th> | 定义表头单元格。表格中的文字以粗体显示，也可以不用此标签，<th>标签必须放在<tr>标签内 |
| <tr>...</tr> | 定义一行，行标记可以建立多组由<td>或<th>标签所定义的单元格 |
| <td>...</td> | 定义列标记，一组<td>标记建立一列，<td>标签必须放在<tr>标签内 |

表 3.3 <table>标签的属性

| 属　性 | 描　述 | 属　性 | 描　述 |
|---|---|---|---|
| Width | 表格的宽度 | Bordercolor | 表格边框颜色 |
| Height | 表格的高度 | bordercolorlight | 表格边框明亮部分的颜色 |
| Align | 表格对齐方式 | bordercolordark | 表格边框昏暗部分的颜色 |
| Background | 表格的背景图片 | Cellspacing | 单元格之间的间距 |
| Bgcolor | 表格的背景颜色 | Cellpadding | 单元格内容与单元格边界之间的空白距离的大小 |
| Border | 表格边框的宽度（以像素为单位） | | |

### 3．表格用法举例（如图 3.7 所示）

```
<HTML>
<HEAD>
<TITLE>表格行的控制</TITLE>
</HEAD>
<BODY>
<TABLE border=1 align="center" width="80%" height="150">
<TR ALIGN="CENTER">
<TH>姓 名</TH>
<TH>性 别</TH>
<TH>年 龄</TH>
<TH>专 业</TH>
</TR>
<TR ALIGN=CENTER bordercolor="#336600" bgcolor="#C1FFC1">
<TD>张春才</TD>
<TD>女</TD>
<TD>33</TD>
<TD>教师</TD>
</tr>
<tr align=center height=50 bordercolor=navy bgcolor="#86B8E1" valign=bottom bordercolorlight
="#E1F0FD" bordercolordark="#002346">
<TD>崔越杭</TD>
<TD>女</TD>
<TD>9</TD>
<TD>学 生</TD>
</TR>
</TABLE>
</BODY>
</HTML>
```

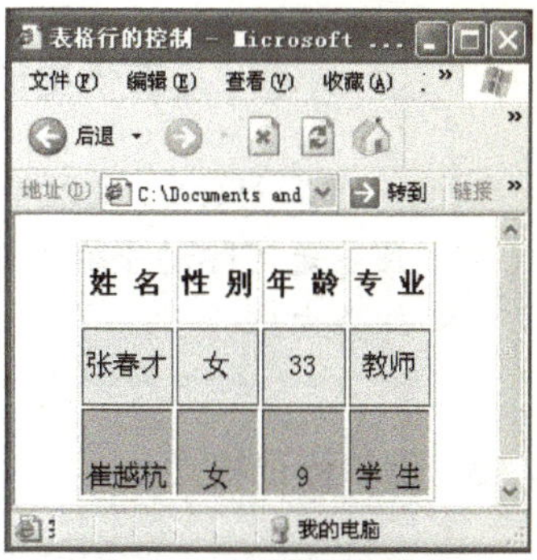


图 3.7 表格用法举例

## 四、表单的格式

### 1．表单标记概述

如果不是设置为自动登录，谁都不会直接进入“腾讯 QQ”软件；登录网易邮箱需要输入用户名和密码，“阿里巴巴”网站也需要会员登录。所有这些，无论用什么软件制作网页，其功能的实现都是通过一个叫“表单”的东西来实现。表单可以收集用户信息和反馈意见，是网站管理者与浏览者之间沟通的桥梁，如调查表、留言簿、登录框等。

### 2．表单的组成

一个表单有三个基本组成部分：

（1）表单标记。我们知道<HTML></HTML>标记是 HTML 文本的开始与结束标记，夹在其中的所有内容都是 HTML 文本的内容。与此完全相同，表单标记就是整个表单全部内容的起始与结束标记。

（2）表单域。表单域是表单内部的主要内容，包含了文本框、密码框、隐藏域、多行文本框、复选框、单选框、下拉选择框和文件上传框等。

（3）表单按钮。包括提交按钮、复位按钮和一般按钮。

**友情提醒**

在 HTML 的所有标记中，动态网站编程涉及最多的就是表单，而且多是实际动手输入代码，而非生成代码，所以大家一定要掌握好这一部分内容。

### 3．表单标记格式

```
<form action="单击确定后执行的网页" method="提交方法">
<input type=" " name="">
```

上述标记，每项含义如下：

（1）用户填入表单的信息总是需要程序来进行处理，表单里的 action 就指明了处理表单信息的文件。例如，action="admin.asp"，当用户单击确定后，将转向 admin.asp 程序继续执行。

（2）method 是指发送表单信息的方式，有两种选择 get 和 post。get 的方式是将表单控件的名字以及其值通过附加在网址后面发送（你可以在地址栏里看到）。而 post 则将表单的内容通过打包发送，在地址栏看不到表单的提交信息。如果把表单发送信息比喻成从齐齐哈尔送往北京的一袋特产，那么 get 就相当于依靠熟人捎到北京，而 Post 则相当于打包邮到北京。

(3) <input type=" "> 标记。<input type=" ">标记用来定义一个输入框，大家常见的 QQ 用户登录的 QQ 账号、QQ 密码都属于输入框。此标记必须放在<form> </form>标记中。type 属性决定输入框的类型。<input>标记中的属性和用途如表 3.4 所示。

表 3.4　<input>标记中的属性和用途

| 属　性 | 用　途 |
|---|---|
| <input align=" "> | 用于设置表单的位置。左（left）；右（right）；居中（middle）；上（top）；下（bottom） |
| <input name=" "> | 设置输入框名称 |
| <input type=" "> | 输入数据类型，常见的数据类型有(1)text：单行文本；(2)textarea：多行文本；(3)password：数据为密码，用星号表示；(4)checkbox：复选框；(5)radio：单选按钮；(6)submit：提交按钮；(7)reset：清除表单数据；(8)button：普通按钮；(9)file：插入文件；(10)hidden：隐藏按钮；(11)image：插入图像 |
| <input value=" "> | 用于设置输入默认值 |
| <input src=" "> | 设置图像文件的地址 |
| <input checked> | 选择框的默认选项 |
| <input size=" "> | 设定最大输入字符数 |
| <input onclick=" "> | 表示在点击后调用的子程序 |
| <input onselect=" "> | 表示当前项被选择时调用的子程序 |

文本框标记<input type="text"size=" " maxlength=" "name=" ">，其功能是供用户输入提交内容。例如，输入用户名、密码、验证码等。"text"表示这是单行文本框；size 输入区字符宽度；maxlength 最多允许输入的字符数。Name 文本框名称。

例如，<input type="text"size=16　maxlength=12　name="UserName">。

密码框<input type="password">。在登录邮箱输入密码时，文本框中显示的是星号，这便是密码框，密码框中各标记属性的含义和文本框完全相同。

例如，<input type="password"size=8 name="PWS">。

### 4．表单及表单域常用标记

表单标记共有 10 个，其功能如表 3.5 所示。

**表 3.5　表单及表单域常用标记**

| 标　记 | 含　义 | 标　记 | 含　义 |
|---|---|---|---|
| <form> | 表单标记，用于定义表单开始与结束 | <legend> | 定义域的标题 |
| <input> | 定义输入域 | <select> | 定义选择列表 |
| <textarea> | 定义文本域，即多行的输入控件 | <optgroup> | 定义选项组 |
| <label> | 定义表单内标签 | <option> | 定义下拉列表中的选项 |
| <fieldset> | 定义域 | <button> | 定义按钮 |

### 5．表单用法举例

**【例 3.1】**如图 3.8 所示。

```
<html>
<head>
    <title>表单用法举例<title>
<head>
<body>
<form  action="yourname.asp" method="get">
    请输入你的姓名：<br>
    <input type="text" name="yourname">
    <br>
    <input type="submit" value="提交">
</form>
</body>
</html>
```

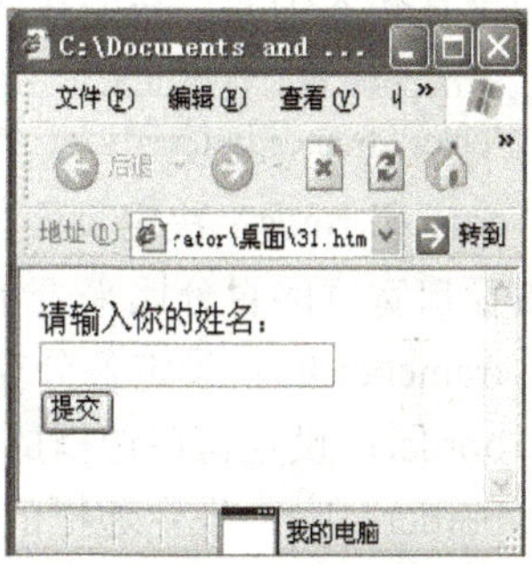


图 3.8　表单用法【例 3.1】

**【例 3.2】**如图 3.9 所示。

```
<html>
<head>
    <title>在线交易</title>
    </head>
<body>
    请选择你的交易方式:<br>
    <form> action="select.asp" method = "post">
    <input type="radio" name="fruit" value = "Apple">现金<br>
    <input type="radio" name="fruit" value = "Orange"
    checked>信用卡<br>
```

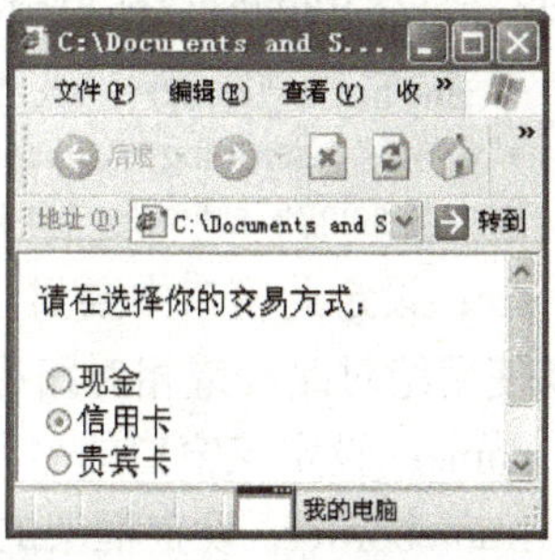


图 3.9　表单用法【例 3.2】

```
        <input type="radio" name="fruit" value = "Mango">贵宾卡<br>
        <input type="submit" value="提交">
        </form>
<body>
  </html>
```

## 五、框架标记

框架，也称多窗口网页，是指在同一浏览器中显示多个相互隔离的网页，网页画面被分成几个区块，每个区块显示一个网页。利用框架可以在一个网页中浏览多个页面，还可以对网站建立总索引，通过单击索引区域中的超链接，与此对应的网页就会显示在另外一个区域中，非常直观。

### 1. 框架的组成

建立网页的框架结构，只要使用标记<frameset>和<frame>设置即可，而所有框架标记都要放在一个总的html文件中，这个文件只记录了该框架是如何划分的，而不会显示任何其他资料，所以不必放入 <body> 标记。其中，使用<FRAMESET>标记划分窗口，使用<frame>标记来标志每个窗口。<frameset>在多窗口页面中的地位就相当于<body>在普通单窗口页面中的地位，在页面中用<frameset>……</frameset>标志页面主体部分的起止位置。同时，<frameset>标记决定了怎样划分窗口，以及每个窗口的位置和大小。

### 2. 框架常用标记

（1）<FRAMESET>标记。如前所述，该标记是用来划分与标志每个窗口，确定每个窗口的位置和大小的。其形式如下：

```
<frameset cols="value1"  rows="value2"  frameborder=yes|no  border="value3"  bordercolor=
"color" framespacing="value4">...</frameset>
```

cols 和 rows：决定页面如何分割的两个参数。分割左右窗口用 cols，各帧的左右宽度用占窗口宽度的百分比来表示。分割上下窗口用 rows，也用百分比来设定。

frameborder：设定各分窗口是否加边框；

border：设定窗口边框的宽度；

bordercolor：设定边框的颜色；

framespacing：设定框架与框架之间保留空白的距离，默认值是 0。

（2）<FRAME>标记。把窗口分割好后，各窗口的属性是用 HTML 的<frame>标记来定义的，所以<frameset>标记中必须包含<frame>标记，用以定义各子窗口的属性。

```
<frame name="value1"  src="URL"  marginwidth="value2"  marginheight
="value3"  scrolling="value4"  frameborder="value5"  noresize
framespacing="value6"  bordercolor="color">
```

src：设定此窗口中要显示的网页文件名称，每个窗口一定要对应着一个网页文档。你可以使用绝对路径或相对路径来指定。

name：设定该窗口的名称，这样才能指定框架来进行链接，可以任意命名。

frameborder：设定框架的边框，其值只有 0 和 1；0 表示不要边框，1 表示要显示边框，也可使用 yes 或 no。

framespacing：设定框架与框架之间保留空白的距离。

bordercolor：设定框架的边框颜色。

scrolling：设定是否要显示卷轴，yes 表示要显示卷轴，no 表示无论如何都不要显示卷轴，auto 表示视情况自动决定是否显示卷轴。

noresize：设定不让浏览者改变这个边框的大小。没有设定此参数，浏览者则可以很随意地拉动框架，改变其大小。

marginhight：设定框架高度部分边缘所保留的空白空间。

marginwidth：设定框架宽度部分边缘所保留的空白空间。

### 3．举例

表 3.6　【例 3.3】～【例 3.6】的程序代码及其设计效果

**【例 3.3】**

程序代码

```
<frameset rows="65,*">
      <frame name="top" src="menu.html">
      <frame name="bottom" src="conn.html">
</frameset>
```

图 3.10　【例 3.3】设计效果

**【例 3.4】**

程序代码

```
<frameset rows="65,*,65">
      <frame name="top" src="menu.html">
      <frame name="middle" src="conn.html">
      <frame name="bottom" src="bott.html">
</frameset>
```

图 3.11　【例 3.4】设计效果

**【例 3.5】**

程序代码

```
<frameset cols="160,*">
<frameset rows="65,*">
      <frame name="upper_left" src="menu.html">
      <frame name="lower_left" src="conn.html">
      </frameset>
      <frame name="right" src="bott.html">
      </frameset>
```

图 3.12　【例 3.5】设计效果

**【例 3.6】**

程序代码

```
<frameset rows="65,*">
      <frame name="top" src="menu.html">
      <frameset cols="150,*">
      <frame name="lower_left" src="left.html">
      <frame name="lower_right" src="right.html">
      </frameset>
      </frameset>
```

图 3.13　【例 3.6】设计效果

## 模块二：高手点拨

### HTML 代码技巧实例

网站中有许多特殊功能，其实，它们都是用最简单的 HTML 代码实现的，而且语句十分简单。现在就将一些最常用的代码摘录如下：

**友情提醒**

您不必记下这些代码，使用时只需到本书配套网站上复制下载，再粘贴到你的 HTML 源代码中即可。

**1．将彻底屏蔽鼠标右键**

```
oncontextmenu="window.event.returnValue=false"
```

**2．用于表格则为**

```
<table oncontextmenu=return（false）> <td> no</td> </table>
```

**3．取消选取、防止复制**

```
<body onselectstart="return false">
```

**4．不准粘贴**

```
<body onpaste="return false" >
```

**5．防止复制**

```
<body oncopy="return false；" oncut="return false；">
```

**6．IE 地址栏前换成自己的图标**

```
<link  rel="Shortcut  Icon"  href="favicon.ico" />
```

**7．在收藏夹中显示出你的图标**

```
<link  rel="Bookmark"  href="favicon.ico"/>
```

**8．关闭输入法**

```
<input  style="ime-mode：disabled" />
```

**9．网页将不能被另存为**

```
<noscript> <iframe src="/blog/*.html> "；  </iframe> </noscript>
```

**10．背景音乐**

显示操作面板，在相应地方加<embed src="aladdin.mid" width="140" height="35" autostart=true controls="middleconsole">

### 11．不显示操作面板

在页中任意地方加<embed src="aladdin.mid" hidden=true autostart=true loop=true>

### 12．移动文字

移动文字在主页上是常用的，其制作方法如下：
<marquee>要移动的文字</marquee>
移动的方向：<direction=****>　****可选值为 left，right
移动的方式：<bihavior=****>　****可选值为 scroll，side，alternate
循环次数：<loop=循环次数>，若未指定则循环不止。
循环速度：<scrollamount=数值>

### 13．电子邮件链接

<a href="mailto：Cuilh666@126.com">作者信箱</a>

## 模块三：制作实务

### HTML 代码阅读

以下是一个学校网站二级页面的简单 HTML 代码片断，请详细解读。

```
<head>
<title>电子商务网站建设教学网</title>
</head>
<body>
<table width="778" height="79" border="0">
 <tr>
 <td><img src="/images/xxgk_01.jpg" width="800" height="149"></td>
 </tr>
 </table>
<table width="804" height="39" border="0">
<tr>
<td width="798" height="39">首页 ｜<a href="/xxjj/jj.htm">学校简介</a>｜<a href="/mtbd/
   mtbd.htm">媒体报导</a>｜ 专业设置 ｜ 机构设置 ｜ 领导班子 ｜ 荣誉展厅 ｜ 地理位置
</td>
  </tr>
</table>
<table width="806" height="307" border="0">
  <tr>
     <td width="179" height="307" valign="top"><table width="98%" height="206" border="0" >
        <tr>
```

```
        <td height="57" bgcolor="#FFFFCC"><img src="/images/xxgk_04.jpg" width="179" height="57"></td>
      </tr>
      <tr>
        <td height="30" bgcolor="#FFFFCC">务实：务必实实在在地办学</td>
      </tr>
      <tr>
        <td bgcolor="#FFFFCC">从严：一切从严规范管理</td>
      </tr>
      <tr>
        <td height="26" bgcolor="#FFFFCC">超越：超越大学生技能水平</td>
      </tr>
      <tr>
        <td bgcolor="#FFFFCC">质量：教学质量是学校的生命</td>
      </tr>
      <tr>
        <td bgcolor="#FFFFCC">技能：技能是学生立足之本</td>
      </tr>
      <tr>
        <td bgcolor="#FFFFCC">理论：理论够用技能实用</td>
      </tr>
    </table></td>
    <td width="617" valign="top"> </td>
 </tr>
</table>
<table width="778" height="79" border="0" >
  <tr>
    <td> </td>
  </tr>
</table>
</body>
</html>
```

## 模块四：技能训练

### HTML 代码强化记忆

**【训练内容 1】** 随意打开三个网页，并查看其源代码，逐条分析其 HTML 代码。

**【训练目的】**

（1）通过大量代码的阅读，实现对常用 HTML 代码熟练化。

（2）通过对整个网站 HTML 代码的分析，通过查找资料，对生疏代码进行初次接触。

**【训练要求】**

（1）逐行分析，一条一条弄明白含义。

（2）对没有学过的代码，查阅附录 A　HTML 标记总表，了解其含义。

**【训练内容 2】**图 3.14 是网易邮箱申请界面，请编写 HTML 代码，实现其界面效果。

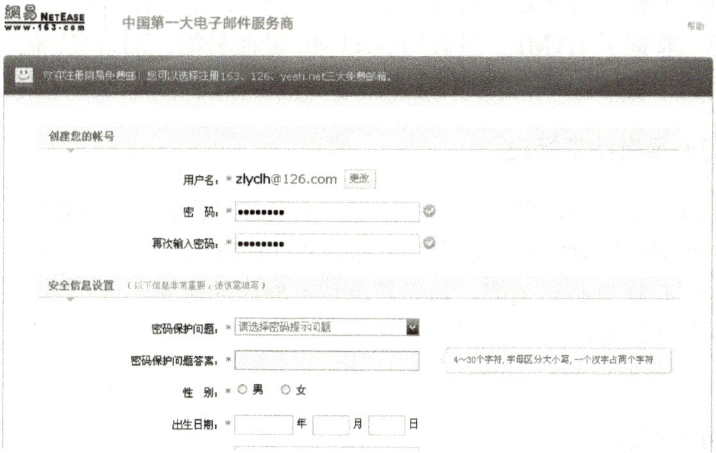


图 3.14　网易邮箱申请界面

# 第三节　HTML 与 XHTML

## 模块一：应知应会

HTML 是网页最基础的标记语言。随着网络技术的不断进步，网上搜索引擎越来越重要，而 HTML 只适合人与计算机之间的交流，不适合计算机与计算机之间的交流。现在越来越多的网页开始使用 XHTML 标记语言。2000 年年底，国际 W3C 组织(World Wide Web Consortium)组织公布发行了 XHTML 1.0 版本。XHTML 1.0 是一种在 HTML4.0 基础上优化和改进的新型标记语言。XHTML 是一种增强了的 HTML，它的可扩展性和灵活性将适应未来网络应用更多的需求。XML 虽然数据转换能力强大，完全可以替代 HTML，但面对成千上万已有的基于 HTML 语言设计的网站，直接采用 XML 还为时过早。因此，在 HTML4.0 的基础上，用 XML 的规则对其进行扩展，得到了 XHTML。所以，建立 XHTML 的目的是实现 HTML 向 XML 的过渡。目前网站使用的页面排版格式主要有表格方式及 CSS+DIV 方式两种，而 CSS+DIV 即 XHTML 标记语言。

### 一、什么是 XHTML

XHTML（The Extensible HyperText Markup Language），即可扩展的超文本标记语言。HTML（超文本标记语言）是一种基本的 Web 网页设计语言，XHTML 与 HTML 4.01 几乎相同，XHTML 是更严格更纯净的 HTML 版本，XHTML 就是严谨而准确的 HTML。如果说 HTML 是汉语，那么 XHTML 就是标准普通话。XHTML 是 HTML 的“升级规范”产品，其中“X”是代表可扩展的，是单词“extensible”的缩写。与 HTML 相比，它具有更严格的书写标准、更好的跨平台能力。由于某些需要，XHTML 将以前版本的 HTML 能够实现的一些功能交给了 CSS。

## 二、从 HTML 到 XHTML

学习网页制作的标记语言必须从 HTML 开始。XHTML 与 HTML 几乎相同，只不过是有着严谨的规范。掌握了 HTML，过渡到 XHTML 轻而易举。XHTML 规范的设定是为了使网站的代码有一个统一、唯一的标准，便于以后的数据再利用。

### 1．每个标记必须有结束标记

HTML 中可以有单标记，即只有起始标记，没有结束标记。而 XHTML 中所有的标记都必须要有一个相应的结束标记。没有结束标记在 XHTML 中是不合法的。XHTML 要求有严谨的结构，所有标签必须关闭。如果是单独不成对的标签，在标签最后加一个“/>”来关闭它。“/>”前必须有一个空格。例如：

```
<br /><hr />
```

### 2．标记区分大小写

在 XHTML 中，所有标签元素和属性的名字都必须使用小写。与 HTML 不一样，XHTML 对大小写是敏感的，<HEAD>和<head>是不同的标记。XHTML 要求所有的标签和属性的名字都必须使用小写。例如，<BODY>必须写成<body>，编程者习惯的类似 onClick 的大小写夹杂在一起是不被认可的。

### 3．所有的 XML 标记都必须合理嵌套

同样因为 XHTML 要求有严谨的结构，因此所有的嵌套都必须按顺序进行，一层一层的嵌套必须是严格对称的。与 VB 等编程语言的循环嵌套要求一致。

### 4．所有的属性必须用引号括起来

在 HTML 中，你可以不需要给属性值加引号，但是在 XHTML 中，它们必须被加引号。例如，<font size=12> 必须改为<font size=“12”>

### 5．所有属性必须赋予一个值

XHTML 规定所有属性都必须有一个值，没有值的就重复本身。

### 6．不要在注释内容中使用“--”

“--”只能发生在 XHTML 注释的开头和结束，也就是说，在内容中它们不再有效。例如，下面的代码是无效的：

```
<!--这里是注释-------这里是注释-->
```

可以用等号或者空格替换内部的虚线。

```
<!--这里是注释========这里是注释-->
```

### 7．图片必须有说明文字

每个图片标签都必须有说明文字。说明文字放在 alt 属性值中。

```
<img src="logo.jpg" alt="这是网站的 LOGO 图片" />
```

## 模块二：高手点拨

### XHTML 代码技巧四则

#### 1．取消按钮按下时的虚线框

在 input 里添加属性值 hideFocus 或者 HideFocus=true。

#### 2．只读文本框内容

在 input 里添加属性值 readonly。

#### 3．防止退后清空的 TEXT 文档

```
<INPUT stylc=bchavior:url(#dcfault#savchistory); typc=tcxt id=oPcrsist Input>
```

#### 4．Enter 键可以让光标移到下一个输入框

```
<input onkeydown="if(event.keyCode==13)event.keyCode=9" >
```

## 模块三：制作实务

### 网址之家的源代码分析

以下是网址之家（http://www.hao123.com/）的部分源代码，请进行分析。

```
<table width="100%"  border="0" cellspacing="0" cellpadding="0" id=t1>
<tr>
<td><a href=http://www.baidu.com/>百　度</a></td>
<td><a href=http://www.sina.com.cn>新　浪</a></td>
<td><a href=http://www.qq.com>腾　讯</a></td>
<td><a href=http://www.sohu.com>搜　狐</a></td>
<td><a href=http://www.163.com/>网　易</a></td>
</tr>
<tr>
<td><a href=http://www.cctv.com/default.shtml>中央电视台</a></td>
<td><a href=http://www.ifeng.com/>凤 凰 网</a></td>
<td><a href=http://www.xinhuanet.com/>新 华 网</a></td>
<td><a href=http://www.people.com.cn/>人 民 网</a></td>
<td><a href="http://cn.msn.com/">MSN 中文网</a></td>
</tr>
<tr>
```

```
<td><a href=http://www.google.cn/>Google</a></td>
<td><a href="http://cn.yahoo.com/?id=40084">中国雅虎</a></td>
<td><a href="http://www.amazon.cn><font class="redfont">卓越网上购物</font></a></td>
<td><a href="http://www.chinamobile.com/">中国移动</a></td>
<td><a href=http://www.pconline.com.cn/>太平洋电脑网</a></td>
</tr>
<tr>
<td><a href="http://www.chinahr.com/">中华英才网</a></td>
<td><a href=http://www.gov.cn/>中国政府网</a></td>
<td><a href=http://www.zhcw.com/>中 彩 网</a></td>
<td><a href=http://www.autohome.com.cn/>汽车之家</a></td>
<td><a href="http://cnt.zhaopin.com>智联招聘</a></td>
</tr>
<tr>
<td><a href=http://fund.eastmoney.com/>天天基金</a></td>
<td><a href=http://www.eastmoney.com/>东方财富</a></td>
<td><a href=http://www.xiaonei.com/>校 内 网</a></td>
<td><a href="http://www.qidian.com/newindex.aspx">起点中文网</a></td>
<td><a href=http://www.51.com/>51 个人空间</a></td>
</tr>
</table>
```

## 模块四：技能训练

### XHTML 代码练习

**【训练内容】**上网，打开网页，查看其源代码，分析其是否为 XHTML 结构。

**【训练目的】**

（1）通过对代码的分析，进一步加强对 XHTML 的了解。

（2）进一步了解 HTML 与 XHTML 的相同点与不同点。

**【训练要求】**

（1）至少找到 10 个采用 XHTML 的网页。

（2）分析所查到的 XHTML 文件源代码，进一步理解 XHTML 规范。

## 本 章 小 结

本章主要讲授了网页构成的“母语”HTML 语言，从 HTML 语言的基础知识讲到 HTML 的组成，并以实际案例做了进一步剖析。在第二节中，对 HTML 的常用标记进行了表格化归纳，并对重点标记进行了实例讲解，对电子商务网站编程经常用到的、最关键的四大类标记表格、表单、链接、框架进行了细致的分析，尤其对 HTML 中表格的产生过程、表单的组成与提交方式、链接的几种方式、框架的构建做了详细的讲解。对不常用的标记则一带而过。第三节则以 HTML 与 XHTML 的对比，拓展学生知识，适应未来网页技术发展的需要。第四节则以表格的方式列出了所有标记，并对其含义进行了简要说明，供学生自学以及实际使用时查阅。

本章在高手点拨中，对网站中经常使用的技巧进行了归纳，将其代码做了详细列举。相信这对提高读者的 HTML 运用水平会有极大的帮助。

# 每 课 一 考

## 一、填空题（共 40 空，每空 1 分）

1．HTML 是指（　　）语言，是（　　）的描述语言，是网页的（　　）。
2．HTML 文档由（　　）和（　　）两大部分组成。
3．HTML 标记有（　　）和（　　）两种，<br>属于（　　）标记。
4．设置 MP3 格式文件作为网页背景音乐的语句是（　　）。
5．设置关键字的代码是（　　）。
6．嵌入 AVI 视频文件的代码是（　　）。
7．表单里的（　　）指明了处理表单信息的文件。
8．method 是指发送表单信息的方式，有两种选择，即（　　）和（　　）。
9．一个表单有三个基本组成部分，即（　　）、（　　）和（　　）。
10．TITLE 标记符应位于（　　）标记符之间。
11．表格在页面中的对齐应在 TABLE 标记符中使用（　　）属性。
12．要使文字同时显示为粗体和斜体，应使用语句（　　）。
13．要使整个表格采用某种对齐方式，应在（　　）标记符中使用 align 属性。
14．表格标记为（　　），列举两个常用的属性（　　）和（　　）。
15．表格元素常用的三对标记：（　　）、（　　）、（　　）。
16．将文字加上下画线的代码是（　　）。
17．<a href="mailto：Cuilh666@126.com">的含义是（　　）。
18．<TABLE border=1 align="center" width="80%" height="150">中 center 的功能是（　　），align 的含义是（　　），width 的含义是（　　），border 的含义是（　　）。
19．<input type="checkbox" value="" name="remUser" >，其中，input 的含义是（　　），此句显示的是（　　），name 的含义是（　　）。
20．<a href="http：//uinfo.mail.126.com/xy3/index.htm" >升级逍遥 3.0</a> 中 a 是（　　）标记，href 指明的是（　　）。
21．<option value="23">逍遥 3.0</option>中 option 是（　　）标记，value 的含义是（　　）。

## 二、选择题（共 20 题，每题 1 分）

1．HTML 文档的扩展名是（　　）。
　　A．doc　　B．htm　　C．XLS　　D．ASP

2．在 HTML 文件中所有标记都必须放在（　　）之中。

A．<>　　B．{}　　C．()　　D．“”

3．标记 B 的功能是（　　）。

A．斜体　　B．加粗　　C．下画线　　D．链接

4．<Title>标记的含义是（　　）。

A．头部信息　　B．设置关键字　　C．标题　　D．体部信息

5．H1 至 H6 标记，其中最大的是（　　）。

A．H1　　B．H2　　C．H5　　D．H6

6．font size=+2 的含义是（　　）。

A．字号比预设字大二级　　B．字号为 2 级

C．字号比 2 稍大　　D．以上都不对

7．font color=""中，颜色原取值应该是采用（　　）数。

A．二进制　　B．八进制　　C．十进制　　D．十六进制

8．换行标记是（　　）。

A．<Br>　　B．<Hr>　　C．<P>　　D．<a>

9．链接到中央电视台网址（www.cctv.com）正确的写法是（　　）。

A．<a href="www.cctv.com">中央电视台</a>

B．<a href="http：//www.cctv.com">中央电视台</a>

C．<a ="www.cctv.com">中央电视台</a>

D．<href="http：//www.cctv.com">中央电视台</a>

10．表格中的一列用（　　）标记表示。

A．TD　　B．TR　　C．HR　　D．Table

11．表格中 border 的用途是（　　）。

A．表格对齐方式　　B．表格的背景颜色

C．表格边框颜色　　D．表格的背景图片

12．<input>的功能是（　　）。

A．定义域　　B．输入域　　C．选项组　　D．按钮

13．HTML 文本显示状态代码中，<CENTER></CENTER>表示（　　）。

A．文本加注下标线　　B．文本加注上标线

C．文本闪烁　　D．文本或图片居中

14．加入一条水平线的 HTML 代码是（　　）。

A．<hr>　　B．<img src="name" border=？>

C．<img src="name" align=left>　　D．<img src="name">

15．HTML 代码<img src="name">表示（　　）。

A．添加一个图像　　B．排列对齐一个图像

C．设置围绕一个图像的边框的大小　　D．加入一条水平线

16．创建最小的标题的文本标签是（　　）。

A．<pre></pre>　　B．<h1></h1>

C．<h6></h6>　　D．<b></b>

17．HTML 代码<img src="name" align=left>表示（　　）。

A．添加一个图像　　B．排列对齐一个图像

C．设置围绕一个图像的边框的大小　　D．加入一条水平线

18．HTML 代码<input type=text name="old" size=20>表示（　　）。

A．创建一个单选框　　B．创建一个单行文本输入区域

C．创建一个提交按钮　　D．创建一个使用图像的提交按钮

19．表格标记的基本结构是（　　）。

A．<tr></tr>　　B．<br></br>

C．<table></table>　　D．<bg></bg>

20．要在网页中显示“欢迎访问我的主页！”，要求字体为隶书、字体大小为 6 。下列语句正确的是（　　）。

A．<P> <FONT SIZE = 6 TYPE ="隶书"> 欢迎访问我的主页！</FONT>

B．<p> <FONT SIZE = +2 FACE ="隶书"> 欢迎访问我的主页！</FONT>

C．<P> <FONT SIZE = 6 FACE ="隶书"> 欢迎访问我的主页！</FONT>

D．<p> <FONT SIZE = +3 STYLE ="隶书"> 欢迎访问我的主页！</FONT>

## 三、判断题（共 20 题，每题 1 分）

1．HTML 不是程序设计语言。（　　）

2．无论是什么样的网页制作工具，最后生成的文件都是 HTML 代码。（　　）

3．action="admin.asp"，当用户单击确定后，将转向 admin.asp 程序继续执行。（　　）

4．get 的方式是将表单的内容通过打包发送。（　　）

5．表单可以收集用户的信息和反馈意见，是网站管理者与浏览者之间沟通的桥梁。（　　）

6．HTML 的标记并非全是封装在由小于号和大于号构成的一对尖括号之中。（　　）

7．在 HTML 中，可以使用<EMBED>标记向网页中插入 GIF 动画文件。（　　）

8．Hr 在标记的位置添加一个回车符。（　　）

9．<HEAD> HTML 练习</HEAD>将 HTML 页面的标题设置为“HTML 练习”。（　　）

10．HTML 标记符通常不区分大小写。（　　）

11．网站就是一个链接的页面集合。（　　）

12．HTML 表格在默认情况下有边框。（　　）

13．在 HTML 表格中，表格的行数等于 TR 标记符的个数。（　　）

14．在 HTML 中，与表格一样，表单也能嵌套。（　　）

15．所有的 HTML 标记符都包括开始标记符和结束标记符。（　　）

16．在 HTML 表单中，文本框、口令框和复选框都是用 INPUT 标记符生成的。（　　）

17．一个网页中只能包含一个表单。（　　）

18．用 H1 标记符修饰的文字字号通常比用 H6 标记符修饰的要小。（　　）

19．HTML 表格内容的垂直对齐方式默认为垂直居中。（　　）

20．<P>标记是回车换行标记。（　　）

## 四、拓展技能综合题（20 分）

用 HTML 的表格标记、表单标记编写一个能充分体现班级学生情况的“学生基本情况录入”页面，要求包含学号、姓名、性别、年龄、出生日期、是否党员、毕业院校、所学专业、入学日期、家庭电话、所在寝室、家庭住址、邮政编码等项目。

# 第四章

## 电子商务网站的实现工具 DreamWeaver 8

### 知识要点

1. DreamWeaver 8 快速入门；
2. 用 DreamWeaver 8 实现站点与目录；
3. 用 DreamWeaver 8 进行页面与样式设置；
4. DreamWeaver 8 主页制作；
5. DreamWeaver 8 模板制作。

### 四大技能

1. DreamWeaver 8 表格制作技巧；
2. DreamWeaver 8 整站布局技巧；
3. DreamWeaver 8 文件下载技巧；
4. DreamWeaver 8 常用小技巧。

### 学习方法

计算机软、硬件产品 3 个月一次更新，18 个月一次换代。面对高速发展的计算机技术，我们应该以实际应用为核心，以学会其基本使用为目的。因此，对本章内容的学习，作者不要求全面掌握 DreamWeaver，而是将其作为一个工具，掌握常用的功能并能够熟练运用，能胜任网页制作即可。在学习本章时要注意多练习，提倡模仿网上的流行网站。

“工欲善其事，必先利其器”。电子商务专业的学生都知道，全面掌握网站建设的基本理论，熟悉使用 DreamWeaver 8、Photoshop 等工具，才可以把自己的创业理念变成实实在在的电子商务网站。可是网站如何才能获得收益呢？看一看天府早报的这篇报道，相信你会有所收获……

**案例导航**

**日收入 6 万元，网站靠的是什么？**

高考招生是每年六、七月份最热的事情之一。某家教学网站在招生工作刚开始时就注册了“高考招生”这一通用网址。随后，该网站的访问量逐日暴增，最近半个月，平均每天仅依靠流量该网站就可以进账约 6 万元。根据 ALEXA 网站流量的显示，这家名为精品学习网的流量前段时间显得相当疲软，直至 1997 年 6 月 20 日注册了“高考招生”之后，网站流量暴涨，最高排名跃升至全球 1000 名之列，其身价也随之上扬。据红杉基金专业人士透露，流量往往可以换算成价码，通常 1000 个 IP 访问量进账为 60 元。按照这个标准，截止到 8 月 1 日，该网站的日均 IP 访问量达到了 97 万人次。该网站现在平均每天依靠流量就可以进账接近 6 万元。

资料来源：四川在线-天府早报

看了这则报导，你是否心潮澎湃？其实最关键的还是掌握最基础的网站实现工具——DreamWeaver 8，扎扎实实地刻苦学习，争取早日做出一个属于自己的电子商务网站。充分发挥你的才智，只要追求的脚步不停息，有朝一日你也会像一轮红日，冉冉升起在电子商务的天际……

# 第一节　DreamWeaver 8 基础知识

## 模块一：应知应会

### 一、DreamWeaver 8 概述

DreamWeaver 8 是可视化的网页编辑软件，它能快速地创建极具动感的网页，还提供了强大的网站管理功能。许多专业的网站设计人员都将 DreamWeaver 8 作为创建网站的首选工具。使用 DreamWeaver 8 可以制作网页，搭建网站架构。

DreamWeaver 8 具有如下功能。

（1）强大的网站管理功能。它不仅能够编辑网页，还可以快速实现本地站点与服务器站点之间文件的同步。

（2）使用 CSS 样式减少重复劳动。

（3）通过表格实现强大的排版功能。通过表格排版功能，可以像在页面上画画一样，拖动单元格；或者组合单元格来建立嵌套的表格，就像使用 word 等排版软件一样制作和设计网页。

（4）多种视窗模式。提供了代码视图、设计视图、代码与设计视图 3 种视窗模式。设计视窗可以满足初级用户的需求，即使你不懂 HTML 语言，不会书写网页源代码，也能创建出漂亮的网页。

（5）简便易行的对象插入功能。常用字符、框架、当前日期、导航条、跳转菜单、电子邮箱、Flash 文字和按钮等都可以通过对象面板非常方便地插入到网页中。

（6）用模板与库创建具有统一风格的网站。利用模板能够使站点中的文档风格具有一致性，以增强一个站点的整体效果。而将多次使用的网页元素保存为库元素，既能减少网页的存储空间，也能非常方便地进行网页的更新。

## 二、DreamWeaver 8 操作环境

在首次启动 DreamWeaver 8 时会出现一个“工作区设置”对话框，在对话框左侧是设计视图，右侧是代码视图。设计视图布局提供了一个将全部元素置于一个窗口中的集成布局。

DreamWeaver 8 的标准工作界面包括：标题显示、菜单栏、插入面板组、文档工具栏、标准工具栏、文档窗口、状态栏、属性面板和浮动面板组，如图 4.1 所示。

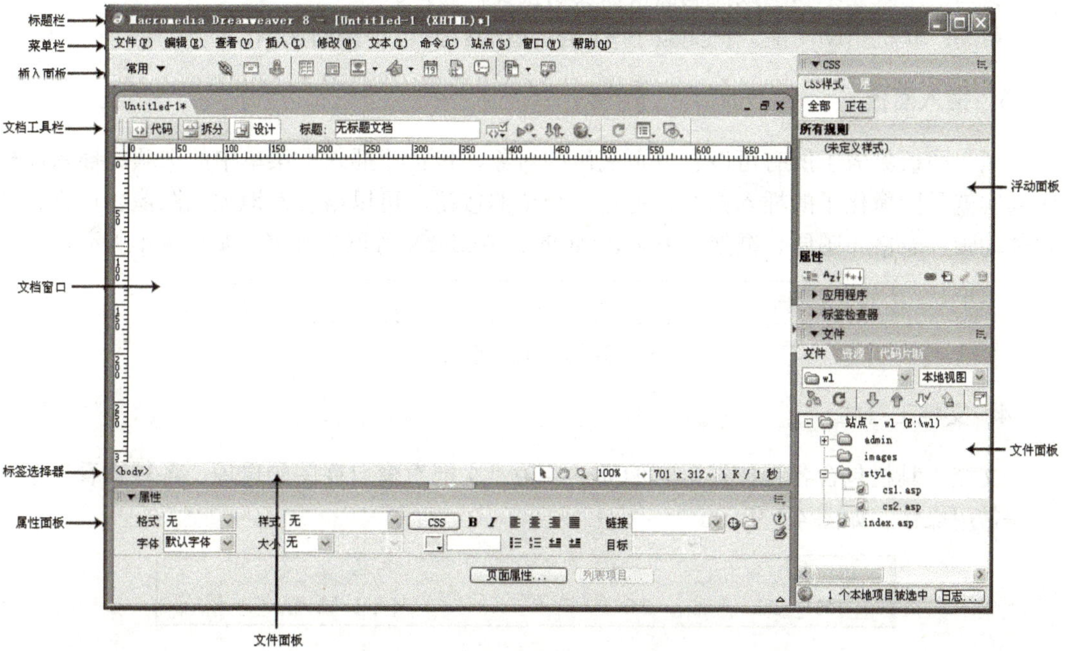


图 4.1 DreamWeaver 8 工作界面

### 1. 标题栏

新建或打开一个文档后，在后面还会显示该文档所在的位置和文件名称，如图 4.2 所示。

图 4.2 标题栏

### 2. 菜单栏

DreamWeaver 8 的菜单有 10 个，即文件、编辑、视图、插入、修改、文本、命令、站

点、窗口和帮助。其中，编辑菜单里提供了对 DreamWeaver 8 菜单中【首选参数】的访问，如图 4.3 所示。

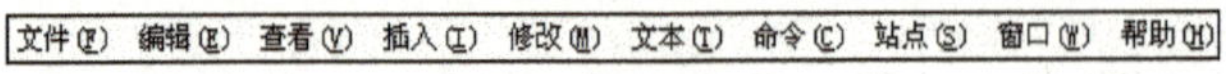


图 4.3 菜单栏

文件：用来管理文件。包括新建、打开、保存、另存为、导入、输出打印等。

编辑：用来编辑文本。包括剪切、复制、粘贴、查找、替换和参数设置等。

查看：用来切换视图模式以及显示、隐藏标尺、网格线等辅助视图功能。

插入：用来插入各种元素，如图片、多媒体组件、表格、框架及超级链接等。

修改：具有对页面元素修改的功能，例如在表格中插入表格，拆分、合并单元格，对齐对象等。

文本：用来对文本操作，例如设置文本格式等。

命令：所有的附加命令项。

站点：用来创建和管理站点。

窗口：用来显示和隐藏控制面板以及切换文档窗口。

帮助：联机帮助功能。例如按下 F1 键，就会打开电子帮助文本。

### 3. 插入面板

插入面板集成了所有可以在网页应用的对象，包括“插入”菜单中的选项。插入面板组其实就是图像化了的插入指令，通过一个个的按钮，可以很容易地加入图像、声音、多媒体动画、表格、图层、框架、表单、Flash 和 ActiveX 等网页元素，如图 4.4 所示。

图 4.4 插入面板

### 4. 文档工具栏

文档工具栏包含各种按钮，它们提供各种“文档”窗口视图的选项、各种查看选项和一些常用操作，如图 4.5 所示。

图 4.5 文档工具栏

### 5. 标准工具栏

标准工具栏包含来自“文件”和“编辑”菜单中的一般操作按钮：“新建”、“打开”、“保存”、“保存全部”、“剪切”、“复制”、“粘贴”、“撤销”和“重做”，如图 4.6 所示。

图 4.6 标准工具栏

### 6．文档窗口

当打开或创建一个项目，进入文档窗口，就可以在文档区域中进行文字输入、表格插入和图片编辑等操作。

文档窗口显示当前文档。可以选择下列任一视图："设计"视图是一个用于可视化页面布局、可视化编辑和快速应用程序开发的设计环境。在该视图中，DreamWeaver 8 显示文档具有完全可编辑的可视化表示形式。"代码"视图是一个用于编写和编辑 HTML、JavaScript、服务器语言代码以及任何其他类型代码的手工编码环境。"代码和设计"视图使您可以在单个窗口中同时看到同一文档的"代码"视图和"设计"视图。

### 7．状态栏

文档窗口底部的状态栏提供与正在创建的文档有关的其他信息。标签选择器显示环绕当前选定内容的标签的层次结构。单击该层次结构中的任何标签以选择该标签及其全部内容，如图 4.7 所示。

图 4.7　状态栏

### 8．"属性"面板

如果选择了一幅图像，那么属性面板上就出现该图像的相关属性；如果选择了表格，那么"属性"面板会相应地变成表格的相关属性，如图 4.8 所示。

图 4.8　"属性"面板

### 9．浮动面板

其他面板可以统称为浮动面板，这些面板都浮动于编辑窗口之外，这些面板根据功能被分成了若干组。在窗口菜单中，选择不同的命令可以打开基本面板组、设计面板组、代码面板组、应用程序面板组、资源面板组和其他面板组。

## 模块二：高手点拨

## DreamWeaver 8 应用操作

### 1．如何在文本中换行

如果要给文本换行，按 Enter 键一次则换两行，按"Shift+Enter"组合键一次则换一行。

### 2. 插入特殊符号

方法：选择“插入”→HTML→特殊字符。

### 3. 在 DreamWeaver 8 中加入空格

（1）输入全角空格。在英文输入法状态下可直接按 4 次“Ctrl+Shift+Space”组合键，就可以得到两个汉字大小的空格。

（2）把输入法转换成智能 ABC，按“V+1+Space”组合键，也可以输入空格。

（3）将属性栏中的“格式”设定为“预先格式”代码。

（4）在代码视图中输入“ ”代码。

## 模块三：制作实务

### 设置页面头的内容

头的内容在浏览器中是不可见的，但是却携带着网页的重要信息。如关键字、描述文字等，还可以实现一些非常重要的功能，如自动刷新功能。

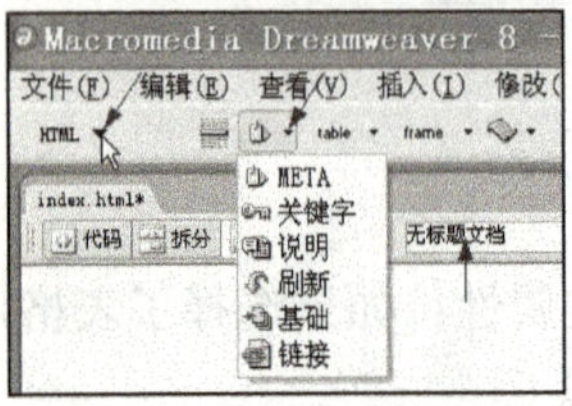


图 4.9 页面头内容设置

鼠标左键单击插入工具栏最左边按钮旁的下拉小三角，在弹出菜单中选择“HTML”项，出现“文件头”按钮，单击打开下拉菜单，就可以进行头内容的设置了，如图 4.9 所示。

设置标题。网页标题可以是中文、英文或符号，显示在浏览器的标题栏中。只要直接在设计窗口上方的标题栏内输入或更改，就可以完成网页标题的编辑了。

插入关键字。关键字用来协助网络上的搜索引擎寻找网页。要想让更多的人看见你的网站，单击上图所示的“关键字”项，弹出“关键字”对话框，填入关键字即可，如图 4.10 所示。

插入 META。META 标记用于记录当前网页的相关信息，如编码，作者，版权等，也可以用来给服务器提供信息。单击图 4.9 所示的“META”项，弹出“META”对话框，如图 4.11 所示。在“属性”栏选择“名称”属性，在“值”文本框中输入相应的值，可以定义相应的信息。

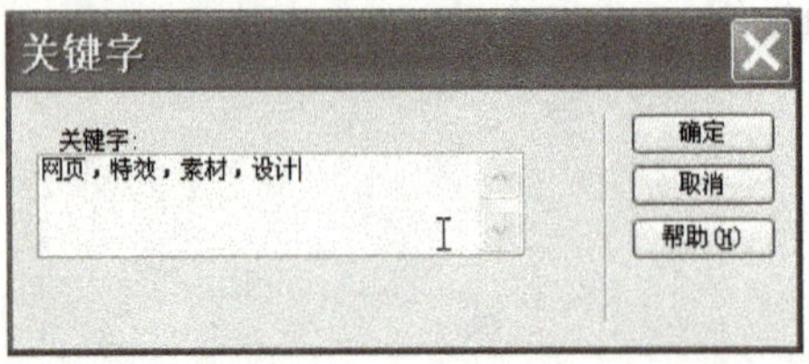


图 4.10 关键字

图 4.11 作者信息

Author——作者信息，copyright——版权声明，generator——网页编辑器。

## 模块四：技能训练

**DreamWeaver 8 的安装与使用**

**【训练内容】**在本地机器上安装 DreamWeaver 8，并熟悉开发环境

**【训练目的】**

（1）掌握 DreamWeaver 8 软件的安装过程。

（2）熟悉 DreamWeaver 8 的工作界面。

**【训练要求】**

（1）掌握一般软件的安装步骤。

（2）对 DreamWeaver 8 界面中的各个部分分别进行具体使用。

# 第二节 网站建设第一步——站点与目录

## 模块一：应知应会

建设电子商务网站，第一步就是在本地计算机上建立站点，制作完成后再把这个网站上传到互联网的 Web 服务器上。放置在本地磁盘上的网站被称为本地站点，位于互联网 Web 服务器里的网站被称为远程站点。DreamWeaver 8 提供了对本地站点和远程站点强大的管理功能。

### 一、规划站点结构

网站是多个网页的集合，它包括一个首页和若干个二级页面，这种集合不是简单的拼凑。为了达到最佳效果，在创建任何 Web 站点页面之前，要对站点的结构进行设计和规划，如决定要创建多少页，各页上显示什么内容，页面布局的外观以及各页是如何互相连接起来的，等等。可以通过把文件分门别类地放置在各自的文件夹里，使网站的结构清晰明了，便于管理和查找。

### 二、创建站点

#### 1. 为什么要创建站点

很多网站学习者，打开 DreamWeaver 8 后做的第一件事，就是制作网页；而事实上，制作网页的第一步，是创建站点。试想没有火车站，怎么能开始调度火车呢？只有先创建一个站点，然后才能开始整个网站的制作过程，站点的创建是网站制作的第一步。

#### 2. 站点创建五步骤

站点设置包括三大部分，五个步骤。所谓三大部分，即编辑文件、测试文件和共享文件三个部分；五个步骤如下：

（1）第一步：新建站点。打开 DreamWeaver 8，单击菜单“站点(S)”→“新建站点(N)”。

（2）第二步：输入站点的名字及站点的地址。站点的名字可以随意起，一般为中文，如欲建设“东北商务网”，则直接输入“东北商务网”即可，而不必输入 dbsww 之类，让

人摸不着头脑。而站点地址则不必输入，因为我们一般都是在本地计算机上制作网站，制作完成后再上传的。而 FTP 地址是用于直接在服务器上操作时使用。

（3）第三步：设定是否使用服务器技术。如果制作静态网站，则选择“否，我不想使用服务器技术”；如果需要使用编程语言制作动态网页，则选择“是，我想使用服务器技术”。同时还要选择所使用的脚本编程语言。

（4）第四步：开发过程中文件的使用方法，即直接编辑远程服务器上的网页文件，还是在本地计算机制作。一般要选择“在本地进行编辑和测试（我的测试服务器是这台计算机）”。同时还要设定站点使用的目录。

（5）第五步：设定浏览站点根目录的 URL。至此，整个站点创建设置完毕。

**友情提醒**

如果创建静态页面，站点创建流程则简化为“站点”→“新建站点”“您打算为您的站点起什么名字：站点命名”→“是否打算使用服务器技术：否，我不想使用服务器技术”→“在开发中您打算如何使用您的文件：编辑我的计算机上的本地副本，完成后上传到服务器”→“设定文件存放目录”→“如何连接到远程服务器：无”。

### 3. 站点创建流程

站点创建流程包括 6 个步骤，如图 4.12 所示。

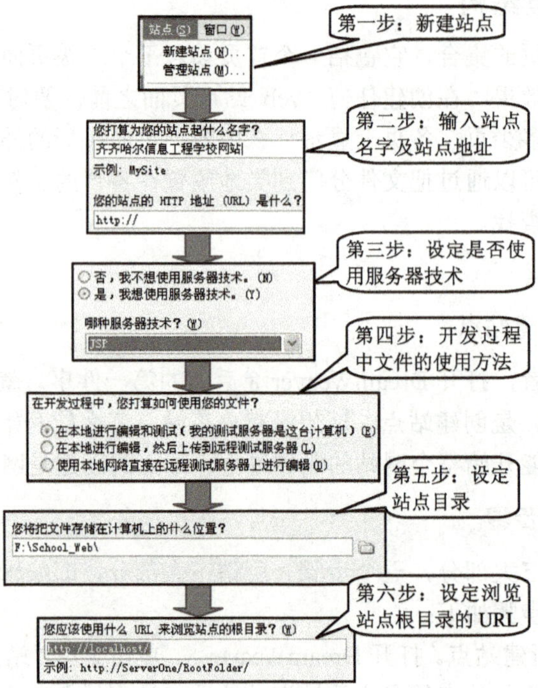


图 4.12　站点创建流程图

## 三、站点目录的创建

目录，即常说的文件夹，网站所有文件必分类存放在相应的目录中。站点建设完成之后，第二步工作就是创建网站的目录。在 DreamWeaver 8 中创建网站目录十分方便，在 DreamWeaver 8 右侧的文件浮动面板上鼠标右键单击“新建文件夹”即可按照要求创建目录。如需建设二级目录，则必须选中相应的文件夹，在该文件夹上鼠标右键单击“新建文件夹”方可。图 4.13 是创建网站目录操作示意图，图 4.14 是已经创建完毕的网站目录示例。

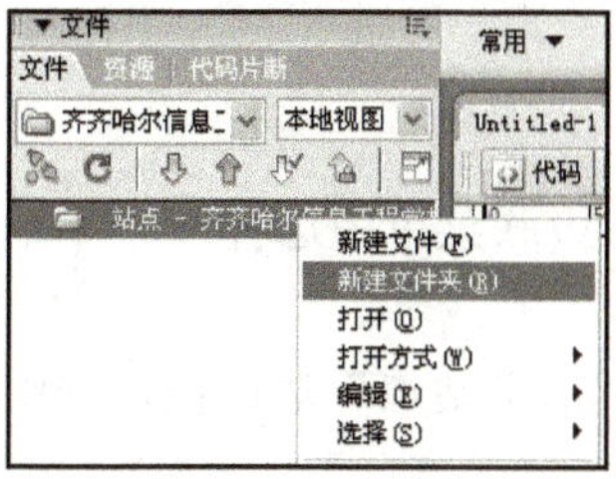


图 4.13　创建网站目录操作示意图

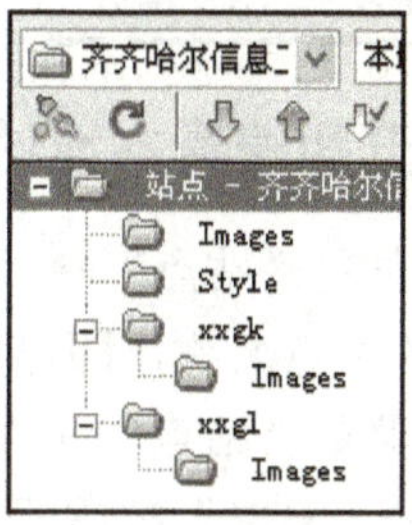


图 4.14　网站目录示例

## 四、文件与文件夹的管理

对所建立的文件和文件夹，可以进行移动、复制、重命名和删除等基本的管理操作。单击鼠标左键选中需要管理的文件或文件夹，然后单击鼠标右键，在弹出菜单中选中“编辑”项，即可进行相关操作。

# 模块二：高手点拨

## 一、文件下载

如果超链接指向的不是一个网页文件，而是其他文件，如 ZIP、MP3、EXE 等，单击之后就会下载文件，所以，在制作文件下载时，只要把超链接指向某一个文件即可实现文件下载功能。

## 二、给链接的文字添加链接提示

打开网页文档，打开代码视图，在<a href= ‘’ >中添加“title”属性，即 title=提示内容。

## 三、使网页中的图像渐变透明

（1）选中图像。

（2）在相应的位置加入以下代码。

```
Style="filter:alpha(style=1,opacity=100,finishopacity=10,startx=0,starty=0,finishx=100,finishy=100)"
```

## 四、在图片的任意位置添加文字

用图层即可。

## 五、电子邮件链接并显示预定主题的制作

在文本框内输入："联系我们：qhdn666@126.com"，在 E-mail 文本框中输入"mailto:qhdn666@126.com?subject:您好！"

## 模块三：制作实务

## 一、打开和编辑本地站点

1．选择菜单"站点"→"打开站点"命令，然后从级联菜单中选择一个本地计算机中已经定义过的站点名称，即可打开该站点。

2．选择菜单"站点"→"定义站点"命令，打开"定义站点"对话框，选中要编辑的站点后，单击"编辑"按钮即可。

## 二、删除和复制站点

1．选择菜单"站点"→"定义站点"命令，然后单击"删除"按钮，可删除该站点。

2．选择菜单"站点"→"定义站点"命令，然后单击"复制"按钮，可复制该站点。

## 三、创建新网页文件

在 DreamWeaver 8 中选择菜单"文件"→"新建"命令可以创建网页文件。如果在站点地图状态，可以在右侧的本地网页列表栏中单击鼠标右键，从弹出的快捷菜单中选择"新建文件"或者"新建文件夹"来建立新网页或文件夹。这些新网页或文件夹均在该站点的根目录下。

## 模块四：技能训练

### 网站站点及目录设置

**【训练内容】**根据学生所在学校（院）的网站导航，在 DreamWeaver 8 环境下设置站点并建立目录结构

**【训练目的】**

（1）强化网站站点及目录的概念。

（2）熟练 DreamWeaver 8 环境下目录及站点建立的操作方法。

（3）规范网站建设的每一个步骤。

**【训练要求】**

（1）严格按照学院（校）网站的导航进行设计，不可随意发挥。

（2）设计过程要严格按照步骤有序进行。

# 第三节　网站建设第二步——页面与样式

## 模块一：应知应会

完成站点的设置并建立了目录之后，接下来，就要进行页面以及样式设置。页面设置是对整个网站的字体、链接进行统一设置。样式设置则是采用 CSS 样式表文件控制整个页面效果的一种方法。

### 一、为什么要进行页面及样式设置

大家知道，对网页中的字体、字号如果不进行设置，页面在实际显示时是按照默认字体、字号进行显示的。那么默认的字体、字号如何设定呢，这就需要进行页面设置。

Word 中有一个特别好用的功能，就是格式刷，可以实现一次设置，处处使用。例如，设置章节标题文字是红色、三号、琥珀体的文字。如果文章中有多处标题，如何设置呢？当然最简单的办法是一个一个地进行字体、字号、字色设置，其烦琐程度可想而知；如果使用格式刷，则轻轻地一刷，字体、字号、字色等所有设置一次搞定。在 DreamWeaver 8 中也有相同的功能，这就是 CSS 样式。

### 二、页面属性的设置

单击“属性”栏中的“页面属性”按钮，打开的“页面属性”对话框。如图 4.15 所示。

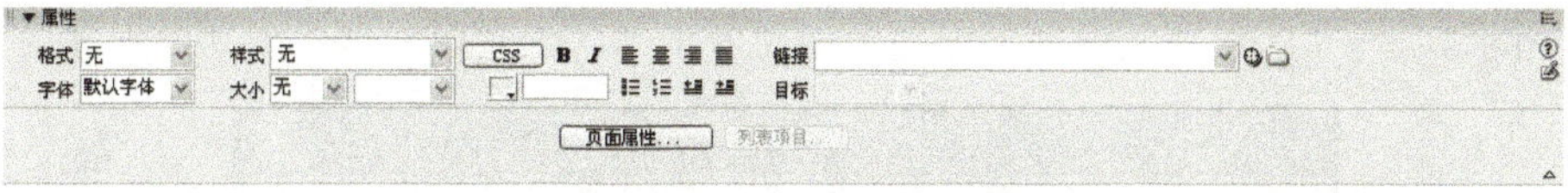


图 4.15　“属性”栏设置对话框

（1）外观设置。外观设置是指设置页面的一些基本属性。例如，可以定义页面中的默认文本字体、文本字号、文本颜色、背景颜色和背景图像等。一般将页面的所有边距设置为 0，如图 4.16 所示。

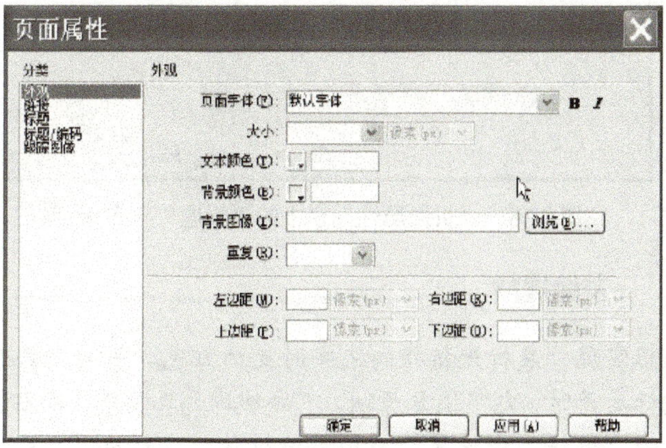


图 4.16　“页面属性”设置对话框

（2）链接设置。链接设置是对一些与页面链接效果有关的“链接”选项的设置。“链接颜色”定义超链接文本默认状态下的字体颜色，“变换图像链接”定义鼠标放在链接上时文本的颜色，“已访问链接”定义访问过的链接的颜色，“活动链接”定义活动链接的颜色。“下画线样式”可以定义链接的下画线样式，如图 4.17 所示。

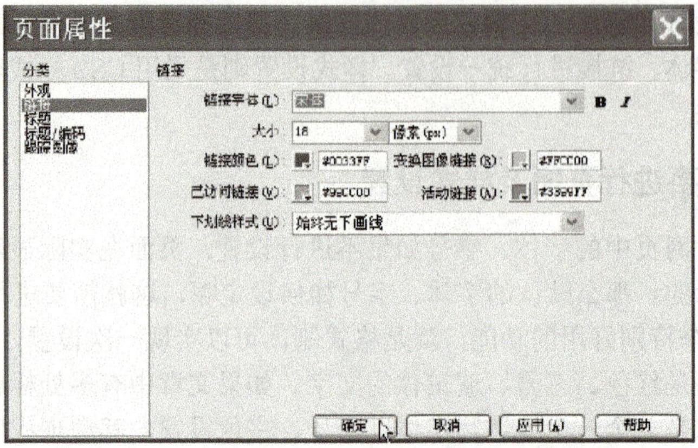

图 4.17 “页面属性”栏中的“链接”设置对话框

（3）标题设置。“标题设置”选项用来设置标题字体的一些属性，如图 4.18 所示，在左侧“分类”列表中选择“标题”，这里的标题指的并不是页面的标题内容，而是可以应用在具体文章中各级不同标题上的一种标题字体样式。可以定义“标题字体”及 6 种预定义的标题字体样式，包括粗体、斜体、大小和颜色。可以按自己喜欢的风格进行设置，如图 4.18 所示。

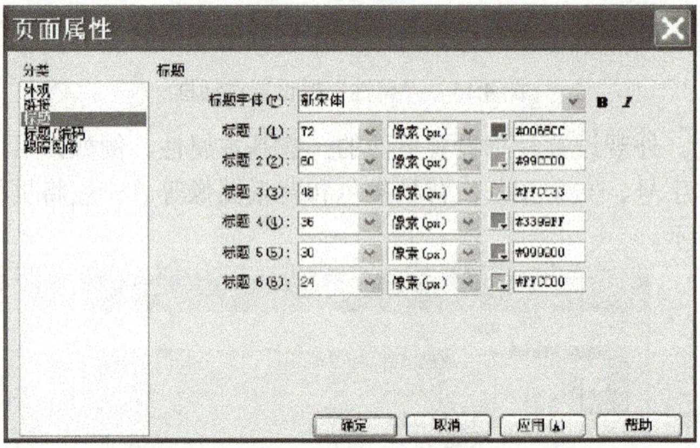

图 4.18 “页面属性”栏中的“标题”设置对话框

**友情提醒**

如果想实现“鼠标光标指向文字时变为红色，并自动添加下画线，而鼠标光标离开时，文字恢复原状，下画线取消”效果，其方法是在“页面属性”的“链接”中设置“变换图像链接”为红色，“下画线样式”为“仅在变换图像时显示下画线”即可实现这一效果。

## 三、什么是层叠样式表 (CSS)

层叠样式表 (CSS) 是用一系列格式设置的规则，它们控制 Web 页面内容的外观。使用 CSS 设置页面格式时，内容与表现形式是相互分开的。页面内容（HTML 代码）位于自身的 HTML 文件中，而定义代码表现形式的 CSS 规则位于另一个文件（外部样式表）或 HTML 文档的另一部分（通常为 <head> 部分）中。使用 CSS 可以非常灵活并更好地控制页面的外观，从精确的布局定位到特定的字体和样式等。

术语“层叠”是指对同一个元素或 Web 页面应用多个样式的能力。例如，可以创建一个 CSS 规则来应用颜色，创建另一个规则来应用边距，然后将两者应用于一个页面中的同一文本。所定义的样式“层叠”到您的 Web 页面上的元素，并最终创建您想要的设计。

CSS 样式表的创建，可以统一设置网页文字的大小、字体、颜色、边框、链接状态等效果。在 DreamWeaver 8 中，CSS 样式的设置方式有了很大的改进，更为方便、实用、快捷。

## 四、创建 CSS 样式

（1）单击菜单“窗口”→“CSS 样式”，打开“CSS 样式”面板，出现如图 4.19 所示的界面。

（2）单击“CSS 样式”面板右下角的“新建 CSS 规则”按钮（见图 4.19），打开“新建 CSS 规则”对话框，如图 4.20 所示。

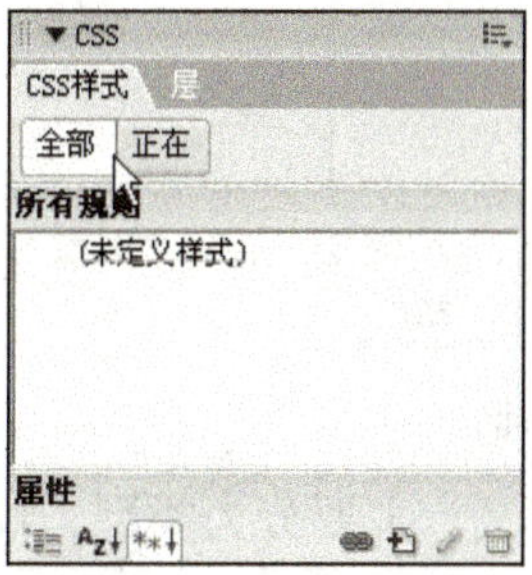

图 4.19 “CSS 样式”面板

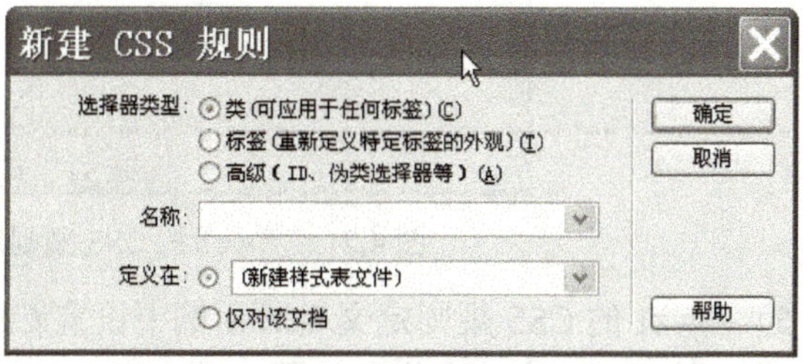

图 4.20 “新建 CSS 规则”对话框

在“选择器类型”选项中，可以选择创建 CSS 样式的方法包括以下三种。

① 类（可应用于任何标签）：使用者可以在文档窗口的任何区域或文本中应用类样式，如果将类样式应用于一整段文字，那么会在相应的标签中出现 CLASS 属性，该属性值即为类样式的名称。

② 标签（重新定义特定标签的外观）：重新定义 HTML 标记的的默认格式。可以针对某一个标签来定义层叠样式表，也就是说，定义的层叠样式表将只应用于选择的标签。例如，为<body>和</body>标签定义了层叠样式表，那么所有包含在<body>和</body>标签的内容将遵循定义的层叠样式表。

③ 高级（ID、伪类选择器等）：为特定的组合标签定义层叠样式表，使用 ID 作为属性，以保证文档具有唯一可用的值。高级样式是一种特殊类型的样式，常用的有下列 4 种。

- a:link——设定正常状态下链接文字的样式；
- a:active——设定鼠标单击时链接的外观；
- a:visited——设定访问过的链接的外观；
- a:hover——设定鼠标放置在链接文字之上时，文字的外观。

（3）为新建 CSS 样式输入或选择名称、标记或选择器，其中：

对于自定义样式，其名称必须以点“.”开始，如果没有输入该点，则 DreamWeaver 8 会自动添加。自定义样式名可以是字母与数字的组合，但圆点之后必须是字母。对于重新定义 HTML 标记，可以在“标签”下拉列表中输入或选择重新定义的标记。对于 CSS 选择器样式，可以在“选择器”下拉列表中输入或选择所需要的选择器。

（4）在“定义在”区域选择定义的样式位置，可以是“新建样式表文件”或“仅对该文档”。单击“确定”按钮，如果选择了“新建样式表文件”选项，会弹出“保存样式表文件为”对话框，给样式表命名并保存后，会弹出“wz1 的 CSS 规则定义”对话框。如果选择了“仅对该文档”，则单击“确定”按钮后，直接弹出“wz1 的 CSS 规则定义”，在其中设置 CSS 样式，如图 4.21 所示。

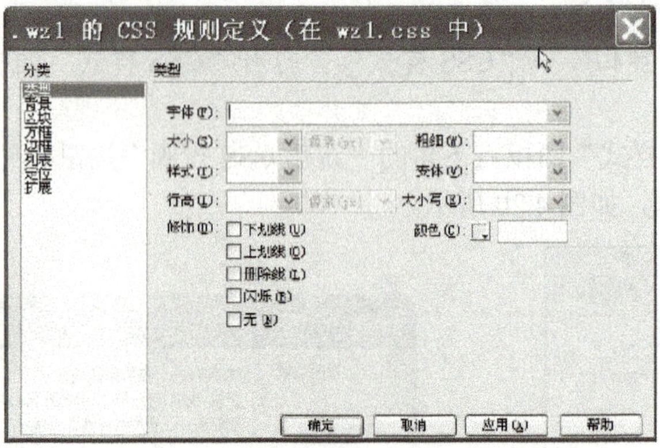


图 4.21 “wz1 的 CSS 规则定义”对话框

（5）“wz1 的 CSS 规则定义”对话框中设置 CSS 规则定义。主要分为类型、背景、区块、方框、边框、列表、定位和扩展 8 项。每个选项都可以对所选标签做不同方面的定义，可以根据需要设定。定义完毕后，单击“确定”按钮，完成创建 CSS 样式。

## 五、文本样式的设置

新建 CSS 样式。以“选择器类型”为例，名称为 “style1”定义在“仅对该文档”。保存至站点根目录下的 CSS 文件夹内，弹出“wz1 的 CSS 规则定义”对话框，默认显示的就是对文本进行设置的“类型”项。

（1）字体：可以在下拉菜单中选择相应的字体。

（2）大小：大小就是字号，可以直接填入数字，然后选择单位。

（3）样式：设置文字的外观，包括正常、斜体、偏斜体。

（4）行高：这项设置在网页制作中很常用。设置行高，可以选择“正常”，让计算机自动调整行高，也可以使用数值和单位结合的形式自行设置。需要注意的是，单位应该和文字的单位一致，行高的数值是包括字号数值在内的。

（5）变体：在英文中，大写字母的字号一般比较大，采用“变体”中的“小型大写字母”设置，可以缩小大写字母。

（6）颜色：设置文字的颜色。

**友情提醒**

实际网页制作中最常见的设置是字体：宋体；大小：12px；样式：正常；行高：18px 等的设置。

## 六、背景样式的设置

在 HTML 中，背景只能使用单一的色彩或利用图像水平、垂直方向的平铺。使用 CSS 之后，有了更加灵活的设置。

在“wz1 的 CSS 规则定义”对话框（见图 4.21）左侧选择“背景”项，可以在右边区域设置 CSS 样式的背景格式。

（1）背景颜色：选择固定色作为背景。

（2）背景图像：直接填写背景图像的路径，或单击“浏览”按钮找到背景图像的位置。

（3）重复：在使用图像作为背景时，可以使用此项设置背景图像的重复方式，包括“不重复”、“重复”、“横向重复”和“纵向重复”。

（4）附件：选择图像做背景的时候，可以设置图像是否跟随网页一同滚动。

（5）水平位置：设置水平方向的位置，可以“左对齐”、“右对齐”、“居中”；还可以选择设置数值与单位结合表示位置的方式，比较常用的是像素单位。

（6）垂直位置：可以选择“顶部”、“底部”、“居中”。还可以选择设置数值和单位结合表示位置的方式。

## 模块二：高手点拨

### CSS 应用技巧

#### 1. 用 CSS 滤镜实现图片翻转特效

打开网页文件→选择图像→在图像代码中输入 style=“filter:FlipH”→保存。

#### 2. 创建动感文字

打开网页文件→在样式面板中单击鼠标右键→新建→在分类面板中选择扩展→将滤镜设置为 Glow(Color=red,Strength=8) →应用样式。

#### 3. 用 CSS 制作立体字效果

打开网页文件→在样式面板中单击鼠标右键→新建→在分类面板中选择扩展→将滤镜设置为 Blur(Add=true,Direction=130,Strength=10)。

## 模块三：制作实务

### 用 CSS 样式美化页面

单击 CSS 样式面板右上方的扩展按钮（见图 4.19），弹出如图 4.22 所示的菜单。CSS 的相关操作都是通过这个菜单上的项目来实现的。

#### 1. 编辑 CSS 样式

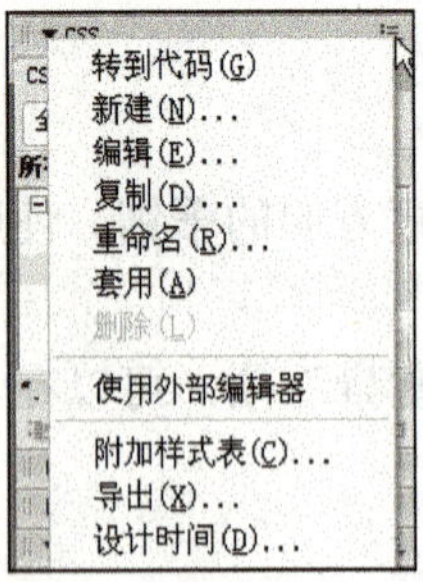


图 4.22　新建 CSS 样式

选中需要编辑的样式类型，选择图 4.22 中的“编辑”项或直接单击“编辑样式”按钮（见图 4.19 右下方），在弹出的“wz1 的 CSS 规则定义”对话框中修改相应的设置。编辑完成后单击“确定”按钮，CSS 样式就编辑完成了。

#### 2. 应用 CSS 自定义样式

鼠标右键单击在网页中被选中的元素，在弹出的快捷菜单中选择“CSS 样式”，在其子菜单中选择需要的自定义样式。

#### 3. 附加样式表

选择“附加样式表”项，打开“链接外部样式表”对话框，可以链接外部的 CSS 样式文件，如图 4.23 所示。

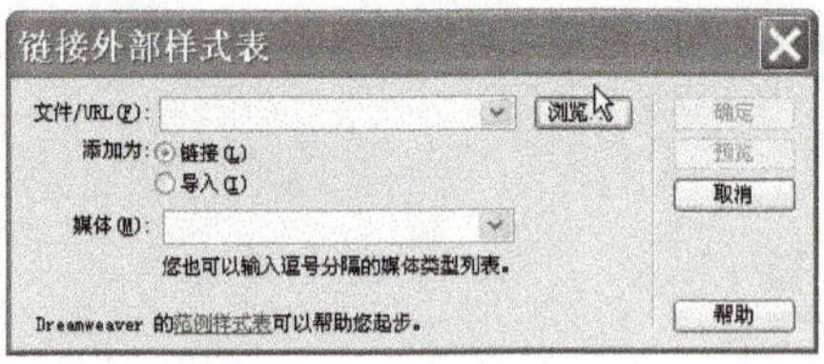


图 4.23　附加样式表

“文件/URL”设置外部样式表文件的路径。可以单击“浏览”按钮，在浏览窗口中找到样式表文件。

“添加为”：选择“链接”，这是 IE 和 Netscape 两种浏览器都支持的导入方式；选择“导入”，则只有 Netscape 浏览器支持。

设置完毕后单击“确定”按钮，CSS 文件即被导入到当前页面。

## 模块四：技能训练

### CSS 样式表应用训练

**【训练内容】**使用 CSS 样式表格式化网页中的文本样式、设置背景色、背景图片、行间距、下画线和鼠标经过样式等

**【训练目的】**

（1）了解改变网页文字字体、字型、颜色和大小的设置方法。

（2）掌握 CSS 层叠样式表的概念和应用。

**【训练要求】**

（1）网页内容丰富，色彩搭配合理。

（2）设计过程要严格按照步骤有序进行。

# 第四节　网站建设第三步——建立表格

## 模块一：应知应会

对网页上的大量文字、各种图片应如何有序地进行排版？如何将所有需要在网页上展现出来的素材都有序组织？目前方法有两个：一个是建立表格；另一个是利用层及样式表，即常说的 CSS+DIV。其中，表格是最容易掌握、使用最多的一种方式，它以简洁明了和高效快捷的方式将图片、文本、数据和表单的元素有序地显示在页面上，让我们可以设计出漂亮的页面。使用表格排版的页面在不同平台、不同分辨率的浏览器里都能保持其原有的布局，即对不同的浏览器平台有较好的兼容性。

### 插入并编辑表格

#### 1．插入表格

在文档窗口中，将光标放在需要创建表格的位置，单击“常用”快捷栏中的表格按钮（见图 4.24），弹出“表格”对话框如图 4.25 所示，指定表格的属性后，在文档窗口中输入表格参数。

图 4.24　插入表格

“行数”：用来设置表格的行数；“列数”：用来设置表格的列数；“表格宽度”：用来设置表格的宽度，可以填入参数值，紧随其后的下拉列表框用来设置宽度的单位，有两个选项——百分比和像素。当宽度的单位选择百分比时，表格的宽度会随浏览器窗口的大小而改变；“单元格边距”：用来设置单元格的内部空白的大小；“单元格间距”：用来设置单元格与单元格之间的距离；“边框粗细”用来设置表格边框的宽度（如图 4.26 所示）；“页眉”：定义页眉样式，可以在四种样式中选择一种；“标题”：定义表格的标题；“对齐标题”：定义表格标题的对齐方式；“摘要”：可以在这里对表格进行注释。

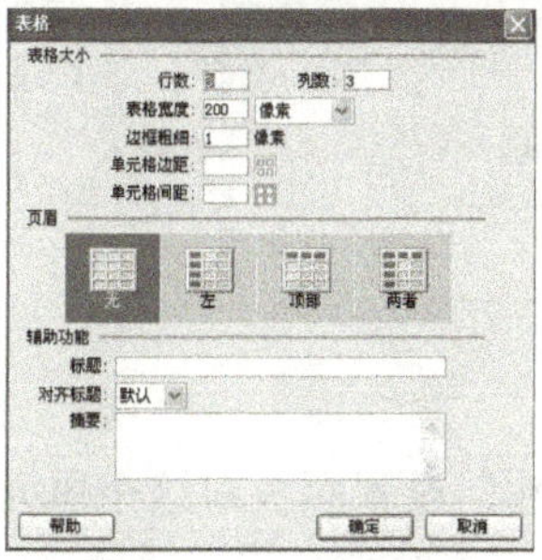

图 4.25　插入表格

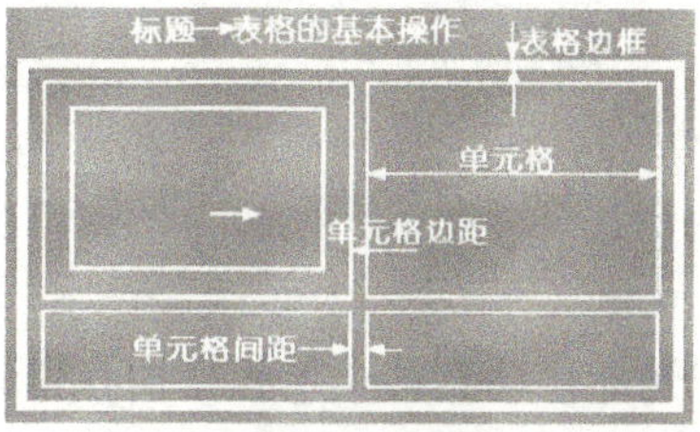


图 4.26　表格属性

### 2. 选择单元格对象

对于表格、行、列、单元格属性的设置是以选择这些对象为前提的。

（1）选择整个表格。把鼠标放在表格边框的任意处，当出现标志时单击即可选中整个表格，或在表格内任意处单击，然后在状态栏选中<table>标签即可；或在单元格任意处单击，单击鼠标右键在弹出菜单中选择“表格”→“选择表格”。

（2）选中某一单元格。按住 Ctrl 键，鼠标在需要选中的单元格单击即可；或者选中状态栏中的<td>标签。

（3）选中连续的单元格。按住鼠标左键从一个单元格的左上方开始向要连续选择单元格的方向拖动。要选中不连续的几个单元格，可以按住 Ctrl 键，单击要选择的所有单元格即可。

（4）选择某一行或某一列。将光标移动到行左侧或列上方，鼠标指针变为向右或向下的箭头图标时，单击即可。

### 3. 设置表格属性

选中一个表格后，可以通过属性面板更改表格属性，如图 4.27 所示。

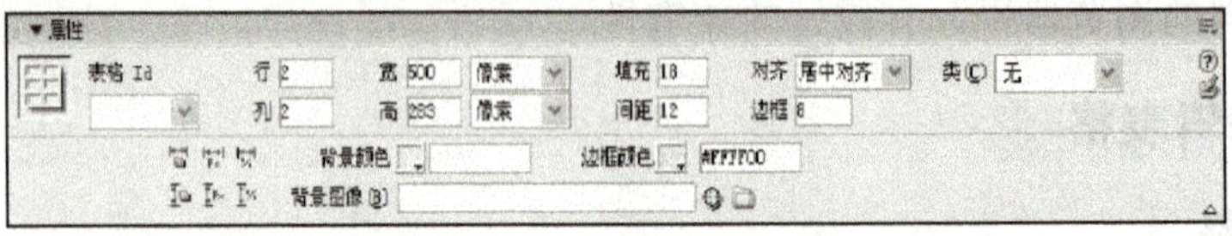


图 4.27　表格属性设置

“填充”文本框用来设置单元格边距；“间距”文本框用来设置单元格间距；“对齐”下拉列表框用来设置表格的对齐方式，默认的对齐方式一般为左对齐；“边框”文本框用来设置表格边框的宽度；“背景颜色”文本框用来设置表格的背景颜色；“边框颜色”用来设置表格边框的颜色；在“背景图像”文本框填入表格背景图像的路径，可以给表格添加背景图像。也可以如图 4.28 所示给文本框加上链接路径。还可以单击文本框后的“浏览”按钮，查找图像文件。在“选择图像源”对话框中定位并选择要设置为背景的图片，单击“确认”按钮即可。

图 4.28　表格背景图片

### 4. 单元格属性

把光标移动到某个单元格内，可以利用单元格“属性”设置面板对这个单元格的属性进行设置，如图 4.29 所示。

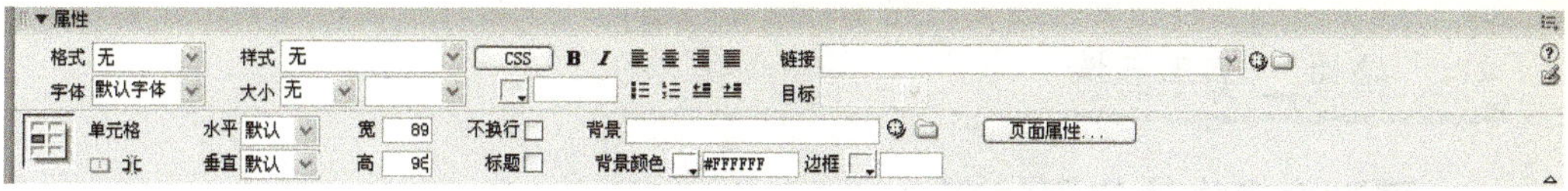


图 4.29　单元格“属性”设置面板

“水平”文本框用来设置单元格内元素的水平排版方式，是居左、居右或是居中；“垂直”文本框用来设置单元格内的垂直排版方式，是顶端对齐、底端对齐或是居中对齐；“高”、“宽”文本框用来设置单元格的宽度和高度；“不换行”复选框可以防止单元格中较长的文本自动换行；“标题”复选框使选择的单元格成为标题单元格，单元格内的文字自动以标题格式显示出来；“背景”文本框用来设置表格的背景图像；“背景颜色”文本框用来设置表格的背景颜色；“边框”文本框用来设置表格边框的颜色。

### 5．表格的行和列

选中要插入行或列的单元格，单击鼠标右键，在弹出菜单中选择“插入行”或“插入列”或“插入行或列”命令，如图 4.30 所示。

如果选择了“插入行”命令，在选择行的上方就插入了一个空白行，如果选择了“插入列”命令，就在选择列的左侧插入了一个空白列。

如果选择了“插入行或列”命令，会弹出“插入行或列”对话框，如图 4.31 所示，可以设置插入行还是列、插入的数量，以及是在当前选择的单元格的上方或下方、左侧或是右侧插入行或列。

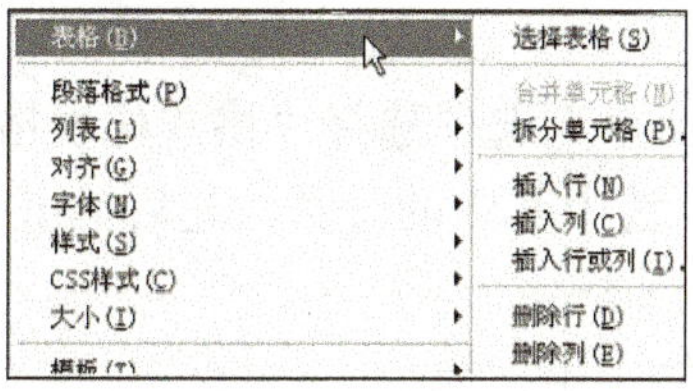


图 4.30　行操作

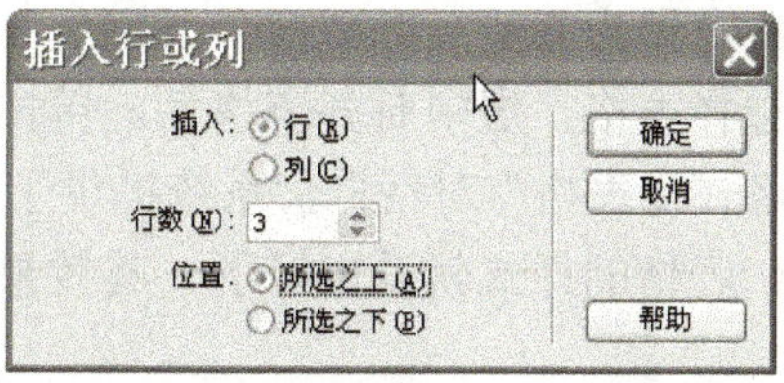


图 4.31　“插入行或列”对话框

要删除行或列。先选中要删除的行或列，单击鼠标右键，在弹出菜单中选择“删除行”或“删除列”命令即可。

### 6．拆分与合并单元格

拆分单元格时，将光标放在待拆分的单元格内，单击属性面板上的“拆分”按钮，在弹出的对话框中，按需要设置即可，如图 4.32 所示。

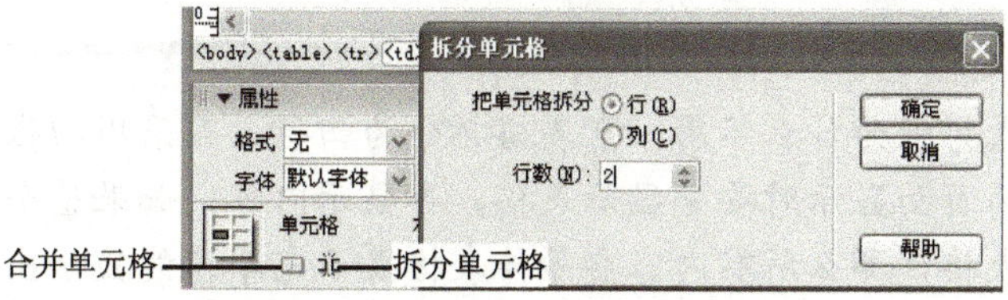


图 4.32　“拆分单元格”设置对话框

合并单元格时，选中要合并的单元格，单击属性面板中的“合并”按钮即可。

## 模块二：高手点拨

### 一、网页中表格的使用技巧

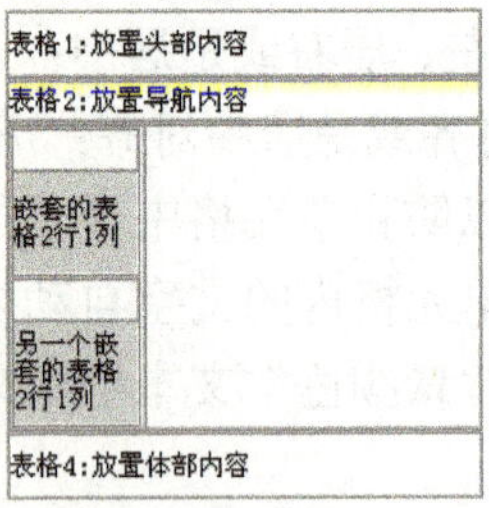


图 4.33　嵌套表格

在实际制作中，表格往往串来串去，令初学者难以随心所欲。其实，只要掌握了正确的方法，表格是很容易驾驭的。下面是网络高手实际使用表格时的流程，以实例进行讲解。

（1）建立四张独立表格，宽度均为 776 像素，并将所有表格均设置为居中对齐。第一张表格放置网站头部内容，第二张表格放置导航内容，第三张表格则放置体部内容，第四张表格放置尾部内容，如图 4.33 所示。

（2）头部、导航、尾部直接加入内容即可。

（3）将放置体部内容的第二张表格纵向拆分为两列，左侧占 30%，右侧占 70%，左右两侧不准再进行拆分，可以向其中再嵌入表格。

### 二、表格的格式化

对已做好的表格，可以使用 DreamWeaver 8 预览外观，以提高制作效率，保持表格外观的同一性，而且样式提供的色彩搭配也比较美观。

插入一个 5 行 6 列的表格，表格的宽为 500 像素，高为 300 像素，边框、单元格间距和边距设置为 0 。

选择表格，居中对齐表格后，单击菜单栏中的“命令”选项选择“格式化表格”，弹出“格式化表格”对话框，系统提供了多种表格样式，选中其中的一种，之后单击“确定”按钮，表格的样式就设定好了，其效果如图 4.34 所示。

| 表 | 格 | 的 | 格 | 式 | 化 |
|---|---|---|---|---|---|
| 表格 | 表格 | 表格 | 表格 | 表格 | 表格 |
| 表格 | 表格 | 表格 | 表格 | 表格 | 表格 |
| 表格 | 表格 | 表格 | 表格 | 表格 | 表格 |
| | | | | | |

图 4.34　格式化的表格

这里，还可以自己设定相应的参数值。

**友情提醒**

表格方式排版为什么不用一张表格拆分为四行，而采用四张表格呢？这是因为页面显示时要先显示表格，再显示内容。如果整个页面采用一整张表格，那么所有内容要等待表格显示完毕才能显示出来。如果分成多张表格，则可陆续显示所有表格及内容，使人不会产生停顿感。

## 模块三：制作实务

### 一、立体表格的制作

**【实例 4.1】** 立体表格的制作

（1）新建一个页面，并保存为“3D_table.html”。

（2）在页面中插入一个 1 行 2 列的表格，宽度为 200 像素，边框为 1 像素，然后修改高度为 30 像素，如图 4.35 所示。

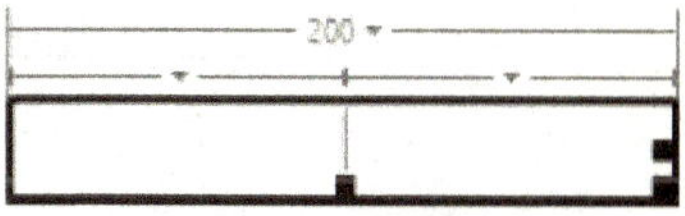


图 4.35 表格设置

（3）选中整个表格，打开“拆分”视图设计模式，在代码<table>当中加入 border colorlight="#FFFFFF" bordercolordark="#FFFFFF"，如图 4.36 所示。

```
<table width="200" height="30" border="1" cellpadding="0" cellpadding="0" bordercolordark=
"#FFFFFF" bordercolorlight="#FFFFFF"><tr><td> </td><td> </td></table>
```

图 4.36 表格代码

（4）单击左边的表格，在其代码<td>中加入：bordercolorlight="#000000"border colordark ="#EEEEEE" bgcolor="f1f1f1"。同样，单击右边的表格，在其代码的<td>中加入：bordercolorlight="#000000" bordercolordark="#EEEEEE" bgcolor="f1f1f1"。

（5）在两个表格里分别输入“立体”、“表格”，并居中。

（6）保存文件，在浏览器中打开页面，可以看到如图 4.37 所示的立体表格效果。

图 4.37 立体表格效果

### 二、半透明表格的制作

**【实例 4.2】** 制作半透明表格

（1）新建一个页面，并保存为“半透明表格.html”。

（2）在页面中插入一个宽度为 200 像素、高度为 60 像素、边框为 1 的表格，并在表格里面输入“半透明表格”文本，如图 4.38 所示。

图 4.38 新建表格

（3）新建一个CSS 规则，命名为a1，在其CSS 规则定义下的“扩展”选项中进行过滤效果设置，如图4.39所示。

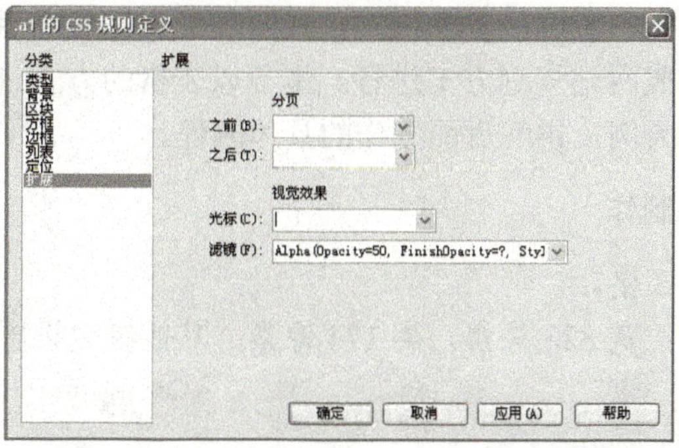


图 4.39 在 a1 的 CSS 规则定义下的“扩展”选项中进行过滤效果设置

这里主要用到了 CSS 滤镜“过滤器”：Alpha(Opacity=50)

（4）单击“确定”按钮，并选中表格，在属性面板的“类”中选择“a1”，如图 4.40 所示。

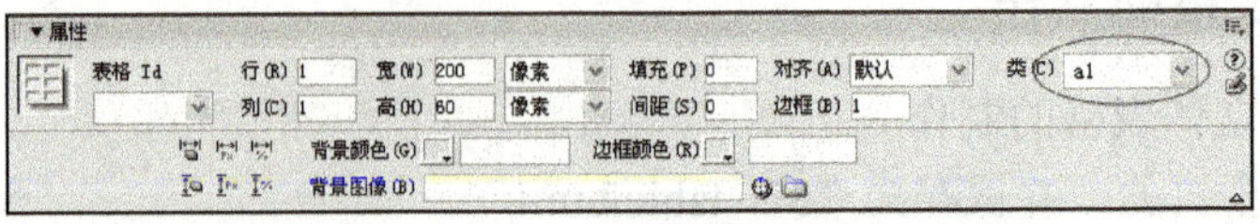


图 4.40　表格设置

（5）保存文件，然后用浏览器打开，可以看到如图4.41所示的半透明表格效果。

图 4.41　半透明表格效果

## 模块四：技能训练

### 用 DreamWeaver 8 实现 hao123 网站主页

**【训练内容】**打开 http://www.hao123.com，分析其组成结构，然后用 DreamWeaver 8 实现该网站主页。

**【训练目的】**

（1）全面掌握 DreamWeaver 8 中表格的使用方法。

（2）继续复习 DreamWeaver 8 基础知识。

（3）实际动手制作网页，巩固网页制作知识。

**【训练要求】**

（1）严格按照原网页进行模仿制作。

（2）图形及文字使用按照原网站用法即可。

# 第五节　网站建设第四步——主页制作

## 模块一：应知应会

### 主页制作的 10 个步骤

站点设置、目录建立、页面设置和样式设置四项工作完成之后，接着就要进行主页制作。主页制作要严格按照网站规划方案进行。本节以表格的方式进行页面排版，以一个齐齐哈尔大学招生办网站为例，讲解页面制作的具体流程。

#### 步骤 01：头部表格制作

（1）绘制 1 行 1 列表格。

（2）设置表格参数：宽 823 像素，高 174 像素；其他参数设置如图 4.42 所示。

图 4.42　主页制作步骤 01 中的表格参数设置

### 步骤 02：导航表格制作

（1）绘制 1 行 1 列表格；
（2）设置表格参数：宽 823 像素，高 30 像素；其他参数设置同步骤 01。

### 步骤 03：功能栏目制作

在导航表格下部是一个具有时间显示、搜索等功能的栏目，其制作方法如下。
（1）绘制 1 行 3 列表格；
（2）设置表格参数：宽 823 像素，高 35 像素。

### 步骤 04：体部表格制作

（1）绘制 1 行 2 列表格，设置表格参数如图 4.43 所示。
（2）将第一列宽度设置为 153 像素。

图 4.43　主页制作步骤 04 中的表格参数设置

### 步骤 05：尾部表格制作

（1）绘制 1 行 1 列表格；
（2）参数设置为：宽 823 像素，高 60 像素，其他参数同上。
说明：上述两个步骤，集中建立了表格的结构，每个步骤制定时都不要忘记进行居中处理。

### 步骤 06：对头部表格添加内容（如图 4.44 所示）

单击菜单【插入】→【图像】根据提示找到图像文件，直接插入到表格中，最终效果如图 4.44 所示。

图 4.44　对头部表格添加内容

### 步骤 07：为导航栏添加内容

（1）设置导航背景颜色为#008FD5；
（2）录入菜单汉字，中间用“|”分隔；
（3）设置样式表，“文本”、“CSS 样式”、“新建”，将样式表文件命名为 menu1，设置内容如图 4.45 所示。
（4）将导航栏样式设置为 menu1，最终效果如图 4.46 所示。

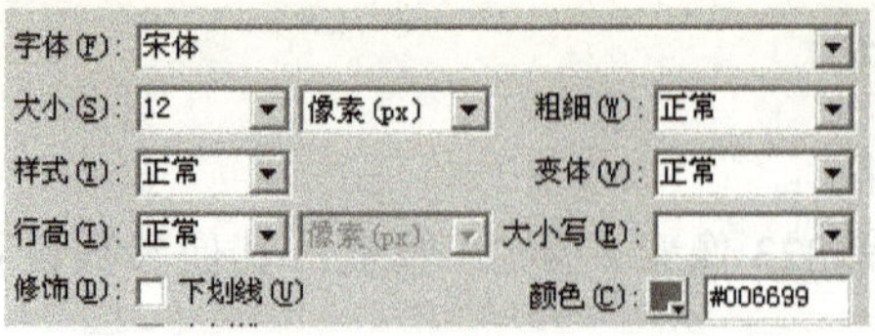


图 4.45　设置导航栏样式表

图 4.46　导航栏实际效果

**步骤 08：为功能栏目添加内容**

图 4.47　在第 2 列中所要录入的图片效果

（1）在第 1 列中录入汉字：“本站时间：”在其后单击“插入”→“日期”，选择合适的日期格式，并选择适当的时间格式，单击“确定”按钮，插入日期时间；

（2）在第 2 列中录入图 4.47 所示图片；

（3）将第 3 列背景色设置为#8ECFFF；

（4）在第 3 列中插入表单，在表单中依次插入文本框、按钮、列表框，并对其进行相应设置；功能栏目的实际效果如图 4.48 所示。

图 4.48　功能栏目的实际效果

**步骤 09：制作左侧嵌套表格**

（1）左则是由四个表格上下排列组成，每个表格均为 2 行 1 列，因此先建一个 2 行 1 列表格，其宽度为 100%像素，高度可先设置为 200 像素，其中第一行 30 像素。具体高度可根据图片进行调整；

（2）设置表格背景颜色为#DDF5FF；

（3）在第 1 列中插入“招生公告”图片；

（4）复制整个表格，粘贴三次，并修改每一个表格头部图片；

（5）向相应表格中输入文字效果如图 4.49 所示。

图 4.49　左侧栏目标题图标

**友情提醒**

用 DreamWeaver 8 排版时，经常出现表格串位的情况，其原因只有一个，即不恰当地进行了拆分。表格拆分只能朝一个方向进行。例如，一个表格拆分为两列，那么，其中的每一列就不能再横向拆分，只能用嵌套的方式解决横向排版问题。

**步骤 10：制作右侧嵌套表格，将右侧结构制作完毕**

右侧表格制作方法与左侧原理相同，操作大同小异，在此不重复。

图 4.50（a）所示为齐齐哈尔大学招生网站整体效果图，图 4.50（b）所示为该网站体部左侧实际效果（部分）。

（b）体部左侧实际效果（部分）

（a）齐齐哈尔大学招生网站整体效果图

图 4.50　齐齐哈尔大学招生网站效果图

**友情提醒**

齐齐哈尔大学招生网站尾部有一个小图标，这是什么呢？其实，很多网站底部都有这样一个图标，它是网站的统计链接，是实现对网站流量进行统计的入口。

## 模块二：高手点拨

### 主页制作技巧三则

（1）我在网页中复制的文字，粘贴到 DreamWeaver 8 中时，总是带有原来网页的格式，请问如何只复制其中的文本文字呢？

答：在 DreamWeaver 8 中复制和粘贴文本有两种方式：一种是标准的方式，也就是您使用的那种方式；另一种就是仅复制粘贴文本的方式。他忽视了 HTML 格式，只复制了文本。解决办法是在复制和粘贴时多按一个“Shift”键。

（2）有的网页图片链接很特别，鼠标放上去时就会发生变化——变成另外的图片。请问这种效果如何制作？

答：这就是替换图片链接，当没有放置鼠标光标时是一张图片，当把鼠标光标移动到该图片上时变成了另一张图片，利用 DreamWeaver 8 能方便地制作这种替换链接。预备两张大小相同的图片，先在网页上放置一张图片，然后在“图片属性”对话框中的 Link 中配置图片指向的链接，按“F8”键开启“Behaviors”对话框，单击“+”号，选择“Swap Image”开启“Swap Image”配置视窗，单击选中“Browse”配置需要替换的图片，单击“OK”按钮。

（3）我在网上下载了许多 DreamWeaver 8 插件，如何使用它们呢？

答：DreamWeaver 8 具备插件管理器 Extension Manager，它能够实现插件的全自动管理，您能够到 www.macromedia.com 下载得到。安装后，就能够从 DreamWeaver 8 中启动管理器。具体方法是选择“Command/Manage Extensions…”命令启动管理器。

## 模块三：制作实务

### Hao123 首页的制作剖析

网址之家（http://www.hao123.com）是一个非常简洁的主页，下面以表格排版的方式，用 DreamWeaver 8 作为实现工具，具体剖析其排版方法，以其抛砖引玉，引发大家的智慧思考，促成学生网站制作技术的成熟。

#### 1. 整体结构

网址之家用 DreamWeaver 8 作为实现工具，可以用九个表格来实现。当然，不同人制作可能采用的表格数量不相同。各表格功能如下：

（1）第 1 个表格，放置网页第一行内容，即邮箱登录部分所在的行；

（2）第 2 个表格，放置第二行，即 Logo 所在行；

（3）第 3 个表格，放置第三行、第四行，即百度工具行；

（4）第 4 个表格，放置第五行，即导航所在行；

（5）第 5 个表格，放置体部内容，这个表格划分两列，每一列通过嵌套又增加了许多行，用以放置更多的网址链接；

（6）第 6 个表格，放置实用查询、常用软件、游戏专题、好站轮播等内容；

（7）第 7 个表格，放置百度查询；

（8）第 8 个表格，放置网站的“本站帮助”等网站的尾部内容。

#### 2．表格的制作

该网站，用表格实现极为简单，在实际制作时，注意体部表格嵌套的实现，同时注意绿色边框的实现技巧。

### 模块四：技能训练

#### 用表格布局设计个人网站首页

**【训练内容】**通过表格布局设计自己的个人网站首页

**【训练目的】**

（1）掌握个人主页的设计和制作过程。

（2）熟练布局表格的使用。

**【训练要求】**

（1）首页名称为 index.html。

（2）首页导航中要求有“个人介绍”、“电子相册”、“我的好友”和“留言版”四个栏目。

（3）预览时不能出现表格的边框。

## 第六节　网站建设第五步——模板设计

### 模块一：应知应会

在制作网站的过程中，为了统一风格，很多页面会用到相同的布局、图片和文字元素。为了避免大量的重复劳动，可以使用 DreamWeaver 8 提供的模板功能，将具有相同版面结构的页面制作为模板，将相同的元素（如导航栏）制作为库项目，并存放在库中供随时调用。

### 一、创建模板

模板的创建有三种方式。

#### 1．直接创建模板

选择“窗口”→“资源”命令，打开“资源”面板，切换到模板子面板，如图 4.51 所示。单击模板面板上的“扩展”按钮，在弹出菜单中选择“新建模板”，此时，在浏览窗口出现一个未命名的模板文件，给模板命名，如图 4.52 所示。然后单击“编辑”按钮，打开模板进行编辑。编辑完成后，保存模板，完成模板建立。

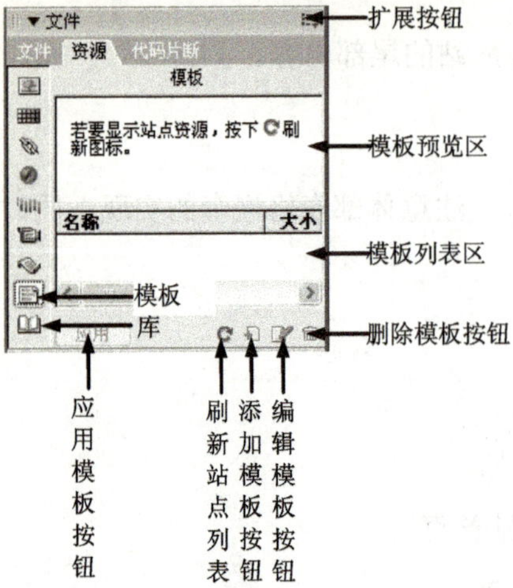


图 4.51 模板子面板

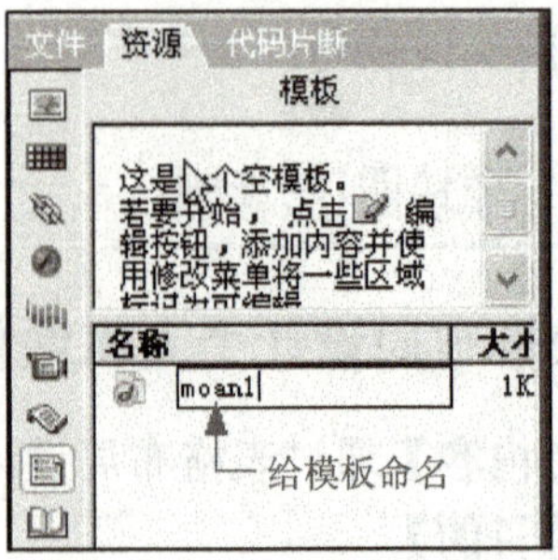


图 4.52 给模板命名

### 2. 将普通网页另存为模板

打开一个已经制作完成的网页，删除网页中不需要的部分，保留整个网站各页面共同需要的区域。选择“文件/另存为模板”命令将网页另存为模板。在弹出的“另存为模板”对话框（如图 4.53 所示）中，“站点”下拉列表框用来设置模板保存的站点。“现存的模板”选框显示了当前站点的所有模板。单击“另存为模板”对话框中的“保存”按钮，就把当前网页转换为了模板，同时将模板另存到选择的站点。

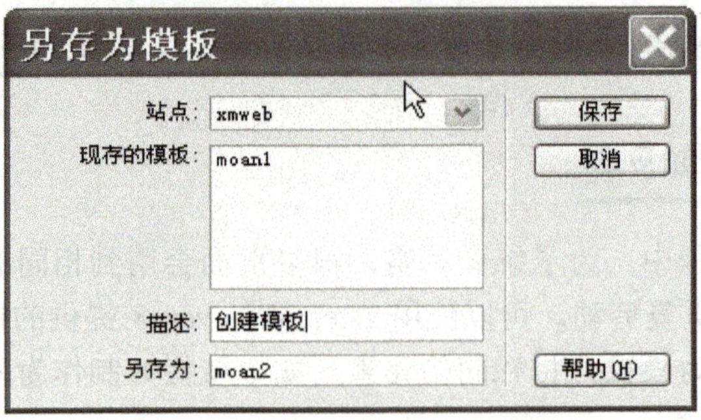


图 4.53 “另存为模板”对话框

单击“保存”按钮（见图 4.53），系统将自动在根目录下创建 Template 文件夹，并将创建的模板文件保存在该文件夹中。

在保存模板时，如果模板中没有定义任何可编辑区域，系统将显示警告信息。这时可以先单击“确定”按钮，以后再定义可编辑区域。

### 3. 从文件菜单新建模板

选择“文件”→“新建”命令，打开“新建文档”对话框，然后在类别中选择“模板页”，并选取相关的模板类型，直接单击“创建”按钮即可，如图 4.54 所示。

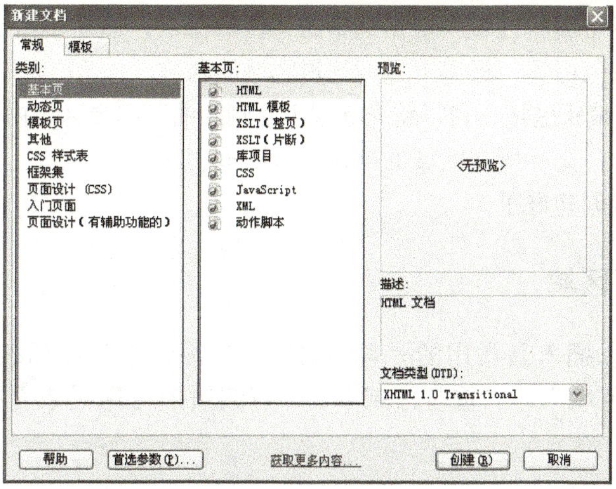


图 4.54　新建模板

## 二、重命名模板

若要在“资源”面板中重命名模板，可执行以下操作。

（1）在“资源”面板（“窗口”→“资源”）中，选择面板左侧的“模板”类别。

（2）重命名单击模板的名称，以选择该模板。

（3）再次单击模板的名称以便使文本可选，然后输入一个新名称。

这种重命名方式与在 Windows 资源管理器中对文件进行重命名的方式相同。

（4）若要更新站点中所有基于此模板的文档，请单击“更新”按钮。如果不想更新基于此模板的任何文档，则单击“不更新”按钮。

## 三、删除模板文件

（1）在“资源”面板（“窗口”→“资源”）中，选择面板左侧的“模板”类别。

（2）重命名单击模板的名称，以选择该模板。

（3）单击面板底部的“删除”按钮，然后确认要删除该模板。

一旦删除模板文件，则无法对其进行检索。该模板文件将被从站点中删除。

基于已删除模板的文档不会与此模板分离；它们保留该模板文件在被删除前所具有的结构和可编辑区域。

## 四、建立可编辑区域

模板创建好后，要在模板中建立可编辑区，只有在可编辑区里，才可以编辑网页内容。可以将网页上任意选中的区域设置为可编辑区域，但最好是基于 HTML 代码的，这样在制作时更加清楚。

在文档窗口中，选中需要设置为可编辑区域的部分，单击常用快捷栏的“模板”按钮，在弹出菜单中选择“可编辑区域”项，如图 4.55 所示。

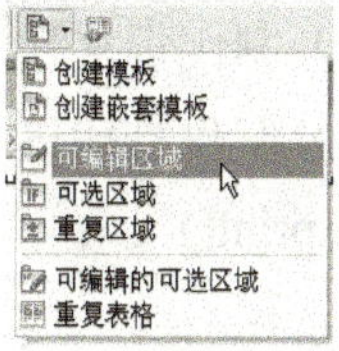


图 4.55　建立可编辑区域

在弹出的“新建可编辑区域”对话框中给该区域命名，然后单击“确定”按钮。新添加的可编辑区域有蓝色标签，标签上是可编辑区域的名称。

如果希望删除可编辑区域，可以将光标置于要删除的可编辑区域内，选择“修改/模板/删除模板标记”命令，光标所在区域的可编辑区即被删除。

这样模板文件就创建好了。

## 五、其他模板区域

模板中除了可以插入最常用的“可编辑区域”外，还可以插入一些其他类型的区域，分别为“可选区域”、“重复区域”、“可编辑的可选区域”和“重复表格”（参见图 4.55）。

### 1．可选区域

可选区域是模板中的区域，用户可将其设置为在基于模板的文件中显示或隐藏。当要在文件中显示的内容设置条件时，即可使用可选区域。

### 2．重复区域

重复区域是可以根据需要在基于模板的页面中赋值任意次数的模板部分。重复区域通常用于表格，也可以为其他页面元素定义重复区域。

### 3．可编辑的可选区域

它是可选区域的一种，可以设置显示或隐藏所选区域，并且可以编辑该区域中的内容。

## 模块二：高手点拨

## 按钮的制作

（1）制作返回前页按钮：在拆分视图状态下，在按钮代码中添加“onClick=javascript:window.history.go(-1)”。

（2）制作关闭窗口按钮：在拆分视图状态下，在按钮代码中添加“onClick=javascript:window.close()”。

（3）制作带背景颜色的按钮：利用 CSS 样式制作。

（4）制作打印该页按钮：在拆分视图状态下，在按钮代码中添加“onClick=javascript:window.print()”。

## 模块三：制作实务

### 电子邮件表单的制作

表单主要用来得到用户的反馈信息，如进行会员注册、网上调查、信息反馈等，然后将这些信息提交给服务器进行处理。下面介绍利用 DreamWeaver 8 制作表单的步骤及方法。

#### 1．创建电子邮件表单

（1）选择“插入”→“表单”→“表单”，在属性面板中，将表单名称设置为 form1，在“动作”文本框中输入 mailto:qhdn666@126.com，选择 post 方法。

（2）在表单中插入 7 行 2 列的表格，将背景颜色设置为#f5f5f5，将第 1 行～第 6 行单元格背景颜色设置为#ffffff，在第 1 列单元格中输入相应的文字，将光标置于第 1 行第 2 列单元格中，选择“插入”→“表单”→“文本域”属性改为单行文本，最多 20 个字符。

（3）在地区后插入“列表/菜单”单击加号添加新项目“北京、上海、广东”。

所创建的电子邮件表单如图 4.56 所示。

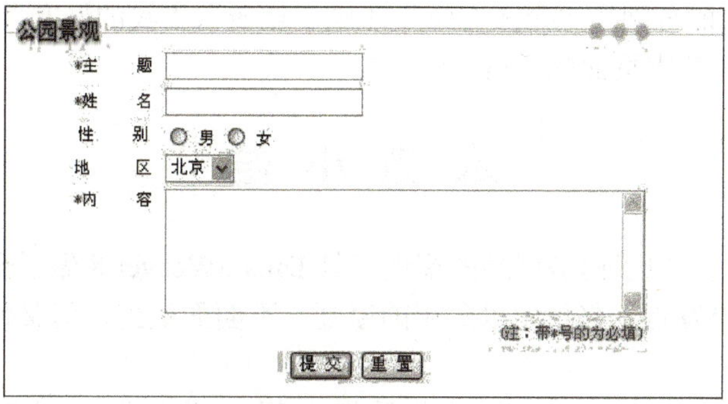


图 4.56　电子邮件表单

#### 2．更改文件域的样式

选中文件域，在拆分视图状态下，修改文件域代码如下：

```
<input type="file" style="border:1px solid blue;background:green; " name="file">
```

说明：border:表示边框的粗细；Solid:表示边框颜色，这里设置为蓝色（blue）；Background:表示背景颜色，这里设置为绿色(green)。

#### 3．避免表单撑开表格

将<form>标签放在<tr>和<td>之间，或者<table>和<tr>之间，相应的</form>也要放在对应位置。

#### 4．设置表单文本框中的文字

在拆分视图状态下添加 style=font-family:“隶书”；font-size:10px>

其中，font-family 表示字体，font-size 表示字体大小。

### 5. 在表单中改变字体和背景颜色

选择“菜单”栏中“窗口”菜单下的“CSS 样式”，在右侧将出现 CSS 样式面板，在该样式面板上单击鼠标右键，在弹出的“CSS 规则”对话框中选择“仅对该文档”，然后单击“确定”按钮，在弹出的“CSS 规则定义”对话框中将字体设为 12px，背景颜色设为#D2FFD2。

## 模块四：技能训练

**【训练内容】**利用模板制作个人网站的 4 个分支页面

**【训练目的】**

（1）掌握如何设置模板可编辑区域和不可编辑区域。

（2）掌握如何利用模板创建页面。

（3）通过修改模板对分支页面进行更新。

**【训练要求】**

（1）利用上次制作个人网站首页的内容作为模板文件。

（2）4 个分支页面分别为“个人介绍”、“电子相册”、“我的好友”和“留言版”。

（3）保持主页和分支页面的风格一致。

# 本 章 小 结

本章从应用角度对电子商务网站的实现工具 DreamWeaver 8 做了全面的介绍，作者倡导以应用为教学的出发点，坚持学以致用的原则，不面面俱到，但又顾及网页制作的每个环节。

第一节对 DreamWeaver 8 进行了系统介绍，学生通过该节的学习可以掌握 DreamWeaver 8 操作的基本知识；第二节以 DreamWeaver 8 为工具进行站点设置、目录建设的详细讲解；第三节讲解了页面设置、样式设置的基础知识；第四节对表格的使用进行了全面的讲解；第五节则以一个实际案例对主页的制作进行了全面说明，第六节是模板的设计与制作，通过模板的学习，可以使学生快速构建二级页面。

本章按电子商务网站建设的步骤讲解了 DreamWeaver 8 软件的使用，学习之后可以具备网页设计的实际技能，满足页面排版的需要。

# 每 课 一 考

## 一、填空题（共 40 空，每空 1 分）

1. Windows 中首次启动 DreamWeaver 8 时，会出现一个对话框，可以从中选择一种工作区布局。一种是（　　）工作区；另一种是（　　）工作区。
2. DreamWeaver 8 的操作界面包括（　　）、（　　）、（　　）、（　　）、（　　）、状态栏和属性面板。

3．设置网页文档的页边距是在（　　）对话框中进行设置的。
4．DreamWeaver 8 中模板的扩展名为（　　）。
5．DreamWeaver 8 中默认的首页文件名为（　　）。
6．按（　　）键可以启动快速标记编辑器。
7．在“页面属性”对话框中可以设置文本链接的 4 种状态的颜色，这 4 种状态分别是：（　　）、（　　）、（　　）、（　　）。
8．网页的背景色和背景图像是在（　　）对话框中设置的。
9．在网页设计中页面布局最常用的一种方法是使用（　　）。
10．在表格属性栏中对齐下拉列表框中，选择表格在行中的位置，包括四种，即（　　）、（　　）、（　　）和（　　）。
11．在表格属性栏中，可设置表格边框的宽度，如果该数值为（　　），表示不要边框。
12．站点包括（　　）和本地站点。
13．层叠样式表也称为（　　），是 W3C 制定的一种统一的网页元素定义规则。
14．网站中的首页一般都应命名为（　　），并且该页面都应保存在站点文件夹中的（　　）下。
15．Cascading Style Sheets 的缩写是（　　），其中文名称是（　　）。
16．在 DreamWeaver 8 中可以定义 3 种类型的 CSS，即（　　）、（　　）和（　　）。
17．链接的目标窗口类型有（　　）、（　　）、（　　）、（　　）。
18．DreamWeaver 8 以文件扩展名（　　）来保存模板。
19．表格应该使用的标记是（　　）。
20．表格中行的标记是（　　），列的标记是（　　）。
21．网页中按 Enter 键可以换行，但行距较大，按 Enter+（　　）组合键，换行后的行距较小。
22．通过（　　）的方式可以使各个网页之间链接起来，使网站中众多的页面构成一个有机整体，使访问者能够在各个页面之间跳转。

## 二、选择题（共 20 题，每题 1 分）

1．CSS 表示（　　）。
A．层　　B．行为　　C．样式表　　D．时间线
2．文档标题可以在（　　）对话框中修改。
A．首选参数　　B．页面属性　　C．编辑站点　　D．标签编辑器
3．DreamWeaver 的删除表格当前行的组合键操作是（　　）。
A．Ctrl+Alt+S　　B．Ctrl+M　　C．Ctrl+Shift+A　　D．Ctrl+Shift+M
4．按住（　　）键，同时在想要选中的排版单元格内任意处单击鼠标，可以快速选中单元格。
A．Shift　　B．Ctrl　　C．Alt　　D．Shift+Alt
5．在 DreamWeaver MX 中，使用（　　）组合键可以弹出 Page Properties（页面属性）设置对话框。
A．Ctrl+J　　B．Ctrl+I　　C．Alt+J　　D．Alt+I
6．文档标题可以在（　　）对话框中修改。
A．首选参数　　B．页面属性　　C．编辑站点　　D．标签编辑器

7. 在创建模板时，下面关于模板重复的说法错误的是（　　）。

A. 可以让模板用户在网页中创建可扩展的列表

B. 创建可扩展的列表时可保持模板中表格的设计不变

C. 重复有两种形式：区重复和表重复

D. 只能在编辑模板时，才能使用模板重复

8. 某用户在用模板制作网页时，要在其中进行添加操作却不能实现的原因是（　　）。

A. 在使用模板做出來的网页中不能进行新增操作

B. 该用户没有定义可编辑区域

C. 使用了 Template 后，HTML 文件的 Head 部分会被“封锁”住

D. 该用户没有在定义锁定区域

9. HTML 代码<img src=“name” align=?>表示（　　）。

A. 添加一个图像　　B. 排列对齐一个图像

C. 设置围绕一个图像的边框的大小　　D. 加入一条水平线

10. DreamWeaver 中的表格的作用是（　　）。

A. 排版　　B. 制作数据表　　C. 保护图片　　D. 制作线体

11. DreamWeaver 8 中启动浏览器进行网页浏览的快捷键是（　　）。

A. F2　　B. F4　　C. F12　　D. F8

12. 设置超级链接时，目标框架设置为_blank 时，表示（　　）。

A. 会在当前框架的父框架中打开链接

B. 会新开一个浏览器窗口来打开链接内容

C. 在当前框架打开链接

D. 会在当前浏览器的最外层打开链接

13. 设置表格的行数和列数，不能采用的方法是（　　）。

A. 在插入表格时设置表格的行数和列数

B. 选中整个表格，在属性面板中修改其行数和列数

C. 通过拆分、合并或删除行、列来修改行数和列数

D. 打开代码视图，在<table>标签中修改相应属性，以修改表格的行数与列数

14. 下列各项中不是 CSS 优点的是（　　）。

A. CSS 对于设计者来说是一种简单、灵活、易学的工具，能使任何浏览器都听从指令，知道该如何显示元素及其内容

B. CSS 可以用来在浏览器的客户端进行程序编制，从而控制浏览器等对象操作，创建出丰富的动态效果

C. 样式表可以用于多个页面，甚至整个站点，因此具有更好的易用性和扩展性

D. 使用 CSS 定义整个站点，可以大大简化网站建设，减少设计者的工作量

15. 在 DreamWeaver 8 中，下面关于创建模板的说法错误的是（　　）。

A. 在模板子面板中单击右下角的“新建模板”按钮，就可以建立新模板

B. 在模板子面板中双击已命名的名字，就可以对其重新命名了

C. 在模板子面板中单击已有的模板就可以对其进行编辑了

D. 以上说法都错

16．关于层的 Z 轴值，说法正确的是（　　）。
A．Z 轴其实没有什么实际的意义
B．Z 轴表示层的层叠顺序，值越大，层的层叠位置越靠上
C．Z 轴表示层的层叠顺序，值越大，层的层叠位置越靠下
D．Z 轴的值不能为负

17．超连接中的 target 属性中，（　　）是把链接加载到一个新的目标窗口。
A．_black　　B．_self　　C．_top　　D．_parent

18．在 DreamWeaver 8 中，下列对象中可以添加热点的是（　　）。
A．帧　　B．文字　　C．图像　　D．任何对象

19．在 HTML 中，下列是超链接标记的是（　　）。
A．<A>…</A>　　B．<IMG>…</IMG>
C．<FONT>…</FONT>　　D．<P>…</P>

20．在 HTML 中，下面是字体标记的是（　　）。
A．<FONT>…</FONT>　　B．<HTML>…</HTML>
C．<IMG>…</IMG>　　D．<P>…</P>

## 三、判断题（共 20 题，每题 1 分）

1．在 DreamWeaver 8 中，非连续的单元格也可直接合并。（　　）

2．若需要对文件进行超级链接设定，只需选中文字，鼠标右键打开“属性”对话框输入需要链接的 URL 即可。（　　）

3．在制作网页中需要显示时，若有一些网页，它们有共同的标题、共同的目录格式，只是某些内容不太相同，则可以应用框架网页来加快网页的显示速度，避免重复载入页面。（　　）

4．Web 站点是指一系列可以通过 Internet 浏览器浏览的，具有相互超级链接的多媒体文档的集合以及完成这些文档的存放、查找、搜索、发布的物理设备和其他相关软、硬件系统的集合。（　　）

5．采用目录与锚点结合的办法，可以实现在比较长的网页文档内部跳转的功能。（　　）

6．作为网页定位技术的表格与层，相对来说表格更为通用，因为层需要浏览器的支持，而表格在任何浏览器下都没有问题。（　　）

7．网页中引入层技术，在层中可以插入各种对象，而且各个层可以嵌套、重叠，但不是所有的浏览器都支持层技术。（　　）

8．文档的标题将与文件名一起出现在文档标题栏中。（　　）

9．文字建立链接前后颜色一样。（　　）

10．您可以在任何时候用 DreamWeaver 8 的预览功能预览网页，但是必须事先保存网页。（　　）

11．在网页中 GIF 动画需要安装插件才能浏览。（　　）

12．同一种字体可以有不同的大小，也可以使用不同的标题级别来设置字体大小。（　　）

13．DreamWeaver 8 中的模板在制作时需要规定可编辑区域，否则就不可以生成内容不同、但风格却一致的网页了。（　　）

14. 站点无大小，可以大到一个网站，小到一个网页。（　）
15. 模板最强大的用途之一在于一次更新多个页面。（　）
16. 设置链接目标的打开方式时，_blank 表示在一个空的框架中打开目标网页。（　）
17. 在 HTML 文件中不必包含头部。（　）
18. DreamWeaver 8 中不能在一个表格的单元格中插入层。（　）
19. HTML 标记符的属性一般不区分大小写。（　）
20. HTML 表格在默认情况下有边框。（　）

## 四、拓展技能综合题（20 分）

模仿齐齐哈尔大学招生办网站，为你所就读过的初中学校建立一个学校网站。

# 第五章

## 电子商务网站图像处理技术

### 知识要点

1. Photoshop CS 快速入门；
2. 网站常用图片的快速处理；
3. 网站版面设计实例；
4. 网站版面制作技巧；
5. 网站的 Logo 制作。

### 六大技能

1. 图层之间的转换；
2. 图层蒙版的创建；
3. 效果描边与选区描边的巧妙结合；
4. 自定义图案与自定义画笔的使用；
5. 如何创建图层组；
6. 剪贴蒙版的巧妙使用。

### 学习方法

不学习 Photoshop CS 就无法独立建设电子商务网站，但 Photoshop CS 是一个独立的学科，作为电子商务专业的学生，没有可能也完全不必要专门去学习这门课程。世界上的知识很多，活到老学到老，也不可能面面俱到。我们的目标不是专门研究 Photoshop，没有必要把 Photoshop CS 全面学习，我们应该站在应用的角度，学会入门操作、学会本专业应用、学会整体实务，完成这三个方面的学习，即可满足电子商务网站制作的全部需求。

对 Photoshop CS 的学习还要注意多练习、多实践。遇到暂时的困难、做不出来的效果，只要多问问，多查查，在实践中学习，为需要而学习，便可克服难题，到达彼岸。

传统相机已被数码相机替代。在信息技术高速发展的今天，必备的知识加上聪慧的头脑，才能永立不败之地。作为电子商务及其相关专业的学生，当然知道，欲成为电子商务网站制作的高手，必先构建属于自己的电子商务网站。自然也会明白，网站建设的基础理论知识、Photoshop CS 图片处理技能、DreamWeaver 排版技能、简单的编程技能、电子商务系统的运用技能是构建电子商务网站的必备知识。不妨看看吴辉的故事，很容易联想到一句话"思路决定出路"。

**案例导航**

**一个大学生眼中的电子商务如此绚烂**

如果你开了一家网店，你在哪里进货？是"阿里巴巴"、淘宝商城、汉正街还是其他商品批发市场？这些进货渠道在中南民族大学工商学院电子商务专业大四男生吴辉眼里已成传统，他创办的"搜来宝"网上分销平台，将供货厂家网罗其中，网店老板只要在这里轻点鼠标就能进货，货卖出后由厂家直接发货给顾客。对于网店来说，没有库存，货卖出后再付款，风险几乎为零。对于供货厂家来说，这是一个网上直销的平台，免去了传统供货渠道的烦琐。"搜来宝"创办一个多月来，规模日益扩大，纯利已达三四万元。

吴辉有很多同学开网店，但苦于找不到稳定的货源。吴辉到义乌联系了 4 个厂家，通过自己的网店给同学供货。令吴辉没想到的是，找吴辉拿货的同学多得让他忙不过来。为什么不做一个专门的分销平台呢？凭借对这电子商务模式的了解和认识，吴辉创造性地从这三种模式中找到了结合点，即"B2C2C"(企业对消费者对消费者)——为企业提供网络直销渠道，网店老板作为消费者，从平台上进货，顾客(终端消费者)购买后，由企业直接发货。"搜来宝"如同一个"网上汉正街，按销售量获企业返利。运行一个多月来，已经有七八十个品牌厂家加盟提供货源，月供货量达 3000 件，净收入三四万元。目前多家公司主动找上门洽谈投资事宜。

资料来源：《新晚报》2008 年 11 月 19 日 D63 版

网上大量使用的无非是文字与图片，我们必须掌握必备的图像处理技能，才能像吴辉一样，把自己的想法变成现实。如何满足网站建设中图像处理的需要呢？其实这很简单，不信，请跟我来……

# 第一节 Photoshop CS 使用速成

## 模块一：应知应会

美轮美奂的网站效果，精彩纷呈的页面设计，都离不开图片。网站的页面是由图片、动画、文字组成的。随着计算机网络技术的发展，电子网站建设越来越多地使用图片。Photoshop CS 是最经典的图像处理软件，也是网站建设必不可少的工具之一。

Photoshop CS 是一个专门处理图像的软件，其功能强大、简便易学，但我们不可能有一个学期的时间和机会专门学习 Photoshop CS，实际上，也不必学会 Photoshop CS 后再学习网站建设技术。我们只要用两个课时学会基本操作，然后用 4 个课时进行实例训练，即可轻松入门，边做边学，迅速成长。

## 一、Photoshop CS 工作环境

进入 Adobe Photoshop CS 系统后会出现如图 5.1 所示的“欢迎屏幕”窗口。

在“欢迎屏幕”窗口中，系统为用户设置了相关的教程链接和一些帮助信息，可以通过相关的链接对软件进行深入了解。每次启动时并不需要浏览“欢迎屏幕”窗口中的信息，只要将窗口左下角的“启动时显示此对话框”选项取消勾选，然后单击 关闭 按钮即可。

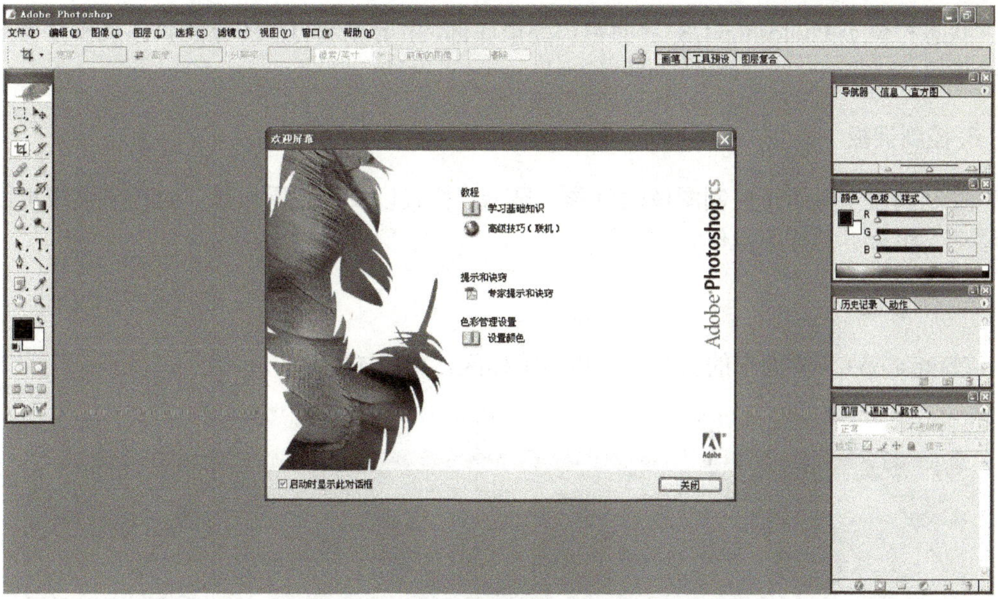


图 5.1　“欢迎屏幕”窗口

在“欢迎屏幕”窗口中单击 关闭 按钮，将“欢迎屏幕”窗口关闭，此时所显示的是 Photoshop CS 软件的工作界面，如图 5.2 所示。

Photoshop CS 软件的工作界面主要包括标题栏、菜单栏、属性栏、工具箱、状态栏、控制调板和工作区 7 个部分。

### 1. 标题栏

标题栏主要包括使用软件的图标、名称以及窗口大小的控制按钮。

### 2. 菜单栏

菜单栏中主要有 9 个菜单选项，使用这些菜单命令可以对图像进行调整大小和添加效果等操作。单击每一种菜单命令，都会弹出相应的下拉菜单；除了使用鼠标单击选择命令外，还可以通过相应的组合键来进行操作。

### 3. 属性栏

属性栏位于菜单栏的下方，主要控制工具箱中所有工具的参数以及选项设置。当选取不同的工具时，属性栏中显示的内容也各不相同。

4. 工具箱

工具箱是学习 Photoshop CS 软件的重点，其中包括图形、图像的绘制和处理工具。运用工具箱中的工具可以方便快捷地进行图形的绘制和图像的处理，结合菜单命令的使用，可以完成各种效果的制作。

5. 状态栏

状态栏位于 Photoshop CS 界面窗口的最底部，主要显示当前图像的状态或操作命令的相关信息。

6. 控制调板

控制调板主要用于控制图像的色彩、显示、样式以及相关操作等。对控制调板可以进行移动、组合、拆分等操作。

7. 工作区

Photoshop CS 界面中的灰色区域称为工作区，如图 5.2 所示。

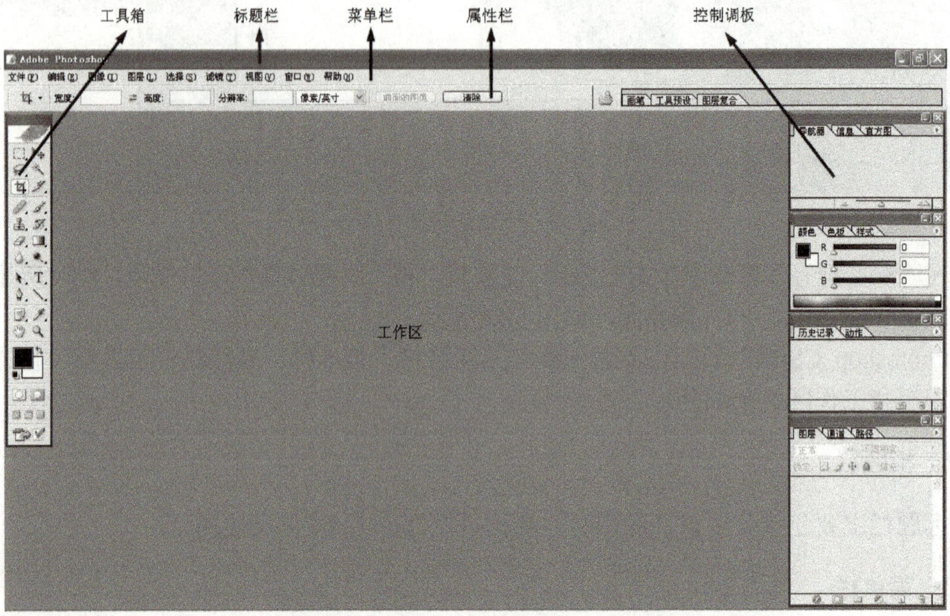


图 5.2 Photoshop CS 界面中的工作区

## 二、Photoshop CS 图像文件的处理

1. 图像文件的创建

在进行菜单栏中的“文件”→“新建”命令或按下键盘中的“Ctrl + N”组合键，弹出如图 5.3 所示的“新建”对话框。

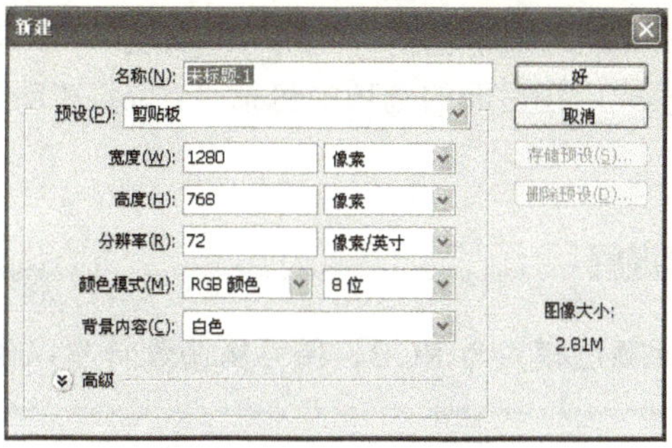


图 5.3　“新建”对话框

【名称】选项：此选项右侧的文本框中显示的是文件的名称，文件名称是可以任意命名的，“未标题-1”是默认的文件名称。

**友情提醒**

在网站版面设计时，其命名一定要有意义，让别人看到题目就知道该图的用途。如 logo、Jpg、title 等。

【预设】选项：在右侧的下拉列表中有多种常用的文件尺寸，如图 5.4 所示。用户也可以在【宽度】和【高度】选项中根据需要自行设置文件的尺寸。

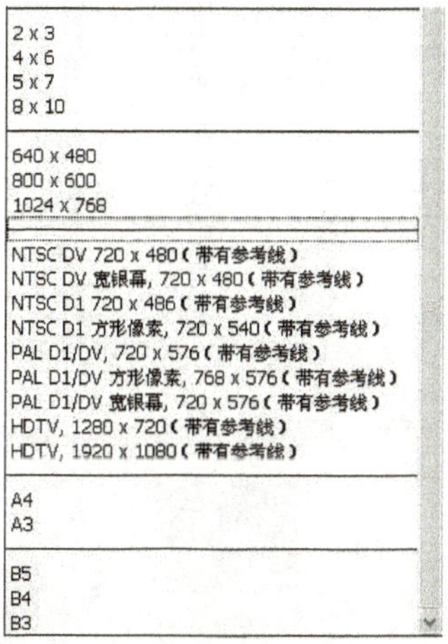


图 5.4　常用的标准文件尺寸

【宽度】和【高度】选项：根据需要设置文件的宽度和高度，单位包括像素、英寸、厘米、毫米、点、派卡和列（网站打版中以像素为单位）。

【分辨率】选项：在此选项中可以设置文件的分辨率，其单位包括“像素/英寸”和“像素”。

**友情提醒**

网站版面设计所使用的分辨率为 72 像素/英寸。

【颜色模式】选项：在下拉列表中包括“位图”、“灰度”、“RGB 颜色”、“CMYK 颜色”和“Lab 颜色”5 种颜色模式，在后面的选项中包括“1 位”、“8 位”、“16 位”三个通道模式选项。

**友情提醒**

网站版面设计颜色模式为 RGB、网站版面设计中以像素为单位。

【背景内容】选项：可以根据需要设置新建文件的背景颜色。其右侧下拉列表中包括“白色”、“背景色”和“透明”三个选项。

【图像大小】选项：根据设置的文件高度、宽度、分辨率等选项自动生成图像文件所占用磁盘空间的大小。

### 2. 图像的打开与保存

（1）图像文件的打开

执行菜单栏中的“文件”→“打开”命令或按下“Ctrl+O”组合键，弹出如图 5.5 所示的“打开”对话框。

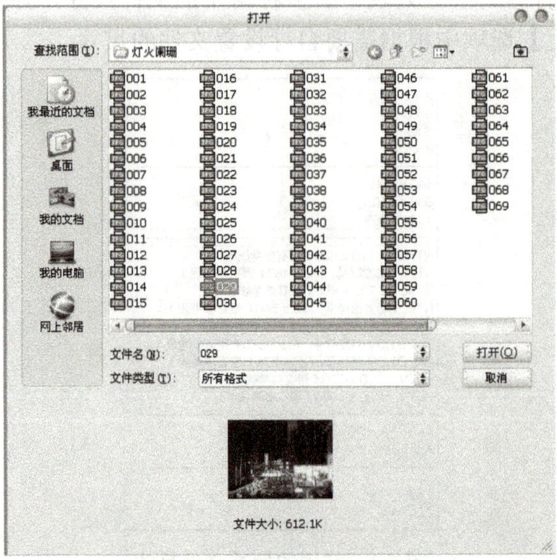


图 5.5 “打开”对话框

在“打开”对话框中按 Ctrl 键或 Shift 键，可以同时选择多个需要打开的图像。

（2）图像文件的保存

执行菜单栏中的“文件”→“存储”命令或按“Ctrl + S”组合键，可以将文件进行存储；执行菜单栏中的“文件”→“存储为”或命令或按下“Ctrl + Shift + S”组合键，同样可以将文件进行存储。

## 三、Photoshop CS 图层的应用

### 1.“图层”调板

“图层”调板的主要功能是显示当前图像的所有图层及参数设置。可以在“图层”调板中完成创建、删除、移动和编辑图层中的图像，重新安排各个图层之间的关系等一系列操作。

执行菜单栏中的“窗口”→“图层”命令或按下键盘中的 F7 键，可以将“图层”调板显示出来，显示的“图层”调板及各部分的名称如图 5.6 所示。

使用 Photoshop CS 时几乎都会使用到“图层”调板。无论 Photoshop 的哪个版本，任何操作都不可能脱离“图层”而单独进行。学会图层的操作和使用，可以轻松创建出网页中很多种漂亮的特殊效果。

### 2. 图层概述

图层的作用就是把图像中的各个对象放在不同的图层中，利用图层把各个图像对象分割开，对某个图层中的对象编辑和操作时不会影响到其他图层的对象。图层和图层之间可以合并、组合和改变叠放次序。

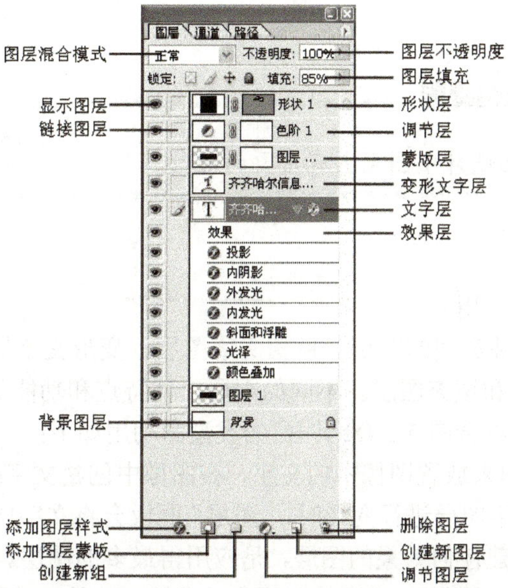


图 5.6　“图层”调板及各部分名称

### 3. 图层的功能及效果

Photoshop 图层色彩混合模式和透明度的功能极其强大，可以将多层融合在一起，从而产生许多特殊效果，这些特效是手绘图无法表现的。此外，增加了独立的“图层复合”面板，使用户能够对一幅图的多种组合进行比较。

在所有版本的 Photoshop CS 图像中，大多看似独立的图像，都是由两个以上的图层组合而成。图层与图层之间又是完全独立的。所以，在选择一个图层进行编辑时，不会影响到另一个图层，可以非常方便地进行修改，这也正是图层功能最大的优点。

举个例子说明，如图 5.7 所示，是一个 PSD 格式的图像文件，通过“图层面板”可以看出，此图像是由一个“背景”图层和几个独立图层共同组合而成的某服装网站的背景。

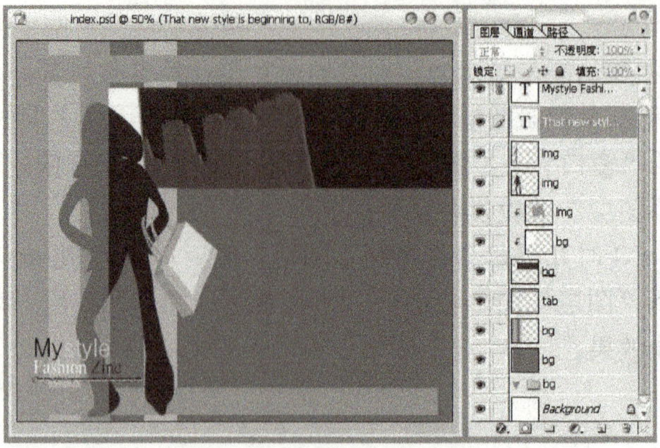

图 5.7　某服装网站的背景

图层不仅可以独立存在，而且易于修改，同时还可以控制透明度、图层混合模式，并且可以为每个图层单独添加图层样式，从而产生出很多特殊效果，如阴影、发光、浮雕，等等。

**友情提醒**

在网站版面设计中图层占有主要的地位。

**4．图层的调板简介**

（1）图层的类型及功用

Photoshop 中有多种类型的图层：包括文字图层、变形文字层、普通层、调整层、背景层、效果层、形状层和填充图层。不同的图层，其特点和功能都有一定的差别，操作及使用方法也各不相同。结合图 5.6 介绍图层的类型和功用如下：

“文字图层”专门用来放置图像中的文字，在图像中创建文字时，自动在“图层”面板生成文字图层；在对文字图层进行变形时，“图层”面板会将文字层转化为变形文字层。“普通图层”也就是没有创建任何效果的图层，是应用得最多的图层。“调整图层”用于放置图像的各种调整效果。“背景图层”用于放置图像的背景，并且一幅图像中只允许有一个锁定的背景图层，当然也可以没有。“效果层”利用图层调板底部的 （添加图层样式）按钮，可以将当前图层添加图层样式效果；添加图层样式效果后，将自动在当前图层的下方出现效果层。“形状图层”用来放置矢量图形。“填充图层”则用于放置图层的填充效果。下面将详细讲述图层类型的功能及用法。

（2）图层调板的选项和按钮

① 选项。

【图层的混合模式】选项：包括 23 种模式选项，主要决定当前图层中的图像与下面图层中的图像之间的混合模式。

【图层不透明度】选项：设置每个图层的不透明度，当切换作用图层时，不透明度值也会切换到当前所选图层的不透明度值，不透明度的数值设置只针对当前图层。

【图层填充】选项：设置每个图层的内部不透明度；切换图层时，该数值也会切换到当前选取图层的内部不透明度值。

【显示图层】选项：用于显示或者隐藏图层，当不显示指示图层可式性按钮时表示这一层中的图像被隐藏，反之表示显示这个图层中图像。

【链接图层】选项：当图层右侧出现链接图标，表示这一层与作用图层被链接在一起，因此可以和当前作用层一起进行移动、旋转等操作。

② 按钮。

- （锁定透明像素）按钮：单击此按钮，在当前图层中所进行的操作只对不透明区域起作用。
- （锁定像素）按钮：单击此按钮，将不能对当前图层进行图像编辑。
- （锁定位置）按钮：单击此按钮，将不能对当前图层中图像位置进行改变。
- （锁定全部）按钮：单击此按钮，将不能对当前图层中图像进行任何操作。
- （添加图层样式）按钮：单击此按钮可以弹出菜单，从中选择一种图层效果应用到当前选择的图层。
- （添加图层蒙版）按钮：单击此按钮可以建立一个图层蒙版。
- （创建新组）按钮：单击此按钮，可以创建一个新的图层集合。
- （创建新的填充或调整图层）按钮：单击此按钮可以弹出菜单，以选择创建一个填充图层或者调整图层。
- （删除图层）按钮：单击此按钮可以将当前选取的图层删除，或者拖曳图层到该按钮上删除图层。

### 5. 图层的创建及删除

在版面设计中要用到几十甚至几百个图层，那么新建图层和删除图层是不可避免的。下面介绍一下新建图层和删除图层的几种方法。

（1）创建图层

方法一：使用图层面板创建图层组。

在“图层”面板中单击创建新图层按钮，就可新建一个普通图层，如图 5.8 所示。

方法二：使用图层菜单创建图层组。

① 执行“图层”→“新建”→“图层”命令，弹出“新图层”对话框，如图 5.9 所示。

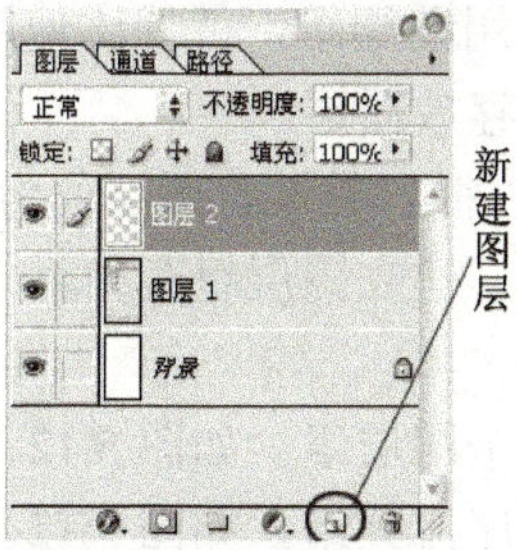


图 5.8　新建图层

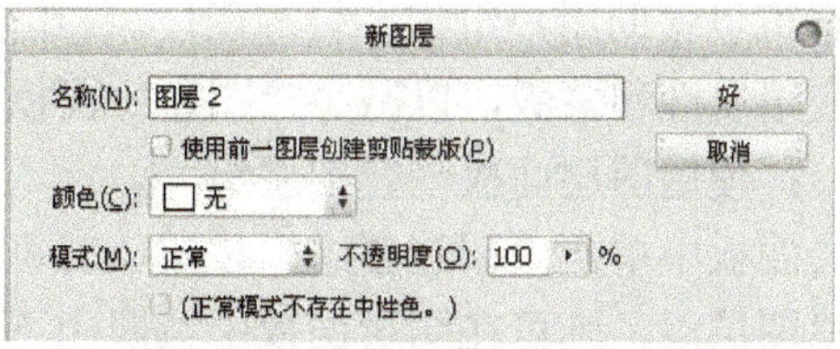


图 5.9　“新图层”对话框

② 在“新图层”对话框中的“名称”文本框中设置图层名称。如果不设置，系统默认的图层名称是“图层”面板中未出现过的图层名称。

③ 如果勾选“使用前一图层创建剪贴蒙版复选框”，则建立的新图层是其下面的图层的剪贴蒙版。

④ 在颜色列表框中选择新建的颜色，可以设置的颜色有红、橙、黄、绿、蓝、紫、灰，选择“无”时为无色。

⑤ 在模式列表框中设置该图层的图层混合模式。

⑥ 在“不透明度”文本框中输入不透明度值或者单击右侧三角形按钮，在弹出的滑竿中拖动设置不透明度。

⑦ 设置完毕后单击“确定”按钮，普通图层新建完成。

方法三：使用快捷组合键“Ctrl + Alt + Shift + N”新建图层。

**友情提醒**

新建图层组合键“Ctrl + Alt + Shift + N”按下时不出现对话框，在图层调板中自动生成透明图层。

（2）删除图层

方法一：将要删除的图层直接拖曳到图层调板下的删除图层 即可，如图 5.10 所示。

方法二：执行“图层”→“删除”→“图层”命令，弹出对话框，单击“是”按钮，如图 5.11 所示。

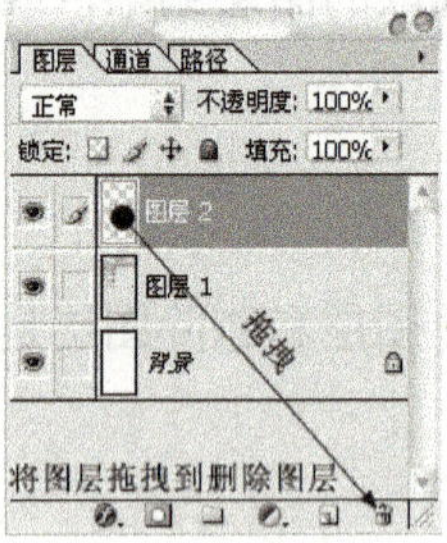


图 5.10　删除图层

图 5.11　删除对话框

### 6. 创建图层组

在版面设计中，用户需要对不同类型的图层进行分类，以便于修改，易于查找。为此，Photoshop CS 专门提供了分类图层的工具，即图层组。使用图层组，就好比使用 Windows 的文件夹一样，可以在“图层”面板中创建图层组，以便存放图层。

图层组可以帮助用户组织和管理图层。使用图层组可以很容易地将图层作为一组移动、对图层组应用属性和蒙版，以减少“图层”面板中的混乱。建立图层组有如下方法。

方法一：使用图层面板创建图层组

在图层面板中单击“创建新组”按钮，就可以新建一个图层组，如图 5.12（a）所示。若多次新建图层组，则可在图层面板中按照由下向上的顺序排列组，如图 5.12（b）所示。

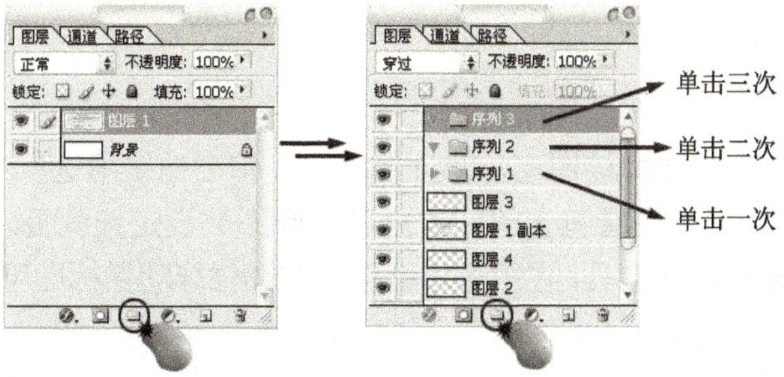


（a）　　　　　　　　　（b）

图 5.12　新建图层组

方法二：使用图层菜单创建图层组

① 执行图层下新建下组命令，弹出“新建组”对话框。

② 在“新建组”对话框中的名称文本框中输入图层名称。如果不设置，系统默认的图层名称是组 1、组 2，其中 1、2 是新建图层组的次序编号。

③ 在“颜色”列表框中选择新建图层的颜色，可以设置的颜色有红、橙、黄、绿、蓝、紫和灰色，选择无是为无色，此颜色只对图层起到颜色标志的作用。

④ 在“模式”列表框中设置该图层的图层混合模式。

⑤ 在“不透明度”文本框中输入不透明度值或者单击右侧三角形按钮，在弹出的滑竿中拖动设置不透明度。

⑥ 设置完毕后单击“确定”按钮，图层组建立完成。

方法三：从链接图层创建新图层组

① 链接需要创建图层组的图层。

② 执行图层下新建下“从图层建立组”命令，弹出“从图层新建组”对话框。

③ 在弹出的“从图层新建组”对话框中设置选项，设置方法同前述。

④ 设置完毕后单击“确定”按钮，即可从链接图层创建新图层组，详细步骤如图 5.13 所示。

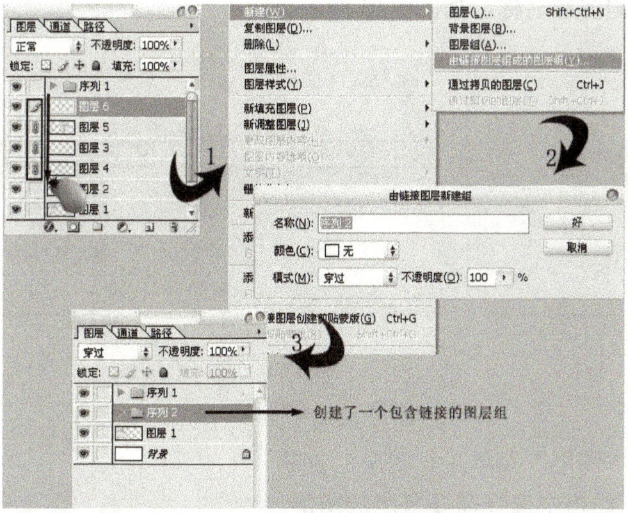


图 5.13　从链接图层创建新图层组

### 7. 图层的编辑

（1）移动图层

① 在“图层面板”中选择该图层，并且使用工具箱中的矩形选框工具，创建一个要移动的区域，如果要移动整个图层包含的图像内容，则不必设定选区范围。

② 在工具箱中选择移动工具，在矩形选框选中的部位拖动鼠标即可移动图层，如图 5.14 所示。

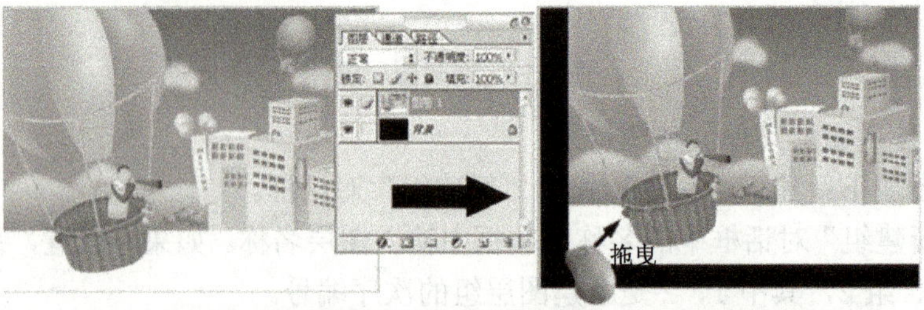


（a） 直接选择所需要的图层使用移动工具进行移动

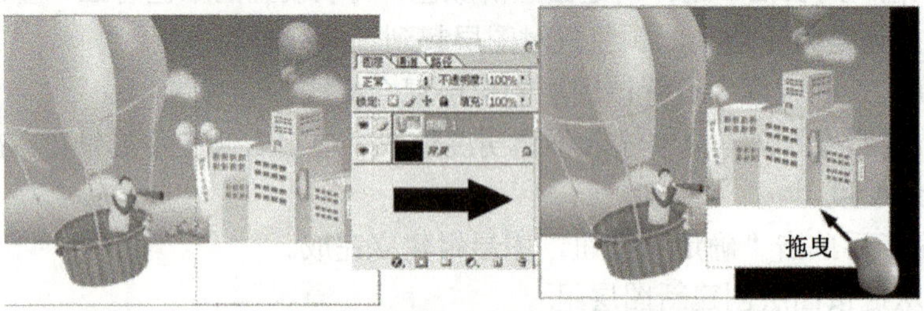


（b） 使用选取工具选取要移动的部分进行移动

图 5.14 移动图层

（2）复制图层

方法一：通过“创建新图层”进行图层的复制

拖动此图层到“图层”面板底部的“创建新图层”按钮，通过这种方法创建的新图层采用的是系统默认的图层名称，如图 5.15 所示。

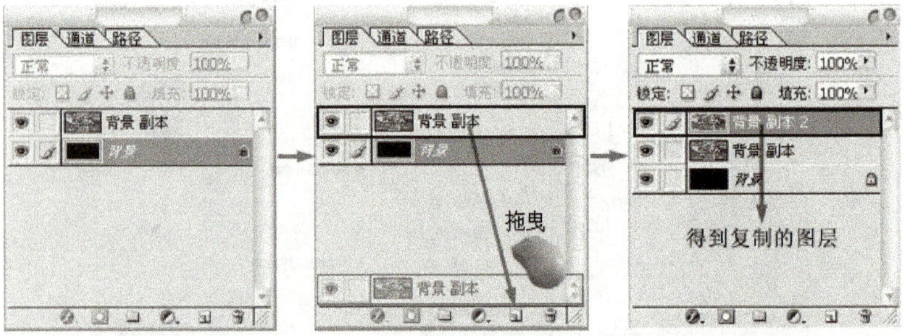


（a） （b） （c）

图 5.15 复制图层

方法二：通过“图层”菜单进行图层的复制

① 在“图层”面板中选择需要复制的图层。

② 执行“图层”→“复制图层”命令，弹出“复制图层”对话框。

③ 在“为”文本框中输入复制的新图层的名称，默认的名称是原图层名称后加“副本”。例如，在“图层”面板上选择“图层 1”，执行“图层”→“复制图层”命令，确认复制后得到默认的图层名称为“图层 1 副本”。

④ 在“目的文档”列表框中选取复制后图层的部位。如果选择了当前要复制的图层所在的图像文件名，则复制后的图层在原图像中。如果选择“新建”，则会将复制的图层作为新的图像打开，并且可以在“名称”中定义该图像文件的名称。

（3）设置完毕后单击“确定”按钮，图层复制完成。

方法三：组合键“Ctrl＋J”复制图层。

### 8．调节图层顺序

图层在“图层调板”上不同的顺序排列对图像最终的效果会产生很大的影响。如图 5.16 所示，虽然只是图层顺序改变了，但是整个图片都改变了。

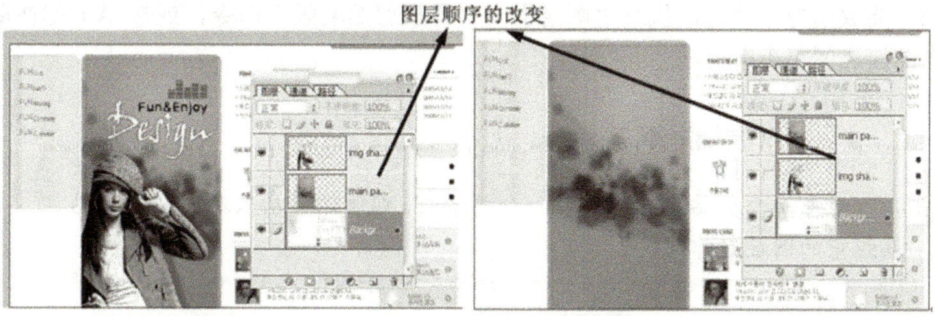


图 5.16　图层顺序的改变

改变图层顺序的方法：

方法一：

选择该图层，拖动它到想要放置的位置，松开鼠标。

方法二：

要把某个图层移到特定位置时，可以使用“排列”菜单下的子命令。

① 在“图层”面板中选择要移动的图层，这是移动图层的第一步。

② 执行“图层”→“排列”命令，弹出“排列”的子菜单，该菜单中包含下列 5 个选项。

- 置为顶层：应用该选项，可将选择的图层移到整个图层的最顶层。
- 前移一层：应用该选项，可将选择的图层向上移动一层。
- 后移一层：应用该选项，可将选择的图层向下移动一层。
- 置为底层：应用该选项，可将选择的图层移到除“背景”图层以外的最底层，即在“背景”图层之上，其他任何图层之下。
- 反向：当选择多个图层进行顺序排列时，应用该选项，可将选择的图层反向排列，例如，原图层顺序为“1…2…3…”，应用“反向”命令后，得到的图层顺序为“3…2…1…”。

### 9．创建剪贴蒙版

在版面设计中创建剪切蒙版是最常用也是最好用的一个特殊合成效果。当两个图层组成一个剪贴蒙版后，可以看到图层之间的构图内容发生了很大变化。在剪贴组中，最下面的图层（或基底图层）充当整个组的蒙版。例如，一个图层上可能有某个形状，上层图层上可能有纹理，而最上面的图层上可能有一些文本。如果将 3 个图层都定义为剪贴组，则纹理和文本只通过基底图层上的形状显示，并具有基底图层的不透明度。下面详细介绍创建剪贴蒙版的方法，如图 5.17 所示。

（1）打开素材图像，将被嵌入的纹理图层定义为“纹理”，待嵌入纹理的图层命名为“形状”，并使“纹理”图层置于“形状”图层上，执行“图层”→“创建剪贴蒙版”命令，即可将“纹理”图层嵌入“形状”图层。

（2）另一种简捷的方法是将鼠标放置在“图层”面板中需要加贴蒙版的两个图层中间，按下 Alt 键，当鼠标改变形状时单击鼠标，于是在这两个图层之间就建立了剪贴蒙版关系。

（3）要取消剪贴编组，执行“图层”→“释放剪贴蒙版”命令，或按 Alt 键在剪贴组的两个图层之间单击即可。

**友情提醒**

如果一个剪贴编组中含有一个调节层，则该调节层只对这一个剪贴编组中的图层起作用。

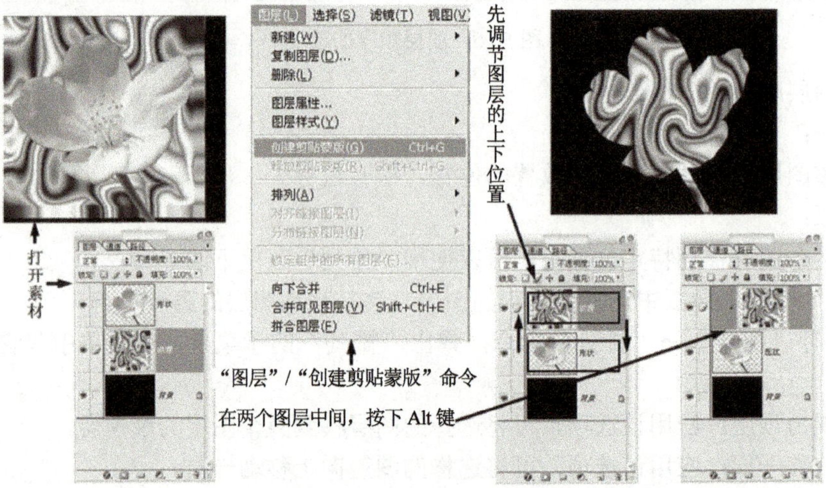


图 5.17　创建剪贴蒙版

**友情提醒**

网站版面设计中经常用到创建剪贴蒙版，组合键“Ctrl+G”。

### 10. 对齐和分布图层

执行 Photoshop CS 提供的“对齐”命令，可以将多个图层的内容与当前图层或者选择区域边框对齐，而“分布”命令可以平均排列多图层中的内容，如图 5.18 所示。

图 5.18　移动工具属性栏

## 模块二：高手点拨

### 快捷组合键

本节所介绍的 Photoshop CS 是做版面设计不可缺少的；要想快速地制作网站，那就必须熟练地运用以下的快捷组合键。

（1）新建图层→“Ctrl+Alt+Shift+N”

（2）矩形选区描边→“Alt +E+S”

（3）重新选择→“Ctrl+Shift+D”

（4）反向选择→“Ctrl+Shift+I”

（5）显示或隐藏工具箱以外的所有调板→“Shift+Tab”

（6）通过复制建立一个图层→“Ctrl+J”

（7）盖印可见图层→“Ctrl+Alt+Shift+E”

（8）调整当前图层的透明度小键盘的→“0～9”

（9）自动调整色阶→“Ctrl+Shift+L”

（10）将所选文本的文字大小增大 10 点像素 →“Ctrl+Alt+Shift+>”

## 模块三：制作实务

### 用 Photoshop CS 精细制作网站的导航条

导航条的最终效果如图 5.19 所示。

图 5.19　导航条的最终效果

**制作方法如下：**

① 新建立文件 500px×50px、分辨率 72 ppi，制作 480px×530px 的一个选区；

② 执行“选择”→“修改”→“平滑”，设置半径为 2px。效果如图 5.20 所示；

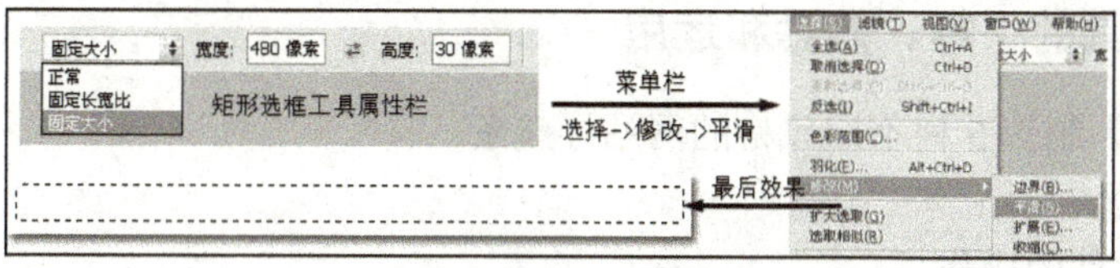


图 5.20　制作选区

③ 创建一个新图层，填充选择为任何颜色；在如图 5.21 所示的“应用图层样式”设置渐变颜色为“#313332”到“#46474a”、描边颜色为“#676767”；

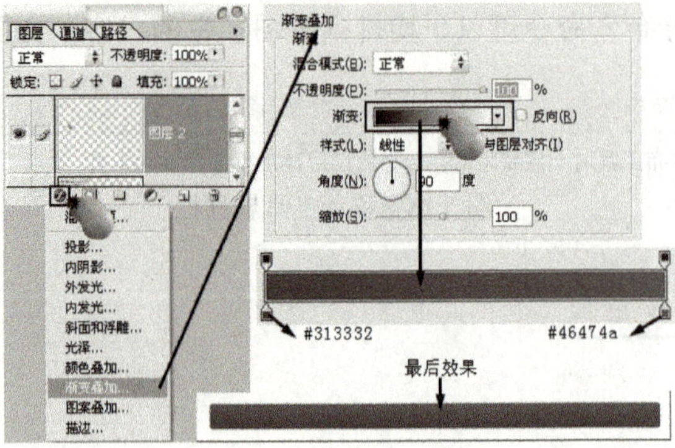


图 5.21　应用图层样式

④ 选择“导航”上部的“选取”，新建一个图层，从上到下用白色到透明进行渐变填充。图层模式改为线性减淡，不透明度 35%，效果如图 5.22 所示；

图 5.22　效果

⑤ 新建图层。使用单行选框工具在上部选择 1px 区域填充为白色，改变图层混合模式为柔光，不透明度为 60%；

⑥ 下面添加一个按钮。创建一个 130px×524px 选区，然后“选择”→“修改”→“平滑”，设置半径为 2px。方法同上③～⑤步，效果如图 5.23 所示；

图 5.23　效果

⑦ 添加字符。字体为宋体，字号 12 点，白色；

⑧ 在文字中间添加分隔线。创建新层，使用单列选框工具选择区域，填充颜色为“#1a1b1c”；向右移动选区 1px 再次填充为“#5d5f60”；再向右移动 1px 填充为“#232526”。用 20px 柔笔刷擦除上下的部分，图层不透明度设置为 50%，效果如图 5.24 所示。

图 5.24　最后效果

## 模块四：技能训练

### 对各种工具的了解、熟悉和运用

**【训练内容】**制作 5 种不同风格的网站导航条

**【训练目的】**

（1）熟悉软件的操作。

（2）了解网站导航条的制作过程和网站内容。

**【训练要求】**

（1）用文字说明制作的网站类型，录入网站导航的链接文字。

（2）统一尺寸：800px×530px。

（3）文字说明制作感言。

# 第二节　网页常用图像处理案例

## 模块一：应知应会

Photoshop CS 功能强大、工具众多，初次学习，如入云山雾海，但网站页面制作中常用的功能并不多，也非常容易学习。本节将以案例导航的方式将网站设计常用的图像处理一网打尽，并将对网页制作常用的图像处理技术，以案例的方式进行全面讲解。

### 一、头部常用图像处理实例

制作网站头部最常使用的就是“渐变填充”、“剪贴蒙版”、“自定义图案”、“自定义画笔”等一些工具箱中的工具，下面通过两个实例来熟悉这些工具的运用。

**【实例 5.1】**网站头部渐变、添加图层蒙版的使用

（1）新建 760px×570px 、分辨率 72 ppi、RGB；

（2）“创建新组”命名为“头部”，“新建图层”填充为“#1C7CD0”；

（3）将素材 1 打开“添加图层蒙版”、使用渐变工具将渐变颜色黑、白、黑从左向右拖曳，效果如图 5.25 所示；

图 5.25　添加图层蒙版和使用渐变后的效果

（4）“新建图层”选择矩形选框工具下的单行选框工具填充白色；

（5）将图层 2 复制 16 个副本，然后将图层 2 的副本 16 向下移动到合适的位置，效果如图 5.26 所示；

图 5.26　将图层 2 的副本 16 向下移动的效果

（6）将图层 2—图层 2 副本 16 连接，使用移动工具单击属性栏中的“垂直居中分布”，效果如图 5.27 所示；

图 5.27　使用移动工具单击属性栏中“垂直居中分布”的效果

（7）合并链接图层；

（8）“添加图层蒙版”使用渐变工具将渐变颜色黑、白、黑从左向右拖曳，效果如图 5.28 所示；

图 5.28　合并链接图层后、添加图层蒙版和使用渐变后的效果

（9）输入文字“中文 | English | 搜索”字体大小 12 号，“中国电脑信息资源共享网”字体大小 20 号；

（10）放入 Logo，最终效果如图 5.29 所示。

图 5.29　最终效果

**【实例 5.2】网站头部渐变工具的使用**

（1）新建 760px×70px 、分辨率 72ppi、RGB；

（2）“创建新组”命名为“头部”，在文件夹里将素材 2 打开并放在左端，效果如图 5.30 所示；

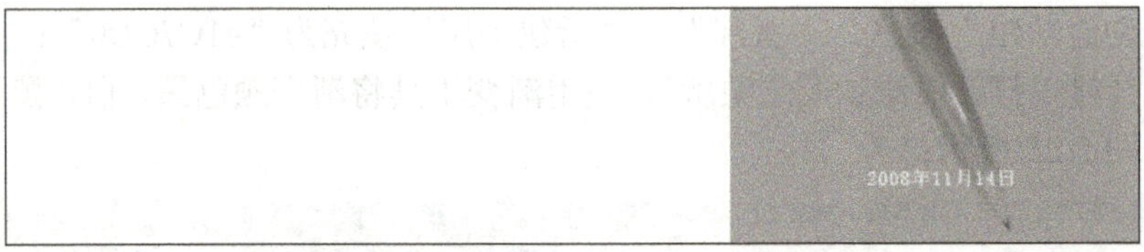


图 5.30　打开图片

（3）“新建图层”填充为“#6B9029”；

（4）“添加图层蒙版”设置前景色和背景色均为默认颜色，使用渐变工具从右向左拖曳，效果如图 5.31 所示；

图 5.31　图层蒙版

（5）填入文字，最后效果如图 5.32 所示。

图 5.32　最终效果

## 二、“导航”常用图像处理实例

**【实例 5.3】**新浪网导航制作实例

（1）概述

该实例是新浪网首页导航，使用的配色方案是以黄色为主，用色彩的明度变化体现出立体感，其效果如图 5.33 所示。在网站上此种效果使用频率非常高，例如，msn 中国、人民网、天天基金网等网站都不同程度地运用了这种效果，如图 5.34 所示。

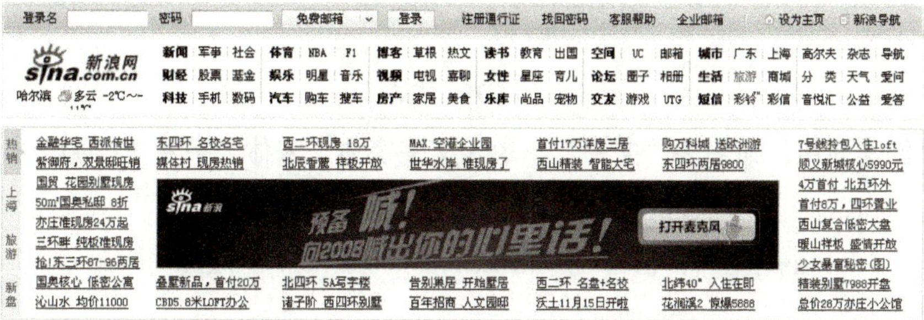


图 5.33　新浪网首页导航

图 5.34　msn 中国、人民网、天天基金网首页导航

（2）制作步骤

① 新建 1000px×50px、分辨率 72ppi、RGB；

② 制作 950px×30px 的一个选区、“创建新组”命名为“背景”、“新建图层”、填充任意颜色；

③ “应用图层样式”渐变颜色为“#FDDC7B”到“#FDC145”；

④ 做“图层1”的选区执行“选择”→“修改”→“收缩”数值“2px”；

⑤ 新建“图层2”右键“描边”数值“1像素”、居中、白色，如图5.35所示；

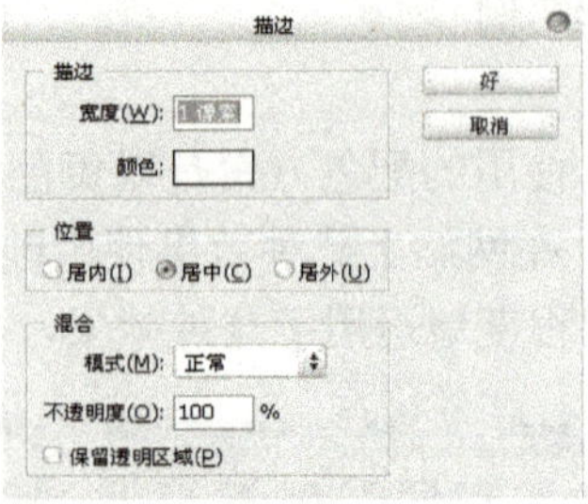


图5.35 描边

⑥ “创建新组”命名为“文字”、录入文字字体“宋体”字号“12点”，如图5.36所示；

图5.36 新浪导航

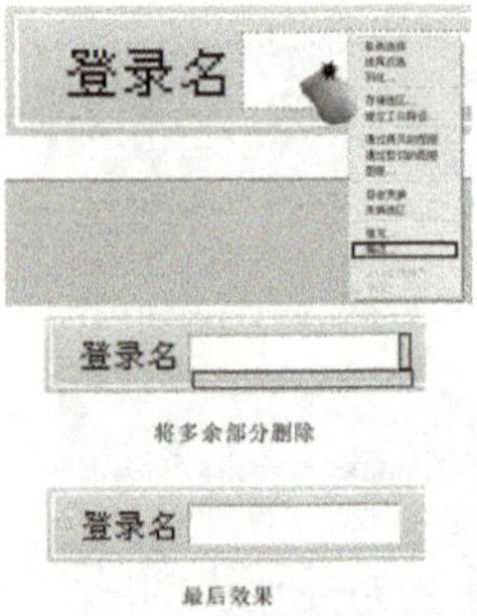


图5.37 “登录名”演示图

（3）“创建新组”命名为“登录框”，新建图层、制作一个86px×18 px的一个选区、填充白色、使用矩形选框工具、“右键”描边、数值“1px”、居内、颜色“#E7D8A1”；

（4）新建一个图层执行“选择”→“修改”→“收缩”数值“1px”、“右键”描边、数值“1px”、居内、颜色“#C49D5A”；

（5）用矩形选框工具将多余的部分删除，“登录名”演示图如图5.37所示；

（6）用同样的方法制作出第二个登录框和免费邮箱；

（7）制作分隔符并调整位置，最终效果如图5.38所示。

图5.38 最终效果

**【实例5.4】**常用导航条

（1）最终效果（如图5.39所示）

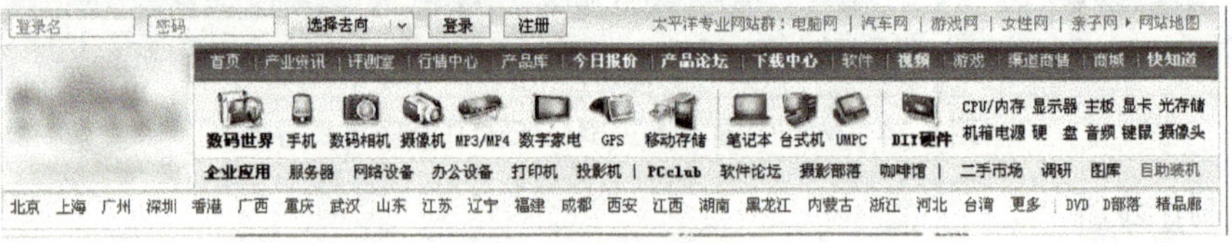

图5.39 最终效果

（2）制作步骤

① 新建800px×50px、分辨率72ppi、RGB；

② 制作750px×30px的一个选区、“创建新组”命名为“背景”；

③ “新建图层”将前景色设为“#1F2360”、背景色设为“#5664AD”；
④ 使用渐变工具从上至下拖曳，效果如图 5.40 所示；

图 5.40　渐变填充

⑤ 选中该图层，执行“自由变换并复制”（Ctrl +Alt +T）；
⑥ 调节属性栏，如图 5.41 所示；

图 5.41　属性栏

⑦ 鼠标右键选择“垂直翻转”，效果如图 5.42 所示；
⑧ 选择“单列选框工具”绘制选区、“新建图层”填充“#000A43”；
⑨ 在制作一个单列选区填充“#94A4FF”；
⑩ 向下合并图层（Ctrl + E）；
! 做图层 1 副本的选区、删除图层 2 的副本，如图 5.43 所示；

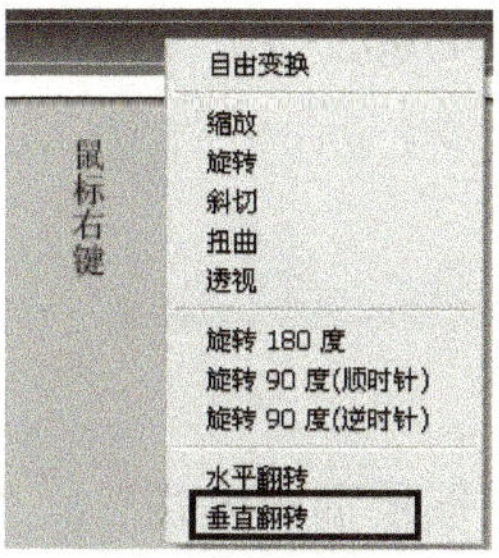


图 5.42　自由变换

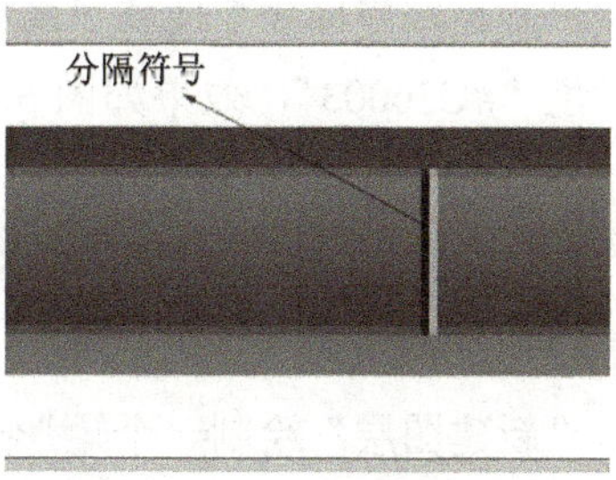


图 5.43　分隔符号

@ 复制 6 个图层 2 副本；
# 移动“图层 2 副本 6”的位置、链接“图层 2 副本”～“图层 2 副本 6”；
$ 选择“移动工具”在属性栏中单击“水平居中分布”、输入文字，最后效果如图 5.44 所示。

图 5.44　最终效果

## 三、栏目常用图像处理实例

“栏目”是网站的主体，是网站美化最重要的部位。图 5.45 是目前最常见的“栏目”。

**【实例 5.5】**

① 新建 300px×425px 、分辨率 72ppi、RGB；
② “创建新组”命名为“栏目”，“新建图层”使用圆角矩形工具绘制出 280px×25px 的圆角矩形之后用钢笔工具调节，效果如图 5.46 所示；

图 5.45　常见的“栏目”

图 5.46　绘制路径

③ 将路径转换为选区、填充任意颜色；

④ “添加图层样式”选择“渐变叠加”，颜色从“#3F47602”到“#F6A92F”、“描边”1px、颜色“#C36003”，效果如图 5.47 所示；

图 5.47　渐变填充

⑤ “新建图层”绘制一个矩形选区填充白色，调节“图层混合模式”、“柔光”，效果如图 5.48 所示；

图 5.48　调节“图层混合模式”、“柔光”后的效果

⑥ 录入文字、添加投影制作其他样式，效果如图 5.49 所示。

图 5.49　录入文字、添加投影制作其他样式的效果

**【实例 5.6】**

（1）新建 200px×430px 、分辨率 72ppi、RGB；

（2）“创建新组”命名为“栏目”，“新建图层”颜色填充为“#C1CDE5”，绘制矩形选区大小为 190px×35px 颜色填充为“#5B82CF”；

（3）使用多边形套索工具勾画出形状做选区；

（4）执行“图像”→“调整”→“色相/饱和度”，调整图层不透明度为“26”，效果如图 5.50 所示；

（5）“新建图层”绘制矩形选区大小为 190px×35px；

（6）羽化选区大小为“15px”，填充“白色”；

（7）调节它的大小，效果如图 5.51 所示；

（8）在填充图片中录入文字，最后效果如图 5.52 所示。

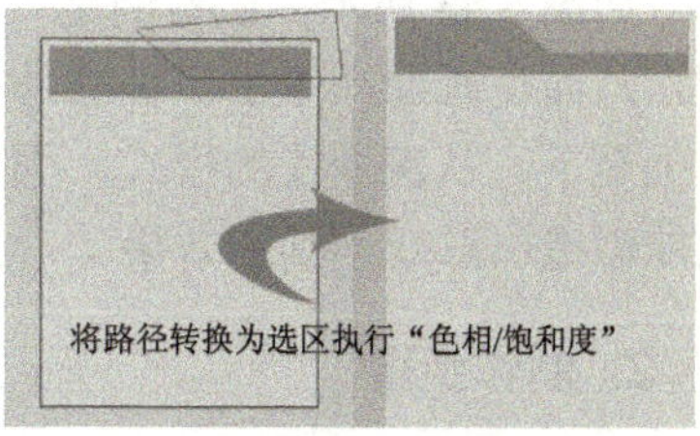


图 5.50　色相饱和度

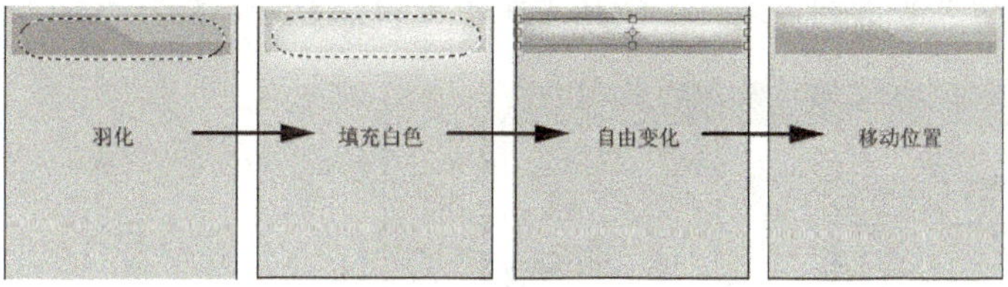


图 5.51　制作高光

图 5.52　最后效果

## 四、网站背景图像处理实例

越来越多的网站都有一个漂亮的背景或一个美丽的底纹，如图 5.53 所示。那么这些美丽的背景或底纹都是用什么工具做出来的呢？

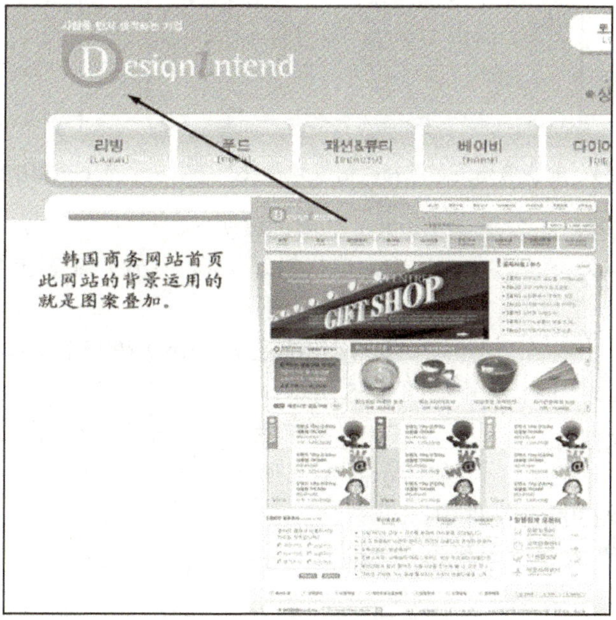


图 5.53　网站美丽的背景或底纹

**【实例 5.7】网站的背景**

**1．概述**

如图 5.53 所示，该实例是一个韩国的商务网，该网页由于很好地运用了渐变色彩的搭配，从而使画面产生了一种立体视觉效果。在渐变色的运用上采取中间亮点模式，而不是从上至下、从深变淡的模式，因此有一种画面突出的视觉效果。由此可见，简单的渐变色也能创造出意想不到的效果。

**2．制作步骤**

① 新建 900px×1300px、分辨率 72ppi、RGB；

② “创建新组”命名为“背景”、“新建图层”将前景色设为“#D3BB8B”、背景色为“白色”；

③ 使用渐变填充工具选择“前景到背景”产生从上至下拖曳的效果，如图 5.54 所示；

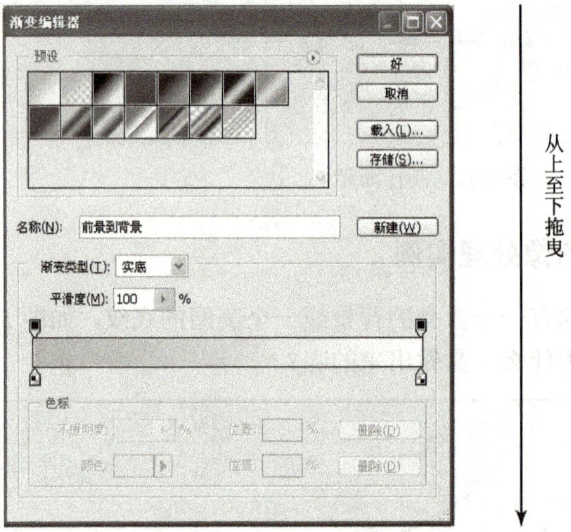


图 5.54　渐变填充工具选择“前景到背景”产生从上至下拖曳的效果

④ 新建：4px×4px 、分辨率 72ppi、RGB、透明；

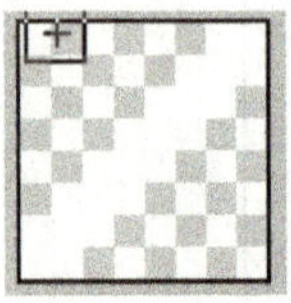

图 5.55　自定义图案

⑤ 选择铅笔工具（1px）在右上角单击，按住 Shift 键在左下角单击；

⑥ 用铅笔工具（1px）在左上角单击，在右下角单击，如图 5.55 所示；

⑦ “菜单栏”→“编辑”→“定义图案”（Alt+E+D）如所示图 5.56 所示；

⑧ 回到 900px×1300px 文件中；

⑨ “新建图层”在“菜单栏”→“编辑”→“填充”（填充 4px×4px 自定义图案），如图 5.57 所示。

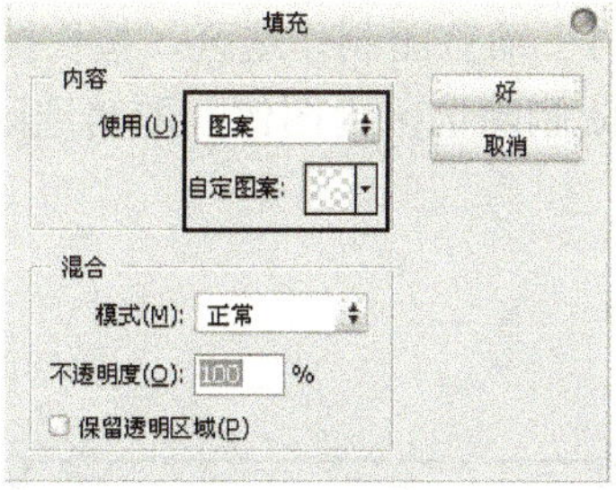


图 5.56 填充

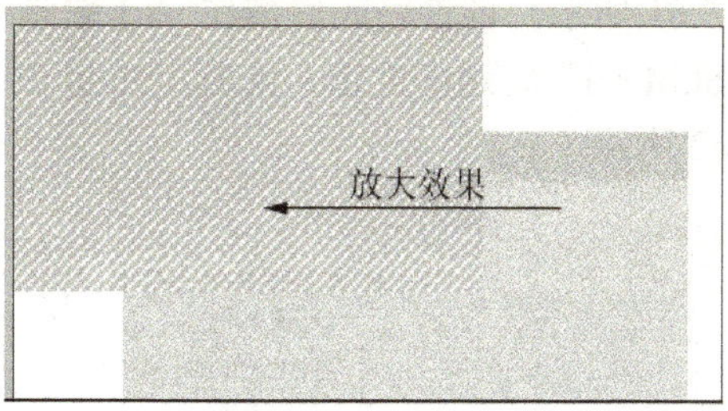


图 5.57　最后效果

## 五、链接常用图像处理实例

**【实例 5.8】**

① 执行“文件”→“新建”命令（Ctrl+N），弹出“新建”对话框，具体设置如图 5.58 所示，单击“确定”按钮新建图像文件；

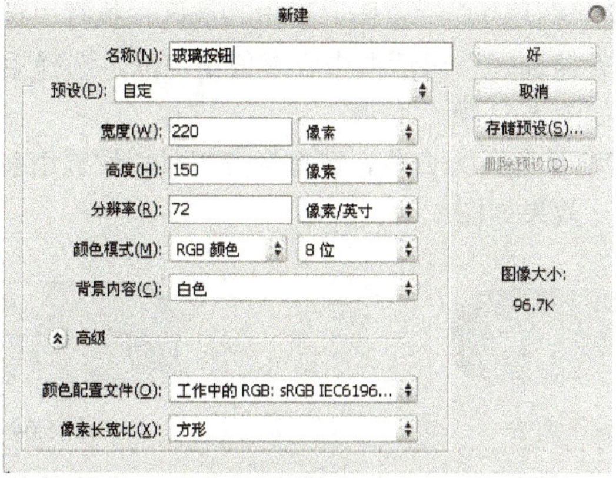


图 5.58　“新建”对话框

② 选择工具箱的圆角矩形工具，在工具选项栏中设置半径为 100 像素，设置完毕后使用圆角矩形工具在图像中绘制，如图 5.59 所示的闭合路径；

③ 单击“图层”面板上创建图层按钮，新建“图层 1”，将路径转换为选区，将前景色设置为黑色，按组合键“Alt+Delete”填充选区；

④ 执行“选择”→“修改”→“变换选区”命令，按住 Shift 键向内拖曳变换框以等比例缩小选区，缩小完毕后将选区向下移动后按 Enter 键确认变换，得到的选区如图 5.60 所示；

图 5.59　路径

图 5.60　缩小选区

⑤ 单击“图层”面板上“创建新图层”按钮，新建“图层 2”，将前景色值设为“# 00FFFF”，设置完毕后按组合键“Alt+Delete”填充，按组合键“Ctrl+D”取消选择；

⑥ 执行“滤镜”→“模糊”→“高斯模糊”命令，弹出“高斯模糊”对话框，具体设

置如图 5.61 所示。设置完成后按住 Ctrl 键单击“图层 1”缩览图制作选区，按快捷组合键“Ctrl + Shift + I”将选区反选，选择“图层 2”按 Delete 删除选区内图像，取消选区效果，如图 5.62 所示；

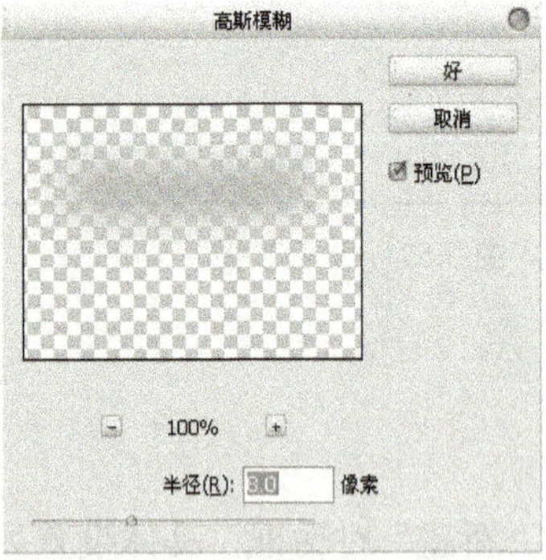


图 5.61 “高斯模糊”对话框

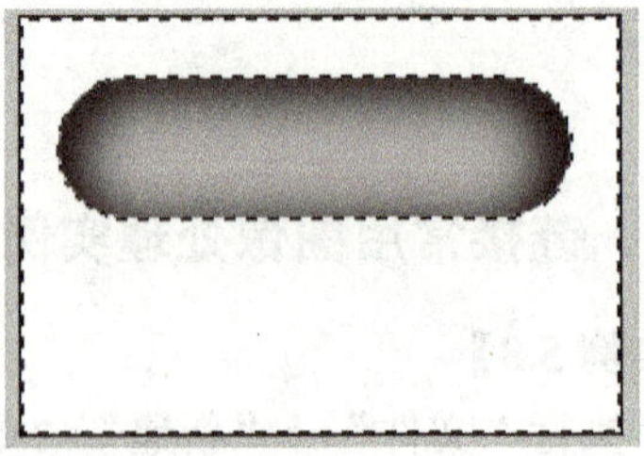

图 5.62 反选

⑦ 按住 Ctrl 键单击“图层 1”缩览图，调出其选区，执行“选择”→“修改”→“收缩”命令，在弹出的“收缩选区”对话框中收缩值是 4px，选择矩形选框工具，使用该工具从选区中剪去即得到如图 5.63 所示图形；

⑧ “新建图层”将前景色设为白色，选择渐变工具，设置由前景色到透明，在选区内由上至下拖曳填充渐变，效果如图 5.64 所示；

图 5.63 从选区剪去

图 5.64 渐变填充

⑨ 执行“滤镜”→“模糊”→“高斯模糊”命令，设置数值为 2px，效果如图 5.65 所示；

⑩ 输入文字制作投影，最后效果如图 5.66 所示。

图 5.65 高斯模糊

图 5.66 最后效果

**【实例 5.9】**

① 新建 300px×300px 、分辨率 72ppi、RGB、白色，使用圆角矩形制作一个绿色的矩形，调节其大小为 80px×30px；

② 然后给该矩形形状添加图层样式，具体数值如图 5.67 所示，图层样式的最终效果如图 5.68 所示；

③“Alt+S+L”载入选区，使用矩形框选工具设置，如图 5.69 所示；

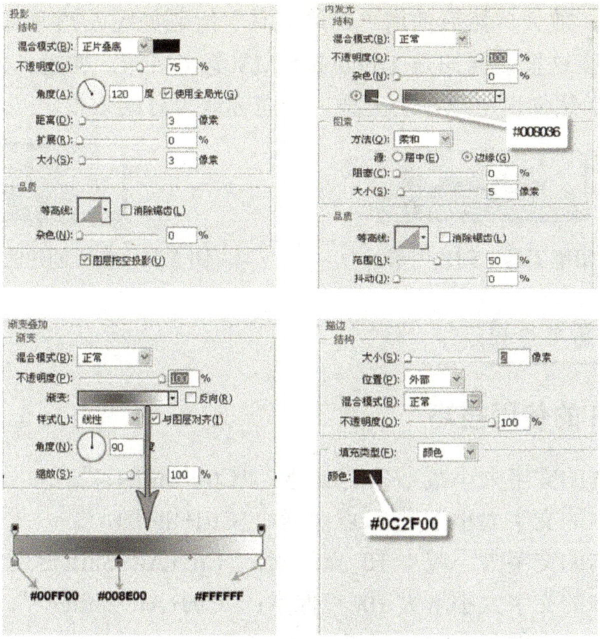


图 5.67　给矩形形状添加图层样式的具体数值

图 5.68　图层样式的最终效果

图 5.69　使用矩形框选工具设置属性栏

④ 使用矩形选框工具把选区移动到左部，如图 5.70 所示；

⑤ 创建一个新图层，然后填充为“#FCFF00”，效果如图 5.71 所示；

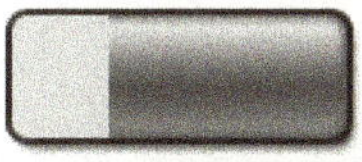

图 5.70　把选区移动到左部

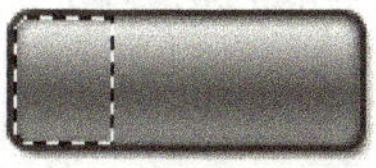

图 5.71　填充颜色后的效果

⑥ 在新建图层中添加图层样式，如图 5.72 所示；

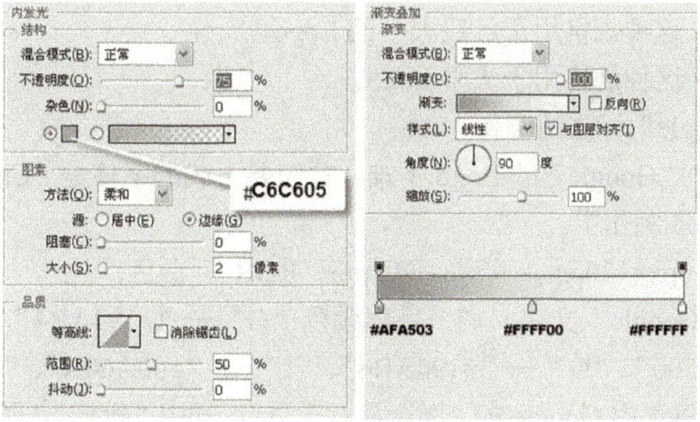


（a）　（b）

图 5.72　在新建图层中添加图层样式

⑦ 创建新图层，放大，然后使用“铅笔工具”绘制如图 5.73 所示图形；

⑧ 加上文字，在这里设置的是 Trebuchet MS 英文字体、加粗、大小 14pt、白色，效果如图 5.74 所示。当然你也可以在字上添加一些你认为好的效果。

图 5.73 使用“铅笔工具”创建图形

图 5.74 在所创建的图形上添加文字

## 模块二：高手点拨

### Photoshop CS 的使用技巧

- 将所选文本的文字大小减小 2 点像素：“Ctrl+Shift+<”。
- 将所选文本的文字大小增大 2 点像素：“Ctrl+Shift+>”。
- 将所选文本的文字大小减小 10 点像素：“Ctrl+Alt+Shift+<”。
- 将所选文本的文字大小增大 10 点像素：“Ctrl+Alt+Shift+>”。
- 将行距减小 2 点像素：“Alt+↓”。
- 将行距增大 2 点像素：“Alt+↑”。
- 将基线位移减小 2 点像素：“Shift+Alt+↓”。
- 将基线位移增加 2 点像素：“Shift+Alt+↑”。

## 模块三：制作实务

### Logo 的三种规格和“Google”标志的制作

（1）Logo 规格

为了便于 INTERNET 上信息的传播，一个统一的国际标准是需要的。实际上已经有了这样的一整套标准。其中关于网站的 Logo，目前有三种规格：

① 88×31 这是互联网上最普遍的 Logo 规格，本站所收集的均是这种大小。

② 120×60 这种规格用于一般大小的 Logo。

③ 120×90 这种规格用于大型 Logo。

（2）“Google”标志的制作

其实做一个“Google”的 Logo 不难。首先要下载的字体是“Catull”，安装后就可以开始使用 Photoshop 制作了。

① 新建 340px×130px 、分辨率 72 ppi、RGB 、白色；

② 输入“Google”文字，调节字体颜色“G”→“#194AB4”、“O”→“#C91800”、“O”→“#E7DF00”、“G”→“#194AB4”、“L”→“#00A60A”、“E”→“#00A60A”；

③ 图层栏里选中 Google 的“混合属性”，然后选中“投影”，属性设置如图 5.75 所示；

④ 然后再选中“斜面和浮雕”，属性设置如图 5.75 所示；

⑤ 添加其他文字，Google 标志的最终效果如图 5.76 所示。

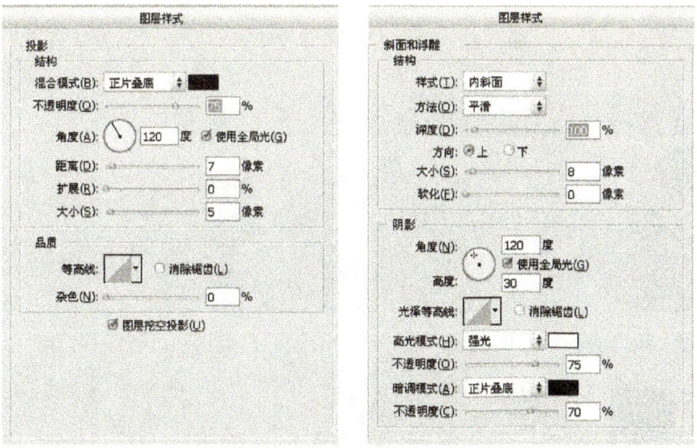


图 5.75　图层的混合模式

图 5.76　Google 标志的最终效果

## 模块四：技能训练

### 网站图像制作实例

**【训练内容】**制作 5 个不同风格的栏目和 5 个热链接按钮

**【训练目的】**

（1）了解网站的整体构成。

（2）熟练运用 Photoshop 各种工具。

**【训练要求】**

（1）可以临摹，但更需要创意（临摹 4 个、创意一个）。

（2）按照标准格式进行设计。

# 第三节　网站版面制作实例

## 模块一：应知应会

### 介绍“购物网”整体版面设计（50 多个步骤详细引导）

**1．概述**

本节将以一个网站的版面制作案例，经过 50 多个步骤来引导读者掌握网站整体版面设计工作。案例版面在色彩上大面积运用了橙色和绿色，以高级灰色作为衬托，使画面更为活跃，同时在顶部导航栏和其他按钮上的圆形处理，也丰富了画面。购物网主页整体效果如图 5.77 所示。

**2．制作步骤**

（1）“新建”980px×952px 、分辨率 72 ppi 、RGB、白色；

（2）“Alt + V + E”（新参考线）水平 25px ，“Alt + V + E”（新参考线）垂直 25px；

（3）“创建新组”将组命名为“头部导航”→“新建图层”（命名为“外边”）；

（4）选择“矩形选框工具”将其设置为固定大小 666px×60px ，“平滑选区”20px，填充白色，“Alt + E + S”(描边)大小“1 像素”，颜色“# C8C8C8”，将图形调整为到中间位置，效果如图 5.78 所示；

图 5.77　购物网主页整体效果

图 5.78　描边

（5）将前景颜色设为“# 83DF00”，背景颜色设为“# 33AA00”，收缩选区“4px”，选择“渐变工具”将渐变预设调为“前景到背景”，“新建图层”（命名为“渐变”）从上至下在选区内渐变填充，效果如图 5.79 所示；

图 5.79　渐变填充

（6）使用“矩形选框工具”制作一个固定大小为 270px×75px 的选区，“新建图层”（命名为“白色矩形”）填充白色，按下“Ctrl + Shift + （左大括号）” 组合键将图层置为底层，效果图 5.80 所示；

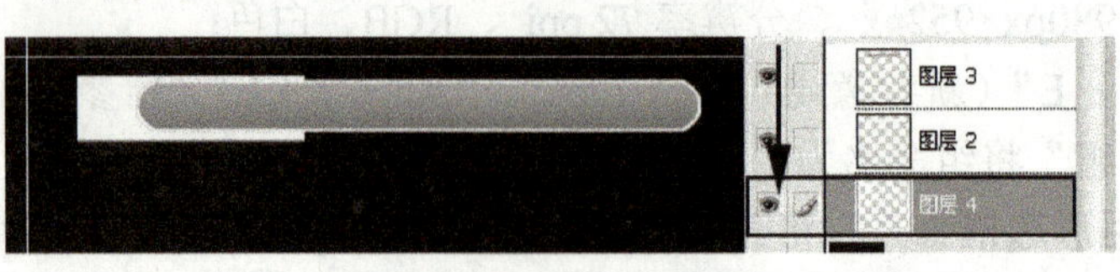


图 5.80　填充白色

（7）调节位置，做““白色矩形”图层”的选区，平滑选区“10px”、“反选”、将左上角用“橡皮擦工具”擦除，具体步骤如图 5.81 所示；

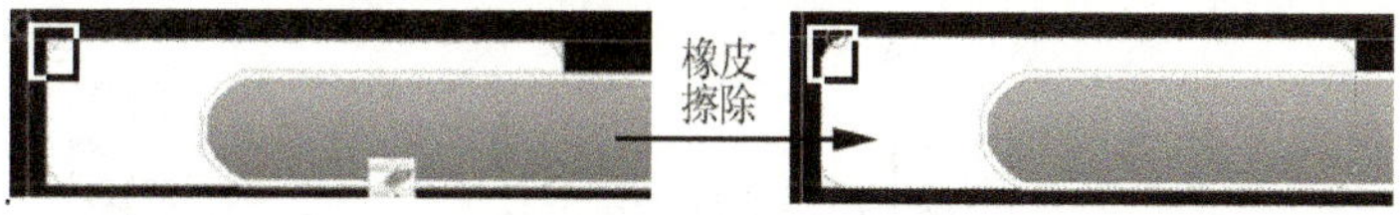


图 5.81　用橡皮擦擦除

（8）将选区“反选”、“新建图层”（命名为“圆角斜矩形”）、填充白色、将图层置为顶层，效果如图 5.82 所示；

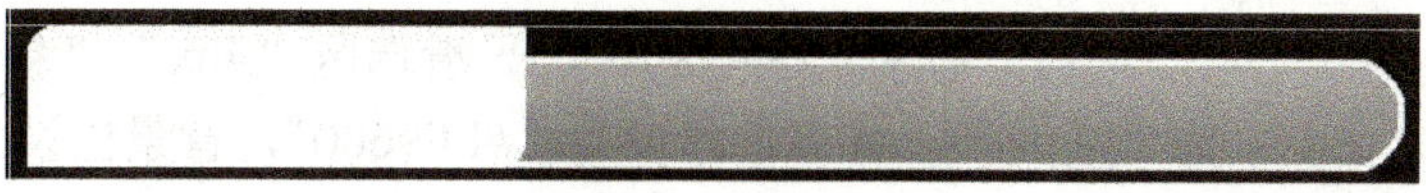

图 5.82　调节图层

（9）使用“多边形套索工具”制作选区、删除选区中的内容，效果如图 5.83 所示；

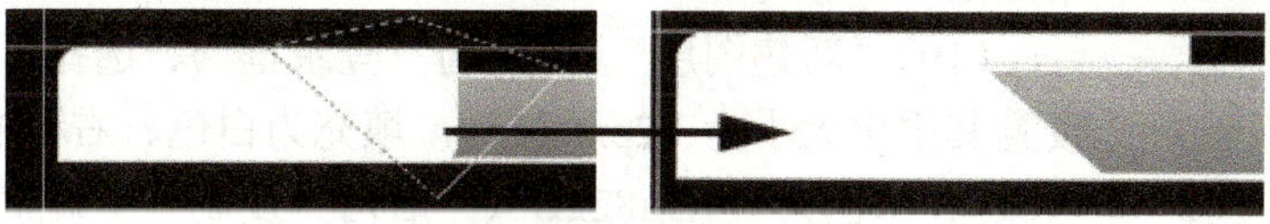

图 5.83　删除选区内容

（10）“新建图层”（命名为“阴影”）、“多边形套索工具”制作选区、“羽化”“1px”、填充颜色“#D4D4D4”、调节图层不透明度 50%、将图层移至“渐变图层”上方，如图 5.84 所示；

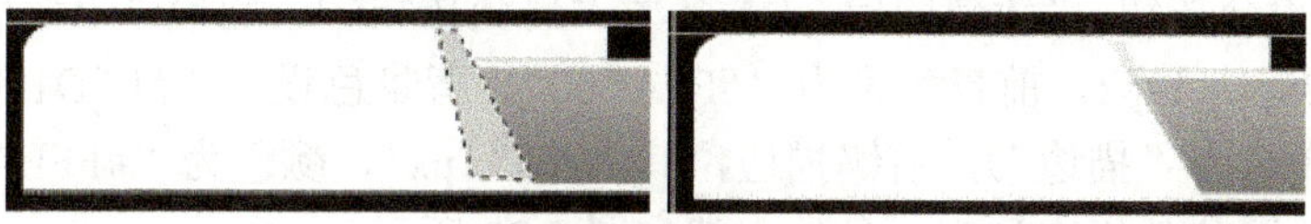

图 5.84　添加投影

（11）将前景颜色设为“#EBEBEB”、背景设为白色、做“圆角斜矩形图层”选区、收缩选区“4px”、“新建图层”（命名为“渐变 2”）渐变填充、在素材库中找到标志添加进去；

（12）选择“铅笔工具”，用“F5”键调节画笔笔尖形状直径为“1px”，间距为 400%、“新建图层”（命名为“分隔符”），从上至下拖曳，效果如图 5.85 所示；

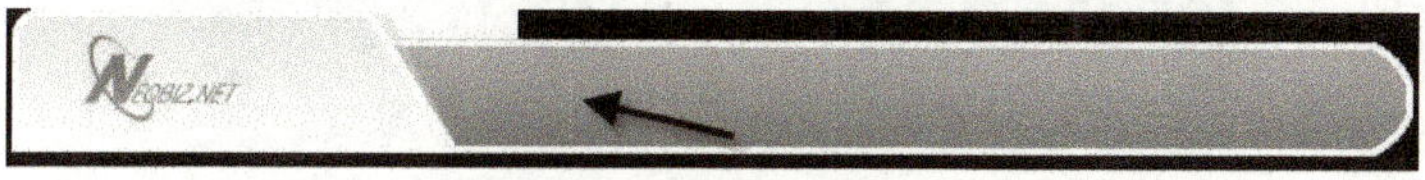

图 5.85　添加分隔符

（13）复制“分隔符图层”5 个，将复制的图层链接在一起，单击工具栏中的“水平居中分布”按钮，合并“分隔符图册副本”；

（14）完成网站的头部导航，最后效果如图 5.86 所示；

（15）制作网站的登录框。首先，新建一个“创建新组”，将组命名为“登录框”；然后，“新建图层”（命名为“描边”）；

（16）制作一个固定大小为“168px×200px”的矩形选区、“平滑选区”“2px”、右键“描边”、大小“1px”，颜色设为“#D4D4D4”；

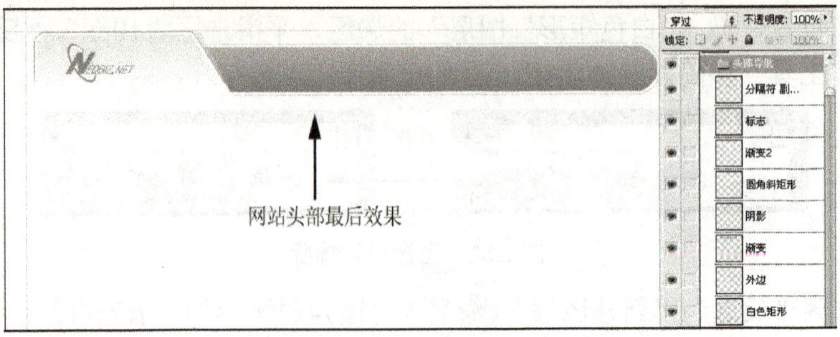


图 5.86　最后效果

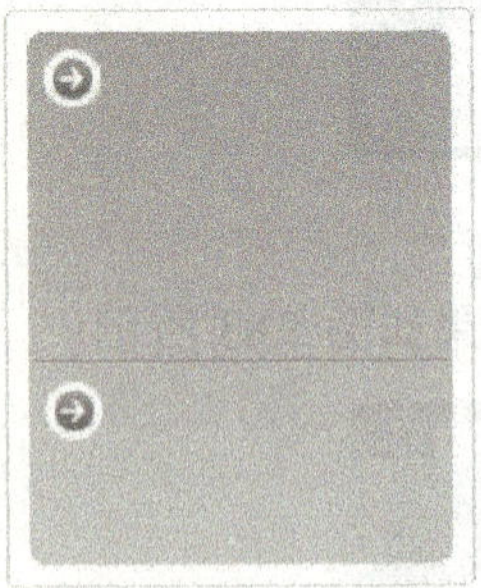

图 5.87　制作两个小按钮后的效果

（17）收缩选区“8px”、平滑选区“4px”、“新建图层”（命名为“渐变”），将前景色设为“#FF9600”，背景色设为“#FFD200”，渐变填充；

（18）制作两个小按钮和一个分隔符并放置到合适的位置，效果如图 5.87 所示；

（19）“新建图层”（命名为“登录框”）、选择“矩形选框工具”设置其固定大小为 82px×21px，填充为白色、右键描边，其大小为“1px”、颜色为“#BE822B”、“居内”复制一个调整位置；

（20）“新建图层”（命名为“注册框”）、选择“矩形选框工具”设置一个固定区域，大小为 92px×21px，填充白色、右键描边，其大小“1px”、颜色为“#BE822B”、“居内”调整位置；

（21）制作提交按钮。“新建图层”（命名为“提交按钮”）、选择“矩形选框工具”设置其固定大小为 39px×49px，前景色设为“#FFAE00”、背景色设为“#FFD100”、渐变填充，“新建图层”（命名为“描边”），右键描边，其大小“1px”、颜色为“#FFEA00”、“居内”、制作矩形选区、调节色相饱和度，具体步骤如图 5.88 所示；

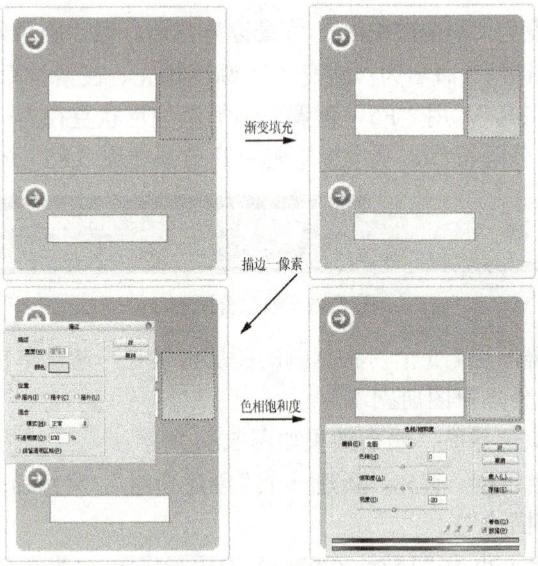


图 5.88　制作“提交按钮”的步骤

（22）“搜索按钮”的制作方法同上；

（23）添加文字后的效果，如图 5.89 所示；

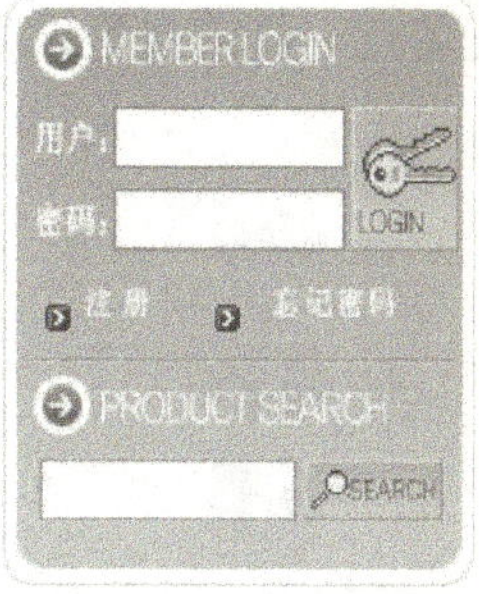


图 5.89　添加文字后的效果

（24）Flash 的制作。首先，新建一个“创建新组”，将组命名为“Flash” → “新建图层”（将其命名为“描边”）；

（25）选择“矩形选框工具”设置一个固定区域大小为 657px×200px ，“平滑选区”5px，填充白色，“Alt + E + S” (描边)大小为“1 像素”，颜色为“# D4D4D4”；

（26）“新建图层”（命名为“渐变”）、 将前景色设为 “#FF9600”，背景色设为“#FFD200”，渐变填充；

（27）导入素材图片、“新建图层”（命名为“圆角矩形”），选择“矩形选框工具”设置一个固定区域，大小为 260px×75px ，“平滑选区”25px，填充为白色、调节不透明度为 40%，调整位置，效果如图 5.90 所示；

图 5.90　用 Flash 制作的圆角矩形

（28）热链接的制作。首先，新建一个“创建新组”，将组命名为“最新产品”，然后“新建图层”（命名为“底色”）；

（29）选择“矩形选框工具”，设置一个固定区域，大小为 230px×180px，“平滑选区” 5px，填充为白色、调节不透明度 20%，调整位置；

（30）“新建图层”（命名为“底纹”），使用铅笔工具绘制虚线，效果如图 5.91 所示；

图 5.91　用 Flash 制作虚线

（31）热链接 2 的制作。首先，新建一个“创建新组”，将组命名为“按钮”，然后“新建图层”（命名为“底色”）；

（32）选择“矩形选框工具”，设置一个固定区域，大小为 77px×207px 、“平滑选区” 5px、填充为白色、“Alt + E + S”（描边）、大小“1 像素”、颜色为“# D4D4D4”；

（33）“新建图层”（命名为“渐变”）、收缩选区“2px”、前景色设为“# D4D4D4”、背景色设为“白色”渐变填充；

（34）“新建图层”（命名为“按钮”）、制作一个 60px×60px 正圆形选区，填充为白色；

（35）“Alt + E + S”（描边）大小“1 像素”，颜色为“# D4D4D4”、收缩选区“4px”、渐变填充、将前景色设为“#88E00A”、背景色设为“# 3BAD0A”；

图 5.92　用 Flash 制作的按钮效果

（36）复制 2 个“按钮图层”、调用素材图片、调节位置，用 Flash 制作的按钮效果如图 5.92 所示；

（37）栏目的制作。首先，新建一个“创建新组”，将组命名为“栏目”，然后，“新建图层”（命名为“描边”）；

（38）选择“矩形选框工具”，设置一个固定区域，大小为 657px×480px，“平滑选区”5px，填充为白色，“Alt + E + S”，（描边），大小为“1 像素”，颜色为“# D4D4D4”；

（39）选择“矩形选框工具”，设置一个固定区域，大小为 475px×470px、“平滑选区”5px，填充颜色为“#E5E1D4”；

（40）选择“矩形选框工具”，设置一个固定区域，大小为 180px×470px、“平滑选区”5px，填充颜色为“#E5E1D4”，效果如图 5.93 所示；

图 5.93　栏目

（41）粘贴图片、标志，录入文本，效果如图 5.94 所示；

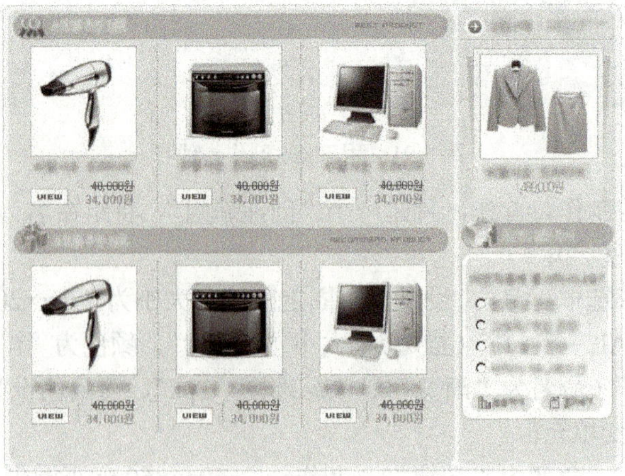


图 5.94　填充图片

（42）热链接 3 的制作。首先，新建一个“创建新组”，将组命名为“热链接 3”，然后“新建图层”（命名为“底色”）；

（43）选择“矩形选框工具”设置一个固定区域，大小为 168px×285px ，“平滑选区”5px，填充白色、“Alt + E + S”(描边)大小“1 像素”，颜色设置为“# D4D4D4”；

（44）“新建图层”（命名为“渐变”）、收缩选区“4px”、前景色设为“# 36AC00”、背景色设为“# 88E00A”，渐变填充；

（45）“新建图层”（命名为“底纹”），使用铅笔工具绘制虚线效果如图 5.95 所示；

图 5.95 填充图片

（46）热链接 4 的制作。首先，新建一个“创建新组”将组命名为“热链接 4”→“新建图层”（命名为“圆”）；

（47）选择“椭圆形选框工具”，设置一个固定区域，大小设为 145px×145px，填充白色、“Alt + E + S”（描边）大小“1 像素”，颜色设为“# D4D4D4”；

（48）“新建图层”（命名为“圆线”）、扩大选区“10px”、“Alt + E + S”（描边）大小“1 像素”，颜色设为“# 474747”；

（49）建立““圆线”图层”、“蒙版”，将前景色分别设置为默认黑色和白色、选择“渐变工具”拖曳，制作过程如图 5.96 所示；

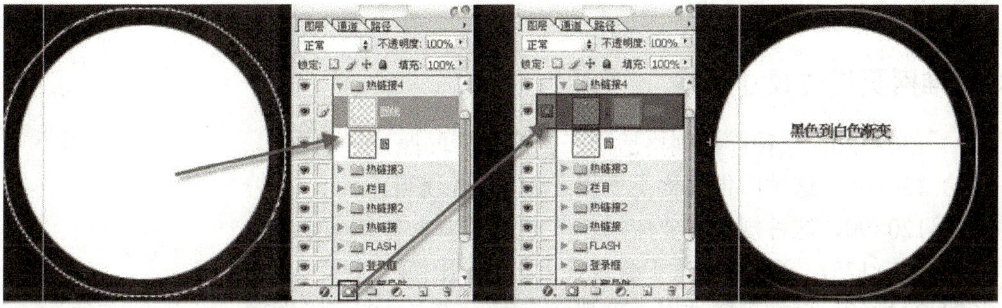


图 5.96 图片填充的制作过程

（50）“新建图层”（命名为“渐变”），做““圆”图层”的选区、收缩选区“4px”，前景颜色设为“# FF9800”，背景颜色设为“# FFD200”，渐变填充；

（51）“新建图层”（命名为“小圆”），设置一个固定区域，大小设为 50px×50px ，填充为白色、“Alt + E + S”（描边）大小“1 像素”颜色“# D4D4D4”，收缩选区“4px”，前景颜色设为“# D4D4D4”，背景颜色设为白色，渐变填充；复制 4 个““小圆”图层”，调整位置，添加图案，效果如图 5.97 所示；

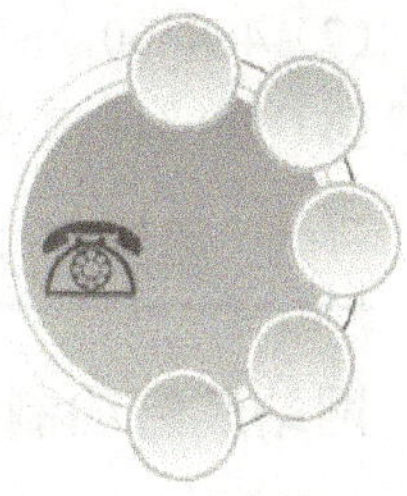

图 5.97 填充图片

（52）尾部做法同上，网站的最终效果如图 5.98 所示。

如果一个剪贴编组中含有一个调节层，则该调节层只对该剪贴编组中的图层起作用。

图 5.98　网站的最终效果

## 模块二：高手点拨

### 标准网页广告尺寸规格

（1）120×120，这种广告规格适用于产品或新闻照片展示。

（2）120×60，这种广告规格主要用于做 Logo 使用。

（3）120×90，这种规格主要应用于产品演示或大型 Logo。

（4）125×125，这种规格适于表现照片效果的图像广告。

（5）234×60，这种规格适用于框架或左右形式主页的广告链接。

（6）392×72，这种规格主要用于有较多图片展示的广告条，用于制作页眉或页脚。

（7）468×60，应用最为广泛的广告条尺寸，用于页眉或页脚。

（8）88×31，主要用于网页链接，或网站小型 Logo。

## 模块三：制作实务

### 网站广告的制作

（1）新建 120px×60px、分辨率 72、RGB、白色；

（2）导入要选择的产品或公司的 Logo，此处选择 Google 作为链接广告；

（3）简单地制作标志或图片的效果，如投影、外发光等；

（4）效果完成后效果如图 5.99 所示。

（a）　　　　（b）　　　　（c）

图 5.99　网站广告制作完成后的效果

**友情提醒**

在进行网站版面设计时，对所有的网站广告，其大小、比例、风格和效果要求应统一。

## 模块四：技能训练

### 网站图像制作实例

**【训练内容】**自选一个电子商务网站，用 Photoshop CS 进行版面设计

**【训练目的】**

（1）了解网站的整体构成。

（2）熟练运用 Photoshop CS 各种工具。

**【训练要求】**

（1）可以临摹更需要创意。

（2）按照标准格式进行设计。

# 本 章 小 结

打开任意一个网站，人们都不希望看到枯燥的文字；恰恰相反，图文并茂才是大众所喜闻乐见的。本章从应用的角度出发，摒弃了面面俱到的编写模式，从 Photoshop CS 入门、网页常用图像处理、整站制版三个方面进行了讲解。全章内容围绕“应用”两个字展开，与传统的 Photoshop CS 教程不同，注重实际需要，倡导“为需要而学习，不需要暂放弃”的原则，把网页图像处理介绍得淋漓尽致。第一节重点介绍了 Photoshop CS 工作环境、Photoshop CS 图像文件的处理、Photoshop CS 图层的应用三个方面的知识；第二节以网站常用的图像为例，进行案例讲解；第三节则以一个网站版面为例，对图像处理技术进行整体讲解。

# 每 课 一 考

**一、填空题（共 40 空，每空 1 分）**

1. Photoshop CS 软件的工作界面主要包括标题栏、（　　）、（　　）、（　　）、（　　）、（　　）和控制调板工作区 7 个部分。

2. 在执行菜单栏中的“文件”→“新建”命令或按键盘中的（　　）键。

3. 网站版面设计必须使用的分辨率为（　　）像素/英寸。

4. Photoshop CS 中包括多种类型的图层，包括文字图层、（　　）层、普通层、（　　）层、背景层、（　　）层、形状层和填充图层。
5. “图层的混合模式”选项包括（　　）种模式选项，主要决定当前图层中的图像与下面图层中的图像之间的混合模式。
6. 网站中的描边尺寸大多数为（　　）px。
7. 除了使用按钮进行软件的退出之外，还有其他 3 种方法同样可以将软件关闭，分别是（　　）、（　　）、（　　）。
8. 按键盘中的（　　）键可以将工具箱、属性栏和控制面板同时显示或隐藏。
9. 当利用矩形选框工具绘制矩形选区时，按下键盘中的 Shift 键，可以绘制（　　）形态的选择区域；按下键盘中的 Shift +Alt 组合键，可以绘制（　　）形态的选择区域；按下键盘中的 Alt 键，可以绘制（　　）形态的选择区域。
10. 可以快速弹出“画笔预设”面板的组合键是（　　）。
11. Photoshop CS 图像属于（　　）性质的图像。
12. 表示 Photoshop CS 图像的最小单位是（　　）。
13. 图层和图层之间可以合并、（　　）和改变叠放次序。
14. Photoshop CS 是美国（　　）公司推出的图像处理软件。
15. （　　）是指单位长度内的点，像素的数量，通常所说的分辨率是像素，在网上的分辨率为 72～96，在杂志上最佳分辨率应设置 300～500。
16. 当使用（　　）时，按 Alt 键可暂时切换到“吸管工具”。
17. 切换屏幕的显示模式的组合键为（　　）。隐藏标尺的组合键为（　　）。“粘贴入”命令的组合键是（　　）。
18. 在 Photoshop CS 中 RGB 是指（　　）、（　　）和（　　）三种颜色，在美术学中三原色是指（　　）、（　　）、（　　）。
19. 在 Photoshop 中，文字工具包含（　　）和（　　），其中，在创建文字的同时创建一个新图层的是（　　）。
20. 选择工具配合（　　）键盘按键可进行选择裁切，配合（　　）键盘按键可进行选择复制。

## 二、选择题（共 20 题，每题 1 分）

1. 如果想在现有选择区域的基础上增加选择区域，应按住下列（　　）键。
   A．Shift　　B．Ctrl　　C．Alt　　D．Tab
2. 要使某图层与其下面的图层合并可按下列选项中的（　　）组合键。
   A．Ctrl＋K　　B．Ctrl＋D　　C．Ctrl＋E　　D．Ctrl＋J
3. 下列选项中，只有（　　）可以将图层中的对象对齐和分布。
   A．调节图层　　B．链接图层　　C．填充图层　　D．背景图层
4. 如果前景色为红色，背景色为蓝色，直接按 D 键，然后按 X 键，前景色与背景色将分别是（　　）。
   A．蓝色、红色　　B．红色、蓝色
   C．白色、黑色　　D．黑色、白色

5. 对于一个已具有蒙版的图层而言，如果再次单击添加蒙版按钮，则下列哪一项能够正确描述操作结果（　　）。
   A. 无任何结果
   B. 将为当前图层增加一个图层剪贴路径蒙版
   C. 为当前图层增加一个与第一个蒙版相同的蒙版，从而使当前图层具有两个蒙版
   D. 删除当前图层蒙版
6. 文件菜单中的“打开为”菜单项的作用是（　　）。
   A. 打开一个新的图片　　B. 只能打开一个扩展名为.psd 的文件
   C. 打开一个新建文件　　D. 打开所有格式的图片文件
7. Photoshop CS 生成的文件，其默认的文件格式扩展名为（　　）。
   A. JPG　　B. PDF　　C. PSD　　D. TIF
8. 下列格式中，用于网页图像制作的格式是（　　）。
   A. EPS　　B. DCS 2.0　　C. TIFF　　D. JPEG
9. 图层控制面板的快捷键是（　　）。
   A. F6　　B. F7　　C. F8　　D. F9
10. 在 Photoshop 中，图像的基本单位是（　　）。
   A. 光栅　　B. 像素　　C. 矢量　　D. 颜色深度
11. 下列分辨率中，适用于网页上的图像分辨率是（　　）。
   A. 72ppi　　B. 144ppi　　C. 175ppi　　D. 300ppi
12. Photoshop 不能执行下列选项中的（　　）操作。
   A. 播放声音文件　　B. 将路径输出到 Illustrator
   C. 打开一个栅格图像文件　　D. 打开一个矢量图形
13. 当对位图图像放大显示后，会看到如图类似的小方格，那么这些小方格在专业术语中被称为（　　）。
   A. 马赛克　　B. 像素　　C. 格点　　D. 色彩深度
14. 在 Photoshop 中，一次可以打开多个图像文件的数量取决于（　　）。
   A. 图像文件自身的大小　　B. 内存的大小
   C. 硬盘的大小　　D. 内存和磁盘空间的大小
15. 在图像编辑过程中，如果出现误操作，可以使用（　　）命令或组合键恢复到上一步的操作。
   A. Ctrl＋Alt＋Z　　B. Ctrl＋Z
   C. 选择开始>恢复命令　　D. Ctrl＋Shift＋Z
16. 对渐变填充工具功能的描述正确的是（　　）。
   A. 如果在不创建选区的情况下填充渐变色，渐变工具将作用于整个图像
   B. 不能将设定好的渐变色存储为一个渐变色文件
   C. 可以任意定义和编辑渐变色，不管是两色、三色还是多色
   D. 在 Photoshop 中共有五种渐变类型
17. 当使用绘图工具时，（　　）可暂时切换到吸管工具。
   A. 按住 shift 键　　B. 按住 Alt 键

C. 按住 Ctrl 键　　　　　　　　　　D. 按住“Ctrl+Alt”组合键

18. 下面哪个工具可以减少图像的饱和度？（　　）。

A. 加深工具　　B. 减淡工具　　C. 海绵工具　　D. 模糊工具

19. 下面哪些选项属于规则选择工具（　　）。

A. 矩形工具　　B. 椭圆形工具　　C. 魔术棒工具　　D. 套索工具

20. 变换选区命令可以对选择范围进行（　　）编辑。

A. 缩放　　B. 变形　　C. 不规则变形　　D. 旋转

## 三、判断题（共 20 题，每题 1 分）

1. 节点是 Photoshop 图像最基本的组成单元。（　）
2. 在“新画笔”对话框中不可以设定画笔的颜色。（　）
3. 编辑图像时，使用减淡工具可以达到使图像中某些区域变亮。（　）
4. Photoshop 中的路径是由锚点组成的。（　　）
5. 双击图层调板的空白处可以新建一个图层。（　　）
6. Photoshop 内定的历史记录是 20 步。（　　）
7. 在 Photoshop CS 中，像素的形状只有可能是正方形。（　　）
8. “魔棒工具”所形成的选区可以被用来定义画笔的形状。（　　）
9. 如果在有图层的图像上使用“模糊工具”，则只有所选的图层才会起变化。（　　）
10. 在色彩范围对话框中，为了调整颜色的范围，应当调整颜色容差的数值。（　　）
11. 使用矩形框选工具时，按住 Shift 键可以以中心为起点画一个矩形选区。（　　）
12. GIF 是基于索引色表的图像格式，它可以支持上千种颜色。（　　）
13. 在使用 GIF 方式优化图像时，GIF 文件的大小与优化设置中的色彩数量没有直接关系。（　）
14. 在 Web 上使用的图像格式有 GIF、PNG、PSD.TIF。（　　）
15. 使用“过渡”功能制作动画时，可以实现同一层中图像的大小变化。（　　）
16. 切片也可以用移动工具来选取。如果一幅图像制作了滚动效果，只需将该图像存储为 GIF 格式即可保持所有效果。（　）
17. 历史记录可以随文件的存储而存储。（　　）
18. 当 RGB 模式转换为 CMYK 模式时，灰度模式被作为中间过渡模式。（　　）
19. 调节层是用来对图像进行色彩编辑的，并不影响本身，但不可将其删除。（　）
20. 计算机中的图像主要分为两大类，即矢量图和位图；而 Photoshop 中绘制的是矢量图。（　　）

## 四、拓展技能综合题（20 分）

用 Photoshop CS 制作“阿里巴巴”网站的版面，要求最终效果尽可能与该网站一致。

# 第六章

## 电子商务网站的构建

### 知识要点

1. 各种服务器平台及选型技巧；
2. 各种开发技术及选型技巧；
3. 各种数据库及选型技巧；
4. ASP 使用简明教程；
5. Access 入门教程；
6. 常用电子商务系统及选型技巧；
7. “动易”电子商务系统的使用方法。

### 四大技能

1. Access 的使用；
2. ASP 简明教程；
3. “动易”CMS 的使用；
4. Linux 的安装。

### 学习方法

1. 从理论上掌握服务器、开发技术和数据库三大电子商务网站平台的选型技术；

2. 掌握 ASP 及 Access 的基础知识，大量进行上机练习，熟练运用；

3. 全面掌握动易 CMS 使用技术。由于篇幅所限，本章对“动易”系统的介绍相对简明扼要，请读者到本书配套网站下载视频教程，进一步深入地学习。

一位计算机专业的人士如何成功构建一个电子商务网站呢？有没有什么办法，快速地搭建自己的电子商务系统呢？下面请大家看一看“龙之媒读书网”建设者采用“动易”2006版网上商城管理系统轻松地构建了该网站。

**案例导航**

**“龙之媒”读书网是怎么轻松建成的**

“龙之媒”书店，其前身为1995年创办的全国首家广告专业书店——北京广告人书店（1997年更名为龙之媒广告文化书店），迄今已成为全国规模最大、最具影响力的广告专业书店，设有北京、上海、广州、西安、成都、长沙六家直营店。“龙之媒”广告文化书店，以促进广告行业知识、观念、方法、思想的分享与传承、交流与传播为使命。

“龙之媒”以会员制为基础，通过店面服务、网上服务、同城电话订购服务、邮购服务，以网上网下均一的“龙之媒价”（8.8折封顶、畅销书7.5折、龙媒书7.5折，可与“当当卓越”的价格媲美）为全国各地的读者提供涵盖广告、设计、营销、传媒、品牌、公关、房地产营销与广告等领域的数千种专业图书，以及图片、色标等专业工具，并提供数十种海内外优秀专业杂志的一站式订阅服务，龙之媒会员已达六万余人。同时，他们还凭借专业书店的优势，为高校相关专业提供教材选配服务和资料室、图书馆配书服务。

“龙之媒”网站的制作选择了动易网上商城系统，实现了其全部功能，不但不需要庞大的开发团队，而且功能齐全、性能稳定。

资料来源：“动易”官方网站（http://www.powereasy.net/Cases/eshop/6475.html）

非计算机专业、没有学过编程的电子商务专业学生，在学习了电子商务网站建设的基础知识后，如何选择服务器平台、开发技术平台和数据库平台呢？如何利用电子商务系统建设自己的网站呢？学完本章后，大家将茅塞顿开。

## 第一节　服务器平台选型

### 模块一：应知应会

所谓网站的服务器平台，是指网络服务器所使用的操作系统。随着电子商务网站功能的完善以及网站流量的增加，网站占用的服务器空间越来越大，网站服务器的负载也会越来越重。因此，选择适合的网络服务器操作系统也就显得越来越重要。服务器的操作系统在商务活动的组织和实施过程中发挥着支配作用。所以在众多的服务器操作系统中，企业必须选择一种合适自己需要的操作系统，这就是服务器平台选型。

目前，服务器操作系统主要有三大类：第一类是Windows系列，其代表产品就是Windows Server 2003；第二类是UNIX系列，其代表产品包括HP-UX、IBM AIX等；第三类就是Linux，它是网络服务器的后起之秀，具有开放性和高性价比等显著特点，近年来发展迅速，用户数量迅速增长。

那么，企业应该如何选择合适的操作系统呢？本节将针对当前市场上几款主流的服务器平台进行讲解。

## 一、Windows 服务器平台

Windows 家族系列产品中网络服务器平台以 Windows Server 2003 为主，它是微软针对服务器操作系统的最新产品。该产品于2003年5月22日正式推向中国市场。Windows Server 2003 家族系列产品具有高安全性、高可靠性、高可用性和高可扩展性等特点，而且传承了 Windows 操作界面，使用十分方便，技术也容易掌握。

Windows 服务器平台使用 IIS 作为 Web 服务器，IIS 是目前最流行的 Web 服务器产品之一，很多著名的网站都是建立在 IIS 的平台上。IIS 提供了一个图形界面的管理工具，称为 Internet 服务管理器，可用于监视配置和控制 Internet 服务。

### 1. 常用版本

（1）Datacenter 版(含 32 位和 64 位)。这是专为要求强伸缩性和高可用性的企业而设计的，它为建立用于数据库的关键任务解决方案、企业资源计划（ERP）软件、大容量的实时事务处理和服务器合并提供了坚实的基础。

（2）企业版(含 32 位和 64 位)。该版本适合中型或大型组织使用。

（3）标准版。它适用于中、小型企业及部门级应用，重点加强了文件服务、打印服务与协同作业服务等基本功能。

（4）Web 版。这是专为快速开发、部署 Web 服务与应用程序的用户，提供 Web 托管与服务的系统平台。

### 2. Windows Server 2003 的服务器角色

Windows Server 2003 是一个多任务操作系统，它是在 Windows 2000 基础上进行了改进的版本。它能够按照用户的需要，以集中或分布的方式处理各种服务器角色。其中的一些服务器角色包括：

① 文件和打印服务器；
② Web 服务器和 Web 应用程序服务器；
③ 邮件服务器、终端服务器；
④ 远程访问/虚拟专用网络（VPN）服务器；
⑤ 目录服务器；
⑥ 域名系统（DNS）；
⑦ 动态主机配置协议（DHCP)服务器；
⑧ Windows Internet 命名服务(WINS)；
⑨ 流媒体服务器。

### 3. Windows Server 2003 的优点

（1）便于部署、管理和使用。熟悉的 Windows 界面，照顾人们对 Windows Server 2003 的使用习惯。系统管理员增加和改进的功能设计，让部署活动目录更为容易。

（2）安全的基础结构。Windows Server 2003 的 Active Directory 中标志管理的范围跨越整个网络，有助于确保整个企业的安全。

（3）企业级可靠性、可用性、可伸缩性。通过一连串的新功能和改进功能，包括内存镜像、热添加内存以及 Internet 信息服务(IIS)6.0 中的状态检测等，增强了可靠性。为了寻求更高的可用性，Microsoft 群集服务目前支持高达八节点的群集，以及地理散布的节点，并支持从单处理器系统到 32 位机的操作系统。

（4）采用新技术，降低了 TCO。Windows Server 2003 提供了许多新技术，以帮助企业降低拥有总成本（TCO）。例如，Windows 资源管理器使管理员可以设置服务器应用程序的资源使用情况（处理器和内存），并通过组策略设置来进行管理。网络附加存储(NAS)可以帮助用户合并文件服务。

（5）便于创建动态 Intranet 和 Internet Web 站点。IIS 6.0 是 Windows Server 2003 中内置的 Web 服务器，它提供增强的安全性和可靠的结构。该结构提供对应用程序的隔离，并极大地提高了性能。

**友情提醒**

目前使用最多的服务器平台是 Windows 服务器平台，因此，对这一平台的攻击也最多。如果采用这一服务器平台，则一定要加强安全防范。

## 二、UNIX 服务器平台

UNIX 是一个强大的多用户、多任务操作系统，支持多种处理器架构。最早由 Ken Thompson、Dennis Ritchie 和 Douglas McIlroy 于 1969 年在 AT&T 的贝尔实验室开发。经过长期的发展和完善，目前已成长为一种主流的操作系统技术和基于这种技术的产品大家族。由于 UNIX 具有技术成熟、可靠性高、网络和数据库功能强、伸缩性凸出和开放性好等特点，可满足各行各业的实际需要，特别能满足企业重要业务的需要，已经成为主要的工作站平台和重要的企业操作平台。

UNIX 的优点如下：

（1）精巧的核心层与丰富的实用层

UNIX 系统在结构上分成核心层和实用层。核心层小巧，而实用层丰富。核心层包括进程管理、存储管理、设备管理、文件系统几个部分。UNIX 核心层设计得非常简明扼要，对其中包含的数据结构和程序进行了精心设计。因此，核心层只需占用很小的存储空间，并能常驻内存，以保证系统以较高的效率工作。

（2）使用灵活的命令程序设计语言 Shell

Shell 是一种命令语言。UNIX 的 200 多条命令对应着 200 个实用程序。Shell 也是一种程序设计语言。它具有许多高级语言所拥有的控制流能力。用户可以利用这些功能用 Shell 语言写出“Shell”程序存入文件，此后用户只要输入相应的文件名就可以执行。这种方法易于系统的扩充。

（3）层次式文件系统

UNIX 系统采用树形目录结构来组织各种文件及目录。这样的组织方式有利于辅助存储器空间分配及快速查找文件，也可以为不同用户的文件提供文件共享和存取控制的能力，且保证用户之间安全有效的合作。

（4）文件和设备统一看待

UNIX 将外围设备与文件一样看待，外围设备如同磁盘上的普通文件一样被访问、共享和保护。用户不必区分文件和设备，也不需要知道设备的物理特性就能访问它。

（5）良好的移植性

UNIX 的所有实用程序和 90%的核心代码是用 C 语言写成的，这使得 UNIX 成为一个可移植的操作系统。操作系统的可移植性带来了应用程序的可移植性，因而用户的应用程序既可用于小型机，又可用于其他的微型机或大型机，从而大大提高了用户的工作效率。

## 三、Linux 服务器平台

1991 年芬兰赫尔辛基大学的大学生 Linus Torvalds 为完成自己操作系统课程的作业，开始基于 Minix（一种免费的小型 UNIX 操作系统）编写一些程序，Linus Torvalds 将这个操作系统命名为 Linux，也就是 Linus's unix 的意思，并且以可爱的胖企鹅作为其标志。Linux 的功能日趋完善，并已经成为世界上主流的操作系统之一。Linux 是新崛起的服务器平台。近年来，Linux 已成为一个强大而又新颖的 UNIX 操作系统，它以高效性和灵活性著称。Linux 是一个多任务、多用户的网络操作系统。Linux 属于自由软件，用户不用支付任何费用就可以获得它和它的源代码，并且可以根据自己的需要对它进行必要的修改，它具有 Unix 的全部功能。Linux 是深受计算机爱好者喜爱的操作系统。

在 UNIX 和 Linux 平台下使用最广泛的免费 HTTP 服务器是 W3C、NCSA 和 APACHE 服务器。

Linux 操作系统有以下优点：

（1）真正的多用户、多任务；

（2）良好的兼容性，Linux 支持多种开发语言，如 C、C+、Java，为嵌入式系统上的多种应用提供了可能；

（3）Linux 具有很强的可移植性，支持各种不同的电子产品的硬件平台；

（4）Linux 内核可免费获得，并可根据实际需要自由修改；

（5）Linux 具有高度的稳定性；

（6）Linux 功能强大并且内核很小。一个功能完备的 Linux 内核只要求大约 1 MB 内存，而最核心的微内核只需要 100 KB 的内存。极其适合嵌入式开发以及移动领域应用。

## 四、根据网站实际情况选择合适的平台

服务器平台的选择决定了服务器运行的稳定性，而服务器运行的稳定性是电子商务网站顺畅运营的基本保障。如何选择一个合适的服务器平台，应充分考虑以下几点因素。

### 1. 投资承受能力

服务器平台的选择要充分考虑企业投资承受能力。网络服务器平台是企业构建电子商务网站投资中占用比例较大的一部分投资，并且服务器平台投资具有两部分投资。

（1）初期购买投资。网站架设初期必须购买正版服务器平台，这是服务器平台的第一笔投资，也是服务器平台的主要投资。

（2）升级换代投资。目前，计算机技术发展迅速，软件更新换代周期越来越短，每次升级换代企业都要付出人力、财力成本。

**2．安全性**

安全运营是电子商务网站运营的首要条件，服务器平台一定要具有良好的安全性，提供足够的安全保障体系。

**3．功能的完备性**

电子商务网站逐渐完善，客户逐年增多，服务器必须能够满足网站不断发展的需要，具备完善的功能。

**4．易操作性**

网络服务器平台需要经常进行维护。在维护过程中，需要进行各种操作，其易操作性也是服务器平台选型应该考虑的一个因素。

**5．企业长远发展需求**

企业在不断发展壮大，服务器选择要能够满足企业未来长远发展的需要，尤其是其更新能力及服务器平台厂商的发展前景都需要予以充分考虑。

## 模块二：高手点拨

### 对如何学习操作系统的几点建议

① 各类操作系统都要在自己的计算机上尝试安装一下，其安装方法基本相同，遇到问题到网上查一查即可解决；

② 安装操作系统之前，一定要把重要文件进行备份，网络操作系统使用的分区格式不同，稍有不慎，就会毁掉硬盘数据；

③ 一定学会每种操作系统最常用的操作；

④ 最好掌握一些基本的操作命令。服务器操作系统有很多命令，而一些基本操作命令可实现操作系统大部分的功能。

## 模块三：制作实务

### Linux 操作系统的快速安装

1．把光驱设置成启动设备，从光盘启动安装程序后，就会出现安装界面；安装界面上有 3 个选项供用户选择：

（1）如果以图形化模式安装或升级 Linux，请按 Enter 键。

（2）如果以文本模式安装或升级 Linux，输入：“linux text”，然后按 Enter 键。

（3）用下面列出的功能键来获取更多的信息。

此时，一般选择以图形化模式安装。按下 Enter 键后，出现欢迎对话框，单击“下一步”按钮继续后面的操作。

2．在“语言选择”列表框内选择安装语言，一般选择“简体中文”；

3．键盘选择，一般选择 U.S. English，即美国英语；

4．鼠标选择，为系统选择正确的鼠标类型。

5．选择“安装类型”，包括“个人桌面”、“工作站”、“服务器”和“定制”四种类型，因为本书重点介绍的是服务器的配置，所以，选中“服务器”安装类型。

6．磁盘分区设置，共有两种选项：“自动分区”、“手工分区”。硬盘中一般都有一个 Windows 操作系统，因此，必须选择“手工分区”，保留原操作系统，再装入 Linux。

接着，指定要在哪个磁盘分区安装 Linux。无论在何种情况下，一定要创建一个根分区和一个交换分区，否则程序无法安装。分区建立步骤如下：

（1）交换（swap）分区。交换分区用来支持虚拟内存。换句话说，当没有足够的内存来存储系统正在处理的数据时，这些数据就被写入交换区。交换分区的最小值应该相当于计算机内存的两倍。

（2）/boot 分区。/boot 分区包含操作系统的内核（允许用户的系统引导 Red Hat Linux），以及其他在引导过程中使用的文件。鉴于大多数计算机的 BIOS 限制，创建一个较小的分区来储存这些文件是最佳的选择。对大多数用户来说，100MB 引导分区应该是足够的。

（3）根分区。这是“/”（根目录）将被加载的位置（即系统安装的位置）。所有文件（除了保存在/boot 分区上的以外）都位于根分区上。一个大小为 1.7GB 的根分区可以容纳与个人桌面或工作站相当的安装内容（只剩极少的空闲空间），而一个大小为 5.0GB 的根分区将会允许用户安装每一个软件包。如果用户是初学者，建议将根分区创建的大一些，至少要大于 5.0GB。

（4）添加分区。要添加一个新分区，可单击“新建”按钮，打开“添加分区”对话框，这里有一个重要概念“挂载点”，挂载点实际上就是 Linux 中的磁盘文件系统的入口目录，类似于 Windows 中用来访问不同分区的 C:、D:、E:等盘符。例如，如果这个分区是根分区，挂载点为“/”；如果是/boot 分区，挂载点为“/boot”。用户还可以使用下拉菜单为系统选择挂载点。接下来要选择“文件系统类型”，Linux 主要有 et2，et3 两种文件系统类型，我们一般选择 ct3。

7. 选择引导程序，安装程序提供了两个引导装载程序：GRUB 和 LILO，我们一般使用 GRUB 即可。

接下来，按照系统提示进行网络配置、防火墙配置、语言支持选择、设置根口令、验证配置、安装软件包等操作，即可完成整体 Linux 的安装，在此不一一阐述，有兴趣的同学可以动手试一试，便知道安装如此简单。

## 模块四：技能训练

### 安装 Linux 操作系统

**【训练内容】**在你的计算机上安装 Linux 操作系统

**【训练目的】**

（1）掌握 Linux 的安装技能。

（2）了解 Linux 的基本功能及简单操作。

**【训练要求】**

（1）按照 Linux 的安装步骤，有序进行安装。

（2）安装时，注意不得破坏原硬盘文件。

# 第二节　开发技术选型

## 模块一：应知应会

现在的电子商务网站都是动态 Web 网站，商家和用户能够动态地进行信息交流。但这需要用脚本语言编程才能实现其动态交互功能，而且必须能够支持数据库操作，以及对会员、商品和交易进行数据库管理，实现网站的数据库化。目前，最为流行、应用最广泛的动态 Web 网站开发技术主要有：JSP，ASP 和 PHP 三种。这三种技术都是在静态的 HTML 中嵌入了脚本语言来实现动态 Web 网站的，它们都能方便地与标准的 HTML 网页进行集成。

### 一、ASP 技术

ASP，其全名为 Active Server Pages，汉译为“动态的服务器页面”，它是由微软公司推出的一个 Web 服务器端的开发环境，是一种最通用的网络编程语言，利用它可以产生和执行动态的、互动的、高性能的 Web 服务应用程序。运行 ASP 需要安装微软的 IIS 服务器。ASP 的脚本语言有 VBScript 和 JavaScript 两种。ASP 具有简单易学的特点，而且目前大量的 ASP 资源可供学习使用。ASP.NET 则是微软最新推出的一种技术，它在原有 ASP 技术基础上进行了重大革新。ASP.NET 是微软.NET 构架的一部分。ASP.NET 的语法在很大程度上与 ASP 兼容，同时它还提供了一种新的编程模型和结构，可生成伸缩性和稳定性更好的应用程序，并提供更好的安全保护。但 ASP 仅能在微软的操作系统下使用，不能在其他操作系统下使用。

### 二、PHP 技术

PHP，即 Personal Home Page 的缩写，现一般译为“超级文本预处理语言”，它是一种跨平台的、服务器端的嵌入式脚本语言。它大量地借用了 C 语言、Java 语言和 Perl 语言的语法优点使 Web 开发者不仅能够快速地写出动态生成的页面而且它支持所有主流数据库。PHP 是完全免费的。PHP 具有简单易学、数据库功能强大、可扩展性好、面向对象编程、可伸缩性强五大优点。

### 三、JSP 技术

JSP 即 Java Server Pages，是由 Sun Microsystems 公司倡导、许多公司参与一起建立的一种动态网页技术标准，其网址为 http://www.javasoft.com/products/jsp。该技术为创建显示动态生成内容的 Web 页面提供了一种简捷而快速的方法。JSP 技术的设计目的是使得构造基于 Web 的应用程序更加容易和快捷，而这些应用程序能够与各种 Web 服务器，应用服务器，浏览器和开发工具共同工作。JSP 规范是 Web 服务器、应用服务器、交易系统以及开发工具供应商间广泛合作的结果。在传统的网页 HTML 文件（*.htm,*.html）中加入 Java 程序片段（Scriptlet）和 JSP 标记（tag），就构成了 JSP 网页（*.jsp）。

## 四、如何进行开发技术选型

采用哪种网络编程语言进行开发？如何进行开发技术选型？一般来说，应从以下几方面进行考虑。

### 1. 网站的规模要求

在选择开发技术之前，一定要知道网站建设的规模，即要明确：是建设一个大型的电子商务网站？还是建设一个中型的电子商务网站；是开发一个宣传企业产品的企业门户网站？还是建设一个个人的交易网站。如果开发规模较小，则可以选择方便最方便易用的ASP；如果开发规模较大，则可以考虑J2EE下的JSP。

### 2. 网站的开发模式

是自主研发网站，还是由专业公司开发；是自己编写代码，还是采用专业电子商务系统完成，这些因素将决定网站的开发模式。自主研发，就要根据上一条所阐述的网站的规模要求进行选型；专业公司开发以及采用专业电子商务系统，则要充分考虑资金需求。

### 3. 网站的安全要求

如果网站安全需求特别高，则可选择JSP。否则，ASP及PHP均可选择。

### 4. 现有技术基础

如果自行研发，要根据本企业的技术人员掌握的语言进行，不可能让他们用一两年的时间重新精通一门语言后再开始开发工作。

### 5. 服务器平台选型

采用的开发技术一定要与服务器平台的选型相配合，一般来讲，Windows平台与ASP同出一个家门，配合较好，而PHP与Linux则是最好的搭配。

**友情提醒**

如果你是初学者，建议你采用ASP语言开始你的智慧之旅，千万不要被新语言、新版本迷了眼。人生路上，适合你的才是最好的。

## 五、ASP技术使用入门

### 1. ASP的语法规则

（1）ASP文件的扩展名为.ASP；

（2）创建ASP文件可以使用任何文本编辑器。最简单的是记事本，最常用的是DreamWeaver；

（3）ASP 的程序代码可以和 HTML 代码混合使用。为了区别 ASP 程序代码和 HTML 代码，我们要在 ASP 代码的两端加上“<%”和“%>”；

（4）ASP 程序中，一个语句一般占一行，同一个文件中不同段的 ASP 程序可以看成是连续的。

### 2. 数据类型

ASP 只有一种数据类型，即变体型（variant）。这是一种特殊的数据类型，能够根据它的使用表示很多不同种类的信息，能够表示数字或者字符串。

## 六、ASP 的程序结构

程序是由一条一条的语句组成的，就像生产产品一样，可以把原材料一个接一个地连在一起（顺序结构），也可以把原材料一圈一圈地卷起来（循环结构），还可以把原材料分成几个分支加工最后再会聚在一起（选择结构）。

### 1. 顺序结构

顺序结构的 ASP 程序是最简单的结构形式，只要按照解决问题的顺序写出相应的语句就行；它的执行顺序是自上而下，依次执行。

### 2. 选择结构

（1）语法结构。

选择结构就是根据判断的结果控制程序的流程，在 ASP 程序中使用 If 语句来进行判断。

**格式：** If <条件> then <满足条件才执行的代码>

当需要执行多个语句时，则使用如下格式：

```
If <条件> then
    <满足条件才执行的语句>
else
    <不满足条件执行的语句>
end if
```

（2）**【实例 6.1】**用 ASP 编写时间判断程序。程序代码及详细解释见表 6.1。

**表 6.1 【实例 6.1】的程序代码及解释**

| 程序代码： | 对应解释： |
|---|---|
| 01<html> | 01 html 文本开始 |
| 02<head> | 02 头部开始 |
| 03<title>时间判断程序</title> | 03 网站标题 |
| 04</head> | 04 头部结束 |
| 05<body> | 05 体部开始 |
| 06<% | 06 ASP 代码段开始 |
| 07If time>=#12:00:00 AM# and Time<=#12:00:00 PM# then | 07 判断当前时间 |
| 08sm=“上午好” | 08“上午好”赋给变量 sm |
| 09else | 09 否则 |

续表

| 程序代码： | 对应解释： |
| --- | --- |
| 10sm="愿您一生平安" | 10 给变量 sm 赋值 |
| 11End if | 11 结束判断 |
| 12%> | 12 ASP 代码段结束 |
| 13<%=sm%> | 13 显示变量 sm 的值 |
| 14<body> | 14 体部结束 |

### 3．循环结构

循环结构，是指“当条件成立时，执行循环内的代码；当条件不成立时，跳出循环，执行循环结构后面的代码”的程序结构。

（1）For 循环

For 循环是 ASP 中最基本的循环语句。其格式为：

```
for 〈循环变量〉=〈初始值〉 to 〈结束值〉
    〈循环执行的语句〉
Next
```

**【实例 6.2】**以计算从 1 到 100 的累加和为例进行说明，程序代码及解释见表 6.2。

**表 6.2　【实例 6.2】的程序代码及解释**

| 程序代码： | 对应解释： |
| --- | --- |
| 01<% | 01ASP 语句起始标记 |
| 02Total=0 | 02 变量 total 初值为 0 |
| 03For i=1 to 100 | 03 变量 i 值从 1 到 100，每循环一次 i 的值加 1，直到 100 为止 |
| 04Total=total+i | 04 变量 total 的值等于上次累加值 total 再加上新循环变量 i 的值 |
| 05Next | 05 循环结束 |
| 06%> | 06 ASP 语句结束标记 |

（2）While 循环

While 循环是只要满足条件就执行，和 For 循环最大的差别就是不确定循环次数。

格式：

```
while <条件>
        <循环执行的语句>
    weed
```

**【实例 6.3】**while 循环的示例程序：用 while 循环实现【实例 6.2】的程序代码和解释见表 6.3。

**表 6.3　【实例 6.3】用 while 循环实现【实例 6.2】的程序代码和解释**

| 程序代码： | 对应解释： |
| --- | --- |
| 01<% | 01 ASP 语句起始标记 |
| 02Total=0 | 02 变量 total 初值为 0 |
| 03I=1 | 03 变量 i 初值为 1 |
| 04While I<=100 | 04 当 i 的值小于 100，就一直循环执行 |
| 05Total=Total+i | 05 变量 total 的值等于上次累计值 total 再加上新循环变量 i 值 |

续表

| 程序代码： | 对应解释 |
|---|---|
| 06Weed | 06 结束循环 |
| 07%> | 07 ASP 语句结束标记 |

## 七、ASP 的常用对象

ASP 共有六大内置对象，它们是：客户端向服务器提出请求对象 Request；服务器端向客户端输出信息对象 Response；在应用程序级定义数据变量的对象 Application；会话变量对象 Session；提供对服务器方法和属性的访问对象 Server；为脚本提供错误处理方法的 ASPError 对象。下面将对最常用的 Request、Response、Application、Session 四个对象进行讲解。

**友情提醒**

ASP 的学习重点要掌握三大关键：一是基本语法；二是内置对象；三是数据库的使用。其他的可以在使用中随用随学。

### 1．Request 对象的使用

Request 是从客户端获取信息的对象，例如，我们登录邮箱时在自己的计算机上（客户端）输入的用户名及密码，程序要用 Request 对象获取，并传至服务器。其最常用的功能如下：

（1）获取表单数据

**格式：**Request. Form(“表单中控件的名称”)

其中，表单中控件的名称也可以用序号表示，即 1 代表第一个控件，2 代表第二个控件，如 Request. Form(1)。

（2）获取 Cookies 信息

**格式：**Request. cookies(“cookies 的变量名称”)

Cookie 是一个服务器程序在客户端硬盘上创建的文件，它用来保存标志用户身份和与其相关的信息，如用户在网上注册的用户名、最后一次访问时间等，正是因为使用了 Cookie，在你打开网站的时候就会发现主页知道你是谁，向你显示类似于“XXX，上午好”的提示。

（3）获取系统信息

**格式：**Request. Server Variables(“信息标志”)

使用 Request. Server Variables 可以获得客户端浏览器和 WWW 服务器的一些基本配置信息，如 IP 地址、主机名等。常用的有 REMOTE_ADDR 远程主机 IP 地址；REMOTE_HOST 发出请求的主机名称；SERVER_PORT 发出请求的端口号；QUERY_STRING 查询 HTTP 请求中问号(?)后的信息。

**【实例 6.4】**实现上述以上三种常用功能的示例程序：Request 的应用程序代码和解释见表 6.4。

表 6.4 【实例 6.4】 Request 的应用程序代码和解释

| 程序代码： | 对应解释： |
|---|---|
| 01<% | 01 ASP 语句起始标记 |
| 02userName=request.form("xm") | 02 获取表单中名称为 xm 的内容，并赋给变量 userName |
| 03passWord=request.form("mm") | 03 获取表单中名称为 mm 的内容，并赋给变量 passWord |
| 04name=request.cookies("xm") | 04 读取 cookie 中变量 xm 的值并赋给变量 name |
| 05request.serverVariables(" REMOTE_ADDR") | 05 得到用户的 IP 地址 |
| 06%> | 06 ASP 语句结束标记 |

### 2. Response 对象的应用

Response 是用来输入信息的，与 Request 正好相反，包括直接发送信息给浏览器、重定向浏览器到另一个 URL 或设置 cookie 的值等功能。其主要功能有以几点：

（1）输出信息

**格式：**Response. Write“输出内容”

使用 Response 对象的 Write 方法可以直接输出信息。如果<%和%>之间只有一行 Response. Write 语句，则可以写成简略写法<%=输出内容%>，其中输出内容也可以是变量。

（2）重定向网址

**格式：**Response. Redirect 网址

Response 对象的 Redirect 方法可以使浏览器从当前网页转向其他网页。

（3）设定 Cookie

**格式：**response. cookies("变量名")="值"

该语句可以向 cookie 在硬盘创建的文件中写入变量名，并予以赋值。

### 3. Application 对象的使用

在同一网站目录及其子目录下的所有.asp 文件构成了整个 ASP 应用程序。可以使用 Application 对象，在整个应用程序的所有用户之间共享信息，并在服务器运行期间持久保存数据。其常用功能是存储信息。

**格式：**application( " 变量名称 " )="值"

因为所有用户都能访问 Application 对象，都能对 Application 对象进行修改；所以如果两个以上的人同一时间修改其值，就会发生冲突，这就是所谓的共享冲突问题。为了解决这个问题，在使用前要使用 Lock 方法为 Application 加锁，使用后用 Unlock 方法对其解锁。完整的用法是：

```
Application. Lock
Application 语句
Application. Unlock
```

【实例 6.5】Application 对象的使用示例程序和解释见表 6.5。

表 6.5 【实例 6.5】Application 对象的使用示例程序和解释

| 程序代码： | 对应解释： |
| --- | --- |
| 01<% | 01 ASP 语句的起始标记 |
| 02Application.Lock | 02 为 Application 对象加锁 |
| 03Applicatin("count")=application("count")+1 | 03 使 count 变量的值自加 1 |
| 04Application.Unlock | 04 为 Applicaion 对象解锁 |
| 05%> | 05 ASP 语句的结束标记 |

### 4．Session 对象的使用

Session 对象代表一个会话过程，用户从开启浏览器到关闭浏览器的整个过程是一个会话过程。Session 是一个用来保存个人信息的对象，它允许设计无数个变量，例如设置一个 Session 对象 User，假如用户未登录，则 User 值为空；如果登录成功，则将为 User 赋一个值；通过对 User 值的判定就可知道用户是否登录。如已登录，还可以判断出是什么级别的会员。Session 对象的主要功能是存储信息。

**格式：**Session("变量名称")="值"

【实例 6.6】Session 对象的使用示例程序和解释见表 6.6。

表 6.6 【实例 6.6】Session 对象的使用示例程序和解释

| 程序代码： | 对应解释： |
| --- | --- |
| 01<% | 01 ASP 语句的起始标记 |
| 02Session("username")="陆邓林" | 02 为会话变量 username 赋值为"陆邓林" |
| 03Session("addr")="上海" | 03 为会话变量 addr 赋值为"上海" |
| 04Response.write "来自" session("addr") & "的" & session("username") & "同志，你好！" | 04 调用会话变量的值，其中& 用于连接各变量 |
| 05%> | 05 ASP 语句的结束标记 |

## 八、ASP 访问数据库

在实际应用中，通常用数据库来管理整个电子商务网站。商品数据、客户数据、交易数据都需要保存在数据库中，没有数据库的电子商务网站是不存在的。数据库有很多种，常见的有 Fox 数据库(.dbf)、Access 数据库(.mdb)、Oracle 和 SQL Server 等，其中最常用的是 Access、SQL Server 两种。

### 1．ASP 数据库连接的原理

ASP 是通过 ADO 来操作数据库的。ADO 即 ActiveX Data Object，可译为“激活的数据对象”它是一组访问数据库的专用对象集，它为 ASP 提供了完整的数据库访问方法。ADO 中包含许多对象，其中，Connection（连接）对象和 Recordset（记录集）对象主要用于控制数据库存取，如果要建立一次数据库访问，那么首先得创建一个 Connection 对象，然后用基于这个 Connection 对象的 Recordset 对象来完成对数据库的操作。

### 2．数据库使用的四个步骤

（1）第一步：ASP 连接数据库

在 ASP 中使用数据库之前，要先对其进行连接，使用结束后要将其关闭（加一点连接的解释性语言）。

创建数据库连接的语法格式是：

```
Set Conn=Server.CreateObject ("ADODB.Connection")
```

打开数据库的语法格式是：

```
conn.Open "Provider=Microsoft.Jet.OLEDB.4.0;Data Source="&Server.MapPath("data.mdb")
```

其中，Server.CreateObject 是创建系统对象，ADODB 是数据库访问组件，Connection 是 ADO 的一个对象，Set conn = Server.CreateObject("ADODB.Connection")的含义是建立数据库连接对象。microsoft.jet.oledb.4.0 是 Access 数据库引擎，Data Source 指定数据库，Server.MapPath 是所在页面的物理文件路径。

（2）第二步：使用 Recordset 对象处理数据

与数据库建立并打开连接之后，接下来就要存取数据库表中的记录了。此处使用 Recordset 对象进行操作。语法格式是：

```
Set Rs=Server.CreateObject("adbodb.recordset")
Rs.Open "basic",Conn,2,3,2
```

其中，Server.CreateObject("adbodb.recordset")是创建一个记录集对象，Rs 是一个记录集变量，Rs.Open 打开记录集，basic 是数据库中的表，conn 是连接对象，2，3，2 是三个参数。

（3）第三步：操作数据库表的数据

经过上述两个步骤之后，就可以显示、追加、删除、更新表中的记录了。经常用到的 SQL 语句如下：

① SELECT 语句：检索语句，从表中检索符合条件的记录；

② INSERT INTO 语句：向表中添加一个或多个记录；

③ UPDATE 语句：更新表中的数据；

④ DELETE 语句：删除表中的数据；

⑤ EXECUTE 语句：执行语句。

（4）第四步：关闭连接

```
Rs.close
Conn.Close
Set conn=Nothing
```

### 3．ASP 连接数据库常用代码示例

**【实例 6.7】**ASP 连接数据库常用代码示例程序代码和解释见表 6.7。

**表 6.7　【实例 6.7】ASP 连接数据库示例程序代码和解释**

| 程序代码： | 对应解释： |
|---|---|
| 01 Set Conn=Server.CreateObject("ADODB.Connection") | 01 创建数据库连接 |
| 02 conn.Open "Provider=Microsoft.Jet.OLEDB.4.0;Data Source="&Server . MapPath("student.mdb") | 02 打开数据库 |
| 03 Set Rs=Server.CreateObject(“adbodb.recordset”) | 03 创建记录集 |
| 04 Rs.Open “basic”,Conn,2,3,2 | 04 打开表 |
| 05 if not Rs.eof then | 05 如果表不为空，那么执行下面 |
| 06 　response.write rs("name") | 06 显示 name 字段内容 |

续表

| 程序代码： | 对应解释： |
| --- | --- |
| 07 else | 07 否则 |
| 08 response.write "数据库无数据" | 08 显示 "数据库无数据" |
| 09 end if | 09 结束 |
| 10 rs.close | 10 关闭记录集连接 |

## 模块二：高手点拨

### 一、记录集是什么

记录集，从字面上可以理解成记录的集合，其内容就是表的内容。当创建一个记录集之后，在没有过滤的情况下，记录集就代表了这张表的全部内容。

### 二、网站编程语言该不该学

如果你是一个应用者，你可以不学习编程语言，调用成品电子商务系统构建网站即可；如果你是一个开发者或者是一个爱好者，你必须学习编程语言，只有学习编程语言，才可以随心所欲，按理想实现自己的设计。

## 模块三：制作实务

### 制作实例

**【实例 6.8】**一个简易的计数器

这是一个简易的计数器，综合使用了 ASP 中的 Application 对象、Application 中的 Lock 和 Unlock 方法。程序代码如下：

```
<html>
<head>
    <title>简易计数器</title>
<head>
<body>
<%
Dim NumVisits
NumVisits=0
Application.Lock
Application("NumVisits") = Application("NumVisits") + 1
Application.Unlock
%>
欢迎光临本网页，你是本页的第
<%= Application("NumVisits") %> 位访客!
<body>
<html>
```

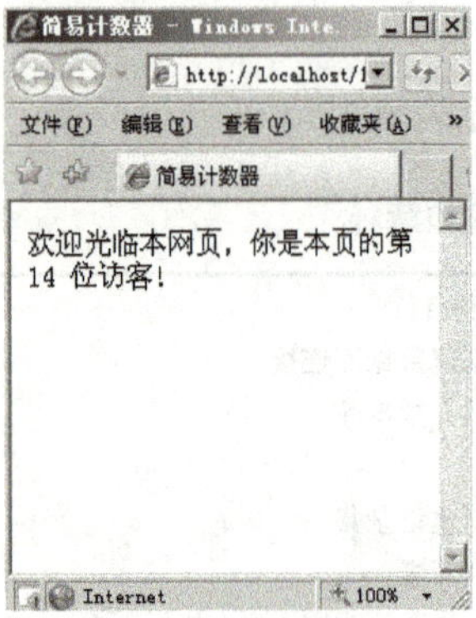


图 6.1　简易计数器

上述程序代码的运行结果如图 6.1 所示。

【**实例 6.9**】获取并输出用户登录后的信息

本实例的功能是实现用户在文本框中输入用户名和密码并单击“提交”按钮后，输出用户所输入的信息。本例用到了 Response 对象中的 Write 方法。程序代码如下：

```
<html>
<head>
<title>用 post 提交数据</title>
</head>
<body>
<table width="300" height="60" border="0" cellpadding="0" cellspacing="0">
  <form id="form1" name="form1" method="post" action="lx1-1.asp"><tr>
    <td width="61">账号：</td>
    <td width="239">
        <input name="user" type="text" size="12" />
    </td>
  </tr>
  <tr>
    <td>密码：</td>
    <td>
      <input name="pwd" type="password" id="pwd" size="12" /></td>
  </tr>
  <tr>
    <td> </td>
    <td><label>
      <input type="submit" name="B1" value="提交" />
      <input type="reset" name="B2" value="重置" />
    </label></td>
  </tr></form>
</table>
          <%
                Dim user,pwd,allvalue
                user=request.Form("user")
                pwd=request.Form("pwd")
                allvalue=request.Form '省略参数全部值
          %>
          你的名字是：<% =user %>
          你的密码是：<% =pwd %>
          省略全部的参数是：<% =allvalue %>
</body>
</html>
```

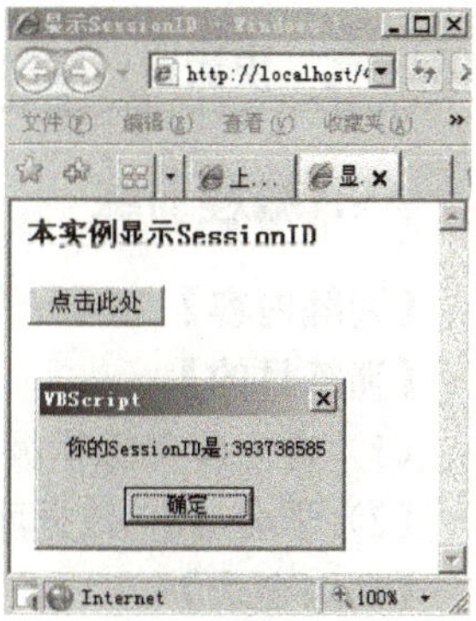


图 6.2 显示用户登录后的信息

上述程序代码的运行结果是显示用户登录后的信息，如图 6.2 所示。

【**实例 6.10**】输出用户输入的信息。

本例的功能是实现用户在文本框中输入用户名和密码并提交后，输出用户所输入的信息（如图 6.3 所示）。本例综合用到了 Response 对象、Cookies、Request 中的 Write 方法：

```
<%
      'Cookies 通过 HTTP Headers 来从服务器端返回到浏览器上.
```

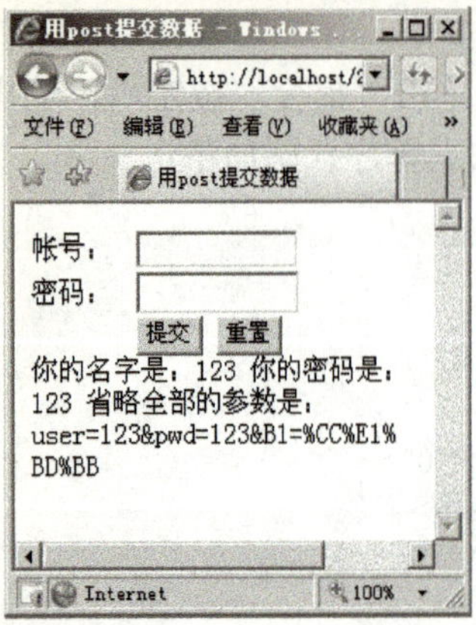


图 6.3　用户所输入的信息

```
            '在发送 Cookies 之前,不能向浏览器端发送任何数据.
            Response.Expires = 0
            '从 Cookie 中取出上一次访问的日期和时间
            LastVisit = Request.Cookies("LastVisitCookie")
            Response.Cookies("LastVisitCookie") =
             FormatDateTime(NOW)
        %>
        <HTML>
            <HEAD>
                <TITLE>上次访问时间</TITLE>
            </HEAD>
            <BODY BGCOLOR="White" TOPMARGIN="10"
             LEFTMARGIN="10">
            <FONT SIZE="4" FACE="ARIAL, HELVETICA">
    <B>使用 Cookies</B></FONT><BR>
      <HR SIZE="1" COLOR="#000000">
        <%
            If (LastVisit = "") Then
                '如果 Cookie 从未被写过,则用户是第一次访问本页
                Response.Write("欢迎光临本页")
            Else
                '显示上一次访问日期及时间
                Response.Write("您上一次访问本页在" + LastVisit)
            End If
        %>
    </BODY>
</HTML>
```

## 模块四:技能训练

### ASP 编程训练

**【训练内容】**编写一个简易的通信录管理系统

**【训练目的】**

（1）进一步熟练掌握 ASP 代码，强化 ASP 编程能力。

（2）学会 ASP 数据库的各项基本操作。

**【训练要求】**

你所编写的简易通信录管理系统应具备以下功能：

（1）显示全部记录。

（2）按姓名查询指定记录。

（3）追加记录。

（4）删除指定记录。

（5）修改现存记录。

# 第三节　网络数据库选型

## 模块一：应知应会

数据库（Data Base），是数据库系统（DataBase System）的核心，是被管理的对象。通俗地说，数据库即存放数据的仓库，我们把它定义为存放在计算机存储设备上的相关数据的集合。数据库最终也是以文件的形式存储，但不同于普通文件的是，它指的是相互关联的数据的集合；而一般文件仅指相关信息的集合，其存放形式可以是杂乱无章的。网站的数据库化是近年来电子商务网站的发展趋势，用数据库管理整个网站，自动更新网页内容，实现基于数据库的各种 Web 应用，是电子商务功能实现的基本保证。常见的网络数据库有 MSSQL、MYSQL、Oracle、Access 等。网络数据库选型，是指在网站建设过程中如何根据需要，选择哪种类型的数据库。

### 一、大型数据库 MSSQL

SQL Server 2005 是 Microsoft 公司最新版本的大型数据库管理系统，是近年来最流行的数据库管理系统。目前，电子商务网站使用 SQL Server 数据库的数量呈现出增多的趋势。Microsoft SQL Server 2005 能提供超大型系统所需的数据库服务。大型服务器可能有成千上万的用户同时连接到 SQL Server 2005 的情况出现。SQL Server 2005 为这些环境提供了全面的保护，具有防止问题发生的功能，例如，可以防止多个用户试图同时更新相同的数据。SQL Server 2005 还在多个用户之间有效地分配可用资源，如内存、网络带宽和磁盘 I/O。其优点如下：

#### 1. Internet 集成

SQL Server 具有构成最大的 Web 站点的数据存储组件所需的可伸缩性、可用性和安全功能。SQL Server 程序设计模型与 Windows DNA 构架集成，用以开发 Web 应用程序，并且 SQL Server 2000 支持 English Query（英文查询）和 Microsoft 搜索服务等功能，在 Web 应用程序中包含了用户友好的查询和强大的搜索功能。

#### 2. 可伸缩性和可用性

同一个数据库引擎可以在不同的平台上使用。SQL Server 企业版支持联合服务器、索引视图和大型内存支持等功能，使其得以升级到最大 Web 站点所需的性能级别。

#### 3. 企业级数据库功能

SQL Server 关系数据库引擎支持当今苛刻的数据处理环境所需的功能。数据库引擎充分保护数据的完整性，同时将管理上千个并发修改数据库的用户的开销减到最小。

#### 4. 易于安装、部署和使用

SQL Server 2000 中包括一系列管理和开发工具，安装与部署极其方便。

5. 数据仓库

SQL Server 2000 中包含析取和分析汇总数据以进行联机分析处理（OLAP）的工具。SQL Server 中还包含一些工具，可用来直观地设计数据库并通过 English Query 来分析数据。

## 二、MySQL 概述

MySQL 是一个源码开放的小型关系型数据库管理系统，开发者是瑞典的 MySQL AB 公司。目前，MySQL 被广泛地应用在 Internet 上的中小型网站中。由于其体积小、速度快、总体拥有成本低，尤其是开放源码这一特点，深受中小型网站欢迎，也使 MySQL 被选作为网站数据库的重要原因。

目前比较流行的网站构架方式 LAMP，即“Linux+Apache+MySQL+PHP”，即使用 Linux 作为操作系统，Apache 作为 Web 服务器，MySQL 作为数据库，PHP 作为服务器端脚本解释语言。MySQL 的优点主要有：

①MySQL 支持 5000 万条记录的数据仓库；

②MySQL 适应所有平台；

③MySQL 开放源码；

④简单易学；

⑤MySQL 支持任意修改。

## 三、Oracle 简介

对很多人来说，Oracle 似乎很陌生，其实早在 1992 年，全球 UNIX 数据库市场报告，Oracle 占市场销售量 50%。Oracle 支持很多种操作系统，但它与 UNIX 系统配合是最好的应用选择。系统可移植性好、使用方便、功能强，适用于各类大、中、小、微机环境。其优点如下：

① Oracle 引入了共享 SQL 和多线程服务器体系结构。这减少了 Oracle 的资源占用，并增强了 Oracle 的能力，使之在低档软、硬件平台上用较少的资源就可以支持更多的用户，而在高档平台上可以支持成百上千个用户。

② 提供了基于角色(ROLE)分工的安全保密管理。在数据库管理功能、完整性检查、安全性、一致性方面都有良好的表现。

③ 支持大量多媒体数据，如二进制图形、声音、动画以及多维数据结构等。

④ 提供了与第三代高级语言的接口软件 PRO*系列，能在 C,C++等主流语言中嵌入 SQL 语句及过程化(PL/SQL)语句，对数据库中的数据进行操作。加上它有许多优秀的前台开发工具如 Power Builder（PB）、SQL*Forms、Visual BASIC（VB）等，可以快速开发生成基于客户端 PC 平台的应用程序，并具有良好的移植性。

⑤ 提供了新的分布式数据库能力。可通过网络较方便地读/写远端数据库里的数据，并有对称复制的技术。

## 四、桌面数据库 Access

Access，是微软 Office 中的一员，是美国 Microsoft 公司于 1994 年推出的微机数据库管理系统。它具有界面友好、易学易用、开发简单、接口灵活等特点，是目前世界上最流行的桌面数据库管理系统。其安全性较低，主要适用于中小型应用系统，或作为客户机/服务器系统中的客户端数据库。其优点如下：

① 完善地管理各种数据库对象，具有强大的数据组织、用户管理、安全检查等功能。

② 强大的数据处理功能，Access 具备了许多先进的大型数据库管理系统所具备的特征，如事务处理/出错回滚能力等。

③ 可以方便地生成各种数据对象，利用存储的数据建立窗体和报表，可视性好。

④ 作为 Office 套件的一部分，可以与 Office 集成，实现无缝连接。

⑤ 能够利用 Web 检索和发布。

**友情提醒**

Access 虽是桌面数据库，但其性能不如其他大型数据库。而目前网上使用的数据库却又以 Access 居多，原因是该数据库几乎人人都会，正所谓“先入为主，习惯使然”。

## 五、其他数据库管理系统简介

除上述几种数据库管理系统外，常用的还有 VFoxPro 的小型数据库管理系统以及 DB2 大型数据库管理系统。

### 1. VFP（VisualFoxPro）

VFP 类似 Access，使用极其方便。最初由美国 Fox 公司 1990 年推出，1992 年 Fox 公司被 Microsoft 公司收购后，相继推出了 FoxPro2.5、2.6 和 VisualFoxPro（VFP）等版本，其功能和性能有了较大的提高。FoxPro 比 FoxBASE 在功能和性能上又有了很大的改进，主要是引入了窗口、按钮、列表框和文本框等控件，进一步提高了系统的开发能力。

### 2. dB2（dBASEII）

dB2 是 IBM 公司研制的一种关系型数据库管理系统。dB2 主要应用于大型应用系统，具有较好的可伸缩性，可支持从大型机到单用户环境，应用于 OS/2、Windows 等平台。dB2 提供了高层次的数据利用性、完整性、安全性、可恢复性，以及从小规模到大规模应用程序的执行能力，具有与平台无关的基本功能和 SQL 命令。dB2 采用了数据分级技术，能够使大型机数据很方便地下载到 LAN 数据库服务器，使得客户机/服务器用户和基于 LAN 的应用程序可以访问大型机数据库，并使数据库本地化及远程连接透明化。它以拥有一个非常完备的查询优化器而著称，其外部连接改善了查询性能，并支持多任务并行查询。dB2 具有很好的网络支持能力，每个子系统可以连接十几万个分布式用户，可同时激活上千个活动线程，对大型分布式应用系统尤为适用。

## 六、如何选择合适的数据库管理系统

选择一个好的数据库管理系统，是电子商务网站建设十分关键的步骤之一。选择的总原则要根据实际需求进行。具体说来要从以下几方面入手。

#### 1. 可操作性

这是选择数据库管理系统的一个重要标准。目前的数据库管理系统中 SQL Server、Access 都拥有图形化界面，操作十分简单。Oracle 则操作起来比较复杂。因此，在一些中小型电子商务网站系统中，SQL Server、Access 使用极其普遍，也广泛应用于各种系统中，其易用性使其成为最通用的数据库系统。

#### 2. 易学易用性

Access 是最易学的数据库管理系统，SQL Server 则次之，MySQL 相对有一定难度，而 Oracle 则是这几种数据库中最难学的数据库管理系统。每个企业选择数据库管理系统都要考虑其技术难度，考虑本企业技术人员水平现状，易学易用性也成为很多企业选择数据库管理系统的一个标准。

#### 3. 安全性

安全性，是选择数据库管理系统时需要关注的一个重要指标。在上述几种关系数据库管理系统中，Oracle 安全性最好，SQL Server 次之，Access 安全性最差，这与其定位于小型桌面数据库管理系统相一致。Oracle 获得了数据库管理系统中最高认证级别的 ISO 标准认证。所以，安全性要求很高的电子商务系统一定要选择安全级别相对高的数据库系统，SQL Server、Access 由于其大众化，掌握的人多，导致其安全性也随之降低。

#### 4. 开放性

Oracle 中是所有数据库管理系统中开放性最好的，能在 UNIX、Linux、Windows 等所有主流平台上运行，Oracle 采用了完全开放策略。而 SQL Server 及 Access 则遵循了微软一贯的封闭政策，只能在 Windows 平台上运行，没有丝毫的开放性。

#### 5. 应用性能

一般在中小型电子商务网站应用中，Oracle、SQL Server、Access 性能基本相同，没有太大差异。但在多用户时 Access 性能不佳，SQL Server 性能一般，而 Oracle 性能最高。

综上所述，作为个人网站，一般对数据库应用性能要求不高，可选择简便易用、好学易懂的 Access 作为数据库平台；而作为中小型企业网站，则选择相对易学易用、性能适中的 SQL Server 作为数据库平台；而对大型的电子商务网站，一般要选择 Oracle 数据库平台。

## 模块二：高手点拨

### 一、必须要学习数据库吗？

答案是肯定的。不管你想不想制作电子商务网站，你都应该至少学习一种数据库技术，生活中离不开数据库，计算机应用中离不开数据库，现代办公也离不开数据库。至少应该掌握 Access 的基本操作；其实，SQL Server 也十分简便易学。建议大家掌握这两种数据库的建立、删改等基本操作。

## 二、如何快速学习数据库？

众多的数据库，提供繁多的功能，但其操作却大同小异。学习数据库，首先掌握一种最基本的数据库，入门后再学习其他数据库，则易如反掌。重点学习如何创建数据库及数据表、如何修改数据库及数据表、如何录入数据库中的数据即可。建议从 Access 入手学习；若从应用角度，则不必精通，会基本操作即可。

## 模块三：制作实务

数据库拥有强大的功能，但在网站开发中实际用到的功能并不太多，网络中的应用一般只局限于数据库的创建及基本操作，在瞬息万变的信息时代，不必把数据库所有技术都精通，再去建设网站。学会基本应用就掌握了网站数据库应用的 90%，即可完成大部分工作。更深入的数据库知识可以边用边学。各种数据库的创建与操作基本原理相同，现以 Access 为例，说明数据库的基本操作。

## 一、数据库及表的创建

（1）启动 Access，出现如图 6.4 所示的 Microsoft Acces 数据库对话框；

（2）在图 6.4 所示的对话框中选择“新建数据库”下的“空 Access 数据库”单选项；

（3）单击“确定”按钮，进入如图 6.5 所示的“文件新建数据库”对话框；在该对话框中输入数据库文件名；

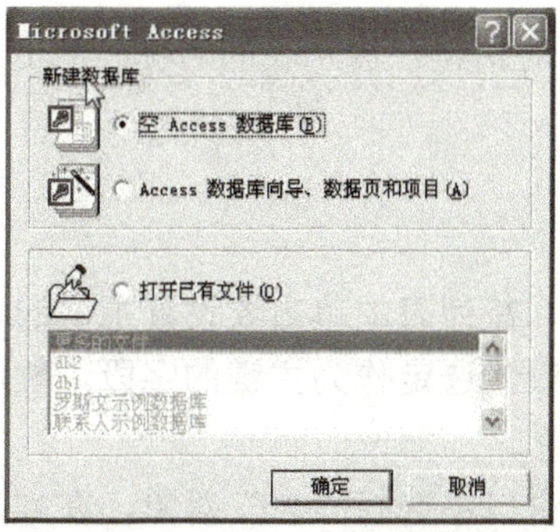


图 6.4 Micrasoft Access 数据库对话框

图 6.5 “文件新建数据库”对话框

（4）单击“创建”按钮（见图 6.5），进入如图 6.6 所示的“数据库”窗口；至此，数据库创建完毕。接下来进行表的创建。

（5）单击如图 6.6 所示的“数据库”窗口左侧“表”后，再单击右侧“使用设计器创建表”，出现如图 6.7 所示的“新建表”对话框，在该对话框中选择“设计视图”；

（6）如图 6.8 所示的“表”结构设计窗口分为两个部分，上半部分是表设计器，下半部分是字段属性。表设计器有“字段名称”、“数据类型”和“说明”三列，在“字段名称”中输入字段的名称，在“数据类型”中选择合适的数据类型即可；“字段属性”可用来定义表中各字段的属性。

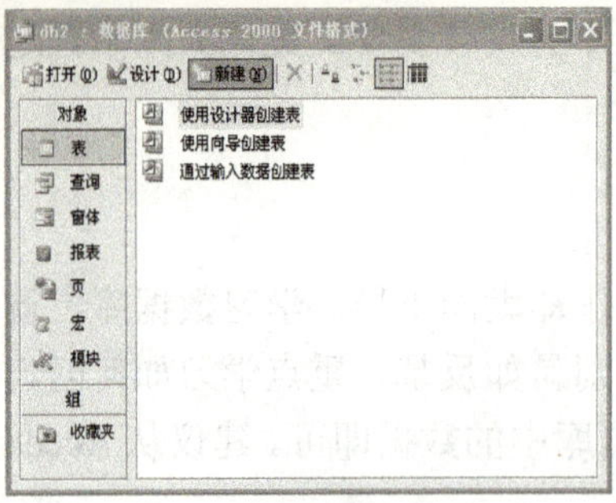


图 6.6 “数据库”窗口

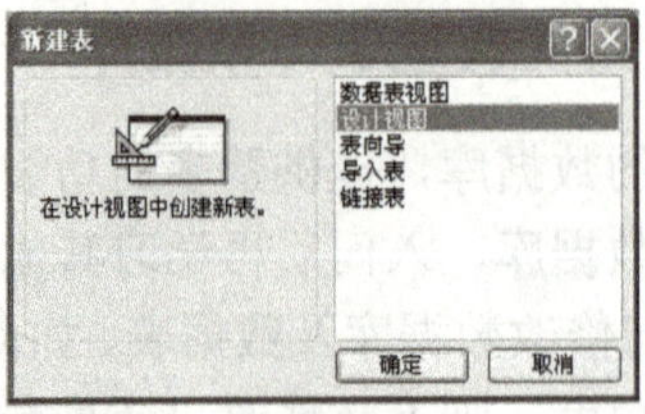


图 6.7 “新建表”对话框

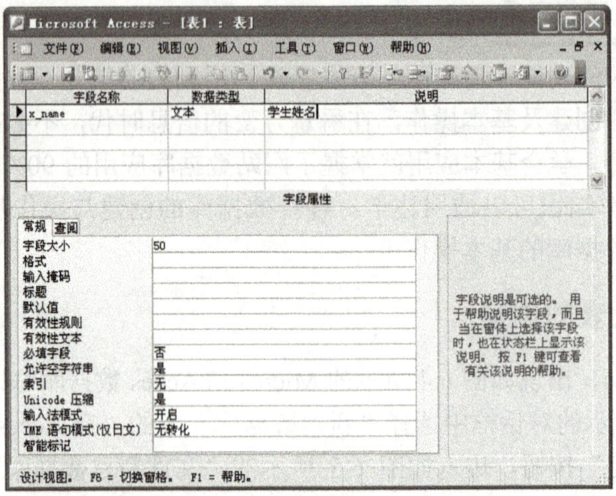


图 6.8 “表”结构设计对话框

（7）单击“退出”或“保存”按钮，出现“另存为”对话框，输入表的名称，单击“确定”按钮，即可完成整个表的创建工作。

## 二、Access 的基本操作

（1）定义主键。在数据库窗口中，选择“表”对象，在列表中单击要设置主键的表；然后单击“设计”按钮，在新出现的“表”结构设计窗口，选定作为主键的字段，然后打开“编辑”菜单，选择“主键”命令即可完成主键的设置。

（2）修改表的结构。修改表的结构的步骤：在数据窗口中选择“表”对象，在列表中选择要修改字段名的表，然后单击“设计”按钮，进入“表”结构设计窗口，把光标定位在所要更改的字段所在单元格，直接更改即可。

（3）表中数据的操作。录入及修改数据，只需要单击欲输入位置的单元格定位光标，然后直接输入或修改数据即可。

## 模块四：技能训练

### 数据库创建训练

**【训练内容】** 创建一个班级数据库

**【训练目的】**

（1）掌握数据库及表的创建方法。

（2）掌握表的数据录入及修改方法。

**【训练要求】**

（1）数据库名称为 class0。

（2）在数据库内建立两个表：一个是学生基本情况表，名称为 StuBasic；另一个是成绩表，名称为 SutScore;，并为每个表各输入 10 条记录。

# 第四节　电子商务系统选型

## 模块一：应知应会

“有梦想谁都了不起，有勇气就能创奇迹”。《电子商务网站建设与维护》学习至此，相信在你的胸中一定涌动着创业的激情，按捺不住的是建立一个属于自己的网站的冲动。但是如何构建电子商务网站呢？先看一看构建电子商务网站的两种模式。

第一种模式：自行开发。这种模式，或者是自己掌握了网站制作的全部技术，包括前台美工设计与后台代码编程；或者是组织一个团队规划网站，开发网站的所有功能，设计页面，维护和推广；这需要具有足够的网站制作知识。这种模式适用于有大规模专业团队的公司，如“百度”、“阿里巴巴”、“腾讯”、“卓越”、“当当网”、“PPG”、“凡客”等。

第二种模式：使用电子商务系统构建。这种模式是指选择专业公司编写的电子商务系统平台并且量身定制一些功能，自己再组织团队运营、维护和推广网站。这种模式适合中小型电子商务网站的建设，以及大部分的制造业、商品流通企业的实际需要。

实质上，目前成品的电子商务系统已经很多，而且多是免费的。我们完全可以用现有的电子商务系统构建属于自己的电子商务网站。现在就将几个典型的电子商务网站予以介绍如下：

### 一、动易 SiteFactory 网上商店系统

#### 1．系统简介

动易 SiteFactory 网上商店系统是业界首款使用 ASP.NET 2.0 进行分层开发的网店系统，它为整个网店的稳定运营奠定了前沿的技术基础。作为 SiteFactory 家族产品中的一员，SiteFactory 网上商店系统经多年珍贵经验的沉淀，以及引入吸收.NET2.0 的新特性，更加成为广大用户最信赖的网店系统。

作为 SiteFactory 产品的重要组成部分，SiteFactory 网上商店系统适合于欲在网上开展电子商务的各类大中企业、超市、百货商场构建网上商店，以快捷地拓展互联网的市场机会，广泛地进行宣传、推广并开展和实现量化业务，构建基于网络的重要商业型网上交易平台，以最小的投资换取最大的价值。SiteFactory 网上商店系统集商品管理、网上购物、网上连锁三大功能于一体，集成强大的 SiteFactory 内容管理系统，具有全新灵活的产品架构、无限的扩展、伸缩性，更以其人性化的订单处理功能和丰富的诸多功能、特性完全解决企业的后顾之忧。

### 2. 系统特点

① 周全的运费计算方式保障人性化的商业运营；
② 强大的进、销、存管理功能为把握商机提供技术保障；
③ 完善的权限控制构建协同管理的平台；
④ 供应链符合中国市场销售的专业特点；
⑤ 周全的财务管理为商家的销售决策提供更准确的依据；
⑥ 强大的信息发布功能为商家培养客户群；
⑦ 内置多家在线支付平台为企业提供灵活多样的支持。

### 3. 下载网址

http://www.powereasy.net/Products/

## 二、HiShop 5.0 网上商店系统

### 1. 系统简介

HiShop 5.0 网上商店系统是海维公司拥有产权自主开发的基于 Web 应用的 B/S 架构的 B2C 网上商店系统，主要面向企业和大中型网商提供最佳保障，最大限度地满足客户目前及今后对独立网店的应用需求。该系统运行于微软公司开发的.NET 平台，采用最新的 ASP.NET 2.0 技术进行分层开发。超过 5 年 6 万用户的广泛应用和复杂化环境的检测，系统在安全性、稳定性、易用性方面极具良好的声誉，让企业主能在这个专业的平台上更专注于业务的运营管理。

### 2. 系统特点

① HiShop 网店系统可免费下载、免费使用、免费升级，无使用时间与功能限制。

② HiShop 网店系统是一套.NET 网上商店软件，无论在稳定性、代码优化、运行效率、负载能力、安全等级、功能可操控性和权限严密性等方面，都居国内外同类产品领先地位。

③ HiShop 网店系统支持多种类型的商品销售，实物商品销售及虚拟商品（如电话卡，游戏点卡等）可在同一个网店中进行管理。

④ HiShop 网店系统提供了灵活强大的模板机制，内置多套免费精美模板，同时可在后台任意更换，让您即刻快速建立不同的网店外观。同时，您可以对网店模板自定义设计，建立个性化网店形象。

⑤ HiShop 网店系统强大的站内商品搜索引擎，结合 HiShop 独有的商品属性可搜索功能，买家在您的网店可以轻松找到所需商品。

⑥ HiShop 网店系统整合了现今市面上几乎所有主流第三方支付网关（如支付宝、财付通、PayPal、环迅 IPS、快钱、网银、贝宝等），数量达十多种。

### 3. 下载网址

http://www.92hi.com/

## 三、 ShopEx

### 1. 系统简介

ShopEx 是免费的网上商店平台软件，拥有国内很高的市场占有率，并有专业技术支持用户可以终身免费下载、使用、升级。ShopEx 网店系统以功能的强大性、运行的稳定性、丰富多彩的模板和技术支持的快速响应在用户中获得广泛好评，而且使用十分方便，ShopEx 下载后，只需鼠标双击安装包，即可在电脑中安装一套功能完整强大的 ShopEx 商店系统。

### 2. 系统特点

① ShopEx 软件完全免费，免费下载、免费使用、免费升级，绝无使用时间或者功能限制；

② ShopEx 基于免费开源但却性能卓越的 LAMP（Linux+Apache+Mysql+Php）架构，最大限度降低总体拥有成本；

③ ShopEx 软件稳定、安全、性能优异，在业内具有良好的口碑。软件功能强大、全面和完善，更有多种辅助配套程序，结合使用更能大大提升您的网店管理效率；

④ ShopEx 软件强调个性化，配有许多优秀的模板；

⑤ ShopEx 更加关注网店的营销，从系统本身的搜索引擎优化到多种促销功能一应俱全；

⑥ ShopEx 是真正的国际语言版本，内置多语言，支持多种货币与多家国内、外支付网关，整个世界都是你的目标市场！

### 3. 下载网址

http://www.shopex.cn

## 四、ProBiz 网上商店系统

### 1. 系统简介

ProBiz 网上商店系统是广州博商软件技术有限公司专为中小企业量身定制的，部署成本低、周期短，能让中小企业迅速地跨出第一步。该系统是基于 J2EE 和面向服务的系统架构，为中小企业的线上业务增长和系统集成预留足够的接口和升级空间。网上商店系统功能完善、性能优越，集成了电子商务解决方案的系统架构，并在长期的运营中不断地得到完善和提升。

### 2. 系统特点

① 增强的订单流管理，满足企业和购买者的个性化需求，提升企业的市场应变能力，灵活应对市场需求变更带来的经营风险。

② 更为贴心易用的产品评论与产品评级功能，让平台实现在线互动营销，提升用户的购物体验，有利于促成买卖交易。

③ 引入基于 YUI-Ext 的新 AJAX/RIA 框架，提高后台管理系统的操作易用性，使得系

统管理员与业务管理员效率提升。

④ 前端界面的个性化功能增强，提供模板更替解决方案，满足多行业、多产品、不同时间和季节的经营需求。

### 3．下载网址

http://www.probiz.com

## 五、如何选择合适的电子商务系统

构建电子商务网站，选择成品电子商务系统是中小型电子商务网站建站的主要策略。如何选择电子商务系统呢？这里将从以下几点进行阐述。

### 1．构建成本

构建电子商务网站，首先要考虑构建成本的支出：是选择收费的电子商务网站系统来构建自己的电子商务网站？还是选择免费的电子商务网站系统。然后，还要考虑在运营中是否还需要运营成本的支出。目前免费版本功能也十分强大，中小型电子商务企业一般选择免费比较理想。

### 2．功能完备

在构建电子商务网站时要考虑电子商务系统的功能是否完备，它所提供的功能是否符合网站构建需要，每一项功能是否达到需求标准。

### 3．技术架构

要综合考虑电子商务网站系统采用的技术架构，以及开发平台，企业的服务器能否支持其运营。

### 4．实际需求

在选择电子商务系统时最重要的是应根据实际需求进行系统分析，整体预算，有目的地进行选择，避免盲目行为。

## 模块二：高手点拨

### 我想做一个网站，可是我不会编程，也不想学编程，怎么办？

这是很多人面临的问题，尤其是一些非计算机专业的人士，想做一个功能齐全的网站，却没有编程技能。其实，在这一切皆有可能的现代社会，所有的一切都变得简单起来。其方法很简单，就是前台界面部分自行设计，后台代码则调用成品化的专业后台来完成。提供这种功能的后台，其功能强大、使用方便，与前台可以实现无缝对接。目前广泛使用的有迅时后台（http://www.xuas.com/）、动易内容管理系统（http://www.xuas.com/）、织梦内容管理系统（http://www.dedecms.com/），其具体用法，各网站都有专门的介绍与讲解。

## 模块三：制作实务

### HiShop 5.0 网上商店系统的安装步骤

1．登录 HiShop 官方网站,http://www.92hi.com/;下载免费版本

2．底层环境配置

（1）安装 Internet 信息服务(IIS)；
（2）安装 Microsoft SQL Server 2000 企业版；
（3）安装 .NET 2.0。

3．安装 HiShop 系统

（1）建立站点；
（2）权限设置；
（3）创建数据库。

根据上述步骤实施安装即可。如果安装过程中遇到实际问题，可以到官方网站下载帮助文件，查找资料，即可自行解决。

## 模块四：技能训练

### 电子商务系统平台的安装

**【训练内容】**下载安装常用的电子商务系统
**【训练目的】**
（1）接触各种电子商务系统；
（2）学会各种电子商务系统的安装与调试。
**【训练要求】**
（1）至少下载并安装三种以上电子商务系统；
（2）安装时注意查看其使用说明，进一步了解其功能。

# 第五节　动易 CMS 的使用

## 模块一：应知应会

动易 SiteWeaver CMS 是一套面向各类中小型站点建设和管理而设计研发的通用建站管理系统（又称内容管理系统），是目前国内用户数量最多（超过 30 万网站），最受用户欢迎的 CMS 系统。其强大的功能和简单易用的完美融合赢得了广大用户的一致认可。

动易 SiteWeaver eshop 是一套面向中小企业及个人快速构建个性化网上商店的 B2C 网店系统，是目前国内最受欢迎的网店系统之一。其安全实用的商品管理、订单管理、销售管理、客户和代理商管理、批发管理、支付管理、模板管理等众多强大功能，让您可以快速低成本地构建个性化网上商店。

CMS与eshop两个系统均基于ASP语言和MSSQL/Access数据库开发，无论在稳定性、代码优化、运行效率、负载能力、安全等级、功能可操控性和权限严密性等方面都居国内外同类产品领先地位。动易 SiteWeaver CMS 是开源和免费的，用户可免费下载、免费使用、免费升级，无使用时间与功能限制。

## 一、动易系列平台的获得

CMS即Content Management System的缩写，意为“内容管理系统”。 动易CMS具有许多基于模板的优秀设计，可以快速开发网站。比较常用的是 ASP 环境下编写的动易SiteWeaver CMS 6.6，最新推出的.NET架构的版本是SiteFactory CMS 1.2版，动易官方网站提供免费下载。本书以SiteWeaver CMS 6.6为例进行讲解，其他版本的使用大同小异，参考官方网站的使用说明即可快速掌握其使用方法。

1．进入动易官方网站,网址为:http://www.powereasy.net/，单击导航栏“免费下载”。

2．此时进入动易下载列表界面，动易软件及说明文档均可免费下载。

3．根据需要进行下载。

## 二、动易 SiteWeaver CMS 6.6 的运行环境

动易后台系统运行环境的基本要求如下：

1．分辨率：网站后台管理界面在1024×768分辨率下运行效果为最佳。

2．操作系统：Windows 2000/ Windows XP/ Windows 2003。

3．脚本解释器：VBScript 5.6以上版本。

4．Web服务器：IIS 5.0或IIS 6.0。

5．数据引擎：MS Access 2000 或 MS SQL Server 2000。

6．权限要求：对MS Access 2000数据库具有写入权限。对MS SQL Server 2000数据库具有建表、备份的权限。

7．空间大小：初次安装至少30MB可用空间。

8．硬件要求：PIII500 CPU，256MB内存或更高。

9．带宽要求：10Mb/s共享或更高。

10．E-mail功能：安装Jmail4.0、Cdonts、Aspemail或WEBEasyMail中的一种。

11．生成缩略图：安装AspJpeg 1.4或更高版本。

12．动易组件：服务器安装最新动易组件。

## 三、动易 SiteWeaver CMS 的使用准备

### 1．解压缩

在本地硬盘创建PowerEasy目录，将下载的安装包解压缩到该目录下。

### 2．设置IIS服务器

将PowerEasy目录设置为主目录。

### 3．安装动易组件

（1）动易程序文件包含了各模块运行所需的文件，运行网站系统前要先运行PowerEasy2006.exe程序以释放文件到指定的目录。

（2）PE2006_DLL.exe文件为动易的系统组件文件，是系统组件应用程序的文件包。只有安装了该文件包，才能正常使用系统全部的后台功能。

### 4．MS Access 2000版数据库的设置

在使用动易网站前，要修改数据库连接设置。首先，修改数据库名：打开解压缩后的系统目录，选中“DataBase”目录中的PowerEasy2006.mdb（数据库文件），改成其他名字，以防被熟知动易系统的网民下载，例如修改成：jsdosd#sdfsdf.asa；然后，用记事本打开conn.asp文件，找到原数据库名称，并将其修改为新数据库名称。

### 5．MS SQL Server 2000版数据库的设置

在保证安装完SQL Server 2000数据库管理系统后，修改动易系统文件conn.asp文件中的数据库连接。需要将如下系统默认数据修改为自己指定的内容：

```
SqlUsername= " PowerEasy "（SQL 数据库用户名）；
SqlPassword= "  PowerEasy*9988 "（SQL 数据库用户密码）；
SqlDatabaseName= " PowerEasy2006 "（SQL 数据库名）；
SqlHostIP= " 127.0.0.1 "（SQL 主机 IP 地址）；
```

### 6．安装动易网站系统

打开IE浏览器，输入http://localhost/Install.asp地址后，可执行Install.asp文件进行系统配置及设置网站的风格，设置系统安装目录（相对于根目录）的位置，系统会自己动获得网站文件的绝对路径。如果网站的绝对路径已经更改，在IE浏览器中运行本文件地址重新配置网站的信息。为了安全起见，在设置完成后，请及时删除Install.asp文件。

## 四、动易SiteWeaver CMS的使用方法

动易CMS的使用方法极其简单方便，适合广大爱好者短时间内掌握其全部功能。其使用步骤如下：

### 1．模板制作及导入

（1）首页模板的制作

首先，要用Dreamweaver制作一个首页模板，制作时可以用表格排版，也可以用CSS+DIV来排版。

其次，进入后台，单击“系统设置”板块下的“网站通用模板页管理”，此时可以看到有一个“添加网站首页模板”按钮，单击此按钮后会出现一个添加新模板页面。该页面代码如下：

```
<html>
<head>
<title>新模板标题</title>
```

```
<meta http-equiv="Content-Type" content="text/html; charset=gb2312">
{$Skin_CSS}{$MenuJS}
</head>
<body leftmargin=0 topmargin=0 onmousemove='HideMenu()'>
<!-- 请输入您要设计的首页代码 -->
</body>
</html>
```

其中，“<!-- 请输入您要设计的首页代码 -->”，该语句就是表明要将事先用 Dreamweaver 设计好的首页模板代码复制并粘贴到这个位置。注意，只是复制<body>与</body>之间的内容。

再次，在首页模板的相应栏目部分添加动易的标签或调用 JS 代码。

（2）分页模板的制作

制作分页模板时，首先，要用 Dreamweaver 制作一个分页的模板。制作时可以用表格排版，也可以用 CSS+DIV 来排版。然后，进入后台，单击要设计分页栏目下的“×××模板页管理”，此时可以看到有一个“添加频道首页模板”按钮，单击此按钮后会出现一个添加新模板页面，最后，后续操作与首页模板的制作步骤一致。

### 2. 样式导入及操作

系统提供默认的风格模板定义，请查阅网站后台默认的“风格设置”下的“风格配色设置”。系统默认提供的 CSS 样式风格定义，里面有详细的定义注释，注释标记为：/* ...... */。在本系统中，CSS 样式风格定义是可以自己自由定义的，也说是说您可以自由添加多个自定义的风格，然后在各频道的版式模板中调用即可。修改风格设置必须具备一定网页 CSS 样式设计知识，建议您找些这方面的书看一下。在定义中不能使用单引号或双引号，否则会容易造成程序错误。

（1）模板样式导入

当完成模板代码导入后，要将 Dreamweaver 中设计时用到的模板 CSS 样式导入到动易后台中的样式表里，这样模板才能在动易后台中正常显示。讲到这里我们就要一起来认识一下动易后台的总 CSS 样式表 DefaultSkin.css。这个样式表存储在 Skin 文件夹里面。当我们将模板导入到动易后台中以后，那一定要将 Dreamweaver 中设计模板时的 CSS 样式全部附加到 DefaultSkin.css 样式中，并且将用到的图片一起复制到动易后台的 Images 文件夹下，同时修改 DefaultSkin.css 样式表中的图片加载路径，例如在 DW 中原来设计的图片背景路径为：images/1.jpg，那么此时就要改成：../images/1.jpg。

（2）模板样式修改

模板中的样式设计要求用户熟知 DefaultSkin.css 样式表中样式的功能，现将其样式大致归结如下所示：

- 网站总体风格定义

```
例如，/* 网站链接总的 CSS 定义：可定义内容为链接字体颜色、样式等 */
a{text-decoration: none;} /* 链接无下画线,有为 underline */
a:link {color: #000000;} /* 未访问的链接 */
a:visited {color: #333333;} /* 已访问的链接 */
a:hover{COLOR: #AE0927;} /* 鼠标在链接上 */
a:active {color: #0000ff;} /* 单击激活链接 */
```

● 频道通用表格风格定义

```
例如，/* ==频道通用表格 CSS 定义开始== */
.Channel_border /* 灰色表格边框背景颜色定义(760) */
/* ==频道通用表格 CSS 定义结束== */
```

● 简短标题文字风格定义

```
例如，/* ==简短标题文字的 CSS 定义开始== */
/* [图文]简短标题文字的 CSS 定义 */
.S_headline1{color: blue;}
/* ==简短标题文字的 CSS 定义结束== */
```

● 网页顶部风格定义

```
例如，/* ==top 中的 CSS 定义开始== */
.top_tdbgall{width: 760;background:#ffffff;}
/* ==top.asp 中的 CSS 定义结束== */
```

● 网页中部左栏风格定义

```
例如，/* --网页中部左栏的 CSS 定义开始-- */
.left_tdbgall{background:#ffffff;}
/* --网页中部左栏的 CSS 定义结束-- */
```

● 网页中部中栏风格定义

```
例如，/* --网页中部中栏的 CSS 定义开始-- */
.main_tdbgall{width: 572;background:#ffffff;}
/* --网页中部中栏的 CSS 定义结束-- */
```

● 文章显示页风格定义

```
例如，/* --文章显示页的 CSS 定义开始-- */
.main_ArticleTitle
{color: ff0000;font-weight:bold;font-size: 18;line-height: 150%;}
/* --文章显示页的 CSS 定义结束-- */
```

● 留言频道风格定义

```
例如，/* --留言频道 CSS 定义开始-- */
/* 留言栏目标题文字链接的 CSS 定义——调用代码为*** */
a.Guest:link {color: #ffffff;}
a.Guest:visited {color: #ffffff;}
a.Guest:hover{COLOR: #ff0000;}
a.Guest:active {color: #ffffff;}
/* --留言频道 CSS 定义结束-- */
```

● 商城频道风格定义

```
例如，/* --商城的 CSS 定义开始-- */
.Shop_border{border: 1px solid #449AE8;}
/* --商城的 CSS 定义结束-- */
```

● 网页底部风格定义

```
例如，/* ==Bottom 中的 CSS 定义开始== */
.Bottom_tdbgall{width: 760;background:#ffffff;}
/* ==Bottom.asp 中的 CSS 定义结束== */
```

- 其他风格定义

```
例如，/* ==下拉菜单中的CSS定义，只提供基本的设定，更多下拉菜单显示样式请在后台各频道中的"顶部菜单设置 | 生成"中设置== */
.menu{background-color: #cccccc;width:97%;border: 1px;}
.menuBody{background-color: #ffffff;}
/* ==自选风格中的CSS定义结束== */
```

以上为《动易内容管理系统》默认提供的“蓝色经典”CSS样式，在系统默认的各个版式模板中，以{$Skin_CSS}标签调用系统后台设置的默认风格。系统提供任意添加自定义CSS样式功能。您可以在“网站风格管理”中任意添加自定义的风格模板，在风格模板中任意添加和定义样式名称，再到各个版式模板中调用您新定义的样式名即可。CSS样式并不是一种编程语言，只是一种用于页面设计的由设计者提供的手段。CSS样式的主要功能是通过对HTML标记进行设定，来达到对网页中的字体、格式、颜色、背景图像和其他图文效果的控制功能，使网页能按设计者的意图来显示；从设计者的角度来看，它们几乎可以是任意复杂的。灵活定义及运用CSS样式，对整个网站的风格更换会带来极大的便利。

### 3．标签的制作与使用

标签的使用是动易后台的一大特色，标签都以{$***}的形式进行调用。没有参数的标签为普通标签。如果标签带有自定义的参数则为函数式标签或超级函数式标签。函数式标签或超级函数式标签带有( )，( )内填写参数，设置不同的参数显示相关的形式和内容。超级函数式标签是系统的核心标签，其参数比较多，在实际使用中只要更改不同的参数即可实现不同的显示效果。在文章、下载和图片3个功能频道中，分别以“{$Get***List()}”、“{$GetPic***()}”、“{$GetSlidePic***()}”命名。对于文章频道【ArticleList_ChildClass】【Cols=2】等这类标签，只能在相关模板中使用。标签调用时要加上定界符“{$ }”，如{$ShowPath}。在后台管理中，修改相关版式模板，在版式模板代码中输入以上调用例举样式的标签，单击“保存修改结果”按钮后保存所做的修改。如果是频道启用了HTML生成功能，则需要生成相关页面才能看到修改的效果。标签名举例：

（1）{$SiteName}（普通标签）作用：显示网站名和标签名；

（2）{$ShowLogo(width,height)}（函数式标签）作用：显示网站logo；参数：width --显示logo宽度，height --显示logo高度。调用例举：{$ShowLogo(180,60)} //显示180×60的logo 。

（3）图片标签名：{$GetArticleList(参数列表)}作用：以列表形式显示文章标题等信息（超级函数式标签）；参数：（略）。

本章节重点介绍静态标签的制作及其使用。当制作模板时，为了保持网站的主体风格一致，一般把网站的头部和底部制作成标签。网站头部标签和底部标签的制作方法是一致的，这里以制作网站头部标签为例。

首先，要在Dreamweaver中制作好网站的头部，用表格排版或CSS+DIV排版。在此以用表格排版为例，设计好的网站头部代码如下：

```
<table width="778" height="157" border="0" align="center" cellpadding="0" cellspacing="0">
  <tr>
    <td align="center">此处是头部的具体内容</td>
```

```
    </tr>
  </table>
```

其次，进入动易后台，在“网站管理导航”中选择“系统设置”栏目下的“自定义标签管理”，此时会看到“标签管理”界面如图 6.9 所示。

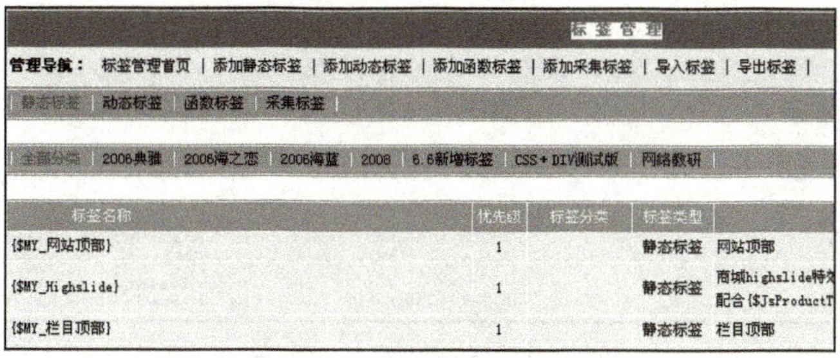


图 6.9 “标签管理”界面

在“标签管理”界面中，单击“添加静态标签”选项，会出现如图 6.10 所示界面。

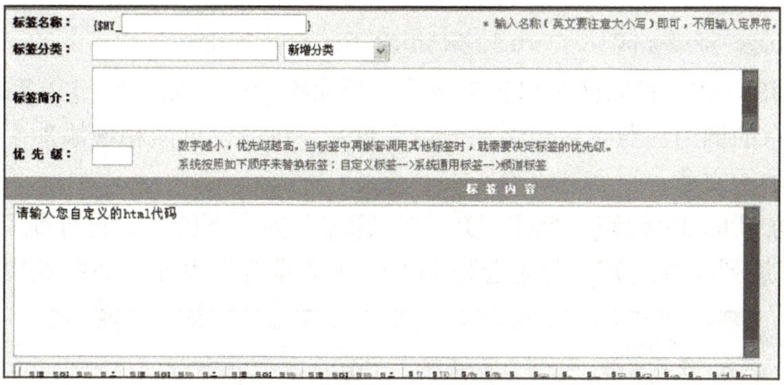


图 6.10 “添加静态标签”界面

再次，可以输入标签名称，标签分类（可以选择存在的分类或新增分类），标签简介和优先级（数字越小，优先级越高。当标签中再嵌套调用其他标签时，就需要决定标签的优先级。系统按照如下顺序来替换标签：自定义标签→系统通用标签→频道标签），最后输入自定义的 HTML 代码，也就是上面我们编写的网站头部代码。至此，网站的头部标签就制作完成了。网站的底部标签和其他标签都可以按照上述方法制作。

最后，网站的头部标签制作完成以后，就要将该标签运用到网站的模板页面内了，这时，只需要将各个模板内的原来头部代码替换成标签名称就可以了。网站的底部标签和其他标签整合到网站模板中都可以按照上述方法进行操作。这样就达到了统一网站的主体风格的效果，也简化了模板页面的代码量。

### 4．JS 代码调用

在动易后台系统中，可以设置与调用 JS 代码。这些 JS 代码是为了加快访问速度特别生成的。在进行添加、修改、审核和删除等操作时，系统会自动刷新各 JS 文件。必要时，用户也可以手动刷新 JS 文件。动易后台的 JS 代码调用方式是一致的，动易后台是通过模板页面中<head></head>标签之间的{$Skin_JS}标签来关联 JS 文件的。这里我们只讲解文章管理栏目的 JS 代码的使用。

首先，调用动易后台自带的JS代码。进入后台管理界面，在“网站管理导航”中，单击“文章中心管理”后，选择“JS文件管理”，右栏出现“JS文件管理”界面，如图6.11所示。

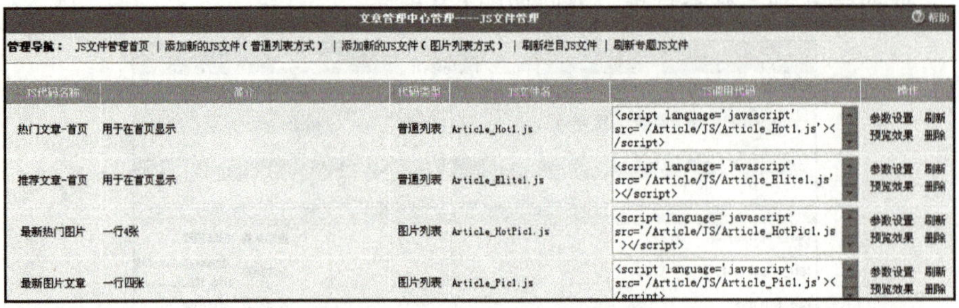


图6.11 “JS文件管理”界面

此时可以进行JS代码调用了。动易后台提供了部分JS代码，例如热门文章-首页调用JS代码如下：

```
<script language='javascript' src='/Article/JS/Article_Hot1.js'></script>
```

有了这个JS代码，我们就可以把它放到模板页面上想要显示热门文章的位置，这样就能实现热门文章的调用。当在后台添加一篇文章后，在前台页面相应添加了此JS代码的位置就会显示添加的文章。

其次，添加新的JS代码。单击“JS文件管理”界面下的“管理导航”中的“添加新的JS文件（普通列表方式）”，此时会弹出“JS参数设置”界面，如图6.12所示。

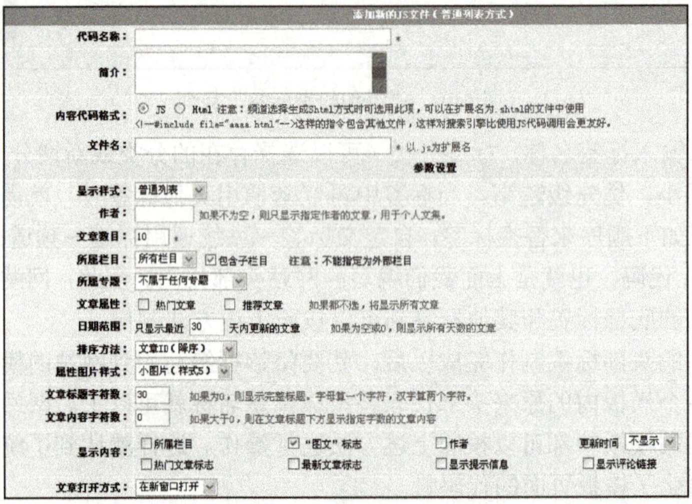


图6.12 “JS参数设置”界面

再次，进行用户自定义设置。如代码名称、简介、内容代码格式、文件名、所属栏目、所属专题、文章数目、排序方法、显示样式、显示标题字符数、文章内容字符数、每行显示的文章数等。这些设置因栏目的不同，会有所不同。然后，再将修改后的内容保存，并刷新JS文件，预览效果；如果符合自定义要求，就可以运用上面的方法来调用该JS代码到模板的相应位置以实现需要的效果。

最后，修改 JS 代码的参数。在其他后台中调用 JS 代码时，一定要注意参数的设置，因为每一个 JS 参数都会对应一种效果，所以 JS 文件运用效果的核心部分可以说就是参数。但是在动易后台的 JS 代码中，就没有参数可供直接修改，其格式如下：

```
<script language='javascript' src='/Article/JS/Article_Hot1.js'></script>
```

如果动易后台提供的 JS 代码调用的效果达不到用户的要求，用户可以修改原 JS 文件的参数来进行设置。运用此方法时，先单击原 JS 文件调用后的“参数设置”，此时会弹出“JS 文件管理”界面，如图 6.13 所示。

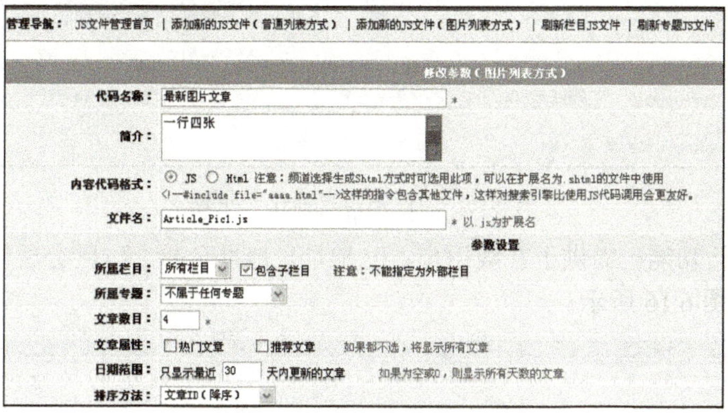


图 6.13　“JS 文件管理”界面

然后，再将修改后的内容保存，并刷新 JS 文件，预览效果；如果符合自定义要求，就可以运用上面的方法来调用该 JS 代码到模板的相应位置以实现所需要的效果。

## 5. 其他功能简介

动易后台管理系统的功能模块有很多，这里只简要介绍几个常用模块的功能及其操作界面。

（1）系统设置功能。在“网站管理导航”下单击“系统设置”，选择“网站信息配置”，如图 6.14 所示。

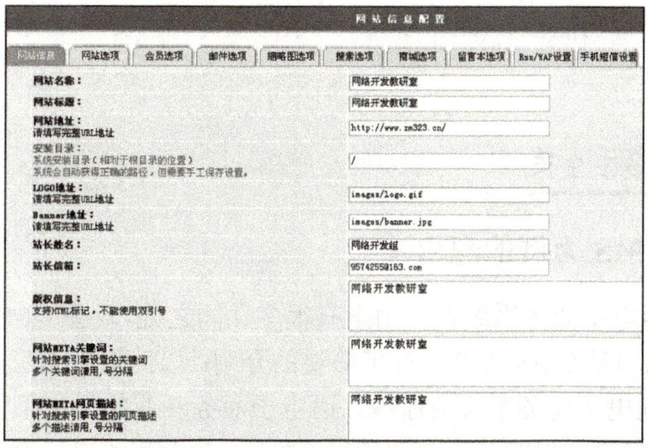


图 6.14　“网站信息配置”界面

在图 6.14 所示界面可以设置网站信息、网站选项、会员选项等。

（2）留言板功能。留言板是网站交互的一种形式，支持UBB代码，具备头像与表情功能。用户可以在网站中留言，也可查看、发布和回复留言信息；管理员可审核、回复、修改、删除留言信息；管理员可以在后台设置是否开启留言审核功能，界面如图6.15所示。

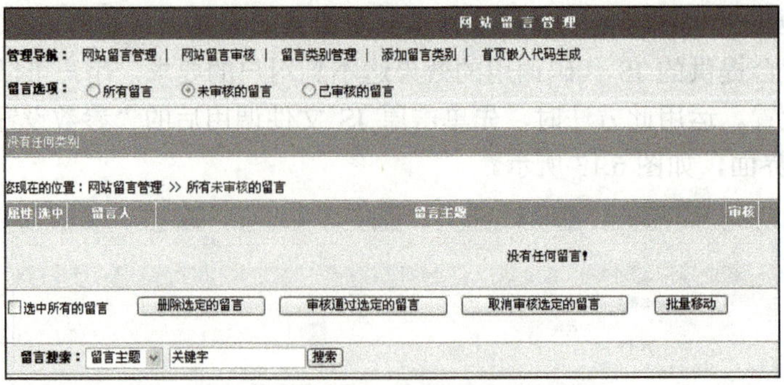


图6.15 “网站留言管理”界面

（3）网站统计功能。提供了在线用户、IP地址、地址分析、时区分析等功能。“网站统计管理”界面如图6.16所示。

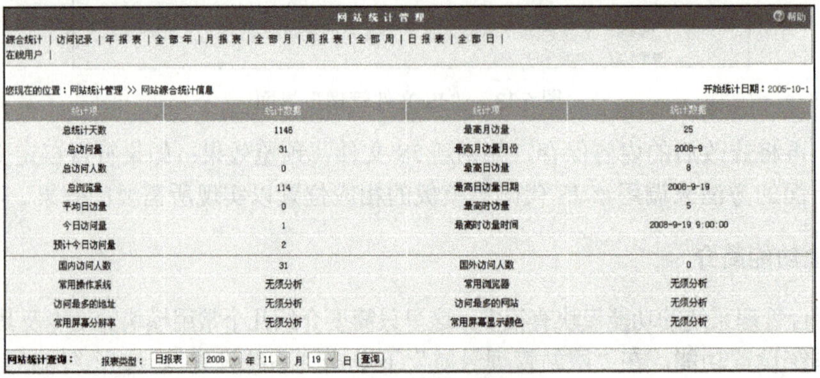


图6.16 “网站统计管理”界面

动易电子商务平台功能极其强大，本章只做简要介绍，更多的知识请参考“动易系统使用手册”。

## 模块二：高手点拨

### 选择以动易CMS为例的理由

动易系统与其他电子商务系统在使用上有很多共同之处，动易CMS是动易系统中较为易用的平台，本章以动易CMS为例进行了简要的介绍，以此抛砖引玉，让大家更容易掌握动易 eshop 以及其他电子商务系统的原理。而电子商务专业的学生不仅要建设通用的电子商务网站，实际应用中更常用的是为企业建设网站，相对于其他电子商务系统，动易的CMS更适合这样的使用场合。所以从实际应用的需要出发，作者选择了动易的CMS，而不是动易的eshop。

## 模块三：制作实务

### 数据库表的确定

电子商务网站中要用到大量的数据库，如何确定数据库表的结构呢，现以动易平台所选用的数据库为例，进行说明。

#### 1．商标（Trademark）信息表（见表 6.8）

表 6.8　商标信息表

| 字 段 名 | 字 段 类 型 | 备　注 |
|---|---|---|
| Trademark ID | 自动编号 | 商标注册登记号 |
| Channel ID | 数字 | 频道 ID |
| Producer ID | 数字 | 生产商 ID |
| Trademark Name | 文本 | 商标名称 |
| Trademark Photo | 文本 | 商标标志 |
| Trademark Intro | 备注 | 商标简介 |
| Trademark Type | 数字 | 商标类型 |
| Is Elite | 是/否 | 是名牌 |
| Passed | 是/否 | 通过 |
| On Top | 是/否 | 固顶或在最前面 |
| Hits | 数字 | 点击数 |

#### 2．订单过户记录信息表（见表 6.9）

表 6.9　订单过户记录信息表

| 字 段 名 | 字 段 类 型 | 备　注 |
|---|---|---|
| Item ID | 自动编号 | 订单过户记录 ID 或项目 ID |
| Order Form ID | 数字 | 订单表格 ID |
| Owner User Name | 文本 | 所有者用户名 |
| Target User Name | 文本 | 目标者用户名 |
| Poundage | 货币 | 过户费 |
| Payer User Name | 文本 | 付款人用户名 |
| Remark | 文本 | 备注 |
| Date And Time | 日期/时间 | 日期和时间 |
| Inputer | 文本 | 经手人 |

## 模块四：技能训练

### ASP 编程训练

**【训练内容】**使用动易 CMS 构建网站

**【训练目的】**

（1）进一步熟练掌握动易 CMS，将所学知识进行实际应用；

（2）学会用动易 CMS 构建一般网站。

**【训练要求】**

（1）前台页面根据个人喜好建立；

（2）用动易实现所建设网站的全部功能；

（3）整体效果与功能实现要合理。

## 本 章 小 结

本章是全书的重要章节，是电子商务网站构建的关键技术，学好本章才能顺利、全面地构建一个电子商务网站。

本章第一节从各种服务器平台介绍讲起，其中，对常见的 Windows、UNIX、Linux 进行了简要的介绍，同时根据目前服务器平台的市场情况，对选型技术做了全面讲解。第二节，介绍了各种开发技术，并对其选型做了具体分析，为了使学生打下语言基础，还特意加入了 ASP 的简明教程；第三节，对常用的四种数据库技术进行了全面分析，引出了数据库技术选型基础知识，侧重介绍了 Access 的使用。第四节，则对常用的电子商务系统做了全面介绍，并对其选型进行了深入浅出的讲解；第五节，则对目前广泛使用的动易系统做了入门引导。

本章特意对 ASP 快速入门、Access 基本操作、动易 CMS 使用进行了讲解，从实际应用出发，以精简为特色，带领非计算机专业的学生快速奠定网站建设基础，掌握必备的基础知识。

本章的知识系统、全面，可为学生搭建电子商务系统奠定坚实的基础。

## 每 课 一 考

### 一、填空题（共 40 空，每空 1 分）

1．服务器平台，即网络服务器所使用的（　　）。

2．服务器操作系统主要有三大类，它们是（　　）、（　　）、（　　）。

3．Windows 家族系列产品中网络服务器平台以（　　）为主。

4．Windows Server 2003 的优点共有（　　）、（　　）、（　　）、（　　）和（　　）五个。

5．UNIX 系统在结构上分（　　）、（　　）。

6．UNIX 是一个强大的（　　）、（　　）操作系统。

7．UNIX 核心层包括（　　）、（　　）、（　　）、（　　）几个部分。

8．一个功能完备的 Linux 内核只要求大约（　　）内存，而最核心的微内核只需要（　　）的内存。极其适合（　　）以及（　　）应用。

9. 选择一个合适的服务器平台，应充分考虑（　　）、（　　）、（　　）、（　　）、（　　）因素。
10. ASP 全名为（　　），是由微软公司推出的一个 Web（　　）端的开发环境。
11. ASP 的脚本语言有（　　）和（　　）两种。
12. PHP 即（　　），它是一种（　　）、（　　）的嵌入式脚本语言。
13. 在传统的网页 HTML 文件中加入（　　）和（　　），就构成了 JSP 网页。
14. 构建电子商务网站的两种模式是（　　）、（　　）。
15. 与 UNIX 系统配合是最好的数据库是（　　），（　　）是一个开放源码的小型关系型数据库管理系统。

## 二、选择题（共 20 题，每题 1 分）

1. 以下属于 UNIX 系列产品的是（　　）。
   A. MacOS　　B. HP-UX　　C. RedHat　　D. DOS622
2. 与其他操作系统相比，Windows 系统最显著的优点是（　　）。
   A. 高安全性　　B. 高可靠性　　C. 高可用性　　D. 高可扩展性
3. 以下（　　）不是 Windows Server 2003 的服务器角色。
   A. 邮件服务器　　B. 域名系统（DNS）　　C. 目录服务器　　D. 上传服务器
4. （　　）是 Windows Server 2003 中内置的 Web 服务器。
   A. IIS5．5　　B. JDK1.4　　C. IIS6　　D. 以上都不对
5. NAS 是指（　　）。
   A. 网络附加存储　　B. 操作系统
   C. 域名系统　　D. 动态主机配置协议
6. UNIX 系统采用（　　）目录结构来组织各种文件及目录。
   A. 环形　　B. 线形　　C. 树形　　D. 网状
7. UNIX 的所有实用程序和核心的 90%代码是用（　　）语言写成的。
   A. VB　　B. C　　C. Java　　D. 以上都不对
8. 以下（　　）不是 Linux 支持的开发语言。
   A. C　　B. C++　　C. Java　　D. Drcamwcavcr
9. 以下（　　）不是动态 Web 网站开发技术。
   A. JSP　　B. ASP　　C. PHP　　D. Flash
10. 以下（　　）产品不属于免费。
   A. PHP　　B. UNIX　　C. Linux　　D. shopex
11. JSP 文件的扩展名是（　　）。
   A. ASP　　B. JSP　　C. PHP　　D. BAS
12. ASP 中服务器端向客户端输出信息对象是（　　）。
   A. Request　　B. Response　　C. Application　　D. Session
13. 以下（　　）不是 Request 的功能。
   A. 获取表单数据　　B. 获取 Cookies 信息　　C. 获取系统信息　　D. 重定向网址
14. Lock 方法为 Application 对象（　　）。
   A. 加锁　　B. 解锁　　C. 设置　　D. 以上都不对

15. ASP 通过（　　）来操作数据库。

A. ADO　　B. ODBC　　C. JDBC　　D. 以上都不对

16. ASP 中 UPDATE 语句的功能是（　　）。

A. 添加记录　　B. 删除记录　　C. 更新数据　　D. 检索数据

17. 以下（　　）不是电子商务网站常用的网络数据库。

A. MSSQL　　B. MySQL　　C. Oracle　　D. ASA

18. 网站构架方式 LAMP 中服务器平台采用的是（　　）。

A. UNIX　　B. Linux　　C. Windows　　D. 以上都不是

19. 关系数据库管理系统中安全性最差的是（　　）。

A. Oracle　　B. Access　　C. SQL server　　D. MySQL

20. 数据库选型不需要考虑的因素是（　　）。

A. 可操作性　　B. 安全性　　C. 开放性　　D. 数据量

## 三、判断题（共 20 题，每题 1 分）

1. UNIX 将外围设备与文件一样看待。（　　）
2. SQL 是一个开放源码的小型关系型数据库管理系统。（　　）
3. 目前世界上最流行的桌面数据库管理系统是 MySQL。（　　）
4. 在一般中小型电子商务网站应用中，Oracle、SQL Server、Access 性能基本相同。（　　）
5. HiShop 5.1 网上商店系统是基于 Web 应用的 C/S 架构的 B2C 网上商店系统。（　　）
6. DB2 是大型数据库管理系统，具有较好的安全性、开放性。（　　）
7. SQL 语句中 DELETE 语句的功能是向表中添加数据。（　　）
8. ASP 数据库连接的语法是：Set Conn=Server．CreateObject（"ADODB．Connection"）。（　　）
9. Session 是一个用来保存个人信息的对象，它允许设计无数个变量。（　　）
10. ASP 的程序代码可以和 HTML 代码混合使用。（　　）
11. 运行 ASP 需要安装微软的 apache 服务器。（　　）
12. Windows Server 2003 中网络附加存储可以帮助用户合并文件服务。（　　）
13. UNIX 的 200 多条命令对应着 1000 个实用程序。（　　）
14. UNIX 用户不必区分文件和设备。（　　）
15. Linux 具有很强的可移植性，支持各种不同的电子产品的硬件平台。（　　）
16. PHP 具有简单易学、数据库功能强大、可扩展性好等优点。（　　）
17. ASP 程序中同一个文件中不同段的 ASP 程序可以看成是连续的。（　　）
18. ASP 只有一种数据类型“variant”。（　　）
19. 使用 Request Server Variabless 可以获得客户端浏览器一些基本信息。（　　）
20. Windows Server 2003 服务器 Datacenter 版是专为要求强伸缩性和高可用性的企业而建立的。（　　）

## 四、拓展技能综合题（共 20 分）

使用动易的 CMS 系统构建《电子商务网站》精品课程网站。

# 第七章

## 电子商务网站的运营与推广

### 知识要点

1. 网站运营的概念、要素；
2. 域名注册与空间管理；
3. 电子商务网站运营的内容与方法；
4. 电子商务网站推广的含义；
5. 电子商务网站推广形式、要素和注意事项；
6. 网站流量统计；
7. 搜索引擎的使用；
8. 几款网站推广软件。

### 六大技能

1. 域名与空间的绑定技巧；
2. 双线服务器的解析技巧；
3. 多人共有一个域名的方法；
4. 网站备案办法；
5. 站长统计的使用；
6. 常用推广软件的使用。

### 学习方法

1. 动手实践。本章的学习重在实践，掌握了基本理论后，要大量进行实践，将书中涉及的运营与推广方法在实践中进一步巩固。

2. 独立运营网站。欲真正成长为网站运营专业人才，必须自己独立运营一个网站，哪怕是一个十分简单的网站。

开家公司，做点生意，也许并不难；出个思路，做个网站，人人都能实现。可是成功的网站却总是那么少，到底为什么呢？看看筹资百万的 5 个大学生吧，你会从他们身上受到什么启发呢？

**案例导航**

**北京航空航天大学 5 名学生创办“反拍卖网站”运营失败案例**

据河南商报报道，北京航空航天大学 5 名河南籍学生于 2005 年 5 月在北京市朝阳区的开泰大厦创办了北京广联飞翔信息技术有限公司，他们放弃了国家分配的工作，筹资百万元从事起了网上反拍卖（区别于传统方式的反向拍卖）。令他们始料不及的是，短短的一年半时间，凑来的百万资金就打了水漂。为了圆心中的梦，5 名大学生矢志不渝，轮流外出打工赚钱，每日吃泡面，维持着网站的运转。

这是典型的电子商务网站运营失败的案例。掌握电子商务网站的运营，是网站建设十分重要的一环。

# 第一节　电子商务网站的运营

## 模块一：应知应会

打江山易，守江山难，太平盛世、繁荣昌盛更是难上加难。建一个电子商务网站容易，运营一个电子商务网站却是一个漫长而且充满艰辛的过程，这不但需要网站运营者拥有足够的智慧，更需要从理论上全面掌握网站运营的知识，从实践中走过，才能把一个网站运营得有声有色。这尤如创业一样，租了房子，有了资金，购买了相关设备，注册了工商执照，一声爆竹，公司便可正式宣告成立。可是公司成立了，如何经营却是一个漫长的过程，而且远比创业更为艰难。

### 一、网站运营

网站运营是指网络营销体系中一切与网站的后期运作有关的工作。网站制作完成之后，便进入了网站运营阶段，网站运营是整个网站建设中最为重要的一环，也是网站能否兴旺发达的关键步骤。

### 二、几个前提要素

#### 1．域名

网站的域名是网站运营的一个前提要素。孔子说：“名不正则言不顺”。有一个易记、易理解、响当当的域名，是网站运营与推广的前提要素。例如，www.agdsmf.com 与 www.baidu.com 哪个更容易理解呢，哪个更容易记忆呢？设身处地地想一想，如果你是一个消费者，你更愿意登录哪一个呢？你当然不会随身带个小本，本上密密麻麻地记满枯燥的各类网址。

### 2. 服务器

电子商务网站需要随时为消费者提供服务，那么服务器必须能够提供 24×7 的运营保障，即每天 24 小时，每周 7 天，服务器要忠诚地运营，不得停歇片刻。所以，拥有一台高质量、高速度的服务器是电子商务网站正常运营的又一个前提要素。

### 3. 网站质量

界面美观、大方、实用，后台功能全面，程序代码健壮，造就了一个高质量的网站。若没有网站的高质量，纵使千般手段一起使用，也不可能运营成功。这犹如部队征兵要进行严格筛选一样，一身疾病的年青人到部队是不可能训练成一个好兵的，因为他的身体条件不合格。同理，一个制作不完善，处处有问题的网站是不可能正常推广的。

### 4. 网站的备案

网站制作完成后，必须要进行登记备案，方可合法地运营。根据工业和信息化部的要求，非经营性互联网信息服务备案要完成以下工作：

（1）登录 www.miibeian.gov.cn，如图 7.1 所示；

图 7.1 信息产业部备案系统网站

（2）ICP 注册；

（3）输入手机、邮件验证码；

（4）录入备案信息；

（5）将备案编号和电子证书安放在规定的位置。

## 三、域名注册

不管提供什么内容的网站，也不管这个网站的大小如何，而让互联网用户访问到这个网站的唯一途径就是域名。每个运行在互联网上的网站都必须有一个域名。

### 1. 域名中常用的几个名词

（1）国际域名。这种域名是互联网从诞生发展到现在为止全球用户都在使用的域名，所以叫国际域名，其后缀是以 com、net、org 为主的，它的管理机构是美国。

（2）国内域名。中国用户用得最多的域名，其后缀是以 cn 为主的，还有很多的延伸域名，比如 com. cn，net. cn, org. cn 等，国内域名的管理权由中国机构管理。如果域名产生纠纷，就适合用中国的法律解决，所以现在国内启用 cn 用户越来越多，而且域名比较短，推荐用户注册使用。

（3）通用网址。这是一种纯中文的互联网访问方式。随着浏览器的升级，越来越多地考虑了中国人的访问方式。如在 IE 浏览器地址栏中直接输入：“中央电视台”，即可直接进入中央电视台网站。这个“中央电视台”便是通用网址。

（4）中文域名。中文域名分国际中文域名和国内中文域名。国际中文域名的格式是www.中文.com，就是在国际域名的后缀前面使用了中文文字注册资料；而国内中文域名就比较多了，其格式是www.中文 .cn，中文.中国，中文.公司，中文.网络等。

（5）非主流的域名。比如手机域名.mobi 等。

### 2．域名的检测

运行在互联网上的网站所采用的域名是唯一的，就像电话号码一样，每一个号码在全世界范围内都是唯一的。申请域名前要先检查自己的域名是否已经被注册。其方法是

（1）登录任意网络公司的注册页面或域名注册商官方网站（网址为：http://www.xinnow.net/）在网站的域名查询板块输入欲注册的域名，查询是否可以注册。

（2）例如，欲申请的网址是：www.juz8.cn,则在查询对话框中输入 juz8，然后选择需要注册的后缀提交查询，系统将告诉你该网址是否已被注册，如图 7.2 所示。

图 7.2　域名查询

### 3．域名的申请

中国互联网地址资源注册管理机构是中国互联网信息中心，其网址是： http://www.cnnic.net.cn。另外，还有一些知名注册服务机构如下：

中国万网 http://www.net.cn/

新网 http://www.xinnet.com/

中国频道 http://www.china-channel.com/

商务中国 http://bizcn.com.cn/

新网互联 http://www.dns.com.cn/

登录这些网站后，根据提示即可缴费注册。

## 四、空间的管理

现在来看一看，一个网站从制作到能正常上网浏览的过程：规划、设计、制作网站，然后申请域名，接着申请“空间”，把域名和“空间”绑定，最后，把制作的网站全部内容上传到空间中。

### 1．网站空间

举例来说，如果你在当地的商场申请了 3 楼 20 区 9 号位的摊位 3-20-9，准备经营服装，取名为“网络时代服装店”，申请完之后，你找到管理人员为你的服装店批复 $30m^2$ 的经营空间，然后把你所经营的新产品运进来，开始营业。这里的 3-20-9 相当于你网站的 IP 地址，而网络“网络时代服装店”则相当于域名，$30m^2$ 的空间则相当于网站空间。“空间”，实质上就是互联网服务器上硬盘的一块空间，用于存放我们自己的网站。建设一个网站，必须在互联网上购买自己的空间，并将自己的网站上传到空间上去，并将域名与空间关联，之

后，我们的网站才能被世界各地的浏览者通过域名进入。

**2．网站空间的种类**

网络空间分为两种：一种是免费空间；另一种是收费空间。大家最熟悉的 QQ 空间，其实就是一种免费空间，是腾讯公司在其服务器上为大家开辟的一块硬盘空间，供大家传相片、存文件、写日记等使用。免费空间的功能少，而且容量小一般不支持动态网站。所以正式运营的网站一般要购买收费空间。目前，空间提供商很多，大家可以到网上去搜索，并联络购买。

**3．域名解析**

正常访问网址的时候在地址栏中输入的是域名，例如，百度输入 www.baidu.com，而实际上我们访问的是一个 IP 地址，例如，123.235.44.30。因为 IP 地址难记，所以就出现了域名解析服务器，就是通过域名解析服务器把域名（www.baidu.com）解析为 IP 地址（123.235.44.30），这样，记忆域名就比较容易了。域名解析就是从域名到 IP 地址的转换过程。IP 地址是网路上标志您的站点的数字地址，为了简单好记，采用域名来代替 IP 地址标志站点地址。域名的解析工作由 DNS 服务器完成。购买空间后，就要将域名与空间进行绑定，这样只要在任意一台计算机上输入你的网址，就都可浏览上传到空间上的网站。绑定其实很简单，其实质就是把域名指向空间的 IP 地址。下面用一个实例说明域名绑定和解析的过程。

（1）进入域名管理系统。申请域名后，会得到一个域名管理系统以及用于域名管理的用户名及密码。进入域名管理系统，根据提示用户名及密码，进入域名管理界面，如图 7.3 所示。这里共有六个功能模块，常用的有两个：修改联系人信息、MyDNS 功能。其中，修改联系人信息是指修改有关注册信息，而 MyDNS 则用来绑定和解析域名的入口，其他的几个功能基本不用。

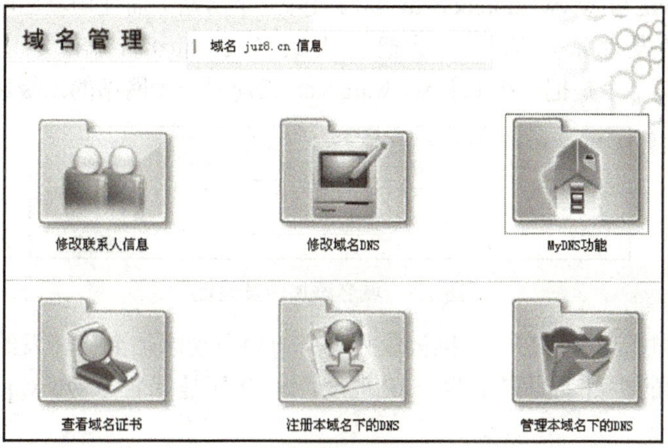


图 7.3　域名管理系统界面

（2）域名解析。单击 MyDNS 进入域名解析界面，在此界面中进行域名解析操作，其步骤如下。

域名绑定第一步："纯域名列表"。其功能是把域名指向空间的 IP 地址。域名申请成功后，我们要添加一条 A 记录，将域名指向空间的 IP 地址。A 记录就是用来指定主机名（或域名）对应的 IP 地址记录。用户可以将该域名下的网站服务器指向到自己的服务器上，同时也可以设置域名的二级域名。在图 7.4 的文本框中输入 IP 地址，接着单击右边的“增加新记录”按钮，就成功地把域名和空间绑定在一起了。

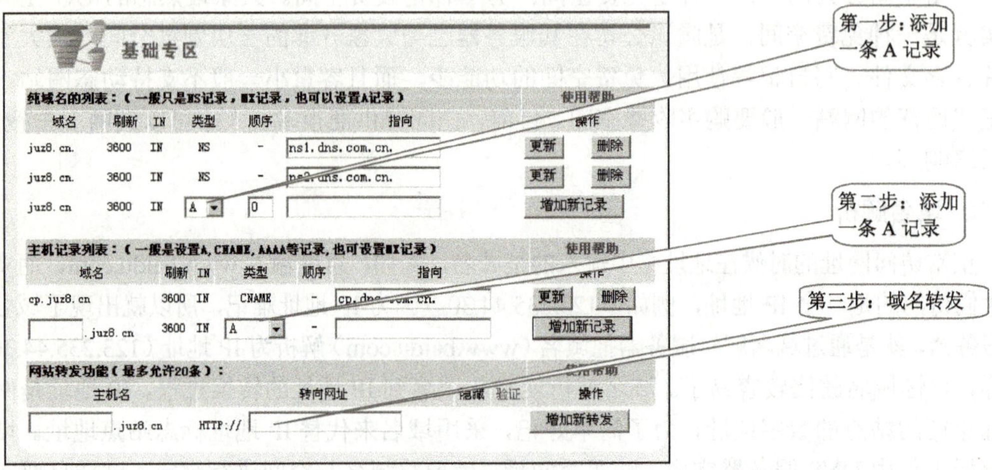


图 7.4　MyDNS 管理界面

域名绑定第二步：“主机记录列表”，即只要在“.juz8.cn”的文本框内输入“www”，其类型仍是 A 记录类型，在右边的文本框内输入空间的 IP 地址，然后单击“增加新记录”。域名正确无误地解析后，24 小时之内即可生效。

（3）域名转发

在如图 7.5 所示的第三个功能模块就是“域名转发”。其功能是将该域名或者该域名下的二级域名转发到另一个指定的网址。域名转发最常用的功能是把几个域名指向同一个网站。例如，www.qqhre.com 与 www.qhdnxx.com 都指向同一个网站；而使用域名转发功能，如图 7.5 中添加了两个转发地址，第一个是把二级域名 bbs.juz8.cn 转发到一个指定的网址 www.qqhre.com，第二个是把一级域名 www.juz8.cn 指向另一个网站的二级域名 bbs.qqhre.com。

图 7.5　域名添加转发地址

转发记录添加成功后，在“主机记录列表”中会自动添加上你转发给指定网站的 IP 地址。如图 7.6 指向的栏目下面多了两个 IP 地址，该 IP 便是域名为 www.qqhre.com 的服务器的地址。

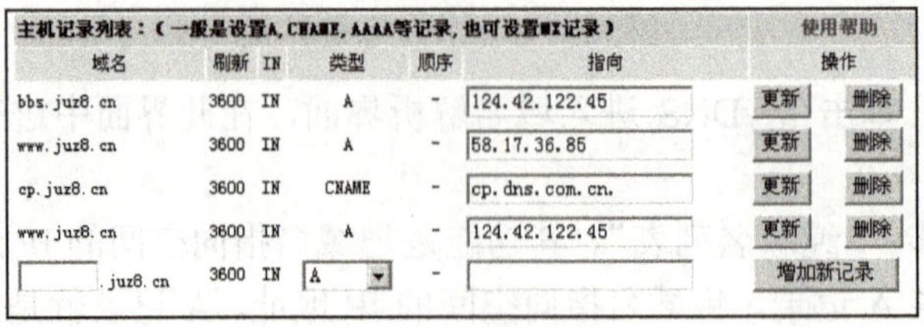


图 7.6　域名转发

## 五、网站运营的内容

关于企业网站的运营，其内容很多，主要有下面几项。

### 1. 网站发展创新

实践是检验真理的唯一标准。胸怀所有宏图美景、制定一切规划设想，又经过日夜不懈的努力，最终完成的网站，也许你十分满意。但没有缺点的事物是不存在的，网站中存在瑕疵在所难免。网站也要不断在完善中谋发展，在创新中求生存。

在网站运营过程中，用户会反馈很多意见，客服部门会接到许多投诉，因此，必须不断改正不足、修正错误。不断地将客户需求形成修改方案，并予以实现；不断地对客户投诉进行分析，并予以解决，这就是网站的发展途径。

针对市场需求、同行业竞争，不断做出网站调整方案，不断推出新的栏目，增加新的内容，就恰似大商场常年有各种促销活动一样，不断地将团队智慧变成网站的靓点。这便是创新。

### 2. 网站内容建设

（1）栏目内容建设。当你每次登录腾讯的 QQ 聊天软件时，都会自动弹出一个以最新资讯为主题的网页窗口，如果每天都是相同的内容，让读者感到无聊生厌，这必然会失去大批的浏览者。同样，你的电子商务网站要不断地对栏目内容进行建设，设专人管理并随时更新内容，如对新闻类栏目，要随时添加内容；对热点商品，要经常更新商品信息。

（2）更新维护。一个网站，只有不断更新才会有生命力。人们上网无非是要获取所需的信息，网站只有不断地提供人们所需要的内容，才能更有吸引力。网站好比一个电影院，如果你每天上映的都是同一部电影，那么有谁会第二次光临？

### 3. 网站营销管理

经营一个电子商务网站，与经营一个商场一样，需要进行全面的营销管理。网络营销是一个广义的概念，凡是以互联网为手段进行的、为达到一定商业目标的营销活动，都可称为网络营销。它包括以下内容：

（1）信息宣传。基于互联网的信息宣传具有速度快、覆盖面广、成本低的特点，企业可用各种手段进行信息宣传。

（2）市场调查。网上市场调查有两种方法：一是通过 E-mail 发送电子邮件；二是直接在网页上通过问卷进行调查。

（3）消费分析。互联网的消费群体具有鲜明的时代特征，与传统的消费群体大有不同，不但消费群体的年龄不同，而且消费目标也不同，因此网站营销要注意对消费者进行分析。

（4）网上促销。可以通过日常不间断的各种促销活动推动人们对网站的认识与认可，达到网站营销的目的。企业可以通过网站页面展示商品，也可以通过 E-mail 向目标客户发送促销电子简报。

（5）网络广告。网络广告作为重要的促销工具，是网站营销的重要手段之一。

## 六、网站运营的方法

### 1．建立一个健全的运营体系

成熟的电子商务网站应该设立一个网站运营部，全面负责网站的运营。建立一个健全的运营体系，其工作内容主要是与公司其他部门沟通并做出运营决策。例如，与客服人员沟通，了解客户反映的问题；与技术人员沟通，对网站进行修改；与市场人员进行沟通，了解市场动态，根据沟通的结果做出网站运营的决策。

在人员安排上应该设立一个运营总监、运营部经理，以及若干名运营专员。运营总监一般由公司副总经理兼任，运营部经理则由专人担任，运营专员要求具备该网站所涉及行业的专业知识、项目管理策划能力、沟通协调能力、文字组织能力等方面的素质。

### 2．内容不断更新与维护

（1）内容更新与维护的意义。电子商务网站的内容是吸引网民眼球的关键，也是网站运营的命脉。一个内容一成不变的网站，恰似一潭死水，毫无生机；而网站内容的更新与维护则可以吸引大量的网民，使他们成为网站永久的主顾，他们每天光顾网站乐此不疲，网站浏览流量大增，效益自然攀升。

（2）内容更新与维护的几个关键。内容的更新与维护，包括更新的时效性、审核的严格性、内容的有效性、网站维护的经常性四个关键点。

更新的时效性，是指要及时地更新网站中的内容，让网站永远保持新颖，第一时间反应实际活动，对网民产生永久的吸引力。众所周知的网易，每天都有专门队伍每时每刻都在做着更新工作；当神舟七号升天之际，各大网站更是每分每秒动态更新。

审核的严格性，是指网站面对的是无国界的公众，其内容直接影响着整个网站的声誉，对网站内容的审核必须严格，一丝不苟，有政治高度。不要说不健康的内容、不真实的内容，就是健康的内容、真实的内容也要逐字审核，确保准确无误。

内容的有效性，是指电子商务网站发布的内容不能随意。内容在网上发布了，就必须真实有效，否则既误导消费者，又影响网站的口碑，甚至有商业欺诈嫌疑。原本一台折扣数码相机报价 999 元，由于操作失误，网站误报为 99 元，当购买者蜂拥而至的时候，也是你被辞退的日子。

网站维护的经常性，是指网站维护要经常进行，而不是头痛医头，脚痛医脚。如同火车站每次列车出发前都有专人对列车进行一番检测一样，对网站也要经常进行全面检查，及时备份数据，对安全漏洞要及时进行修补。

（3）内容更新与维护的方法。网站内容经过，公司领导审核签字批准，就进入了更新与维护的操作阶段。每个网站都有一个后台管理系统，其日常的更新与维护全部由后台管理系统完成。

网站内容的更新与维护：第一步，打开登录界面，输入用户名与密码；第二步，根据需要选择相应栏目，录入内容；第三步，预览实际效果，通知主管领导在网上审核；第四步，主管领导在网上审核通过，则网站内容更新与维护的一个周期结束。

### 3．网站不断改版与创新

（1）改版的含义。网站的改版是指变换网站版面风格，即对网站前台重新进行设计，形成一个全新的版面，给网民全新的视觉冲击。如遇有重大节日、重大活动，将版面改成大红，这就属于改版。而汶川大地震的哀悼日，各大网站几乎全部改成了黑白色。

（2）改版的原理。网站改版的原理很简单，尤如人穿衣服一样，要不断根据季节、场合的不同改穿不同的衣服，而不是把整个人都换掉，有个贬义的俗语很恰当：换汤不换药。改版由网站美工重新设计版面，并把原有后台重新挂接，原后台不变，原内容不变。

（3）改版的方法。改版时，要从色调、版式上进行修改，原有的栏目一般不要变动，经过重新设计规划后，用 Photoshop 重新制版，用 Dreamweaver 重新排版。

（4）改版示例。每逢佳节，到处充满了节日的气氛，很多网站也进行节日改版。图 7.7 是本书作者在 2008 年的奥运年春节期间改版的网站节日版面。该版面以大红的喜庆风格衬托了节日的气氛。由于是学校使用的版面，巧妙地将“勤”写在了大红灯笼上，大红灯笼两侧对称的节日标语是学校的校训。各栏目标题，则以对比强烈的白色在下方列出。而该网站日常所使用的的版面则为如图 7.8 所示的淡雅的蓝色调。

图 7.7　节日改版示例

图 7.8　淡雅的蓝色调改版示例

## 模块二：高手点拨

### 一、如何解析双线服务器的域名

现在很多服务器有双线的和三线两种，所谓双线服务器是指一台服务器上同时有两条宽带，一般为网通和电信；三线的，则再加上铁通，这样的服务器其优点就是让不论是网通、电信还是铁通的访问者访问该网站，打开的速度都一样快。这样的服务器在域名解析的时候就需要采用智能解析的方法，让服务器识别访问者是宽带、网通、电信，或是铁通，通过服务器识别后自动调整宽带的类型域名，这就是智能解析。域名管理的设置也很简单，如前面域名解析时添加的记录是 A 记录，则智能解析就添加“CNAME 记录”。方法还是一样的，在文本框的左边输入“www”，右边输入空间的 IP 地址即可，如图 7.9 所示。

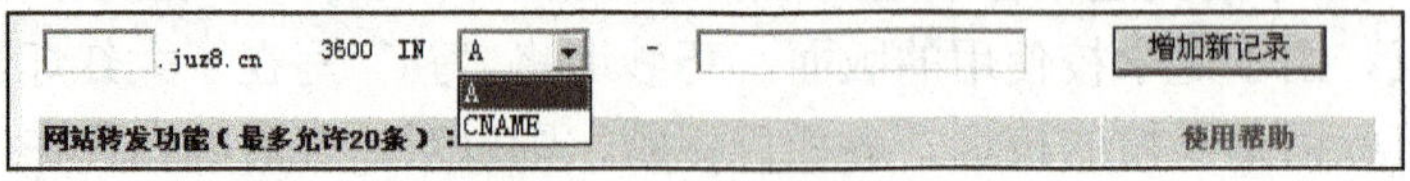


图 7.9　添加智能解析记录

### 二、如何多人共用一个域名

常常遇到这种情况，几名同学共同购买了一个域名及其空间，如何使每个人都有一个域名呢？其实，方法很简单。

（1）在网站空间的根目录下，为每个人建立一个子目录，并将每个人的网站上传到指定的目录中。

（2）利用域名管理的第三个功能，即域名转向功能为每个人建立二级域名，名字如 zly.qqhre.com,clh.qqhre.com。

## 模块三：制作实务

### 工业和信息化部 ICP 与 IP 备案管理常见问题摘要

#### 1．什么是经营性的互联网信息服务

经营性互联网信息服务：通过互联网向上网用户有偿提供信息或网页制作等服务的活动。见《互联网信息服务管理办法》国务院 292 号令。

#### 2．从事经营性互联网信息服务的经营单位应办理哪些手续

从事经营性互联网信息服务的经营单位应向工业和信息化部或各省通信管理局申请办理增值电信业务经营许可证。

#### 3．什么是非经营性互联网信息服务

非经营性互联网信息服务：通过互联网向上网用户无偿提供具有公开性、共享性信息的服务活动。见《互联网信息服务管理办法》国务院 292 号令。

**4. 从事非经营性互联网信息服务的单位应办理哪些手续**

从事非经营性互联网信息服务的单位应在 www.miibeian.gov.cn 网站上办理报批备案手续。

**5. 非经营性互联网信息服务报备要完成哪些工作**

（1）登录 www.miibeian.gov.cn；
（2）ICP 注册；
（3）输入手机、邮件验证码；
（4）录入备案信息；
（5）将备案编号和电子证书安放在规定的位置。

**6. 我的网站只有独立的 IP 地址，没有域名，是否需要办理网上备案手续**

需要。无论您的网站是通过域名方式访问还是通过 IP 地址的方式访问都要办理备案手续。

**7. 如何进行备案？我的网站以前办理过备案手续，还需要办理网上备案手续吗**

有两种方式：一种是登录 www.miibeian.gov.cn 备案网站自行办理备案手续；另一种可委托其他接入服务单位帮助其备案。

备过案的网站仍要备案，获得新的备案号后，以前的号码不再生效。

**8. 办理网上备案手续是否需要向通信管理局交纳费用**

自己在网上办理的不需要向通信管理局交费。

通过接入服务提供单位代理办理的，代理单位是否向您收取代理服务费通信管理局不介入（您与代理之间的关系应是民事委托服务关系，不属于政府的行政事业单位收费项目）。

**9. 互联网信息服务备案工作可以委托接入服务提供者或虚拟主机提供者代为办理吗**

可以。

**10. 网站涉及哪些信息内容应办理前置审批手续**

在《互联信息服务管理办法》的第五条中规定：从事新闻、出版、教育、医疗保健、药品和医疗器械、文化、广播电影电视节目等互联网信息服务的网站应办理前置审批手续。

**11. 什么是电子公告服务**

网站中所有交互式的栏目均为电子公告。

**12. 电子公告服务应办理哪些手续**

从事互联网信息服务，拟开办电子公告服务的，应当在申请经营性互联网信息服务许可或者办理非经营性互联网信息服务备案时，向所在地通信管理局提出专项申请或者专项备案。获准同意后方可开展电子公告服务活动。

**13. 未取得经营许可证/未履行备案/擅自从事非经营性互联网信息服务/超出备案的项目提供服务将受到什么样的处罚**

限期整改/罚款/关闭网站。见《互联网信息服务管理办法》国务院 292 号令。

**14. 未履行备案手续或擅自从事非经营性互联网信息服务或超出备案的项目提供服务将受到什么样的处罚**

违反本办法的规定，未履行备案手续，擅自从事非经营性互联网信息服务，或者超出备案的项目提供服务的，由省、自治区、直辖市电信管理机构责令限期改正；拒不改正的，责令关闭网站。

**15. 已办理备案手续但未在网站的主页上标明编号的将受到什么样的处罚**

由省、自治区、直辖市电信管理机构责令改正，处以罚款。见《互联网信息服务管理办法》国务院 292 号令。

**16. 如果备案信息不准确将受到什么样的处罚**

关闭网站并注销备案，同时在网上名单中公布。

**17. 如果网站未办理备案手续，接入服务单位为其提供接入服务，网站和接入服务提供单位将受理什么样的处罚**

对未办理的备案的网站，通信管理局将要求限期整改/关闭网站；
对提供接入服务的单位，通信管理局责令改正并处以罚款。

**18. 经营性企业和非经营性企业的区别**

按照《互联网信息服务管理办法》国务院 292 号令所规定内容，经营性互联网信息服务是指通过互联网向上网用户有偿提供信息或网页制作等服务的活动。非经营性互联网信息服务是指通过互联网向上网用户无偿提供具有公开性、共享性信息的服务活动。

**19. 如果 ICP 用户已经录入备案信息并提交，为什么单击浏览却看不到提交的备案信息**

网上审批需要一定的时间，当你的备案信息提交后，在数据尚未同步到内网时你可以浏览提交的信息。但是，数据一旦同步到内网你将暂时不能浏览已提交的信息，只有当备案信息被审核并已签发电子证书后，才能再次浏览到已提交的备案信息。

**20. 如何安装电子证书**

（1）请将备案证书文件 bazx.cert 放到网站的 cert 目录下，该文件必须可以通过下列地址 http://网站域名/cert/bazs.cert 访问，其中网站域名指的是网站的 Internet 域名；
（2）将备案号、经营许可证号显示在网站首页底部的中间位置，如果当地另有要求则以当地要求为准；
（3）在网站的页面下方已放好的经营许可证号的位置做一个超级链接，链接到 www.miibeian.gov.cn 备案网站上。

## 模块四：技能训练

### 网站备案、域名解析

**【训练内容1】** 请为你这一学期制作的个人网站进行网站备案

**【训练目的】**

（1）学会网站备案的知识。

（2）进一步提高网站学习兴趣。

**【训练要求】**

（1）要严格按照教材步骤进行备案。

（2）备案后将获得的备案号标记在网站底部。

**【训练内容2】** 申请一个空间及域名，并进行解析

**【训练目的】**

（1）巩固域名及空间管理的有关知识。

（2）对域名及空间管理进行实际操作实践。

**【训练要求】**

（1）在空间中建立10个子目录。

（2）将该域名解析为10个二级域名。

# 第二节 电子商务网站的推广

## 模块一：应知应会

酒香也怕巷子深，再好的网站也需要推广。网站推广是一项系统工程，是一项长期工作，只有全面掌握网站推广的理论知识，辅以实践操练才能使网站获得推广成功。

### 一、网站的推广

电子商务网站推广是指采取一定的策略，尽可能多地让用户了解并访问你的网站，通过网站获得有关产品和服务等信息。简单来说，网站推广就是指如何让更多人知道你的网站。网民常说的点击率，其实就是网站推广程度的一个度量。

### 二、网站推广的意义

电子商务网站的推广具有十分重要的意义，只有经过推广的网站，才是具有真正商业意义的商务工具。电子商务网站的推广有两大意义。

#### 1. 提高网站的访问量

电子商务网站是以宣传产品、提供在线交易为主的网络工具。每个电子商务网站，每天都要支付大量的运营费用。如果没有一定的推广手段，访问者寥寥无几，电子商务便无法开展。只有经过有目的有计划的推广，才能提高网站的访问量；只有提高网站访问量，网站的效益才能提高。

### 2．扩大企业的知名度

通过网站的推广，可以迅速扩大企业的知名度，尤其是在各类行业网站上发布分类信息，可以迅速提升企业在本行业中的形象。

## 三、网站的推广方式

网站的推广形式多种多样，具体说来包括以下几方面。

### 1．分类目录

分类目录推广，又称为行业推广，是将自己网站的有关信息发布到其他网站的分类目录里面，这种网站一般为门户网站，访问量大，而且访问者目标明确。一般我们可以迅速登录到各大门户网站的分类目录里面，如搜狐、新浪、网易、中文雅虎、百度等。如图 7.10 所示是“网址大全”（http://www.hao123.com）中购物网站的分类目录。

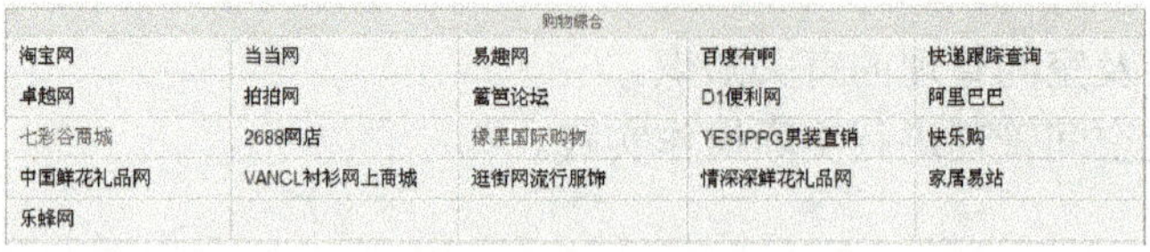

| 购物综合 | | | | |
|---|---|---|---|---|
| 淘宝网 | 当当网 | 易趣网 | 百度有啊 | 快递跟踪查询 |
| 卓越网 | 拍拍网 | 篱笆论坛 | D1便利网 | 阿里巴巴 |
| 七彩谷商城 | 2688网店 | 橡果国际购物 | YES!PPG男装直销 | 快乐购 |
| 中国鲜花礼品网 | VANCL衬衫网上商城 | 逛街网流行服饰 | 情深深鲜花礼品网 | 家居易站 |
| 乐蜂网 | | | | |

图 7.10　hao123 网站中购物网站的分类目录

### 2．交换链接

交换链接，是指在网站上放置对方网站的 Logo 或网站名称并设置对方网站的超级链接，使得用户可以从其他网站中发现自己的网站，达到互相推广的目的。通过交换链接可以获得增加访问量、加深用户浏览时的印象、加强在搜索引擎排名中的优势等效果，通过合作网站的推荐还可增加网站的可信度。如图 7.11 所示为家居易站网站的部分交换链接。

图 7.11　家居易站（http://www.homee.com.cn/）网站的部分交换链接

### 3．网络广告

在一些行业网站或门户网站上为自己的网站做广告，也是一种网站推广的有效方法。广告目标网站的选择一般是流量比较大的网站或者本行业的权威网站，通过链接既可提高网站的流量，又可在同行业中提升知名度。

### 4．电子邮件推广

相信每个人的邮箱中都曾经收到过用于网站推广的电子邮件。电子邮件推广是一种快捷、便宜的推广方式，但使用这种方式，一定要注意客户的分门别类选择，有目标地进行推广，尤其是标题本身要有足够的吸引力让用户去查看。不能以大量狂发邮件的方式进行推广，试想谁愿意看一堆无关的垃圾邮件呢。用于推广的邮件必须符合以下标准：

（1）内容真实、翔实。内容必须真实，不得有虚假或夸大行为，要实事求是，让人感觉踏实、放心。内容必须翔实，让人能完整理解发邮件人的意图。

（2）措词得体、温馨。关心的语句、善意的提醒使人感觉温馨，同时，浏览者也就不会吝惜时间，将手中鼠标轻轻一点，进入你的网站，从而达到推广的目的。但要注意，语言上千万不要虚情假意。

（3）设计精美、大方。用于电子商务网站推广的邮件不是一封普通的电子邮件，因此要精心设计，不但要整体精致、美观，而且整体要大方得体，特别是网站的标志、网址的链接一定不能少。

（4）文字精练。没有人会把一封洋洋洒洒数万字的电子邮件从头看到尾，也没有人愿意长时间接待主动上门推销的业务员。电子邮件中一定要用精练的三言两语，说明邮件的意图。

**【实例】**北京易美数字科技有限公司（http://www.yimei.com/）用于邮件推广方式的一封邮件，如图 7.12 所示。

图 7.12　北京易美数字科技有限公司的推广邮件

### 5．传统媒体推广

传统媒体推广是指利用广播、电视、报纸、广告等对网站进行推广的一种手段。虽然是传统的宣传手段，但却是人们每天都接触、获取信息量最大的渠道。其基本做法，是在企业为产品做媒体广告时，在显著位置标明本企业的网址。

### 6．搜索引擎推广

搜索引擎注册是最常用的网站推广手段。例如，你欲在北京找一所电脑学校学习，比较直接的办法，就是在百度上搜索“北京电脑学校”。我们常常都希望自己的网站排名在前面，但如何才能做到这点呢？这就是搜索引擎推广。标题和关键字是搜索引擎推广中两个最基本的要素，标题和关键字也是在搜索引擎网站中页面排名权重最大的两个因素。

## 四、网站推广的要素

**1. 向谁推广** 即推广目标，只有根据市场需求，根据网站的内容，明确网站的推广目标，才能做到有的放矢。例如，以妇女用品为主题的电子商务网站，其受众对象就是广大妇女群体，网站推广就要围绕这一目标有效展开。

**2. 推广什么** 综合性电子商务网站，犹如百货商场，商品众多，琳琅满目，但我们要根据推广的目标，将百姓喜好、急需、新颖、功能独特、本地稀缺的商品做重点推广。通过这部分商品的推广，达到网站推广的目的。

**3. 怎么推广** 即采用什么形式进行推广，选择合适的推广方式，才能取得预期的效果。是选择传统媒体，还是选择搜索引擎，不能一概而论。一般来说，各种推广形式要综合使用，才能取得最佳的效果。

**4. 在哪儿推广** 选择了合适的推广形式（每一种形式都有不同的渠道），接下来就必须确定在哪儿推广的问题。例如，传统媒体有广播、电视、报纸等，用哪种媒体进行推广，哪种媒体更适合自己的网站推广，哪种媒体能达到最理想的效果，这是每个网站推广者必须做出的选择。

**5. 什么时候推广** 大商场的促销活动一般选择在重大节假日，网站的推广也要根据网站的内容和受众群体选择适当的时机。选择合适的时候，以合适的方式，向适合的群体，推广他们需要的东西，这才是网站推广者的最高境界。

## 五、网站推广注意事项

### 1. 不要发垃圾邮件

滥发邮件会招来敌人而不是朋友，它还会使站点被大的 ISP 禁止，减少网站访问量。在邮件方式推广上，一定要将电子邮件内容做得内容翔实、设计精美、措辞温馨，使接收邮件的网民即使不欢迎，也不至于反感。

### 2. 公司资料要翔实

有很多网站公布了企业的联系方式，可是更换电话后，却没有及时更新，导致客户信任度降低。网站一定要有准确的联系方式。

### 3. 配套服务要跟上

在网站推广过程中，配套服务一定要跟上，要设有专门的客服人员；客服人员的服务态度决定回头客的频率。

### 4. 网址要突出

电子商务网站的推广，要贯彻在企业所有生产经营行为之中。每一个商品都标明网址，每一份材料都印上网址。在所有广告宣传上的显著位置也要列明网址。

#### 5. 专人负责

目前，许多单位制作网站时大小领导一起上阵，制作完成后，却只是简单地发发新闻、写写通知，而真正的推广工作却没有人去做。其实，网站推广是一项长期工作，不能求短期效益，因此要有专人专门负责。

## 六、网站流量统计

网站推广的直接效果是访问流量的增加，可是如何才能知道网站的访问流量呢？如何分析是哪种推广策略带来了网站流量的增加呢？网站流量统计是专门为解决上述问题而设计的系统，而且网站流量统计系统的功能远比我们想象得要强大。

#### 1. 电子商务网站的流量统计

电子商务网站的流量统计，是指通过对用户访问网站的情况进行统计、分析，从中发现用户访问网站的规律，并将这些规律与网络营销策略相结合，从而发现目前网络营销活动中可能存在的问题，并为进一步修正或重新制定网络营销策略提供依据。

#### 2. 电子商务网站流量统计的方法

电子商务网站流量统计一般有下述两种方法。

（1）自行设计流量统计系统。在网站设计中，直接编写了含有流量统计的代码，在主页上直接显示网站的流量，这种方式功能一般比较弱，而且很不专业，前些年比较流行，目前很少使用。

（2）使用专业流量统计系统。目前，免费的网站流量统计系统很多，而且由于专业，所以功能十分强大。

#### 3. 流量统计中的三大概念

流量统计中有 PV、UV、IP 三大概念，它们是流量统计中最重要的三大指标，具体含义如下：

（1）PV。它是 Page View 的缩写，是指访问量，即页面浏览量或点击量，用户每次刷新即被计算一次。PV 高不一定代表来访者多；PV 与来访者的数量成正比，但是 PV 并不直接决定页面的真实来访者数量。比如一个网站就你一个人进来，通过不断地刷新页面，也可以制造出非常高的 PV。

（2）UV。它是 Unique Visitor 的缩写，是指独立访客，访问您网站的一台电脑客户端为一个访客。每天相同的客户端只被计算一次。

（3）IP。它是 Internet Protocol 的缩写，指独立 IP 数。每天 00:00—24:00 相同 IP 地址仅被计算一次。

#### 4. 流量统计的内容

流量统计包括以下内容。

（1）访问量，包括网站的独立 IP 数（IP）、页面访问量（PV）、独立访客（UV）；

（2）访问时段，即一天 24 小时内的访问量的分布；

（3）访问者来自地区，对国内访问的分析可以精确到省 ；

（4）来自搜索引擎的访问，可以统计出搜索引擎种类及关键字分布 ；

（5）客户访问时所使用的浏览器及操作系统 ；

（6）访问来源，可以统计出来自其他网站的链接所导入的访问量 ；

（7）页面热点统计，可以统计出网站上最受欢迎的页面的排名 ；

（8）历史访问统计详细记录。

### 5. 站长统计的使用

在专业流量统计系统中，站长统计是使用比较广泛的一种，其功能比较全面，而且使用极为方便，在此介绍该系统的使用方法。

（1）进入站长统计网站。在浏览器的地址栏中输入 http://www.cnzz.com，即可进入站长统计的主页面。

（2）单击主页右侧免费注册，如图 7.13 所示。

（3）进入免费注册界面后，出现了站长统计的注册界面，共有站长流量统计、商业流量统计、广告效果统计、数据中心四大模块，其中，站长流量统计是永久免费的，如图 7.14 所示。

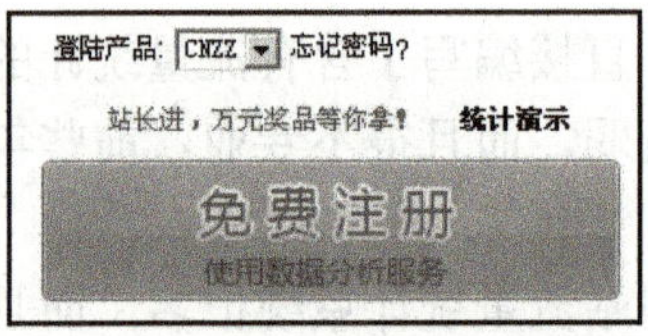


图 7.13　站长统计注册入口

图 7.14　站长流量统计注册入口

（4）接下来，进入中国站长联盟服务条款和声明页面，阅读后，单击“我同意，开始注册”按钮进入正式注册界面，按要求输入 E-mail 地址，及系统提供的验证码后，单击“提交”按钮。这个步骤要注意两点：一是一个 E-mail 只能注册一次，如果该 E-mail 在站长统计中已经注册过，则不能再进行注册；二是 E-mail 地址必须正确，因为系统要向该邮箱中发送确认信后，才能通过注册。

（5）开启注册时输入的邮箱，打开系统自动发出的确认信，并立即单击继续操作。

（6）在新用户信息界面，输入用户名、密码等信息后，单击“注册”按钮，进入新的页面后，单击“使用本站服务前，如果您还未添加网站请先添加您的下属站点”进入站点添加页面，依据提示输入网站的相关信息，如图 7.15 所示。

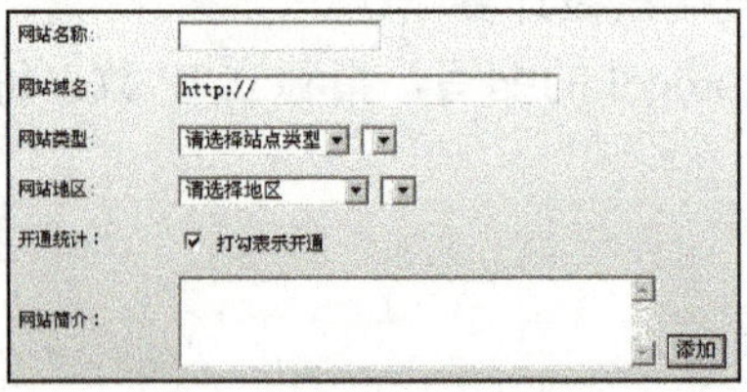


图 7.15　添加站点界面

（7）站点添加完毕后，进入获取代码页面，共有如图 7.16 所示三种图片样式及四种文字样式供你选择，根据喜好及位置选择合适的样式，将其提供的代码复制下来，并将该段代码放到网页的结尾部份。

（a）　（b）　（c）

图 7.16　站长统计的三种图标

（8）站长统计添加完毕。

## 七、搜索引擎的使用

在网站的各种推广方法中，搜索引擎是最重要的推广形式。网络日益发达，信息浩如烟海，要想在互联网上迅速找到所需要的信息，其最重要的工具就是搜索引擎。

### 1．搜索引擎（search engines）的含义

搜索引擎，简单地说就是用来在网上找资料的工具，它是指能自动从互联网收集信息，经过一定整理以后，提供给用户进行查询的系统，或者说，它是对互联网上的信息资源进行收集整理，提供查询的系统。它包括信息收集、信息整理和用户查询三部分功能。

### 2．搜索引擎的使用方法

（1）列出网站关键词清单。例如，欲查找北京的律师事务所，就可在百度进行搜索，输入：北京律师事务所、北京律师或北京最权威的律师事务所等，这就是搜索引擎的关键词，每一个网站都要设置好一定的关键词，供任何人进行搜索。

（2）主关键词的确定。所谓主关键词，是指能够最大限度概括一个网站信息内容的字或者词称为主关键词。它是网站信息的概括化和集中化。在推广一个网站之前，一定要仔细、慎重选择好主关键词。

（3）长尾关键词的使用。对于一般小型网站，目标关键词带来的流量占网站总搜索流量的绝大部分。存在于网站目录页、内容页的关键词也会带来流量，但为数不多。网站上非目标关键词也可以带来搜索流量，这种关键词称为长尾关键词。这类关键词一般比较长，往往由 2～3 个词组成，存在于内容页面，除了内容页的标题，还存在于内容中。它们的搜索量往往非常少，而且不稳定。但存在大量长尾关键词的大中型网站，所带来的总流量非常大。

（4）在网页中合理部署关键字。网页中关键字布署的基本原则是：主关键字可能在网页中出现 1～2 次，长尾关键字一般出现 4～8 个，这样才能有效提高搜索引擎的效率。

（5）链接的使用。提交网站到搜索引擎前要进行链接检查，死链接和无法到达的链接要尽量避免。

（6）提交网站到搜索引擎。定义完关键字，就要向各搜索引擎提供关键字了，一般可以向百度（Baidu.com）、谷歌（Google.cn）、雅虎（Yahoo.com）提交，但要注意，不要频繁地向搜索引擎提交。

### 3．SEO 技术简介

SEO 是 Search Engine Optimization 的缩写，中文含义是搜索引擎优化。SEO 是通过了

解各类搜索引擎如何抓取互联网页面、如何进行索引以及如何确定其对某一特定关键词的搜索结果排名等技术，来对网页进行相关的优化，使其提高搜索引擎排名，从而提高网站的访问量，最终提升网站的销售能力或宣传能力的技术。简单地说，SEO 是一种让网站在百度、谷歌、雅虎等搜索引擎获得较好的排名从而赢得更多潜在客户的一种网络营销方式，也是 SEM(搜索引擎营销）的一种方式。

## 八、几款网站推广软件

### 1. 群发软件

有若干种群发软件，如大型贸易群发软件、论坛群发软件、博客推广工具、QQ 群发软件系列等。目前比较常用的是网络营销专家，这是一款集信息发布、信息搜索、搜索引擎登录、邮件群发、邮件搜索、邮件工具和商务助手为一体的综合性广告软件。现将网络营销专家的使用方法予以简要介绍，如图 7.17 所示是网络营销专家的界面。

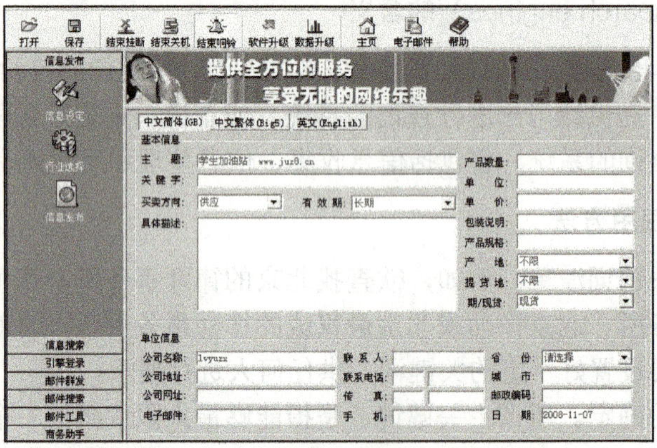


图 7.17　网络营销专家界面

在图 7.18 中，左侧是该软件的功能模块。其使用方法如下：

（1）信息设定。在“信息设定”栏目对应的窗口中填写欲发布的信息内容及联系方式。

（2）网站列表选择。欲发布的信息填写完成后，选择欲发布网站所属的行业。

（3）信息发布。单击“发送”按钮后，欲发布的信息就会发布到你所选择的行业网站。

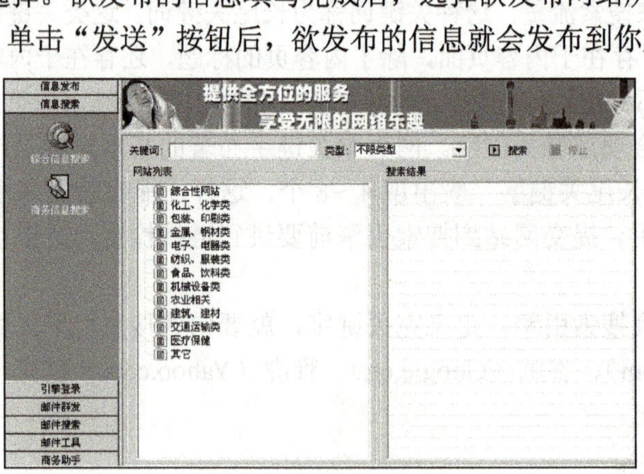


图 7.18　信息搜索功能

（4）行业信息搜索。选择行业类别后输入欲搜索信息的关键字即可完成。除此以外，网络营销专家还有其他功能，在这里就不一一介绍了，有兴趣者可以下载研究。

### 2．点击软件

所谓点击软件，是指用互相点击的方式赚取广告费的软件，这也是一种推广软件。比较常用的有“木子”，该软件常被一些站长用来涮广告，所以在这里不做详细介绍，有兴趣者可以下载自行研究。

### 3．搜索引擎登录工具

搜索引擎登录工具，是指专门把欲推广的网址提交到各家大型搜索引擎上的软件，通过此类工具可使已经提交的网站在短时间内被收录。比较常用的是“登录骑兵”软件，其使用方法十分简单，只要填写好网站名称、网址、联系信箱、联系人、网站类别和网站简要描述，就可以免费发布到新浪、网易、搜狐、百度、Yahoo!、Google、21CN、MSN、HotBot、Lycos、Tom、Aol、AlltheWeb、Alta Visa 等 5400 个国内外著名搜索引擎。

图 7.19 是“登录骑兵”软件界面，这款软件除具有搜索引擎登录功能外，还有生成网站的地图功能，可以有效地帮助搜索引擎收录你的网站，还有优化网站排名的功能。

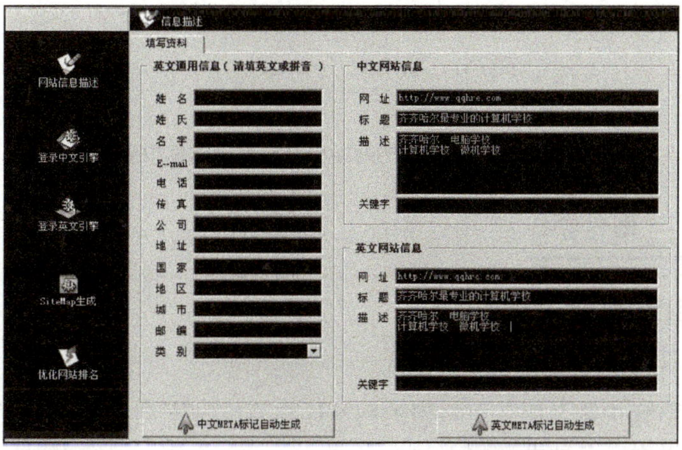


图 7.19　“登录骑兵”软件界面

## 模块二：高手点拨

### 如何注册通用网址和向百度搜索引擎提交网站

### 1．通用网址

通用网址，是指在地址栏中直接输入汉字即可直接进入网站的一种技术，这种技术极大地方便了用户。但一个网站 80%的流量来源于搜索引擎，其他的 20%则通过直接输入网址和导航网站的连接，用通用网址的人不到 0.5%。所以，在选择通用网址时要慎重。

### 2. 人肉搜索

顾名思义，人肉搜索就是利用现代信息科技，变传统的网络信息搜索为人找人、人问人、人碰人、人挤人、人挨人的关系型网络社区活动，变枯燥乏味的查询过程为“一人提问、八方回应，一石激起千层浪，一声呼唤惊醒万颗真心”的人性化搜索体验。

2008 年 10 月 2 日，叱咤影坛十余年、曾主演热门韩剧《玫瑰人生》、被人们称为“永远的灰姑娘”的韩国当红女星崔真实，被网络流言中伤后，在家中自杀身亡。该自杀事件迅速引发了一场韩国对网络信息传播审核与规范的风暴。

### 3. 向百度搜索引擎提交网址的过程

（1）启动浏览器，进入百度提交搜索引擎入口，启动“网站登录”界面，如图 7.20 所示，网址是：http://www.baidu.com/search/url_submit.html。

（2）输入网址，单击“提交网站”按钮，百度搜索引擎提交成功。

正常情况下，网站会在一个月内被百度收录，有效的推广工作可以使网站被百度收录的时间缩短。

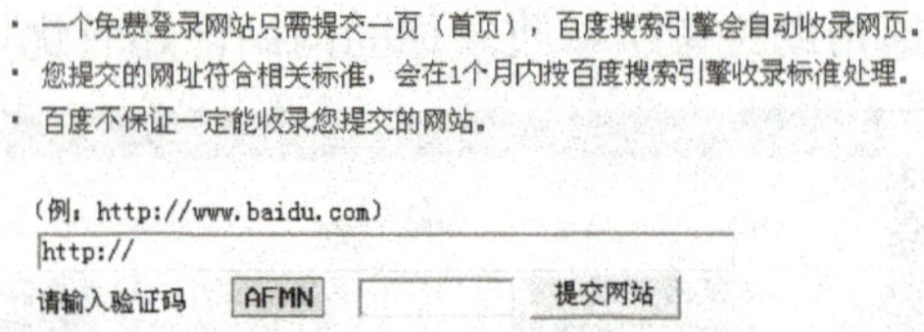


图 7.20　把自己的网站提交到百度搜索引擎

## 模块三：制作实务

## 百度搜索引擎竞价排名推广

——资料来自百度官方网站公布资料

百度搜索引擎竞价排名服务可将您的网站排在百度搜索结果前列，同时出现在各大搜索引擎的搜索结果中，具体办法如下：

（1）百度竞价服务是以预付金的形式来实现的，竞价排名推广费最低预付金为 3000 元（已包括开户），多付不限；

（2）预付金将会被存入您所注册的竞价排名账号中，当有客户通过竞价排名点击访问你的网站后，会从你的账号中扣除相应费用；

（3）每次点击的收费起价为 0.30 元，如果多家网站同时竞买一个关键字，则搜索结果按照每次点击竞价的高低来排序；

（4）每个用户所能提交的关键字数目没有限制，无论提交多少个关键字，均按网站的实际被点击量计费；

（5）竞价排名点击计费系统每 15min 统计一次点击情况，扣除相应费用；

（6）您可以随时登录管理平台查看点击情况和统计报告。

## 模块四：技能训练

### 网站推广

**【训练内容】**请为以下单位的网站进行推广

（1）你所在学校的网站；

（2）你的个人网站；

（3）你所熟悉的一个企业的网站。

**【训练目的】**

（1）学以致用，巩固和深化网站推广理论知识；

（2）在练习过程，广泛查阅网站推广知识，扩大知识视野。

**【训练要求】**

（1）要根据网站的不同采用不同的推广策略；

（2）每个网站要有一个重点的推广策略；

（3）为上述三个网站申请站长统计。

## 本 章 小 结

本章主要讲授了电子商务网站的运营与推广两项内容。其中，电子商务网站的运营一节从网站运营的概念、影响网站运营的几个前提要素，讲到域名注册和空间的管理，又从网站运营的内容讲到网站运营的方法。重点讲解了网站运营的内容与方法，涉及域名注册与空间管理两项技能。

网站推广部分则主要从电子商务网站的推广的概念、电子商务网站推广的意义、电子商务网站推广的形式、网站推广的要素、网站推广注意事项、网站流量统计、搜索引擎的使用、几款网站推广软件八个部分详细进行了阐述。重点讲解了搜索引擎的使用，涉及流量统计、网站推广软件的使用两项技能。

在第一节的制作实务模块中将工业和信息化部ICP与IP备案管理常见问题做了摘要介绍，在第二节的制作实务模块中则谈及了百度竞价搜索引擎推广。

## 每 课 一 考

### 一、填空题（共40空，每空1分）

1．网站运营是指网络营销体系中一切与网站的（　　）有关的工作。

2．网站备案的五个步骤是（　　）、（　　）、（　　）、（　　）、（　　）。

3．域名管理系统中最常用的两个模块是（　　）和（　　）。

4．域名与空间的绑定实质就是把（　　）指向空间的（　　）。

5．网站内容建设包括（　　）和（　　）。

6．网站内容的更新与维护包括（　　）、（　　）、（　　）、（　　）四个关键点。

7．电子商务网站的推广是指采用(　　)，让尽可能多的用户了解并访问网站。

8．电子商务网站的推广的两大意义是（　　）和（　　）。

9. 网站推广的形式包括（　　）、（　　）、（　　）、（　　）、（　　）、（　　）。
10. （　　）和（　　）是搜索引擎推广中的两个最基本的要素。
11. 网站推广的要素有（　　）、（　　）、（　　）、（　　）、（　　）。
12. 电子商务网站流量统计一般有两种方法，它们是（　　）、（　　）。
13. 主关键词是指能够最大程度概括一个网站（　　）的字或者词。
14. 网站上带来搜索流量的非日标关键词被称为（　　）。
15. 改版时，要从（　　）、（　　）上进行修改，原有的栏目一般不要变动，经过重新设计规划后，用（　　）软件重新制版，重新用（　　）软件排版。

## 二、选择题（共 20 题，每题 1 分）

1. 网站制作完成之后，便进入了（　　）阶段。
   A. 规划　B. 设计　C. 运营　D. 以上都不对
2. 以下选项中（　　）不是网站运营的前提要素。
   A.服务器　B.网站质量　C.网站推广　D.网站备案
3. 网站合法运营必须要备案，备案的部门是（　　）。
   A. 财政部　B. 国务院　C. 工业和信息化部　D. 商务部
4. 网站服务器要保证 24×7 的运营保障，7 是指（　　）。
   A. 每年七次　B. 每月七次　C. 每周七天　D. 每天七小时
5. www.中央电视台.com 是（　　）类型的网址。
   A. 通用网址　B. 非主流网址　C. 中文域名　D. 以上都不对
6. 域名中的.cn 是指（　　）。
   A. 中国　B. 商业　C. 政府　D. 教育
7. bbs.sina.com.cn 属于（　　）域名。
   A. 一级域名　B. 二级域名　C. 非主流域名　D. 中文域名
8. 域名管理系统中 MyDNS 的功能是用来（　　）。
   A. 绑定和解析域名　B. 域名转向
   C. 修改用户信息　D. 以上都不对
9. 网站中流量中的 PV 是指（　　）。
   A. 访问总量　B. 独立访客
   C. 每日独立 IP 数　D. 页面访问量
10. 以下选项中（　　）不是流量统计的内容。
   A. 访问量　B. 访问时段　C. 页面热点统计　D. 更新频率
11. 站长统计是一种（　　）工具。
   A. 网站流量统计工具　B. 网站广告工具
   C. 网站维护工具　D. 以上都不对
12. 以下选项中（　　）不是搜索引擎的组成部分。
   A. 信息收集　B. 信息整理　C. 流量统计　D. 用户查询
13. 网页中关键字的布署，其基本原则是：主关键字可能在网页中出现（　　）次。
   A.1 至 2 次　B. 3 至 4 次　C. 5 至 6 次　D. 7 至 8 次

14．以下选项中（ ）不属于搜索引擎网站。
A．百度（Baidu.com） B．谷歌（Google.cn）
C．雅虎（Yahoo.com） D．淘宝（taobao.com）

15．SEO 是指（ ）。
A．搜索引擎优化 B．站点流量统计 C．搜索机制 D．搜索引擎营销

16．以下选项中（ ）不属于网站推广软件。
A．大型贸易群发软件 B．域名管理系统
C．博客推广工具 D．论坛群发软件

17．以下选项中（ ）属于在网上查找资料的工具。
A．搜索引擎 B．站长统计 C．网络营销专家 D．以上都不是

18．以下选项中（ ）不是流量统计中的三大概念之一。
A．PV B．CV C．IP D．UV

19．网站的改版是指（ ）。
A．变换网站版面风格 B．重新设计后台代码
C．更新网站内容 D．改变网站颜色

20．以下选项中（ ）不是网站运营体系中的一员。
A．运营专员 B．网站规划师 C．运营总监 D．运营部经理

## 三、判断题（共 20 题，每题 1 分）

1．运营一个电子商务网站是一个漫长的过程。（ ）
2．运行在互联网上的网站所采用的域名是唯一的。（ ）
3．中国互联网地址资源注册管理机构是中国信息产业协会。（ ）
4．免费空间与收费空间具有相同的功能。（ ）
5．转发记录添加成功后，在“主机记录列表”中会自动添加转发给指定的网站的 IP 地址。（ ）
6．域名申请成功后，要添加一条 B 记录，将域名指向空间的 IP 地址。（ ）
7．网站内容经过公司领导审核，签字批准，就进入了更新与维护的操作阶段。（ ）
8．改版由网站美工重新设计版面，并把原有后台重新挂接，原内容不变。（ ）
9．简单来说，网站推广就是指如何让更多人知道你的网站。（ ）
10．电子邮件推广具有快捷、便宜的特点。（ ）
11．网站的推广目标指的是向谁推广。（ ）
12．网站的各种推广方法中，邮件推广是最重要的推广形式。（ ）
13．存在大量长尾关键词的大中型网站，其总流量非常大。（ ）
14．SEM 是指搜索引擎营销。（ ）
15．域名转发的功能是将域名或者域名下的二级域名转发到另一个指定的网址。（ ）
16．成熟的电子商务网站应该设立一个网站运营部。（ ）
17．域名转发最常用的功能是把几个域名指向同一个网站。（ ）
18．域名绑定第一步是域名转向。（ ）

19．空间实质上就是本地计算机硬盘的一块空间。（ ）

20．申请域名前要先检查自己的域名是否已经被注册。（ ）

## 四、拓展技能综合题（共20分）

用本章所学知识，为你所熟悉的某个企业网站做一份详细的推广计划。

# 第八章

## 电子商务网站的安全与信息发布

### 知识要点

1. 电子商务网站的安全体系；
2. 电子商务网站的信息发布；
3. 入侵检测技术；
4. 网站测试工具的使用；
5. 网站上传工具的使用；
6. 计算机病毒的特点和分类；
7. 常见病毒的防御策略；
8. 防火墙技术。

### 五大技能

1. 网站测试方法；
2. 网站上传方法；
3. 杀毒软件使用方法；
4. 防火墙配置方法；
5. CuteFTP 使用方法。

### 学习方法

1. 理解网站安全的要素和解决问题的方法；
2. 实际动手上传网站；
3. 将制作的个人网站上传并进行日常维护。

你每天都上网聊天吗？你每天都在网上冲浪吗？你收到过陌生人的垃圾信息吗？你的电脑受到过攻击吗？攻击之后对你的电脑及个人有多大的影响呢？你能快速排除病毒的干扰从而保证网站有效地运行吗？保证网站安全有效地运行有多重要呢？请大家看看如下案例：

**案例导航**

**黑客袭击雅虎网　百万美元泡汤**

计算机黑客曾经袭击了互联网上最热门的网站——雅虎，致使雅虎的网络服务停顿了近 3 小时。雅虎公司发言人说，黑客使用了一种名为“拒绝服务”的入侵方式，在不同的计算机上同时用连续不断的服务器电子请求来“轰炸”雅虎网站。这种方式类似于某人通过不停拨打某个公司的电话来阻止其他电话打进，从而导致公司通信瘫痪。泛滥成灾的电子请求堵塞了帮助上网者找到所需目标的路由器，除免费电子邮件服务等三个雅虎的站点没受影响以外，雅虎公司的大部分网络服务均陷入瘫痪，公司不得不将网站入口关闭。雅虎技术人员后来设法鉴别出了电子请求的数据类型，并将之滤去，才恢复了正常服务。由于雅虎公司使用了先进保密技术，因此，数据库没受侵袭。雅虎每天传送 4.65 亿页资料，是美国在线之后的全球第二大网站，每月吸引访客 4200 万人。据一些专家估计，这次破坏正值网上购物活跃时期，3 小时停止服务就意味着数百万美元的交易落空。

本章将循序渐进地讲解网络安全系统及网站上传的方法，并通过对一些典型问题的分析，使同学们达到触类旁通、独立操作的目标。

# 第一节　电子商务网站的安全体系

## 模块一：应知应会

网络的应用日益渗透到工作、生活的方方面面，同时电子商务工作正如火如荼地开展，网络犯罪也随之增长。据有关资料报道，2006 年网页被纂改事件在我国发生了 13 000 多起，网站攻击手段从漏洞入侵转变为针对网页程序漏洞的攻击。如何提高电子商务系统的安全，抵抗非法入侵及破坏，避免企业信息泄露，减小企业损失，是目前电子商务网站建设中的重要一环。

### 一、网站安全

网站安全是指利用一定的技术和措施，保证网站安全运营，使信息数据的机密性、完整性及可用性受到保护。网站安全的主要目标是确保经网站传送的信息，在到达目的站时没有任何增加、改变、丢失或被非法读取。

### 二、服务器安全隐患及预防对策

#### 1. Web 服务器上容易出现的安全漏洞

（1）在 Web 服务器上对秘密文件、目录或重要数据没有设置访问权限；

（2）当远程用户向服务器发送信息时，特别是信用卡之类，中途遭不法分子非法拦截；

（3）Web 服务器本身存在一些漏洞使得某些人能非法侵入到主机系统，破坏一些重要数据，甚至造成系统瘫痪；

（4）Web 服务器的一些扩展组件存在漏洞，可能导致网络安全和信息泄露问题；

（5）服务器系统必须保证正版，一些从网上下载的 Web 服务器系统，不能作为商业应用。

### 2．安全预防措施

（1）经常对 Web 服务软件升级，安装相应的安全补丁，可以最大限度地堵住系统漏洞；

（2）规定在 Web 服务器中开设账户，严格要求口令长度并定期修改，防止被盗用；

（3）去掉无用的 Web 组件，防止被其他人非法利用；

（4）去掉一些 Web 服务器上绝对不用的解释器；

（5）定期查看服务器中的日志 logs 文件，分析所有可疑事件；

（6）正确设置 Web 服务器上系统文件的权限和属性，给可让用户访问的文档分配一个公用的组，如 www，并设置为只读的权利；

（7）不允许把 Web 服务器文档目录与 FTP 目录放在同一目录下，不要把 FTP 的目录与 CGI-BIN 指定在一个目录之下；

（8）限制访问用户；

（9）利用杀毒软件和防火墙保证服务器安全。

## 三、网站程序安全隐患及对策

网页空间商可以知道网站的全部源码及数据，空间商可以私自在网上放置隐秘广告。除此之外，还有很多安全隐患。

### 1．代码漏洞

（1）数据库连接错误。数据库连接的错误容易导致 Web 服务器错误提示，而这些错误提示中可能会含有数据库或表等重要信息。

（2）网站后台的完全暴露。后台管理程序中只有主程序要求验证管理员的身份信息，而其他页面却忽视了身份验证功能，这种疏忽使非法用户可能通过直接打开后台的某个管理页面的形式进入到后台管理中去，如果正好有管理员密码修改的页面出现，则会导致网站后台的完全暴露。

（3）泄露用户信息。对页面参数不做任何判定导致的 SQL 注入从而泄露用户信息。

### 2．后台管理程序文件的安全隐患

（1）用户名、密码问题。有些管理员为了方便记忆，会以 Admin、manager 等作为管理员的用户名。同样，也有用 Admin、888888 等来作为管理员密码，这些是很容易被黑客猜测到的。

（2）明文密码问题。许多管理员密码都采用明文来保存，这样的明文密码是最不安全的因素之一，通过 SQL 注入很容易就能猎取数据库中的明文密码。

（3）简单加密问题。一些网站设计人员有时只是对口令进行简单的对称加密。这种经过简单的对称加密的密文可以用现在的计算机在较短的时间内破解为明文。

### 3. 网站程序安全策略

（1）杜绝使用弱口令，为避免安全隐患，可以采用“字母+数字+符号字符”，并超过 8 位以上的密码。

（2）对所有用户密码加密，最好采用非对称加密或采用不可逆的加密运算。

## 四、数据库安全隐患及对策

根据国内相关调查显示，国内的网站建设架构采用 ASP+Access 及 SQL Server 的占 70%以上，PHP+MySQL 占 20%，其他的不足 10%。而数据库是一个电子商务网站的核心，保存着电子商务网站的全部重要内容。因此，消除数据库的安全隐患成为确保电子商务网站安全的首要问题。

### 1. 数据库的位置和名称安全

许多网站设计人员会把数据库放在 Data 或 Database 等目录下，数据库的文件名也通常采用系统默认的数据库文件名。这种做法很容易被非法用户猜测到进而下载用户信息，从而使电子商务网站的所有数据被窃取。

解决方案：可以采用字母+数字并超过 8 位的组合作为数据文件目录或文件名，对于 Access 文件最好更改其扩展名。

### 2. 数据库的结构安全隐患

数据库中的表不要直接用类似 Admin、User、Product 等作为数据表的名称，同样在数据字段命名时，也不要直接用 Admin、UserName、用户名、密码 Password、Pwd、UserPwd 等作为敏感字段名。可以采用一些难以猜解的“字母和数字组合”来作为字段名，以加强数据的安全性。

解决方案：尽量不要把数据库密码留空，合理使用 10 位以上的密码。

## 五、网络攻击及对策

### 1. “服务拒绝”攻击

“服务拒绝”攻击是指企图通过使提供服务的计算机崩溃或把它压垮的方式来阻止为你提供服务。“服务拒绝”攻击是最容易实施的攻击行为，主要包括以下几种。

（1）死亡之 ping（ping of death）。IP 数据报文的长度最长为 65 535 字节，但是有些 Ping 的程序或者恶意代码允许构造大于 IP 数据报文长度的 ICMP 报文，导致被攻击者在进行报文重组过程中存在缓冲区溢出，从而导致系统崩溃。

解决方法：利用防火墙检测这些 oversize 的数据包，并及时丢弃。

（2）泪滴攻击（Teardrop Attack）。利用 IP 头部的错误分片偏移，导致系统崩溃。

防御：服务器应用最新的服务包，或者在设置防火墙时对分段进行重组，而不是将它们转发。

（3）UDP 洪水（UDP（User Datagram Protocol，用户数据包协议）flood）。它主要是对 DNS 进行攻击。

防御：关掉不必要的 TCP/IP 服务，或者配置防火墙从而阻断来自 Internet 对 TCP/IP 服务的 UDP 请求。

（4）IP 地址扫描（IP address Sweep）：攻击者通过 ICMP 请求报文的方式探测主机。

防御：检测同一个 source IP 地址在一个时间间隔内发送的 ICMP 报文数来确定是否存在 IP 地址的扫描，如果发现，那么就放弃以后的 ICMP。

（5）端口扫描（port scanning）：攻击源通过试探的方式建立 TCP 连接，从而探测被攻击对象对外部提供的服务。

防御：防火墙开发商通过建立功能更强大的 Web 代理对这种端口扫描做出了回应，许多防火墙具有内置病毒和内容扫描功能。

### 2. 利用型攻击

利用型攻击是一种试图直接对你的机器进行控制的攻击。最常见的有下述三种。

（1）口令猜测。一旦黑客识别了一台主机而且发现了可利用的用户账号，正确的口令猜测能对机器控制。

防御：要选用难以猜测的口令。确保像 NFS、NetBIos 和 Telnet 这样可利用的服务不暴露在公共范围。如果该服务支持锁定策略，就将其锁定。

（2）特洛伊木马。特洛伊木马没有复制能力，它的特点是伪装成一个实用工具或者一个可爱的游戏，这会诱使用户将其安装在 PC 或者服务器上。

完整的木马程序一般由两个部分组成：一个是服务器端，一个是控制器端。所谓“中了木马”是指安装了木马的客户端程序。如果你的计算机被安装了这种客户端程序，则拥有相应服务器端的人就可以通过网络控制你的计算机并可以为所欲为，这时你计算机上的各种文件、程序，以及在你电脑上使用的账号、密码无任何安全可言了。

防御：主要是避免下载可疑程序并拒绝执行，运用网络扫描软件定期监视内部主机上的监听 TCP 服务。

（3）缓冲区溢出。通过向程序的缓冲区写超出其长度的内容，造成缓冲区的溢出，从而破坏程序的堆栈，使程序转而执行其他指令，从而达到攻击的目的。

防御：主要浏览最新的安全公告，不断更新操作系统。

### 3. 信息收集型攻击

信息收集型攻击并不对目标本身造成危害，这类攻击被用来为进一步入侵提供有用的信息。主要包括：

（1）扫描技术。地址扫描是指运用 ping 这样的程序探测目标地址。

防御：在防火墙上过滤掉 ICMP 应答消息。

（2）端口扫描。通常使用一些软件，向大范围的主机连接一系列的 TCP 端口，扫描软件会报告成功建立的连接主机所开的端口。

防御：主要使用防火墙，防火墙能检测到是否被扫描，并自动阻断扫描企图。

（3）反响映射。黑客向主机发送虚假消息，然后根据返回“hostunreachable”这一消息特征判断出哪些主机是存在的。

防御：NAT 和非路由代理服务器能够自动抵御此类攻击，也可以在防火墙上过滤“hostunreachable”ICMP 应答。

（4）慢速扫描。由于一般扫描侦测器是通过监视某个时间帧里一台特定主机发起的连接的数目（如每秒 10 次）来决定是否被扫描，这样黑客可以通过使用扫描速度慢一些的扫描软件进行扫描。

防御：一般通过引诱服务来对慢速扫描进行监测。

### 4. 利用信息服务

（1）DNS 域转换。DNS 协议不对转换信息的更新进行身份认证，这使得该协议被人以一些不同的方式加以利用。如果你维护着一台公共的 DNS 服务器，黑客只需实施一次域转换操作就能得到你所有主机的名称以及内部 IP 地址。

防御：利用防火墙过滤掉 DNS 域转换。

（2）finger 服务。黑客使用 finger 命令来刺探一台 finger 服务器用以获取关于该系统的用户信息。

防御：应关闭 finger 服务并记录尝试连接该服务的对方 IP 地址，或者在防火墙上进行过滤。

### 5. 假消息攻击

用于攻击目标配置不正确的消息，主要包括 DNS 高速缓存污染、伪造电子邮件。

（1）DNS 高速缓存污染。由于 DNS 服务器与其他名称服务器交换信息的时候并不进行身份验证，这就使得黑客可以将不正确的信息掺进来并把用户引向黑客自己的主机。

防御：应该采取在防火墙上过滤入站的 DNS 更新，外部 DNS 服务器不可以更改你的内部服务器对内部机器的认识。

（2）伪造电子邮件。由于 SMTP 并不对邮件的发送者的身份进行鉴定，因此黑客可以对你的朋友伪造电子邮件，声称是来自某个认识并相信的人，并附带上可安装的特洛伊木马程序，或者是一个引向恶意网站的连接。

防御：使用 PGP 等安全工具并安装电子邮件证书。

## 六、身份认证技术

在互联网迅猛发展的今天，网上交易越来越受到企业和个人的青睐。但是与此同时，网络的虚拟性和匿名性使得网络欺诈行为经常发生，严重威胁着电子商务的发展。从广义上讲，计算机网络安全技术主要有主机安全技术、身份认证技术、访问控制技术、密码技术、防火墙技术、安全审计技术和安全管理技术。

身份认证技术主要包括数字签名、身份验证和数字证明。数字签名又称电子加密，可以区分真实数据与伪造、被篡改过的数据。身份识别是指用户向系统出示自己身份证明的过程，主要使用约定口令、智能卡和用户指纹、视网膜和声音等生理特征。

## 七、防火墙技术

古时候，人们常在寓所之间砌起一道砖墙，一旦火灾发生，它能够防止火势蔓延到别的寓所。自然，这种墙因此而得名“防火墙”。现在，如果一个网络接到了 Internet，它的用户就可以访问外部世界并与之通信。但同时，外部世界也同样可以访问该网络并与之交互。为安全起见，可以在该网络和 Internet 之间插入一个中介系统，竖起一道安全屏障。这道屏障的作用是阻断来自外部通过网络对本网络的威胁和入侵，提供扼守本网络的安全和审计的唯一关卡。这种中介系统也叫做“防火墙”或“防火墙系统”。

**1．防火墙的主要作用**

（1）作用。

① 防火墙是网络安全的屏障；

② 防火墙可以强化网络安全策略；

③ 对网络存取和访问进行监控审计；

④ 防止内部信息的外泄。

网络防火墙中代理技术的应用。代理服务器是在防火墙主机上运行的专门的应用程序或服务器程序，这些程序接收用户的 Internet 服务请求（例如，TELNET、FTP、WWW 等服务请求），根据安全策略将它们传送给真正的服务器，代理提供真正的连接并且充当服务网关，因此，代理服务称做应用级网关。

（2）条件。防火墙是位于两个(或多个)网络之间，实施网络间控制的一组组件的集合，它满足以下条件：

① 内部和外部网络之间的数据都必须经过防火墙；

② 只有符合预先定义的安全策略的数据才能通过防火墙；

③ 防火墙能够具有自我免疫的能力，能够抵制各种攻击；

④ 防火墙具有完善的日志/报警/监控功能和良好的用户接口。

**2．防火墙的特点**

（1）广泛的服务支持。通过将动态的、应用层的过滤能力和认证相结合，可实现 WWW 浏览器、HTTP 服务器、FTP 等；

（2）对私有数据的加密支持。保证通过 Internet 进行虚拟私人网络和商务活动不受损坏；

（3）客户端认证。只允许指定的用户访问内部网络或选择服务；

（4）反欺骗。欺骗是从外部获取网络访问权的常用手段，它使数据包好似来自网络内部。防火墙能监视这样的数据包并能扔掉它们；

（5）C/S 模式和跨平台支持。能使运行在一个平台的管理模块控制运行在另一个平台的监视模块。

**3．防火墙的优点**

（1）防火墙能强化安全策略。Internet 上每天都有千百万人在那里收集和交换信息，不可避免地会出现一些品德不良的人，或违反规则的人。防火墙是为了防止不良现象发生的“交通警察”，它执行站点的安全策略，仅仅容许“认可的”和符合规则的请求通过。

（2）防火墙能有效地记录 Internet 的活动。因为所有进、出信息都必须通过防火墙，所以防火墙非常适用于收集关于系统和网络的使用和误用信息。作为访问的唯一结点，防火墙能记录被保护的网络和外部网络之间的数据。

（3）防火墙限制暴露用户结点。防火墙能够用来隔开网络中的不同网段。这样，能够防止影响一个网段的问题通过整个网络进行传播。

（4）防火墙是一个安全策略的检查站。所有进、出的信息都必须通过防火墙，防火墙便成为安全问题的检查站，可以拒绝可疑的访问。

### 4．防火墙的不足

（1）不能防范恶意的知情者。防火墙可以禁止系统用户经过网络连接发送专有的信息，但用户可以将数据复制到磁盘、磁带上，放在公文包中带出去。如果入侵者已经在防火墙内部，防火墙是无能为力的。比如，内部用户偷窃数据，破坏硬件和软件，并且巧妙地修改程序而不接近防火墙。

（2）不能防范不通过它的连接。防火墙能够有效地防止通过它进行传输的信息，然而不能防止不通过它而传输的信息。

（3）不能防备全部的威胁。防火墙被用来防备已知的威胁，如果是一个很好的防火墙设计方案，可以防备新的威胁，但没有一个防火墙能自动防御所有新的威胁。

（4）防火墙不能防治病毒。防火墙不能消除网络上的PC病毒。

### 5．防火墙的结构

出于对更高安全性的要求，通常的防火墙体系是多种解决不同问题的技术的有机组合。目前常见的配置有以下几种：

（1）屏蔽路由器（Screening Router）。屏蔽路由器是防火墙最基本的构件，是最简单也是最常见的防火墙。屏蔽路由器作为内外连接的唯一通道，要求所有的报文都必须在此通过检查。路由器上可以安装基于IP层的报文过滤软件，实现报文过滤功能，如图8.1所示。

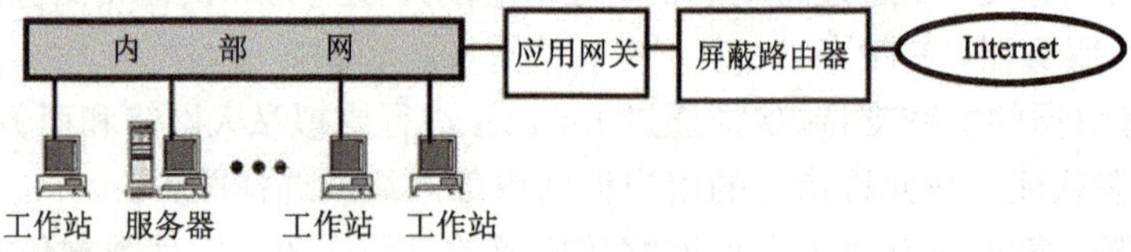


图8.1 屏蔽主机网关结构图

（2）双宿主主机网关（Dual Homed Gateway）。双宿主主机是一台安装有两块网卡的计算机，每块网卡有各自的IP地址，并分别与受保护网和外部网相连。如果外部网络上的计算机想与内部网络上的计算机进行通信，它就必须与双宿主主机上的外部网络相连的IP地址联系，代理服务器软件再通过另一块网卡与内部网络相连接。也就是说，外部网络与内部网络不能直接通信，它们之间的通信必须经过双宿主主机的过滤和控制，如图8.2所示。

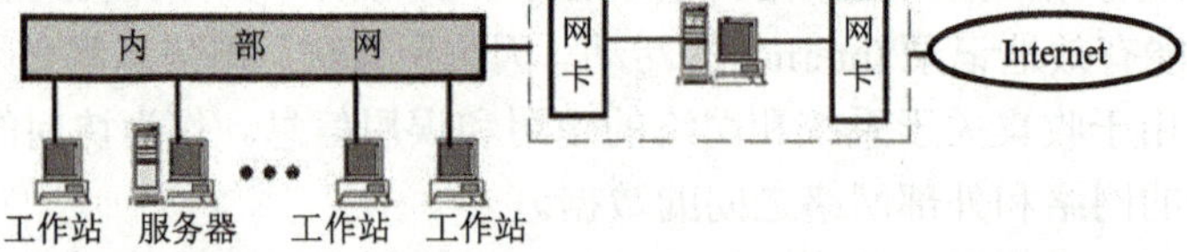


图8.2 双宿主机网关结构图

（3）屏蔽主机网关（Screened Host Gateway）。屏蔽主机网关由屏蔽路由器和应用网关组成，屏蔽路由器的作用是包过滤，应用网关的作用是代理服务。这样，在内部网络和外部网络之间建立了两道安全屏障，既实现了网络层安全，又实现了应用层安全。来自外部网络的所有通信都会连接到屏蔽路由器，它根据所设置的规则过滤这些通信，如图 8.3 所示。

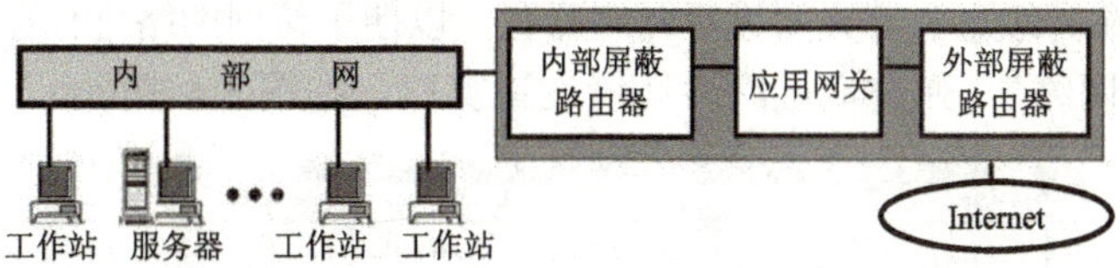


图 8.3 屏蔽子网体系结构图

（4）屏蔽子网（Screened Subnet）。屏蔽子网体系结构是在屏蔽主机网关的基础上再添加一个屏蔽路由器，两个路由器放在子网的两端，三者形成了一个被称为“非军事区”的子网。

### 6. 防火墙的选购策略

防火墙作为网络安全体系的基础和核心控制设备，它贯穿于整个网络通信主干线，由于其自身处于网络系统中的敏感位置，同时还要面对各种安全威胁，因此，选用一个安全、稳定和可靠的防火墙产品，是极其重要的。在防火墙的选购上，应注意以下的一些策略：

（1）防火墙自身的安全性 ；
（2）防火墙系统的稳定性；
（3）防火墙的性能 ；
（4）防火墙的可靠性 ；
（5）防火墙的灵活性 ；
（6）防火墙配置的方便性；
（7）防火墙管理的简便性 ；
（8）防火墙抵抗拒绝服务攻击的能力 ；
（9）防火墙对用户身份的过滤能力 ；
（10）防火墙的可扩展性、可升级性。

### 7. 防火墙实例

瑞星个人防火墙简介

瑞星个人防火墙是一套由瑞星公司制作的给个人电脑使用的网络安全程序。它采用增强型指纹技术，可根据系统管理者设定的安全规则（Security Rules）提供强大的访问控制、信息过滤等功能，使网络保护更加智能，彻底阻挡了黑客攻击、木马程序等网络危险，保护用户上网账号、QQ 密码等信息不被窃取，为个人电脑提供了全面的安全保护。

瑞星个人防火墙安装方便，使用简单，界面简易清晰，用户只需下载其安装程序，在计算机上直接运行即可。

瑞星个人防火墙的使用

（1）安装和启动。用户只需双击运行防火墙安装程序，就可以进行安装。当出现“检查序列号”窗口时，在“序列号”框中需要输入瑞星个人防火墙的“产品序列号”，在“用户 ID”中需要输入瑞星个人防火墙的“用户 ID”。

当软件安装成功后，默认是启动“瑞星个人防火墙”程序，当用户单击“完成”按钮后，就完成了整个瑞星个人防火墙下载版的安装，这时会自动启动瑞星个人防火墙下载版软件。

（2）升级。在升级之前首先要进行网络配置，以便于访问网络进行在线升级。单击菜单“设置”→“设置网络”，弹出瑞星网络环境设置窗口，如图 8.4 所示。

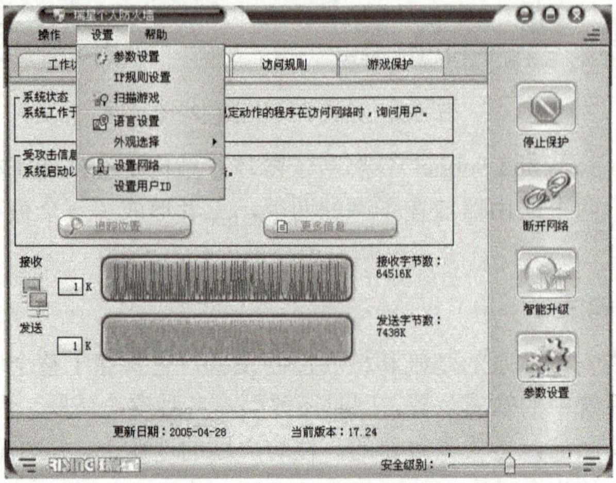


图 8.4　瑞星网络环境调置窗口

程序默认的是“直接联通”的方式，如果是通过代理服务器上网，则应单击“通过代理服务器”前面的选项按钮，在下面填写“代理服务器的 IP 地址”和“代理服务器的端口号”。如果是通过电话拨号上网方式，则应单击“使用拨号网络”前面的选项按钮。网络配置完成后，单击“确定”按钮，关闭网络环境设置窗口。

完成网络配置后，单击菜单“操作”→“智能升级”，弹出如图 8.5 所示的窗口，直到完成智能升级。

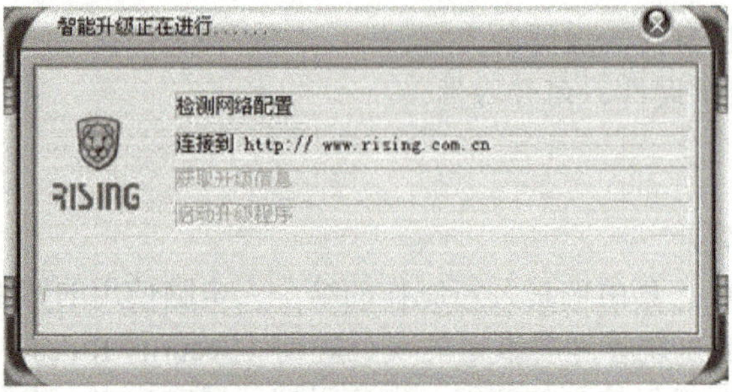


图 8.5　瑞星智能升级窗口

（3）快速入门。启动瑞星个人防火墙的方法为：单击“开始”→“程序”→“瑞星个人防火墙”，成功启动程序后的窗口如图 8.6 所示。

（4）规则设置。当一个应用程序访问网络的时候，防火墙会立即给出提示，并且提示是否要求记录；如果记录，就会自动将这个应用程序加到访问规则中。用户也可以自己将某个应用程序加入到访问规则中，单击“访问规则”页面中的“增加规则”按钮就可以了。

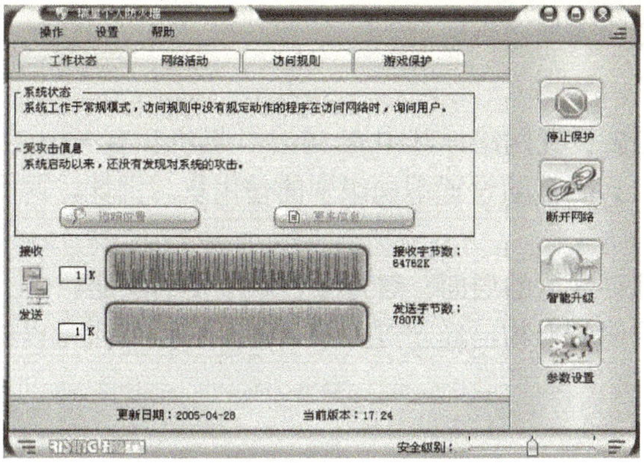


图 8.6 瑞星个人防火墙窗口

### 8. 防火墙的发展趋势

未来防火墙的发展趋势是朝高速、多功能化、更安全的方向发展。

（1）高速。从国内外历次测试的结果都可以看出，目前防火墙的一个很大的局限性是速度不高。实现高速防火墙，算法也是一个关键，因为网络处理器中集成了很多硬件协处理单元，因此比较容易实现高速。对于采用纯 CPU 的防火墙，就必须有算法支撑，目前有的应用环境，应用数百乃至数万条规则，没有算法支撑，对于状态防火墙，建立会话的速度会十分缓慢。

（2）多功能。鉴于目前路由器和防火墙价格都比较高，组网环境也越来越复杂，一般用户总希望防火墙可以支持更多的功能，满足组网和节省投资的需要。但在某些情况下却可以为用户节省一台路由器；支持部分路由器协议，如路由、拨号等，可以更好地满足组网需要；支持 IPSEC VPN，可以利用互联网组建安全的专用通道，既安全又节省了专线投资。

（3）安全。未来防火墙的操作系统会更安全。随着算法和芯片技术的发展，防火墙会更多地参与应用层分析，为应用提供更安全的保障。

### 9. 防火墙的设置策略

面对各种不同的服务，分别设置防火墙。

（1）电子邮件。电子邮件是一种广泛的 Intcrnct 服务，几乎已经是人们生活中不可缺少的一部分。但正是它给人们带来各种麻烦。通常在防火墙上安装 Smap 和 Smapd 这两个应用程序来限制 Sendmail 的权限，放弃了 SMTP 一些次要的功能，并尽可能地减少处理命令，来获得更好的安全性。

（2）远程（Telnet）服务。远程（Telnet）服务可以用来访问 BBS 站点和执行远程调用。它有个最大的安全问题：访问服务器的时候，口令的验证大都是采用明文验证。这样用户名和口令在传输的时候，很容易被监听。管理员可以在配置时对于出站和入站进行不同的设置。

（3）WWW 服务。HTTP 协议中的一个漏洞就是允许远程用户对远程服务器请求通信及远程执行命令，这会危及 Web 服务器和用户。它的另一个问题就是服务器日志。通常 Web 服务器会记录下各种用户的请求和数据信息，而 HTTP 对这些信息的检索不设限制将导致安全问题。这可以通过设置代理服务器或者设置加密通信来解决。

注意了这几点，对于中小型局域网的安全而言就足够了。如果还有需要，则可以在防火墙上配置一些 FTP 的守护程序以获得更高的安全性。

【**例 8.1**】注重安全的大型网络

**1．概述**

假设一个兵团首脑要设置网络，其中有 50 台计算机和有一个 32 个 IP 地址的次级网。由于随从的级别不同，兵团首脑设置不同级别的使用权。因此，网络的各部分之间不能互通。各种级别如下。

外围：这是人人都可到达的层面。这是吸引新成员的层面。

部队人员：这一层面的人物已经超过外围，这个层面的人可以知道一些计谋和制造武器的方法。

**2．网络的设定**

IP 号码的设定方法如下：

一个地址为 192.168.2.255，这是广播地址，不可使用。

32 个 IP 地址中 23 个地址分配给 23 台机器，这些机器可同网际网络连接。

一个 IP 地址用于网络上的 Linux 机。

一个 IP 地址用于网络上的另一个 Linux 机。

两个 IP #\'s 用于路由器（router）。

剩下的 4 个地址随便定 4 个名字，使人分不清真正的用户。

保护网络的地址为 192.168.2.xxx。

这样就建立了两个不同级别的网络。

## 八、电子商务网站安全技术案例

### 1．B2C 类网站案例

（1）卓越网采用的安全技术。joyo.com 主要用虚拟的用户名、电子邮件作为确认注册信息、下订单和售后服务的主要联系方式，用户的用户名和密码是客户登录卓越网、下订单以及查询订单和积分等信息的重要依据，不进行任何实名认证。只有在用户下订单订货进入结算中心时才要求用户填写一些详细的真实姓名、地址、联系电话等信息。但是没有任何强制或者第三者介入的机制要求用户的这些信息必须是真实的。卓越网在很多城市实行的是货到付款模式，一般是通过快递公司进行送货，如果用户所填写的信息不真实，货物无法送达、货款无法收到，这其中的解决方法目前还无法知晓。

（2）e 龙旅行网采用的安全技术。该网站是我国知名的旅游电子商务网站。其用户注册模式为要求用户填写虚拟的用户名、电子邮件、性别、所在城市、电话号码、邮政编码等信息进行注册，这些信息的真实性无法进行识别。注册之后 e 龙网将给用户所填写的电子邮件发送一份经确认之后即成为 e 龙网的注册会员，可以在 e 龙网上进行票务买卖活动。在用户下订单时，会要求用户选择是通过电子邮件、传真、电话或者手机等方式进行确认无误后，e 龙网才进行下一步的订单处理程序。

### 2．C2C 类网站案例

（1）百度。依托全球最大的中文搜索引擎公司百度，基于其独有的搜索技术和强大的社区资源，百度突破性地实现了网络交易和网络社区的无缝结合，以打造完全满足用户期望的体验式服务为宗旨，为庞大的中国互联网电子商务用户提供更贴心、更诚信的专属服务。

（2）拍拍。认证方式有信用卡认证（最高级）、身份证认证高级（高级）、手机认证（普通）、地址认证（普通），拍拍将与第三方的政府相关部门、银行或手机供应商合作，确认所填信息是否真实、有效，对用户的身份进行认证以便决定是否需要与用户取得进一步联系，同时提供第三方介入的“安付通”付款模式帮助交易双方进行交易。

3. B2B类网站案例

“阿里巴巴”号称是世界上最大的B2B网站，其主要用户是商家。要在“阿里巴巴”网站上面进行交易，首先需要注册成为普通会员；注册时需要填写一些信息，如企业名称、电话、地址、邮政编码、传真、所属行业、联系人的职位、姓名等信息，但一般不要求用户输入工商登记或者税务登记等信息。

## 九、计算机犯罪与计算机病毒

### 1. 计算机病毒定义

计算机病毒（Computer Virus）在《中华人民共和国计算机信息系统安全保护条例》中被明确定义，病毒是“指编制或者在计算机程序中插入破坏计算机功能的数据，影响计算机使用并且能够自我复制的一组计算机指令或者程序代码”。

### 2. 计算机病毒的特点

（1）寄生性。计算机病毒寄生在其他程序之中，当执行这个程序时，病毒就起破坏作用，而在未启动这个程序之前，它是不易被人发觉的。

（2）传染性。计算机病毒不但本身具有破坏性，更有害的是具有传染性；一旦病毒被复制或产生变种，其速度之快令人难以预防。

（3）潜伏性。有些病毒像定时炸弹一样，让它什么时间发作是预先设计好的。比如微软黑屏事件，不到预定时间一点都觉察不出来，等到条件具备的时候一下子就爆发出来，对系统进行破坏。

（4）隐蔽性。计算机病毒具有很强的隐蔽性，有的可以通过病毒软件检查出来，有的根本就查不出来，有的时隐时现、变化无常，这类病毒处理起来通常很困难。

（5）破坏性。计算机中毒后，可能会导致正常的程序无法运行，把计算机内的文件删除或受到不同程度的损坏 ；

（6）可触发性。诱使病毒实施感染或进行攻击的特性。

### 3. 计算机病毒的分类

（1）根据病毒的破坏能力划分。

① 无害型。除了传染时减小磁盘的可用空间外，对系统没有其他影响。

② 无危险型。这类病毒仅仅是减少内存或影响图像显示。

③ 危险型。这类病毒在计算机系统操作中造成严重的错误。

④ 非常危险型。这类病毒经常删除程序、破坏数据、清除系统内存区和操作系统中的重要信息。

（2）根据病毒的特有算法划分。

① 伴随型病毒。这一类病毒并不改变文件本身，它们根据算法产生EXE文件的伴随

体，具有同样的名字和不同的扩展名（COM），当 DOS 加载文件时，伴随体优先被执行到，再由伴随体加载执行原来的 EXE 文件。

② “蠕虫”型病毒。通过计算机网络传播，不改变文件和资料信息，利用网络从一台机器的内存传播到其他机器的内存，将自身的病毒通过网络发送。

③ 寄生型病毒。除了伴随型和“蠕虫”型，其他病毒均可称为寄生型病毒，它们依附在系统的引导扇区或文件中，通过系统的功能进行传播。

④ 诡秘型病毒。它们一般不直接修改 DOS 中断和扇区数据，而是通过设备技术和文件缓冲区等 DOS 内部修改，不易看到资源，使用比较高级的技术。

⑤ 变型病毒（又称幽灵病毒）。这一类病毒使用一个复杂的算法，使自己传播一份具有不同的内容和长度的文件。

#### 4．计算机病毒的表现形式

（1）计算机系统运行速度减慢，经常无故发生死机。

（2）计算机系统中的文件长度发生变化，计算机存储的容量异常减少。

（3）系统引导速度减慢。

（4）丢失文件或文件损坏。

（5）计算机屏幕上出现异常显示。

（6）文件无法正确读取、复制或打开。

（7）系统异常重新启动。

（8）一些外部设备工作异常。

（9）异常要求用户输入密码。

#### 5．计算机病毒的防治策略

（1）重要资料，必须备份，一般的文稿最好备份到电子邮箱或硬盘中。

（2）尽量避免在无防毒软件的机器上使用可移动储存介质。

（3）使用新软件时，先用杀毒程序检查，可减少中毒机会。

（4）在计算机上安装杀毒软件，将有助于杜绝病毒。

（5）不要轻易打开陌生电子邮件中的附件。

#### 6．病毒感染后的解决措施

现在虽然有众多的杀毒软件和防火墙作为电脑保护，但新病毒和木马，加上黑客人工的入侵方式，电脑感染病毒的情况还是很普遍。以下是中毒后的一些紧急处理措施：

（1）正在上网的用户，如果发现异常，应立即断开连接。

如果你发现 IE 经常询问你是否运行某些 ACTIVEX 控件，或是生成莫明其妙的文件、询问调试脚本，那么一定要警惕，计算机可能已经中毒。

（2）中毒后，应马上进行备份转移文档和邮件等操作。

中毒后运行杀毒软件清除是必需的，但为了防止杀毒软件误杀或是删掉你还没有处理完的文档和重要的邮件，你应该首先将它们备份到其他储存介质上。因为有些病毒是专门针对某个杀毒软件设计的，一运行就会破坏其他的文件，所以先备份是以防万一的措施。

（3）需要干净的 DOS 启动盘和 DOS 下的杀毒软件。

（4）如果平时做了 Windows 的 GHOST 备份，则可用之来一次镜像，这样所得到的操作系统是最保险的。

（5）再次恢复系统后，更改你的网络相关密码。

包括修改登录网络的用户名和密码，邮箱的密码和 QQ 的密码等，以防止黑客已经在上次入侵过程中知道了你的密码。

### 7. 瑞星杀毒软件

瑞星杀毒软件 2008 正式版在安装时间方面比测试版缩短了一些。此外，在安装过程中有几个小技巧。

瑞星杀毒软件 2008 正式版安装程序采用了漂亮的 Flash 安装界面，并将瑞星杀毒软件、瑞星个人防火墙以及卡卡上网安全助手和在线专家门诊集成到一起，在安装过程中，用户可以自由选择是否安装它们，如图 8.7 所示。

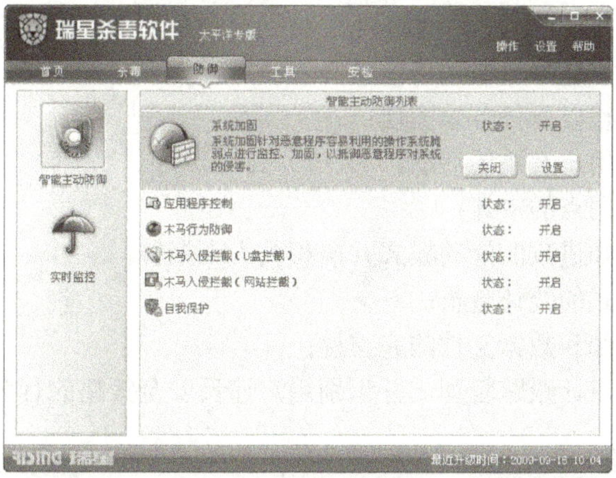


图 8.7　“瑞星”杀毒软件 2008 正式版安装界面

用户可以根据自己本机的情况自由定制“主动防御”的“深度”和“宽度”，以尽可能满足各自不同的需要，如图 8.8 所示。

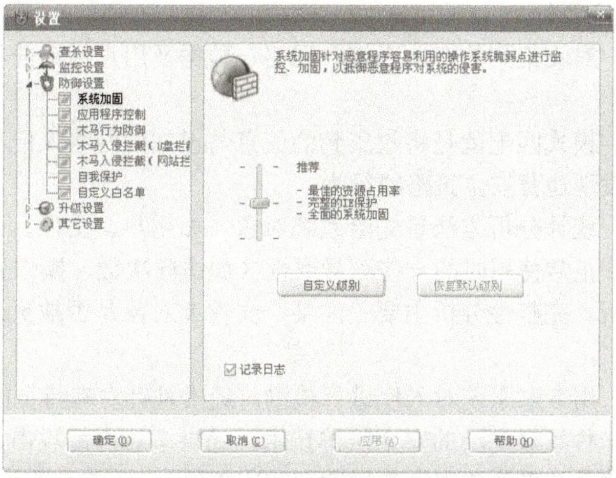


图 8.8　自由定制瑞星主动防御设置的范围

## 十、入侵检测技术

入侵检测技术是为保证计算机系统的安全而设计与配置的一种能够及时发现并报告系统中未授权或异常现象的技术，是一种用于检测计算机网络中违反安全策略行为的技术。入侵检测系统所采用的技术可分为特征检测与异常检测两种。

### 1．特征检测

特征检测，假设入侵者的活动可以用一种模式来表示，系统的目标是检测主体活动是否符合这些模式。

### 2．异常检测

异常检测 (Anomaly detection)，其假设是入侵者的活动异常于正常主体的活动。根据这一理念建立主体正常活动的“活动简档”，将当前主体的活动状况与“活动简档”相比较，当违反其统计规律时，认为该活动可能是“入侵”行为。

入侵检测通过执行以下任务来实现：

（1）监视、分析用户及系统活动；

（2）系统构造和弱点的审计；

（3）识别反映已知进攻的活动模式并向相关人士报警；

（4）异常行为模式的统计分析；

（5）评估重要系统和数据文件的完整性；

（6）操作系统的审计跟踪管理，并识别用户违反安全策略的行为。

### 3．入侵检测过程

（1）信息收集。入侵检测利用的信息一般来自以下三个方面：

① 系统和网络日志文件。

② 非正常的目录和文件改变。

③ 非正常的程序执行。

（2）信号分析。对收集到的有关系统、网络、数据及用户活动的状态和行为等信息进行分析。

（3）模式匹配。模式匹配就是将收集到的信息与已知的网络入侵与系统已有模式数据库进行比较，从而发现违背安全策略的行为。

（4）统计分析。统计分析方法首先给系统对象（如用户、文件、目录和设备等）创建一个统计描述，统计正常使用时的一些测量属性（如访问次数、操作失败次数和延时等）。

（5）完整性分析。完整性分析主要关注某个文件或对象是否被更改，包括文件和目录的内容及属性。

（6）专家系统。用专家系统对入侵进行检测，经常是针对有特征的入侵行为。

入侵检测作为一种积极主动的安全防护技术，提供了对内部攻击、外部攻击和误操作的实时保护，在网络系统受到危害之前拦截和响应入侵。

### 4. 入侵检测案例

真真假假的安全警告

真真假假的安全警告呈现爆炸性成长，攀升为网络安全的第四大威胁。美国 Pew Internet and American Life Project 研究显示：90%用户表示为避免间谍软件威胁而改变了上网习惯，25%的受访者不再从 P2P 网站上下载歌曲或电影。

这些数据都在惊人地告诉人们，间谍软件在人们的网络生活中已经无孔不入。

作者有一位朋友喜欢网上下载，他在网上最常搜索的关键词是“Free”、“MP3”、“Movie”，因此，有一天当他在 MSN 信息看到“Free Movies/MP3/Entertainment links…”的链接时，就迫不及待地猛按鼠标。

当他被引导至网站下载软件面前时，还出现如图 8.9 所示的“Security Warning（安全警告）”。他在这个通过认证的信息怂恿下单击“Yes”按钮之后，第一个木马 TROJ_DOMCOM.D 便开始进入计算机。

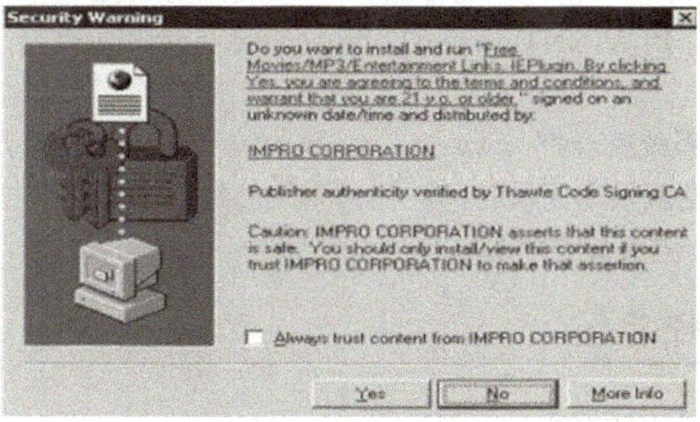


图 8.9 安全警告图

接下来还陆续安装 57 个文件，其中包含一个拨号程序和 4 个木马（TROJ_HIJACK.B、TROJ_DOMCOM.A、TROJ_DLOADER.MG、TROJ_SMALL.ZZ）以及 10 个广告软件。后果十分严重。

## 十一、计算机犯罪

要更好地定义计算机犯罪一词，必须弄清楚计算机在犯罪方面所扮演的角色。一般认为计算机在犯罪方面扮演 4 种角色：

（1）犯罪客体——计算机资产是犯罪分子袭击的对象或目标。

（2）犯罪主体——计算机为犯罪者提供了犯罪场所和环境，同时计算机可以替犯罪分子执行犯罪指令，进行犯罪活动，起了帮凶的作用。

（3）犯罪工具——有些犯罪活动和方法很复杂，需要把计算机作为工具，而计算机既可以是主动工具，也可以是被动工具。

（4）犯罪象征——犯罪者往往利用计算机进行诈骗，或者进行恐吓活动，迫使受害者屈服。

到目前为止，一些已知和已报案的计算机犯罪案件，尚无一例能摆脱上述 4 种角色。

## 模块二：高手点拨

### 屏蔽恶意网站

你有没有这样的经历：当浏览了某网站后，当再次打开浏览器时发现已经不是原先默认的网址，而是上次打开的网站，此时还会发现主页地址栏变灰色被屏蔽，无法更改。这些恶意网站令人极其反感，那就干脆把它屏蔽掉，方法如下：

首先打开记事本，新建一个名为 Hosts 的文件，其内容如下：

127.0.0.1 localhost

127.0.0.1 www.xxx.com

127.0.0.1 www.xxx.net

其中，www.xxx.com、www.xxx.net 为恶意网站的 URL，可以自行添加不受欢迎的网站。如果使用的是 Vista 操作系统，请把该文件保存到 Windows 目录；如果是 Windows 2000/XP 系统，则把该文件保存到 WINNT\system32\drivers\etc 目录，如果已经有 Hosts 文件，直接替换就可以。

这样，Windows 系统就会把 www.xxx.com、www.xxx.net 等解析成本地地址，上网后打开浏览器，这些网站就根本无法访问，因为系统已经根据此文件把这些网站屏蔽掉了，利用此法也可以屏蔽一些特定的网站。

## 模块三：制作实务

### 一、DOS 命令应用实例

1．ping

ping 是用来检查网络是否通畅或者网络连接速度的命令。在 DOS 窗口中输入：ping /? 回车。

**【例 8.2】** t 表示将不间断向目标 IP 发送数据包，直到强迫其停止。

**【例 8.3】** l 定义发送数据包的大小，默认为 32 字节，利用它可以最大定义到 65 500 字节。

**【例 8.4】** n 定义向目标 IP 发送数据包的次数，默认为 3 次。如果网络速度比较慢，3 次也浪费了不少时间，因为现在我们的目的仅仅是判断目标 IP 是否存在。

2．nbtstat

nbtstat 命令使用 TCP/IP 上的 NetBIos 显示协议统计和当前 TCP/IP 连接，使用这个命令可以得到远程主机的 NetBIOS 信息，比如用户名、所属的工作组、网卡的 MAC 地址等。

**【例 8.5】** a 使用这个参数，只要知道了远程主机的机器名称，就可以得到它的 NetBIOS 信息。

**【例 8.6】** A 这个参数也可以得到远程主机的 NetBIOS 信息，但需要知道它的 IP。

**【例 8.7】** n 列出本地机器的 NetBIOS 信息。

当得到了对方的 IP 或者机器名的时候，就可以使用 NetBIOS 命令来进一步得到对方的信息了，这又增加了防御入侵的保险系数。

### 3．netstat

netstat 是一个用来查看网络状态的命令，操作简便，功能强大。

使用该命令查看本地机器的所有开放端口，可以有效发现和预防木马，可以知道机器所开的服务等信息。列出当前的路由信息，告诉本地机器的网关、子网掩码等信息。

用法：netstat –r IP。

### 4．tracert

Tracert 是跟踪路由信息命令。使用此命令可以查出数据从本地机器传输到目标主机所经过的所有途径，这对了解网络布局和结构很有帮助。

### 5．net

net 命令是网络命令中最重要的一个，必须透彻掌握它的每一个子命令的用法，因为它的功能很强大。下面是几个防御入侵常用的子命令。

**【例 8.8】** net view　使用此命令查看远程主机的所有共享资源。命令格式为 net view \\IP。

**【例 8.9】** net use　把远程主机的某个共享资源映射为本地盘符，图形界面方便使用。命令格式为

```
net use x: \\IP\sharename。
```

**【例 8.10】** net start　使用它来启动远程主机上的服务。当用户与远程主机建立连接后，如果发现它的某项服务没有启动，而用户又想利用此服务时，就可以使用这个命令启动。

**【例 8.11】** net stop　遭遇入侵后，当用户发现远程主机的某个服务被阻挡，利用这个命令停掉就可以了，用法和 net start 相同。

**【例 8.12】** net user　查看和账户有关的情况，包括新建账户、删除账户、查看特定账户、激活账户、账户禁用等。

### 6．at

at 命令的作用是安排在特定日期或时间执行某个特定的命令和程序。当知道了远程主机的当前时间，就可以利用此命令让其在以后的某个时间执行某个程序和命令。

### 7．ftp

网络上开放的 ftp 的主机很多，其中很大一部分是匿名的，也就是说任何人都可以登录上去。

### 8、telnet

功能强大的远程登录命令，几乎所有的入侵者都喜欢用它。它操作简单，如同使用自己的机器一样，只要你熟悉 DOS 命令，再成功以 administrator 身份连接了远程机器后，就可以用它来进一步操作了。

## 二、Turbo Linux 平台上的 IP Chains 防火墙实例

### 1．应用背景

在 Turbo Linux 6.1 平台上实现 IP 包过滤防火墙，将内部网络配置为 IP 伪装方式访问 Internet。内部网络与防火墙间用以太网连接，内部网址取 IANA 的 C 类地址 192.168.1.*。防火墙与外部网络通过 Modem 和电话线与 PPP 服务器连接。

### 2. 准备工作

检查 Linux 系统是否支持 IP 伪装。

输入命令：# ls /proc/sys/net/ipv4，若存在“ip_forward”、“ip_masq_debug”、“ip_masq_udp_dloose”、“ip_always_defrag”等文件，表明内核已支持 IP 伪装；否则需要重新编译内核。

配置网卡和 PPP 连接的 IP 地址。

### 3. 配置命令

编辑配置命令文件/etc/rc.d/rc.firewall，将防火墙的配置命令写成执行脚本如下：

```
# 打开系统内核的 IP 转发功能；
echo "1" > /proc/sys/net/ipv4/ip_forward;
# 打开系统内核的自动 IP 分段重组功能；
Echo "1" n > /proc/sys/net/ipv4/ip_always_defrag;
# 设定 IP 伪装的超时时间，TCP 会话超时为 7200s，TCP/IP 的“FIN”分组收到后，会话的延迟时间为 10s，UDP 超时 160s；
/sbin/ipchains/ -M -S 7200 10 160;
# 设定内部网络的 IP 伪装，规定转发链规则；
/sbin/ipcTurboLinuxhains -P forward DENY;
/sbin/ipchains -A forward -i eth0 -s 192.168.1.0/24 -j MASQ;
```

最后，改变这个脚本文件的执行权限为可执行。输入命令：# chmod 700/etc/rc.d/rc.firewall。可以用手工方式运行这个脚本，也可以在文件/etc/rc.d/init.d 中加入一行：/etc/rc.d/rc.firewall，这样每次系统启动时可自动运行这个脚本。

### 4. 系统测试

系统配置好以后，可以从内部子网的任意一台主机上“ping”一下外部的某个服务器，若能“ping”通，则表明 IP 伪装配置是正确的。

## 模块四：技能训练

### 瑞星杀毒软件和个人防火墙的使用

**【训练内容 1】**瑞星杀毒软件的使用

**【训练目的】**

（1）学会使用瑞星防御病毒的方法。

（2）增强网络安全意识。

**【训练要求】**

（1）严格按照标准进行操作，但必须掌握操作方法。

（2）配置完成后，进行防御测试，保证能有效防御和监控病毒。

（3）用一周时间来检测，掌握瑞星杀毒软件的功能、检测方法。

**【训练内容 2】**瑞星个人防火墙的使用

**【训练目的】**

（1）学会个人防火墙的设置方法。

（2）掌握防火墙的原理和功能。

【训练要求】

（1）根据理论课讲解的方法进行操作，且必须掌握操作方法。

（2）配置完成后，进行防御测试，保证能有效防御和监控非法程序。

（3）根据不同使用场合进行设置，比较其区别。

# 第二节　电子商务网站信息的发布

## 模块一：应知应会

### 一、网站测试概述

电子商务网站制作的完成并不表示网站建设的结束，网站的测试和网站维护工作是一个长期的过程，尤其是网页正式发布前，对网站进行全面测试是必不可少的。因为实际情况是不可能完全预见的，不论在制作网页时多么小心，在网站运行中网页发布还可能出现这样或那样的问题。

#### 1．网站测试的含义

测试贯穿了各个开发阶段。在测试中不仅对软件进行了动态测试，而且还对子文档和代码进行了静态测试。随着网络技术不断成熟，网站功能日益增加，越来越多的业务系统演化为基于 Web 的应用。测试是为这些服务降低风险的主要手段。对网站的测试应从用户界面、功能、兼容性、性能和安全几方面综合考虑，并借助自动测试工具提高测试效率。

#### 2．网站测试的意义

网站是一个系统，涉及许多网页的开发，而且开发工作一般由多个设计人员共同协作完成，所以发布前的测试工作就更为重要。许多人在网站开发中不重视这一环节，草率地将网站发布到网上，结果遇到了许多意想不到的问题。到这时，虽然可以补救，但却遭受了很大的损失。因此，一定要重视网站测试阶段的工作。测试阶段的主要工作是纠正网页存在的问题。为了顺利完成这一阶段的工作，需要付出极大的耐心和细心。

#### 3．网站测试的阶段划分

网站的测试可划分为以下几个阶段：

（1）设计阶段。对网站功能说明书进行检查，编写软件测试计划。

（2）单元测试阶段。这是对软件的最小结构的测试。

（3）集成测试阶段。这是将所有模块整合在一起的测试。

（4）确认测试阶段。提供给用户本网站的测试计划，让用户清楚网站测试各个阶段的工作。

（5）系统测试阶段。系统是一个有机的整体，必须对恢复测试、安全测试、强度测试和性能测试等各方面进行全局整合。

（6）回归测试阶段。重新运行最初发现问题的原始测试程序，测试该问题是否已经解决，是否又出现了新的问题。

## 二、网站测试内容

基于 Web 的系统测试与传统的软件测试既有相同之处，也有不同之处。基于 Web 的系统测试不但需要检查和验证是否按照设计的要求运行，而且还要评价系统在不同用户的浏览器端口的显示是否合适。更重要的是，还要从最终用户的角度进行安全性和可用性测试。一个网站制作基本完工后，需要通过下面的测试。

### 1．制作者测试

制作者测试包括美工测试页面、程序员测试功能。在网站制作完工后第一时间内，由制作者本人进行测试。

（1）页面。包括首页、二级页面、三级页面等所有页面在各种常用分辨率下有无错位；图片上有无错别字；各链接是否是死链接；各栏目图片与内容是否对应等。

（2）功能。网站功能是否达到客户要求，网站数据库链接是否正确，在需要填写的表单处填写内容后能否正常提交等。

### 2．全面测试

根据交工标准和客户要求，由专人进行全面测试，测试内容也是包括页面和程序两方面，而且要结合起来进行测试，保证填充足够的内容后不会导致页面变形。另外，要检查是否有错别字，文字内容是否有常识错误。

### 3．发布测试

网站发布到主服务器之后的测试，主要是防止环境不同导致的错误。

### 4．功能测试

（1）表单测试。当用户给 Web 应用系统管理员提交信息时，就需要使用表单操作，例如用户注册、登录、信息提交等。在这种情况下，必须测试提交操作的完整性，以校验提交给服务器信息的正确性。

（2）Cookies（点心文件）测试。Cookies 通常用来存储用户信息和用户在某应用系统的操作，当一个用户使用 Cookies 访问了某个应用系统时，Web 服务器将发送关于用户的信息，把该信息以 Cookies 的形式存储在客户端计算机上，这可用来创建动态和自定义页面或者存储登录等信息。

（3）设计语言测试。Web 设计语言版本的差异可以引起客户端或服务器端严重的问题，例如使用不同版本的 HTML 等。

（4）数据库测试。在使用了数据库的 Web 应用系统中，一般情况下，可能发生两种错误，分别是数据一致性错误和输出错误。针对这两种情况，可分别进行测试。

### 5．性能测试

网站的性能测试主要从三个方面进行：链接速度测试、负载测试（Load）和压力测试（Stress）。

（1）链接速度测试。用户链接到 Web 应用系统的速度因上网方式的变化而变化。如果 Web 系统响应时间太长，用户就会因没有耐心等待而离开。另外，有些页面有超时的限制，如果响应速度太慢，用户可能还没来得及浏览内容，就需要重新登录了。而且，连接速度太慢，还可能引起数据丢失，使用户得不到真实的页面。

（2）负载测试。负载测试是为了测量 Web 系统在某一负载级别上的性能，以保证 Web 系统在需求范围内能正常工作。负载级别可以是某个时刻同时访问 Web 系统的用户数量，也可以是在线数据处理的数量。

（3）压力测试。压力测试也称负载测试，负载测试应该安排在 Web 系统发布以后，在实际的网络环境中进行测试。负载测试的目标是确保系统在超出最大预期工作量的情况下仍能正常运行。此外，负载测试还要评估性能特征，例如，响应时间、事务处理速率和其他与时间相关的性能。

### 6. 稳定性测试

所谓的稳定性是指网络系统能够提高长期、可靠、满足指标带宽的性能。

（1）长期。网络系统必须在较长的时间内正常工作，不能发生死机、重启等故障。

（2）可靠。在满负载的情况下工作正常，不能崩溃或者效率下降很多。

（3）带宽。能够稳定提供不少于某个指标的数据传输速率。

### 7. 兼容性测试

兼容测试是测试软件在一个特定的硬件/软件/操作系统/网络等环境下的性能如何。是向上兼容还是向下兼容，是软件兼容还是硬件兼容。

（1）操作系统。测试站点能否在 Windows 的各个版本上浏览，有些字体在某个系统上可能不存在，因此需要确认选择了备用字体。如果用户使用两种操作系统，请确保站点没有使用只能在其中一种操作系统上运行的插件。

（2）浏览器。测试站点能否使用 Netscape、Internet Explorer 等浏览器进行浏览。

（3）视频设置。页面在 640×480、800×600 或 1280×1024 的分辨率模式下是否显示正常，字体是否太小以至于无法浏览，或者是太大，文本和图片是否对齐。

**【例 8.13】**测试网页在不同类型的 Web 浏览器与在同类型 Web 浏览器的不同版本中的兼容性。

其具体操作如下：

① 选择“工具”→“网页选项”菜单命令，打开“网页选项”对话框；

② 选择“兼容性”选项卡，在“浏览器”下拉列表框中选择要使用的浏览器类型，在“浏览器版本”下拉列表框中选择浏览器的版本，在“服务器”下拉列表框中选择要使用的服务器，在“可用的技术”栏中选中要使用的网页技术；

③ 单击“确定”按钮；

④ 通过在“兼容性”选项卡中多次进行不同的组合设置便可测试出创建的站点在多种常用浏览器及版本下是否能够正常显示。

### 8. 链接测试

链接是 Web 应用系统的一个主要特征，它是在页面之间切换和指导用户一些不知道的页面的主要手段。链接测试可分为三个方面：

（1）测试所有链接是否按指示的那样确实链接到了该链接的页面；

（2）测试所链接的页面是否存在；

（3）保证 Web 应用系统上没有孤立的页面，所谓孤立页面是指没有链接指向该页面，只有知道正确的 URL 地址才能访问。

### 9. 代码测试

运行脚本和程序测试的主要目的是：测试页面中 JavaScript，CGI 或 ASP（JSP）程序是否能正常工作。在 Web 网页中，JavaScript 脚本出现错误，通常有以下 3 种原因：

（1）脚本设计的逻辑错误。通常出现在 if、while 等需要逻辑判断的部分。为避免出现这样的错误，要求在开始编写脚本时就有一个清晰的逻辑设计思路；

（2）键盘输入错误；

（3）浏览器不支持导致的错误。

### 10. 安全性测试

Web 应用系统的安全性测试区域主要有：

（1）对用户名和密码的测试分为有效测试和无效测试。如果用户名和密码存在字母格式，则应注意区分字母的大小写；对尝试登录次数限制的测试；以及是否可以不登录而直接浏览某个页面的测试等；

（2）Web 应用系统是否有超时的限制，也就是说，用户登录后在一定时间内没有单击任何页面，是否需要重新登录才能正常使用；

（3）为了保证 Web 应用系统的安全性，日志文件是至关重要的。需要测试相关信息是否写进了日志文件、是否可追踪；

（4）当使用了安全套接字时，还要测试加密是否正确，检查信息的完整性；

（5）服务器端的脚本常常构成安全漏洞，这些漏洞又常常被黑客利用。所以，还要测试是否具有这样的功能，即未经授权则不能在服务器端放置和编辑脚本。

## 三、网站测试方法

### 1. 人工测试

网站速度测试：测试的是从您的浏览器发起连接到网站服务器发出响应的时间差。这大致可以反映出网站的 DNS 解析和服务器的响应速度。

方法如下：选择“程序”→“运行”→输入“ping　服务器地址”。

```
Reply from 58.17.32.97: bytes=32 time=210 ms TTL=112
Reply from 58.17.32.97: bytes=32 time=214 ms TTL=112
Reply from 58.17.32.97: bytes=32 time=210 ms TTL=112
Reply from 58.17.32.97: bytes=32 time=211 ms TTL=112
Ping statistics for 58.17.32.97:
Packets: Sent = 4, Received = 4, Lost = 0 (0% loss),
Approximate round trip times in milli-seconds:
Minimum = 210 ms, Maximum = 214 ms, Average = 211 ms
```

### 2. 专用工具测试

（1）网速测试工具条，如图 8.10 所示。网速测试工具条合理整合了网速测试、IP 查询、路由分析和测试联盟可以更方便、快捷地进行网速测试和使用相关的测试工具。

图 8.10　网速测试工具条

网速测试工具条同时兼有测试点、厂商、产品、新闻、文章、技术词典等实用功能。

（2）浏览器模拟工具。现在操作系统和浏览器种类不少，你的网站必须兼容它们，通过下列工具，你可以了解你的网站在各种浏览器上的显示效果。

Browsershots 能给出你的网站在不同浏览器下显示效果的截图，IE NetRenderer 实时生成你的网站在 Internet Explorer 6.0 和 Internet Explorer 7.0 下的截图。MobiReady Report 分析使用手机访问网页的兼容性问题，会生成一份详细的报告，并提供了在两种不同类型的手机浏览器上浏览你的网站时的情景。

**【例 8.14】**网站测试工具使用详解示例。

#### 网速测试工具条使用指南

第一步：工具条的安装

下载后直接运行 LinkWanToolbar.exe 文件，按照安装向导提示进行安装即可。

第二步：工具条的使用

网速测试工具条依次提供了世界网络、搜索输入框、搜索、高亮显示搜索关键词等功能。

（1）在输入框中输入您要查询的关键词，单击“搜索”按钮的下拉菜单，其中，提供了世界网站站内的测试点、厂商、产品、新闻、文章、技术词典的站内搜索，以及百度、Google、Yahoo 的网页搜索。

（2）在“搜索”按钮后面有一个高亮显示搜索关键词的小图标。当这个小图标呈按下状态时，在当前网页中出现输入关键词的内容将被高亮显示，以方便浏览。

（3）“是否是测试点”图标有两个显示效果，一个是亮色的图标，一个是灰色的图标。

（4）“速度测试”提供了直达访问世界网络速度的测试首页、测试点列表、速度测试统计三个页面的功能。

（5）“测试点收藏”可以将经常使用的测试点添加到收藏中。测试点收藏提供了添加测试点、测试点管理、群组比较测试等三个下拉式功能。

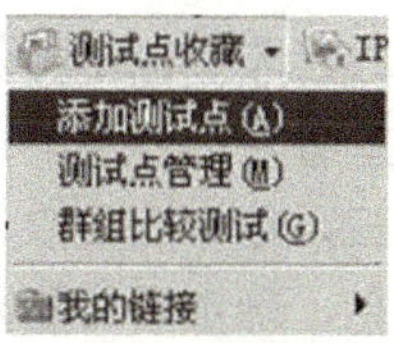


图 8.11　单击“添加测试点”选项

① 添加测试点。如图 8.11 所示，单击“添加测试点”选项后，可以通过测试点名称的任意关键词进行搜索（如图 8.12 所示），搜索结果的最新 20 个测试点将出现在下拉列表中。选中相应的测试点后，单击“添加”按钮可以将测试点收藏在指定的测试组中。

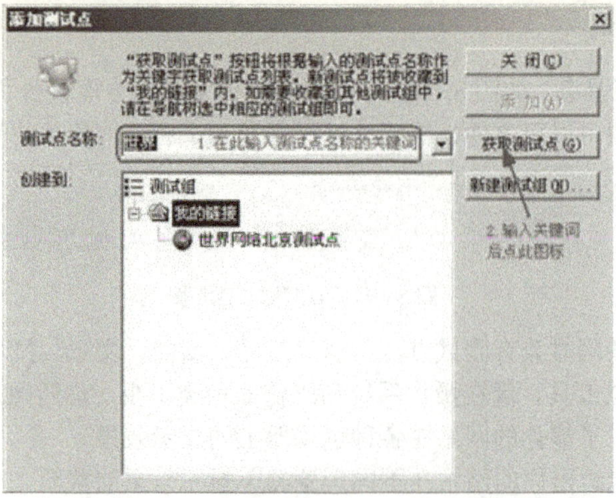


图 8.12 “添加测试点”过程示意图

如果需要新建测试组，单击“新建测试组”按钮，输入测试组的名称，即可将新的测试组建立在指定的测试组中。

② 测试点管理。单击“测试点管理”按钮后，可以对测试组、测试点进行组织和管理，如图 8.13 所示。

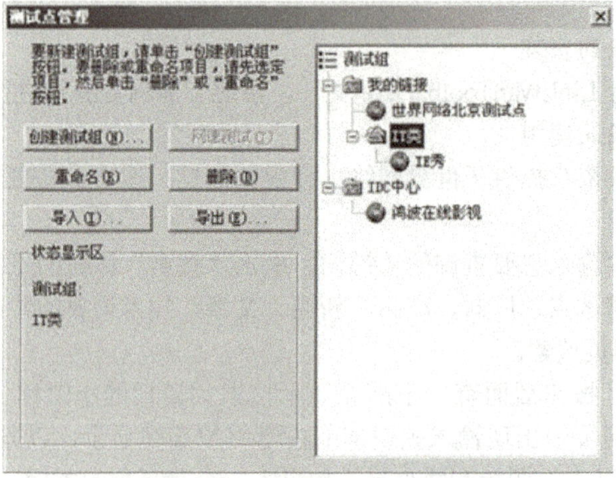


图 8.13 “测试点管理”功能图

第一，选中右边收藏树中的测试点，单击“网速测试”按钮，即可直接对此测试点进行网速测试；

第二，选中右边收藏树中的测试组或测试点，单击“重命名”按钮，即可对测试组或测试点进行重命名；

第三，选中右边收藏树中的测试组或测试点，单击“删除”按钮，系统给出删除确认提示信息，确定后将删除选定的测试组或测试点。

第四，有一个非常有用的功能，那就是可以在右边收藏树中选中任何一个测试组或测试点，然后拖动到所想要的位置，即可实现测试组或测试点的重新组合或排序。

③ 群组比较测试。单击“群组比较测试”按钮后，可以随意选择一组测试组或任意多

个测试点进行群组比较测试。

工具条上的“IP 查询”按钮提供了直达使用世界网络提供的专业 IP 地址查询功能。单击“IP 查询”按钮后，默认显示是当前您正在访问的网站的 IP 信息。

“加盟测试联盟”提供了测试联盟的相关信息。

**友情提醒**

当您正在使用世界网络测试功能对某个测试点进行测试时，得到最终测试结果后单击“添加测试点”，可以将当前测试点直接添加到收藏中。

## 四、网站发布

### 1. 网站发布概述

网站发布，也叫上传网站，一般使用 FTP 协议来上传，即以远程文件传输方式上传到服务器中已申请的域名下。

### 2. 网站发布的常用方法

网站，或称站点，在本地计算机中制作完成后，经过测试，如果正确无误，就可以发布到 Internet。可以使用下述三种方法进行站点发布。

（1）用“FrontPage”发布站点；

（2）用“Dreamweaver”发布站点；

（3）用专用“FTP”工具发布站点。

### 3. 用“FTP”发布站点

用 FTP 发布站点是现在常用的一种方法，具体操作步骤如下：

（1）FTP 站点的创建。

单击菜单“文件”→“站点管理器”，进入“站点设置”窗口，在该窗口中可以看到下方有“新建”、“向导”、“编辑”、“帮助”、“连接”、“退出”等按钮。

主要按钮功能如下：

① 新建：创建一个新的站点；

② 向导：软件一步一步引导创建新的站点；

③ 导入：允许用户直接从 CuteFTP、FTP　Explorer 等 FTP 软件中导入站点的数据库；这样减少了录入庞大数据库的时间和无谓的录入错误；

④ 编辑：对已经建立的站点进行一些功能的设置。

（2）选择面板中的“新建”按钮，进入创建站点的窗口，填写如下内容。

① 站点标签：可以输入一个容易记忆的名字。例如，qzschool。

② FTP 主机地址：FTP 服务器的主机地址，例如，FTP：//10.1.151.99。

③ FTP 站点的用户名称：填写 ISP 提供的用户名。

④ FTP 站点的密码：填写 ISP 提供的密码。

⑤ FTP 站点连接端口：端口 21。

⑥ 登录类型：根据实际情况填写。

（3）单击“链接”按钮建立站点链接。这样就可以成功地与服务器连接，开始上传文件了。上传方法有如下两种。

① 将鼠标放在要上传的文件上用鼠标右键单击，出现一个下拉菜单，单击“上传”命令即可将文件上传到服务器上。

② 将鼠标放在要上传的文件上，直接拖动文件到右边相应的目录下，即可上传文件。

## 模块二：高手点拨

### 为何有的网站要求使用 FTP 二进制上传

因为在网络的物理层，数据是以二进制位的形式传输的。以二进制形式的传输减少了数据在传输层的转换（从一个 HOST 到另一个 HOST 需要两次二进制转换）。这就最大限度地减少了转换所带来的位出错，而且速度更快，更稳定。

Discuz，Shopex 等 PHP 程序就要求使用二进制上传；图片、程序、Word 文档等都要用二进制，exe 等程序文件也要使用二进制传输。文本文件需要使用 ASC 方式传输。

## 模块三：制作实务

### CuteFTP 的使用

#### 1．软件启动

（1）运行 CuteFTP，则出现如图 8.14 所示的窗口。单击“文件（F）”下的“站点管理（s）”打开“站点设置新建站点”对话框。

（2）单击“站点设置新建站点”对话框左下方的“新建（N）”后，新建一个“新建站点”文件夹。

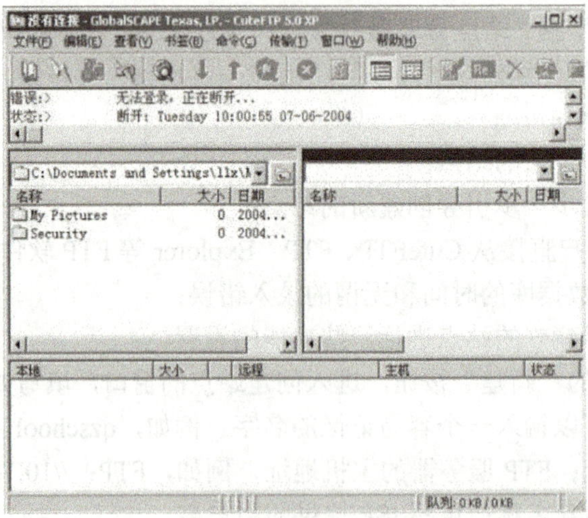


图 8.14 运行 CuteFTP 出现的窗口

（3）单击“新建站点”文件夹，之后在“站点标签”下输入“东北大学秦皇岛分校”，在“FTP 主机地址”后输入“202.206.16.15”，在“FTP 站点用户名称”中输入“public”，在“FTP 站点密码”中输入“public”，在“FTP 站点连接端口”中默认数值就是 21，“登录类型”默认是“普通”。然后单击该图右下方的“连接”按钮。成功连接后，即出现如图 8.15 所示的界面。

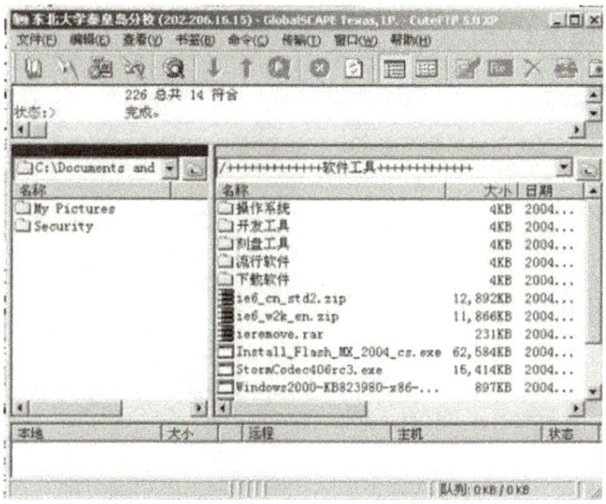


图 8.15　站点成功连接后的界面

## 2. 界面介绍

主界面分 4 个工作区，如图 8.16 所示。

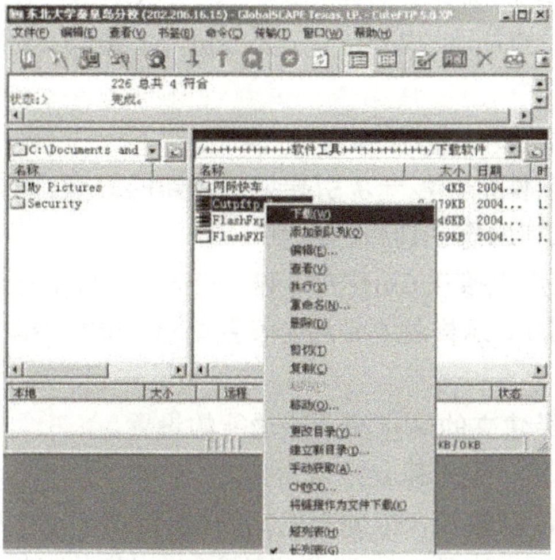


图 8.16　浏览 FTP 上文件

（1）本地目录窗口。默认显示的是整个磁盘目录，可以通过下拉菜单选择您已经制作完成的网站的本地目录，准备开始上传。

（2）服务器目录窗口。用于显示 FTP 服务器上的目录信息，在列表中可以看到文件名称、大小、类型、最后更改日期等。窗口上面显示的是当前所在位置路径。

（3）登录信息窗口。FTP 命令行状态显示区，通过登录信息能够了解到您目前的操作进度，执行情况等，诸如登录、切换目录、文件传输大小、是否成功等重要信息，以便确定下一步的具体操作。

（4）列表窗口。显示“队列”的处理状态，您可以查看到准备上传的目录或文件放到队列列表中，此外配合“Schedule”（调度表）的使用还能达到自动上传的目的。

### 3．功能使用

FTP 站点的创建如图 8.17 所示。

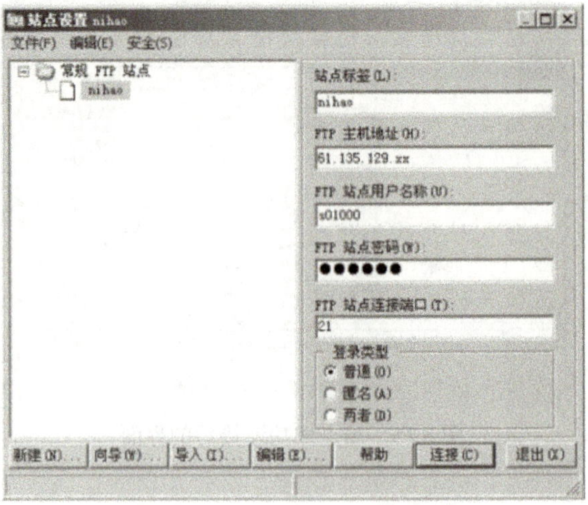


图 8.17 “站点设置”窗口

（1）单击“文件”菜单→选择“站点管理器”，进入“站点设置”窗口，在这个窗口中您可以看到“新建（N）”、“向导（W）”、“导入（I）”、“编辑（E）”、“帮助”、“连接（C）”和“退出（×）”的按钮。

① “新建”是创建/添加一个新的站点。

② “向导”是指用软件来一步一步引导您创建新的站点。如果您对 FTP 软件还不熟悉，可以选择“向导”来辅助您创建新的站点。

③ “导入”是允许用户直接从 CuteFTP、WS-FTP、FTP Explorer、LeapFTP、Bullet Proof 等 FTP 软件导入站点数据库，这样就不必逐个设置站点，可减少向数据库录入庞大数据的时间和无谓的录入错误。

④ “编辑”是对已经建立的站点的一些功能的设置。

（2）选择“新建（N）”，进入建立站点窗口。

① 站点标签（L）。可以输入一个便于记忆的名字。

② FTP 主机地址（H）。这是 FTP 服务器的主机地址，在这里只要填写域名或 FTP 的 IP 地址就可以了。

③ FTP 站点用户名称（U）。请填写注册时分配的用户名。

④ FTP 站点密码（W）。请填写注册时分配的密码。

⑤ FTP 站点连接端口（T）。CuteFTP 软件会根据您的选择自动更改相应的端口地址，一般包括 FTP（21）、HTTP（80）两种。当所有设置完成后，单击“连接（C）”按钮建立站点连接，就可以成功地与服务器连接，开始上传文件了。

### 4. 注意事项

FTP 上传请认真核对由我们提供的用户名和密码，上传网页文件时应注意以下几点：

（1）如果用户上传 Access 数据库，应将相关数据库文件以二进制形式上传；

（2）网站的默认首页文件：index.html, default.html, default. asp, index. php, index. jsp；

（3）如果用户已设置了 FrontPage 功能，则在网站的目录下将产生一些带下画线的目录及文件，请用户不要删除，否则会影响到相关功能的使用；

（4）建议用户不要用汉字作为目录及文件名。

## 模块四：技能训练

### 网站上传技能训练

**【训练内容】**将自己制作的网站通过 FTP 方式上传。

**【训练目的】**

（1）学会网站上传的实际操作。

（2）学会 FTP 上传网站的方法。

**【训练要求】**

（1）按照网站上传步骤操作。

（2）上传后，保证测试正常。

（3）根据上传效果完善自己制作的网站。

## 本 章 小 结

本章主要讲授了电子商务网站的安全与发布。从网络安全案例导入，用事实来说明网络安全的重要性。

第一节，电子商务网站的安全，从网络安全的概念、防御策略入手，讲解了常见的网络攻击类型及解决措施；介绍了计算机病毒的概念、特点和分类，并给出了预防策略和解决措施。重点讲解了防火墙技术的结构、特点、优点、不足，并介绍了防火墙的配置方法和注意事项。最后结合实例分析了入侵技术及解决措施。第二节，网站的发布，讲解了网站测试内容和测试工具，并结合实例分析了两种测试方法，并介绍了专业测试工具的使用方法。重点介绍了网站上传工具 FTP。

在第一节的制作实务模块中对入侵的 8 个 DOS 命令做了具体介绍，并给出了配置防火墙实例；第二节制作实物中介绍了 CuteFTP 软件的界面、使用方法及注意事项。

本章内容涉及网站建设完成之后的完善工作，这是一项艰巨而重要的工作。在今后的网络发展中，尤其在目前的电子商务发展中，网站安全的重要性日益突出。

## 每 课 一 考

### 一、填空题（共 40 空，每空 1 分）

1. 网站安全是指利用一定的技术措施，保证网站安全运营，使信息数据的（　　）、（　　）、

（　　）受到保护。

2. 网站测试的内容有（　　）、（　　）、（　　）、（　　）、（　　）、（　　）、（　　）、（　　）、（　　）、（　　）。

3. 网站安全的主要目标是要确保经网站传送的信息，在到达目的站时没有任何（　　）、（　　）、（　　）、（　　）。

4. 计算机病毒是一种人为制造的、在计算机运行中对计算机信息或系统起（　　）作用的（　　）。

5. 计算机病毒的特点包括（　　）、（　　）、（　　）、（　　）、（　　）和（　　）。

6. 根据病毒破坏的能力可将其划分为（　　）、（　　）、（　　）和（　　）。

7. 根据病毒特有的算法，病毒可以划分为（　　）、（　　）、（　　）、（　　）和（　　）。

8. CuteFTP 主界面的 4 个工作区域是（　　）、（　　）、（　　）、（　　）。

9. 身份认证技术主要包括数字签名、（　　）、（　　）。

## 二、选择题（共 20 题，每题 1 分）

1. 防火墙的作用是保护内部网络的安全，它能（　　）。
   A. 防止来自内部的互相攻击　　B. 防止感染病毒的文件继续传播
   C. 控制用户的非法访问　　D. 防止数据驱动式攻击

2. 威胁网络安全的主要因素不包括（　　）。
   A. 人为的无意失误　　B. 人为的恶意攻击
   C. 网络软件的漏洞　　D. 网络的速度

3. SSL 协议工作在（　　）。
   A. HTTP 协议层　　B. Socket 层　　C. 物理层　　D. Web 协议层

4. 常见的网络攻击形式中不包括（　　）。
   A. SYN 攻击　　B. 数据驱动攻击
   C. 报文攻击　　D. 病毒攻击

5. 防火墙的作用不包括（　　）。
   A. 网络安全的屏障　　B. 强化网络安全策略
   C. 防止内部信息的外泄　　D. 防止病毒入侵

6. 防火墙的结构不包括（　　）。
   A. 屏蔽路由器　　B. 双宿主主机网关
   C. 屏蔽主机网关　　D. 子网

7. 不属于网络安全性能的是（　　）。
   A. 保密性　　B. 准确性　　C. 完整性　　D. 可使用性

8. 防火墙的未来发展趋势不包括（　　）。
   A. 高速　　B. 多功能　　C. 安全　　D. 便宜

9. 后台管理程序文件的安全问题不包括（　　）。
   A. 用户名、密码问题　　B. 明文密码问题
   C. 简单加密问题　　D. 入侵捕获

10．稳定性测试能够提高（　　）性能。

A．长期　　B．可靠　　C．带宽　　D．速度

11．以下不属于灾难恢复操作的是（　　）。

A．全盘恢复　　B．重定向恢复

C．个别文件恢复　　D．数据库恢复

12．属于网络信息安全传输协议的有（　　）。

A．VPN　　B．SET　　C．HTTP　　D．SSL

13．选择路由算法需要综合考虑的因素有（　　）。

A．最优化　　B．简洁性　　C．坚固性　　D．快速收敛

14．防火墙的不足之处不包括（　　）。

A．不能防范恶意的知情者　　B．不能防备全部的威胁

C．防火墙不能防治病毒　　D．价格太贵

15．以下不属于网站的测试阶段的是（　　）。

A．设计阶段　　B．单元测试阶段

C．集成测试阶段　　D．综合测试阶段

16．以下属于网站上传的工具是（　　）。

A．jsp　　B．asp　　C．ftp　　D．PPP

17．网站性能测试不包括（　　）。

A．负载测试　　B．压力测试

C．链接速度测试　　D．图片测试

18．按病毒的破坏能力，病毒不包括（　　）。

A．无害型病毒　　B．无危险型病毒

C．非常危险型病毒　　D．引导型病毒

19．以下不是代码测试常见的错误为（　　）。

A．脚本设计的逻辑错误　　B．键盘输入错误

C．浏览器不支持导致的错误　　D．编译链接错误

20．兼容性测试不包括（　　）。

A．操作系统　　B．浏览器　　C．视频设置　　D．速度测试

## 三、判断题（共 20 题，每题 1 分）

1．网站安全管理是一个很简单的过程。（　　）

2．网站安全问题是可以预测和彻底解决的。（　　）

3．网站测试时只需测试速度和性能。（　　）

4．感染病毒的文件是很容易发现的。（　　）

5．用 DW 上传网站要比其他工具快。（　　）

6．防火墙可以防止所有的病毒入侵。（　　）

7．计算机犯罪已经有了明确的定义。（　　）

8．入侵检测技术是为保证计算机系统的安全而设计与配置的一种能够及时发现并报告系统中未授权或异常现象的技术。（　　）

9. 数字签名又称电子加密，它可以区分真实数据与伪造、被篡改过的数据。（ ）
10. 身份识别是指用户向系统出示自己身份证明的过程，主要使用约定口令、智能卡和用户指纹、视网膜和声音等生理特征。（ ）
11. 计算机系统运行速度减慢是计算机病毒的表现形式。（ ）
12. 在 Web 应用技术中，数据库起着重要的作用，数据库为 Web 应用系统的管理、运行、查询和实现用户对数据存储的请求等提供空间。（ ）
13. 电子邮件炸弹是最古老的匿名攻击之一，通过设置一台机器不断地、大量地向同一地址发送电子邮件，攻击者能够耗尽接收者网络的带宽。（ ）
14. 网站安全是指利用网站管理控制的技术措施，保证在一个网站环境里，信息数据的机密性、完整性及可使用性受到保护。（ ）
15. 产生漏洞的主要原因是由网站程序代码编写的不完善造成的。（ ）
16. 网速测试工具条同时兼有测试点、厂商、产品、新闻、文章、技术词典等实用功能。（ ）
17. 数据库是一个电子商务网站的核心，因此数据库的安全问题也就成为电子商务网站安全的首要问题。（ ）
18. 尽量去掉无用的 Web 组件，防止被他人非法利用。（ ）
19. 很多企业的管理员密码都采用明文来保存，这样的明文密码是最不安全的因素之一，通过 SQL 注入很容易就能猎取数据库中的明文密码。（ ）
20. 为了安全需要，不要直接用类似 Admin、User、Product 等作为表名。（ ）

## 四、拓展技能综合题（共 20 分）

测试你所在学校网站的性能。

# 第九章

## 电子商务网站案例分析

### 知识要点

1. 通过对“淘宝网”的分析，重点掌握大型电子商务网站的创意设计；
2. 通过对“易万贝”网站的分析，重点掌握中型电子商务网站的整体规划；
3. 通过对“尚志都市商城”的分析，重点掌握小型电子商务网站的制作。

### 四大技能

1. 网站开发高手成长的轨迹；
2. “淘宝网”的创意；
3. 电子商务网站的结构规划；
4. “淘宝网”入门流程。

### 学习方法

本章没有理论知识，全部是案例分析，因此本章的学习，要注意发散思维。通过学习本章的内容，可了解整个电子商务网站的全貌，为自己创建电子商务网站打下坚实的基础。要求如下：

1. 对每一个案例，上网查阅类似网站，进行广泛分析；
2. 认真学习每一个案例，领悟其中的精髓；
3. 模仿每一个案例，制作电子商务网站。

全书行文至此，一直遵循“一个中心，两个基本点”的编写总原则，即以掌握电子商务网站建设技术为中心，以学会必需的理论和实际动手能力为基本点。现在，让我们一起来分析三个典型电子商务网站，即诞生在大师马云手下的中国最成功的电子商务网站“淘宝网”、矢志不移的狂热爱好者张宗新创办的刚刚上线的“易万贝”网站和身残志坚的草根网民张伟山创办的名气还不是很大的“尚志都市商城”。下面我们就一起品味同一颗创业雄心、三个不同案例和三种别样境况。

**案例导航**

**三个电子商务网站　三个人的人生轨迹**

2003 年 5 月 10 日“淘宝网”诞生于电子商务世家“阿里巴巴”，先天优越、“家风”优良的“淘宝网”茁壮成长。5 年后的今天，它已业绩显赫：2008 年一季度，“淘宝网”注册会员超过 6200 万人，截至 2008 年 1 月，支付宝注册会员超过 6300 万，覆盖了中国绝大部分网购人群；交易额突破 188 亿，2007 年全年的成交额是 433 亿。目前“淘宝网”已经是中国网民最喜爱的电子商务平台。

张宗新，名不见经传，却在孕育着又一个电子商务奇迹。1993 年，正在读书的毛头小伙子张宗新梦想创建一个著名的网络平台，父命难违的他却阴差阳错地进了建设银行，当了一名网络管理员。2003 年，他毅然辞职，狂热专注梦中的“她”，2008 年他终于携“易万贝”闪亮登场，奥运之年虽然遭遇金融危机，他的梦想也受到了影响，但他仍然满怀激情，因为他知道，“易万贝”底蕴深厚，必将走向辉煌。

草根张伟山，拖着病残的双腿行走在人生路上，曾以黑龙江省第一名的成绩参加全国计算机大赛。一个普普通通的网民，不畏网络世界的风浪，不惧金融风暴的肆虐，用自己的双手编织着电子商务创业梦。他的“尚志都市商城”虽然还没有很大的名气，虽然还不是很完善，但我们却要第一时间去探究他的秘密，他的未来一定会获得巨大的成功。因为我们和他们一样，有梦想、有激情，都在艰难的创业路上一路前行。

成功的“淘宝网”、刚登场的“易万贝”和孕育中的“尚志都市商城”是三个典型的实际案例。我们旨在从不同的案例中找到共性，从差异中寻找梦的轨迹。如果放下书本，也许你想牛刀小试，请大家细细品读以下三个网站的创意、规划和制作。

## 第一节　“淘宝网”案例分析

### 模块一：应知应会

“淘宝网”（http://www.taobao.com）是亚洲最大的网络零售商圈，目前该网站正致力于打造全球首选网络零售商圈。该网站是由马云执政的“阿里巴巴”集团于 2003 年 5 月 10 日投资创办的。“淘宝网”目前的业务跨越 C2C（个人对个人）、B2C（商家对个人）两种商业模式。

学习电子商务网站建设，“淘宝网”无疑是可供分析和借鉴的最好对象。“淘宝网”的制作技术对专业人士来说并不复杂，但其创意、规划设计和经营模式却值得深入分析。

“淘宝网”是最典型的电子商务网站。“淘宝网”是如何规划的呢？“淘宝网”是如何设计的呢？知己知彼，百战不殆。分析“淘宝网”，从成功的网站上吸取经验，是电子商务专业学生迅速提高网站建设技术水平和创意思维能力的一条捷径。

## 一、创意

### 1. 建站目标明确

马云的团队在筹划网站创意之初，对建站目标相当明确。他们的目标，就是要做全球最大的个人交易网站。要达到这个目标就得提高网站的流量，一时间内，“淘宝网”投入了大量的资金，广告借助于车厢广告、报纸、户外广告、广播电视和网络媒体等方式铺天盖地而来，最终赢得了日平均6000万人次的访问量。

马云在“淘宝网”的建站目标定位上，与比尔·盖茨的微软不谋而合。比尔·盖茨预测马云将成为世界首富也不是随意说出。比尔·盖茨之所以成功是因为他的定位是“微”软，面向全世界的消费者、面向所有桌面计算机，“微型机”、“全球大众”和“桌面系统”成就了微软公司，其软件遍及全球。而马云致力于创建全球最大的个人交易网站。所以，淘宝的目标客户定位在遍布全国及至全球的广大商家、广大民众。

### 2. 整体创意独特

“淘宝网”处处是创意，处处有新意。最典型的就是它的名字，没有人会忘记“淘宝网”三个字。因为简单的三个字，立意新颖：没有淘不到的宝贝，没有卖不出的宝贝。“淘宝网”还引用了金庸的“宝可不淘，信不能弃”的经营原则，大力倡导诚信、活泼、高效的网络交易文化。此外，与网站题目相对应的域名www.taobao.com采用了网站标题的全拼拼音，不但简短，而且易记。

### 3. 模式创意

针对目前的B2B、B2C、C2C等交易模式，“淘宝网”兼收并蓄地使用了B2C与C2C两种商业模式。淘宝商城整合数千家品牌商和生产商，为商家和消费者之间提供一站式解决方案。

（1）B2C模式。“淘宝网”上的淘宝商城是“淘宝网”的B2C购物平台，即企业对个人的交易平台。此举为商家提供了另外的一个营销渠道，既受到商家的广泛喜爱，又方便消费者购买，同时扩大了“淘宝网”的市场占有率，可谓买家、卖家、淘宝三家皆大欢喜之举。这正是“淘宝网”在电子商务网站模式选择上的聪明之举。

（2）C2C模式。“淘宝网”是C2C网上交易平台，即消费者对消费者的交易模式，主要是个人对个人提供在线交易的一种方式。中国人都想创业，都想开办属于自己的公司，可是受人力、物力、财力、时间所限，大部分人则难以如愿。淘宝正是迎合了人们这一心理，让“人人当老板，处处开店铺”成为现实。也正是此举使淘宝注册会员超6200万，在这规模出效益的年代，“淘宝网”赚足了个盆满钵溢。

“淘宝网”整个的交易流程是：用户注册→身份认证→发布信息→买家实施购买行动→付款到支付宝→卖家发货→买家确认收货→付款到商家→信用评价。

### 4. 功能创意

“淘宝网”不但有买、卖交易功能，而且还在功能上进行了极大的创意，一个最典型的例子就是推出了闲置物品发布功能。这种功能一经推出即受到了广大网民的喜爱，很多卖家将自用或从未使用的闲置物品拿出来销售，虽不以盈利为目的，但仍然十分火爆。

### 5. 营销创意

“淘宝”的目标客户，是网上开店的卖家和遍布全国及至全球的买家。“淘宝”要做的工作，就是吸引这些卖家的眼光，让他们来开店，免除一切费用，让他们没有后顾之忧。免费政策加上优质服务，“淘宝网”旗开得胜，营销节节胜利。

网站运营之初，“淘宝”的竞争对手就是“易趣”，而“易趣”一直抨击免费制度。通过对“易趣”的调查，通过对中国国情的调查，“淘宝网”觉得收费还不是时候，所以他们继续投资，所有的这些投资，都是为了将来会有更大的收益。“淘宝网”实行三年内全免费的政策，扶持卖家，吸引更多的卖家，让电子商务在中国顺利而迅速地发展。此举彻底打败竞争对手易趣，稳做电子商务第一把交椅。恰如著名激励大师陈安之所说：不要以赚多少钱为目标，要以成为行业的最顶尖为目标。

### 6. 内容创意

“淘宝网”在整个网站内容的规划上，紧紧围绕“淘宝”二字，内容不但全而精，而且重点突出，对以年轻人、在校大学生、中专学生、高级知识分子为主的买家，突出了目前交易活跃的计算机数码类产品、女性化妆品、服饰、玩具和收藏品等。

### 7. 服务创意

电子商务网站拥有的服务功能，“淘宝网”全部拥有，而且“淘宝网”的高层领导还在服务上做出了开创性的举措——推出了淘宝旺旺。淘宝旺旺具有以下独到的特色：

（1）给网民以家的温馨。会员进入“淘宝网”，人性化的设计，使交易过程中的网民有一种轻松活泼的感觉。每位在“淘宝网”进行交易的人，不但交易更迅速高效，而且可交到更多朋友。

（2）为网民提供在线交流功能，该项功能十分强大，类似腾讯的 QQ。如果用户进入某一店铺，正好店主也在线，系统会出现“掌柜在线”的图标，买家与店主可以及时地收/发消息，在线聊天。而且还具备了查看交易历史、了解对方信用情况等个人信息、头像、多方聊天等一般及时聊天工具所具备的功能。

（3）便捷的功能让网民轻松进入。淘宝会员注册之后，“淘宝网”和淘宝旺旺的会员名将通用，不必重复注册。

此外，淘宝商城整合数千家品牌商、生产商，为商家和消费者之间提供一站式解决方案。提供 100%品质保证的商品，7 天无理由退货的售后服务，以及购物积分返现等优质促销服务。“淘宝网”也全心营造和倡导互帮互助的氛围。例如，2008 年 5 月 12 日下午，四川汶川地震发生 12 小时后，“淘宝网”就在全国第一个开通网络捐款通道——即使在凌晨，一分钟内也有 1900 位网友捐款，10 000 元善款即时到账。最高峰时，一分钟就募得捐款过 10 万元，地震刚刚过去 10 天就募得捐款 2000 万元。

**友情提醒**

“心”若在，“梦想”就在，有梦想谁都能成功。这个“心”，这个“梦想”，实现起来便是创意。马云的团队当年如果没有创建“淘宝网”这样的创意，也便不会有“淘宝网”傲视群雄的今天。所以大家一定要认真品读这部分内容。

## 二、规划

### 1．总体设计

“淘宝网”是最经典的电子商务网站，是商家们最喜爱的交易平台。仔细对比分析，就会发现，目前国内很多中小型电子商务网站部分模仿“淘宝网”。无论是从结构设计上，还是风格设计上，“淘宝网”都比较有特色，符合电子商务网站设计的标准。

### 2．结构设计

（1）头部结构设计

“淘宝网”的头部包括标题、导航、搜索等内容，其中整个网站视觉最佳区域的左上角布置了三项内容：“我要买”、“我要卖”、“我的淘宝”，同一行的右侧则是特色内容，也是交易必用的“淘宝网”、“支付宝”、“阿里旺旺”和“帮助中心”四项。

整体头部，以红色为主色调，从色彩心理学的角度来讲，红色是吸引消费者的最佳颜色。整体简洁、大方。“淘宝网”三个字字体运用倍显活泼，一下子就给人一种亲切感。如图 9.1 所示。

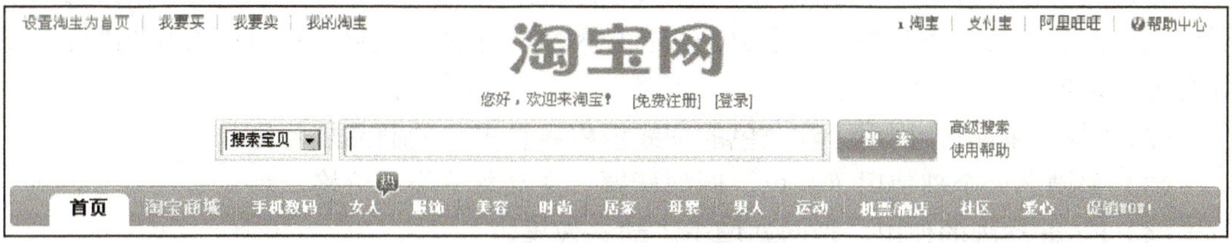


图 9.1　“淘宝网”的头部

（2）体部结构设计

体部全部内容围绕商品展开，同时兼顾了店铺的其他功能模块，其内容布局如图 9.2 所示。

<table>
<tr><td>快速注册<br>店铺功能模块的<br>快速通道</td><td>动画广告</td><td>淘宝商城快速通道</td></tr>
<tr><td colspan="2">产品信息、特价促销产品信息、宝贝类目</td><td>热销推荐展位</td></tr>
<tr><td colspan="3">精彩咨询、社区精华、公告栏、淘宝大学、热卖单品</td></tr>
</table>

图 9.2　“淘宝网”的体部

（3）尾部结构设计

“淘宝网”的尾部设计以功能齐全为主要特色，由于文字太多，因此选择了白色做背景，这样的设计，使得内容多而不乱，由于黑字白背景的使用过于简单化，因此两侧各用了一个卡通人物画；整体效果简洁而清新，如图 9.3 所示。

图 9.3 “淘宝网”的尾部

### 3. 风格设计

“淘宝网”以橘色为主色调，风格清新自然，色彩整体和谐统一，动感十足。页面层次清晰、主次分明、重点突出、布局合理。网站设计方案主题鲜明，版式设计恰到好处；内容虽然繁多，但多而不乱；网页形式与内容高度统一；字体使用符合网页制作标准。

## 三、实现

### 1. 页面效果的实现

“淘宝网”页面采用规则的 CSS 布局，由于内容众多，在实现上采取了以下措施：

（1）“宝贝类目”栏目巧妙地利用了红、灰、蓝三色。其中总分类及突出的重点子目用了红色，而其他的子目分类则用了蓝色与灰色两种，字色的变化与字号的变化相配合，设计得分外合理。

（2）“热卖单品”，则用了浅灰色的细线框将各种形状的商品规范化。

（3）关键之处全部使用了红色，例如标题、商品总分类、价格。

（4）Flash 动画的使用，使网站增添了动态效果。

**友情提醒**

用马云的话说，“淘宝网”的制作其实并不高深，“淘宝”的高深之处在于创意，“淘宝”的精明之处在于运营与推广。所以，这部分大家完全可以模拟出来，快动手创建自己的淘宝吧！

### 2. 诚信安全体系

（1）实名认证制。“淘宝网”采用了实名认证制，对商家做出了严格的规范。认证分为个人用户与商家用户两种，个人用户认证只需提供身份证明即可，商家认证还需提供营业执照，同时一个人不能同时申请两种认证。

（2）信用评价体系。“淘宝网”对所有商家都使用了信用评价体系，选择欲购买的货物后，可查看该卖家以往所得到的信用评价，为买家决策提供了有力的依据。

（3）付款发货方式。“淘宝网”采用了“支付宝”的付款发货方式，有效地降低了交易风险。而且使用“支付宝”是免费的。“支付宝”，是一种针对网上交易特别推出的安全付款服务，是“淘宝网”与中国工商银行、中国建设银行、中国农业银行和招商银行等联手推出的一种在线交易安全支付工具。这种交易就是网上买家先将货款打到“支付宝”账户上，支付宝确认到账之后通知网上卖家发货，买家在收到货物确认无误之后通知支付宝，支付宝再将货款转付卖家。支付宝的出现，无疑使得交易更安全、诚信，免去了交易双方的后顾之忧。

## 模块二：高手点拨

### 如何设置电子商务网站必备栏目

电子商务网站有哪些必备栏目呢？通过对各电子商务网站分析和总结，可以得出以下经典必备栏目。

（1）我要买：针对买方设置的栏目，既简洁，又易记；

（2）我要卖：针对卖方设置的栏目，与“我要买”相对应；

（3）支付平台：这是买卖保障的手段，也是现代电子商务网站必备的条件，如支付宝；

（4）商品分类：对所有商品进行分类，这是占用网站版面最大幅面的主要内容；

（5）热卖商品：类似商品的促销商品，也是必备的栏目之一；

（6）资讯：这是信息类栏目，也是吸引以非买卖为目的的网民的一个主要栏目。

除此之外，电子商务网站还有很多其他栏目，在学习中，要注意分析总结，并应用到自己的网站上。

## 模块三：制作实务

### “淘宝网”电子商务体验

自己架设电子商务网站，首先要让自己成为一个电子商务的体验者，在体验中进一步学习电子商务的应用。在“淘宝网”上开店步骤如下：

#### 1．“淘宝网”买家与卖家入门流程

进入“淘宝网”的帮助中心（网址是 http://service.taobao.com/support/help.htm），右上方是“淘宝网”的买家与卖家入门，单击后便可查看每一个环节的使用方法，有兴趣的同学可以自行查看。

**友情提醒**

**做事要脚踏实地！**从建立一个淘宝小店开始你的创业之旅吧！没有亲身体验过“淘宝网”的人，是很难做成一个成功的电子商务网站的。

（1）买家入门

如何在“淘宝网”上购物？请参阅图 9.4 所示的买家购物流程。

图 9.4　买家的购物流程

（2）卖家入门

如何在“淘宝网”上卖出商品？请参阅图 9.5 卖家销售流程。

图 9.5　卖家商品销售流程

## 2．网上安全交易流程

图 9.6 示出了网上安全交易流程。

图 9.6　网上安全交易流程

## 3．卖家交易的四个步骤

（1）申请认证

申请认证分为个人认证和商家认证，其流程分别如图 9.7 和图 9.8 所示。

图 9.7　个人认证流程

图 9.8　商家认证流程

（2）发布宝贝和开设店铺（见图 9.9 和图 9.10）

图 9.9　发布宝贝流程

图 9.10　店铺功能设置

（3）宝贝出售中

在此步骤中，可以进行查询交易信息和修改商品信息两项操作。

（4）宝贝成交后（见图 9.11）

9.11　宝贝成交流程

## 模块四：技能训练

### 分析电子商务网站

**【训练内容】**到网上查找三个典型的电子网站，对其展开分析

**【训练目的】**

（1）综合应用所学知识，全面分析网站。

（2）对电子商务网站的规划、设计有更全面的了解。

（3）为自行设计电子商务网站打下基础。

**【训练要求】**

（1）必须是典型的电子商务网站。

（2）进行全面分析。

# 第二节 “易万贝”电子商务网站案例分析

“易万贝”（http://www.ewbuy.com），成为2007年央视“赢在中国”第三季36强入选项目，它是以社区为中心，以方便人们的日常生活为出发点，以赚钱、消费为主线的新型电子商务平台。“易万贝”平台服务的对象涵盖百姓生活的方方面面，以人们关心的衣、食、住、行和保健为主要切入点，开展百姓身边的电子商务。“易万贝”是以B2C形式联合了成千上万家实体店面，共同形成了一个网上的大卖场。而“社区”的定义，并不是广义上的社区，而是采用了“易万贝”自己的概念定义的，“易万贝”对社区的定义：以每个消费者为中心的活动范围所形成的区域。那也就是说，在“易万贝”平台上，最终要实现以消费者个人为中心的大联盟。同时，“易万贝”又是一个典型的电子商务网站，从2006年建站成功运营至今；在取得成功运营经验的同时，“易万贝”思想也更加成熟。

## 模块一：应知应会

### 一、“易万贝”的总体结构设计

“易万贝”，“易”是“容易”、“交易”；“万”指的是“大”、“多”、“全”；“贝”代表“宝贝”、“财富”、“商品”，其网址中的英文“buy”为买、购，可申引为亿万人购买。“易万贝”，简单来说，就是很容易获得大量的宝贝；暗指信息量大，成交率高。寓意深刻，立题新颖。在总体设计上，遵循了网上商城的一般规律，包括在线交易、商品展示和用户管理三大模块，如图9.12所示。

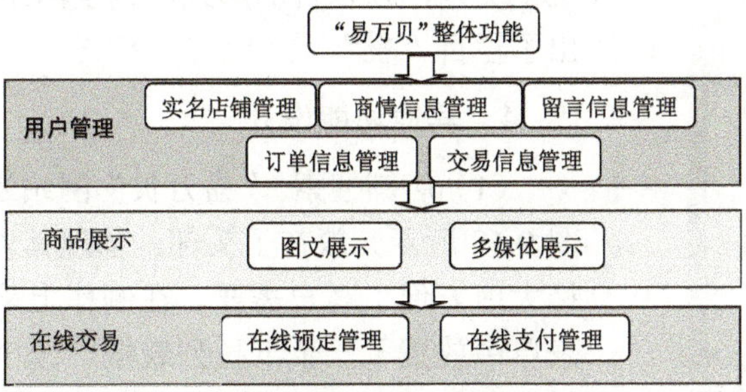


图9.12 网站三大模块

## 二、头部设计

### 1．网站标志（Logo）与标题设计

“易万贝”网站的标志（Logo）（见图 9.13）符合“易万贝”的建站主旨，即全面生动体现“易万贝”服务于百姓，做百姓身边的电子商务。这一理念，便于记忆，易于传播！其特点如下：

图 9.13　标志（Logo）图

（1）标志（Logo）中包含了中文名称“易万贝”的企业理念，即“做百姓身边的电子商务”；

（2）造型简洁独特，表现力极强；

（3）通俗易懂，有利于传播；

（4）“易万贝”三个汉字均为简体，避免了贝与具的混淆，同时也是“易万贝科技有限公司”的注册商标，是对“易万贝”品牌的强化。字体选用柔韧圆滑，停顿有力的美术字体，通过钢笔勾画修整，最终达到易于读取和记忆的功效，如图 9.13 所示。

### 2．横幅标语（Banner）设计

“易万贝”的横幅标语（Banner）采用了 JPG 格式的图像文件，同时使用了 JavaScript 编程语言使其产生交互性，用 Shockwave 插件工具增强其表现力。如图 9.14 所示。

图 9.14　横幅标语（Banner）图

### 3．导航设计

“易万贝”网站的导航十分简洁，所有栏目都用文字形式列出，易于搜索引擎的抓取。没有使用花哨的 Flash 或图片导航，打开速度快，条理清晰，有利于使用者的点击使用；同时，分频道导航沿用首页模式，整体感较强烈。其导航条如图 9.15 所示。

图 9.15　导航条

“易万贝”导航设计的另外一个显著特点，是将整个网站内容分为衣、食、住、行、玩五个类别，以栏目的形式，列于网站的左方，如图 9.16 列出了栏目“衣”。

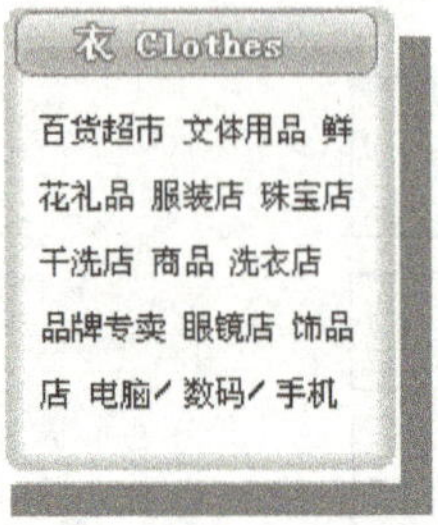


图 9.16　“衣”的内容

### 4．其他功能设计

（1）店铺搜索。“易万贝”网站还将产品搜索栏目（如图 9.17 所示）放在了头部，体现其以客为本的经营原则，极大地方便了客户需要。在制作上采用表单实现其功能，表单中放置了一个下拉列表框、一个输入框、一个按钮，另外还有一个“高级搜索”的文本标签。

图 9.17 店铺搜索

（2）辅助功能。与搜索同置于头部的还有一些辅助功能，包括“我要买”、“我要卖”、“我的 E 家”、“易卡专区”、“商家入驻”、“帮助中心”，更巧妙的是将首页一并放在这里。一个巧妙的小购物车图标开始了这一辅助功能栏目，五条竖线分隔了六大功能，同样的简洁，不一样的效果。如图 9.18 所示。

图 9.18 辅助功能

## 三、栏目设计

“易万贝”的栏目有“社区购物”、“联盟商圈”、“餐饮服务”、“分类信息”、“优惠打折”、“资讯信息”、“人才市场”和“大庆二手”等。

### 1. 社区购物频道

社区购物频道将商家的商品信息聚合到一起，用户可以通过站内搜索或浏览网站的方式获得相关产品。社区购物频道以方便百姓为主，左导航中体现了日常消费品，对于消费次数多的商品也进行了推荐，无论用户是在线浏览，还是通过站内搜索，都可以很快查找到这些商品信息。除了日常用品的推荐，频道还推荐了一些如美容护肤，家电数码，居家生活等分类商品。

### 2. 联盟商圈

联盟商圈，是“易万贝”全新推出的一个频道，它是将同行业或同区域的联盟商家整合在一起，形成地域圈、行业圈。同时商圈中推出团购功能，大大减少了用户的支出，同时也提高了商家的售出量。同类商品的商家聚合在一起，使用户容易查找和对比，使用户的选择更多，也更方便。

### 3. 餐饮服务

这一频道由两部分组成；一部分是餐饮商家；另一部分是服务商家。网站在用户体验上主要体现了餐饮商家的两个方面：一个是定餐服务、定餐电话、送餐时间、送餐费用等；另一个是预定服务，体现在用餐的环境上，如朋友聚会，婚礼用餐等。服务商家指的是除餐饮外的所有服务类商家，如美容美发、教学健身，以体现特色服务为主，同时也有额外的服务信息介绍。

### 4. 分类信息频道

分类信息频道是个人用户发布信息的基地，体现了 C2C 的模式，用户可以在这里免费发布信息。信息分类以杂而合设计，表现着随意和自由，给人的感觉犹如自由市场。

### 5. 优惠打折

优惠打折是对联盟商家的促销产品和促销信息的整合，把每个商家的店铺内的促销信息都调集到这个频道中；对于火爆的促销活动，还会在本频道的显要位置标出，对于用户来说，到这里看看商家有什么优惠活动，在购物时会得到更多实惠！

### 6. 资讯信息

资讯信息是一个信息发布中心，将网络上大家关注的信息发布到这个频道中，频道内容设置有八卦爆料、社会百态、经典图库、财经信息、娱乐资讯、关注体育、国际新闻和IT 资讯等。

### 7. 人才市场频道

人才市场频道为联盟商家招贤纳士提供平台支持，同时，个人在分类信息中发布的求职招聘信息也会在人才市场频道中体现，个人在求职时可以填写详细的个人简历，有助于快速找到工作。

### 8. 二手频道

二手频道是“易万贝”初期运营的试用版本，现在还在运营，以收取会员费和广告费为主要赢利模式。

## 四、尾部设计

“易万贝”网站将网络商家和客户个人对“易万贝”的意见和投诉安放在页面的尾部，体现其以客为本的经营原则，极大地方便了客户需要。在制作上采用表单实现其功能。同时，尾部还包括一些辅助功能：关于易万贝、代理招商、分支机构、广告服务、网站地图、诚聘英才、法律声明、意见投诉、联系我们。更为巧妙的是还将招商热线、客服电话、全国投诉电话、客服 QQ 一并放在了这里。如图 9.19 是“易万贝”尾部功能图。

图 9.19 尾部功能图

## 五、用户管理功能设计

“易万贝”认为：要成为真正的“社区联盟”电子商务，必须建立完善的信用机制。信用是一个多视角、多范畴的概念。

“易万贝”在选择网上商家时就注意到这一点。“易万贝、社区联盟”上的商家要有实体门店及营业执照并拥有有形商品，以此提高防范措施，并加强业务监督和风险控制，尽量避免客户在经济上的损失。

“易万贝”网上商家的有形商品是指传统的实物商品。有形商品和服务的查询、订购、付款等活动也可以在网上进行。目前，“易万贝”网上商家实现在线销售主要有两种方式：

一种是在网上开设独立的虚拟商店；另一种是参与并成为网上购物中心的一部分。与传统的店铺销售相比，即使企业的规模很小，网上销售也可将业务伸展到世界的各个角落。除此之外，虚拟商店需要较少的雇员而且在零库存的基础上就可以销售。有些情况下虚拟商店可以直接从经销商处订货，省去了商品储存的环节。能否真正体现电子商务优势的关键因素，“易万贝”网上商家完善售后物流系统也是当务之急。

## 六、商品展示功能模块设计

计算机网络本身具有信息传输和信息处理功能，登录“易万贝、社区”的客户个人可以在网上订阅“易万贝”平台的商品。客户个人通过网络订阅企业提供的商品和服务，并在网上直接浏览或消费。为使消费者获得更多的商品信息，足不出户却可货比千家，买到价格较低的商品，节省购物时间。当然这种电子商务模式的发展需要高效率和低成本的物流体系的支持与配合。

从企业和客户买卖关系的角度分析，“易万贝”社区平台商品展示模式，主要是为卖方企业的商品进行展示，其功能基本分为图文展示和多媒体展示。

图文展示模式是商家出售商品和服务给客户个人的展示模式。在这种模式中，商家首先在“易万贝”网站上开设网上商店，公布商品的品种、规格、性能和价格等，或者提供服务的种类、价格和方式，由客户个人选购，下定单，在线或离线付款，商家负责送货上门。

多媒体展示模式。在线服务商免费向消费者提供在线信息服务的同时，在“易万贝”的网页上以多媒体方式宣传商家的多样产品信息，让客户个人对商家提供的成品得到更全面的了解。

对于客户个人来说，信息搜索是其在互联网的信息海洋中寻找所需信息最基础的服务。因此，企业也最愿意在信息搜索网站上设置多媒体展示，通过单击广告可直接到达该企业的网站。采用多媒体支持模式的在线服务商能否成功的关键是其网页能否吸引大量的广告，能否吸引广大消费者的注意。

## 七、网站推广方式

“易万贝”将网站第一个推广年度分为4个阶段：网站策划建设阶段、网站发布初期、网站增长期、网站稳定期，每个阶段3个月左右。“易万贝”制订的推广计划主要包括下列内容。

（1）网站推广计划。计划在网站发布1年后达到每天独立访问用户20 000人，注册用户100 000人。

（2）网站策划建设阶段的推广。也就是从网站正式发布之前就开始了推广的准备，在网站建设过程中，从网站结构和内容等方面对照Google、百度等搜索引擎进行优化设计。

（3）网站发布初期的基本推广手段。登录10个主要搜索引擎和分类目录（列出计划登录网站的名单）、购买2～3个网络实名/通用网址、与部分合作伙伴建立网站链接。另外，配合公司其他营销活动，在部分媒体和行业网站发布企业新闻。

（4）网站增长期的推广。当网站有一定访问量之后，为继续保持网站访问量的增长和品牌提升，在相关行业网站投放网络广告（包括计划投放广告的网站及栏目选择、广告形式等），在若干相关专业电子刊物投放广告；与部分合作伙伴进行资源互换。

（5）网站稳定期的推广。结合公司新产品促销，不定期发送在线优惠卷；参与行业内的排行评比等活动，以期获得新闻价值；在条件成熟的情况下，建设一个中立的与企业核心产品相关的行业信息类网站来进行辅助推广。

（6）推广效果的评价。对主要网站推广措施的效果进行跟踪，定期进行网站流量统计分析，必要时与专业网络顾问机构合作进行网络营销诊断，改进或者取消效果不佳的推广手段，在效果明显的推广策略方面加大投入比重。

## 模块二：高手点拨

### 网站开发团队的组成

创建一个电子商务网站，要拥有一支团队，那么一个网站开发团队由哪些人员组成呢？根据项目的大小，团队可以有几十人，也可以只有几个人。

在团队划分中应该含有 6 个角色，分别是项目经理、网站策划、前台美工、程序开发员、代码整合员、网站测试员。不管团队有多少人，这 6 个角色都是必需的。人数少，可以一人兼任多个角色，比如项目经理可以兼任网站策划这个角色；程序开发员还可以兼任代码整合和测试这两个角色。

一般网站开发之初，人数不必太多，可一个人身兼数职；随着电子商务网站的发展壮大，每个角色的人员可以随时补充。

## 模块三：制作实务

### “当当网”（http://www.dangdang.com）新用户注册流程

**1. 进入“当当网”主页后，单击首页左上角的“请登录｜免费注册”中的“免费注册”**（如图 9.20 所示）

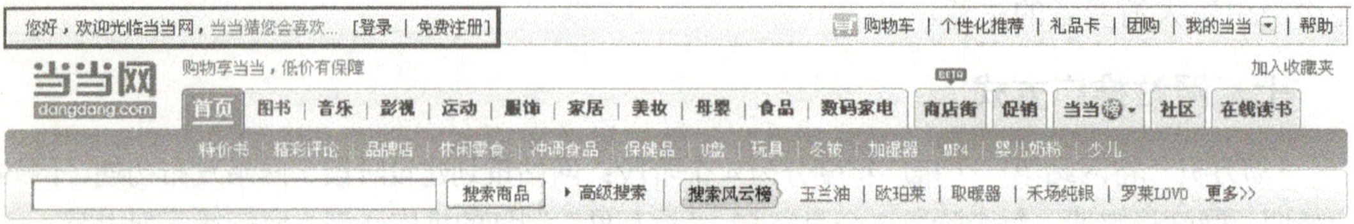


图 9.20　“当当网”注册入口

**2. 显示新用户注册页面，根据提示填写基本信息，包括 Email 地址、昵称、密码、验证码等信息**

（1）Email 地址的填写要求（如图 9.21 所示）

① 请输入一个您常用的电子邮件地址，在下一步中您将用此邮箱接收验证邮件，且“当当”会将与订单处理有关的邮件发送到这个邮箱里。

② 推荐使用大型门户网站的免费邮箱，此类邮箱有较好的稳定性。

（2）昵称的填写要求（如图 9.22 所示）

① 您的昵称可以由小写英文字母、中文、数字组成，长度 4～20 个字符，一个汉字为两个字符。

② 如果出现红色提示“该昵称已被使用，请重新输入！”，则请您选择新的昵称。

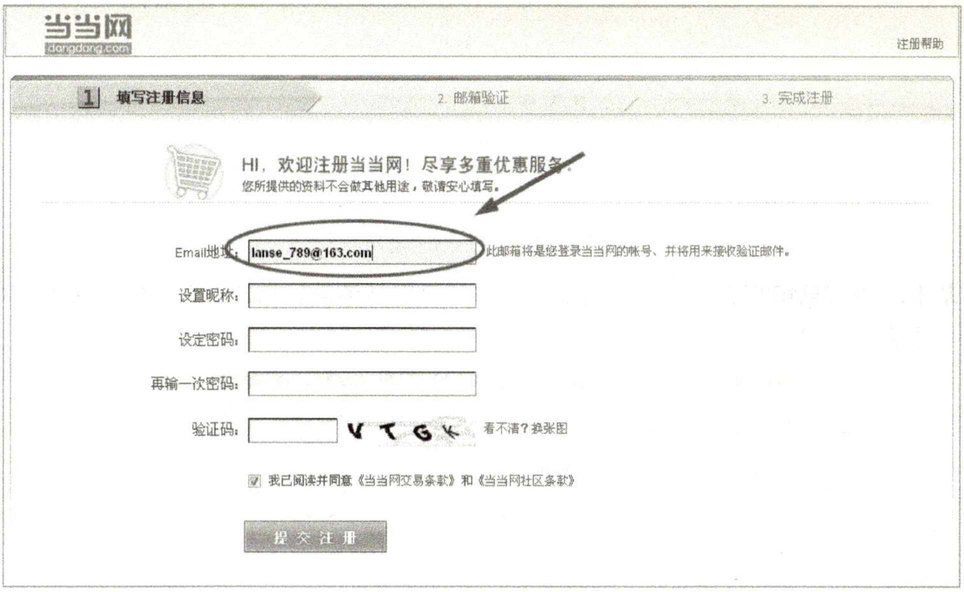


图 9.21　Email 地址

③ 如果您想更改昵称，可登录“我的账户”进行修改。

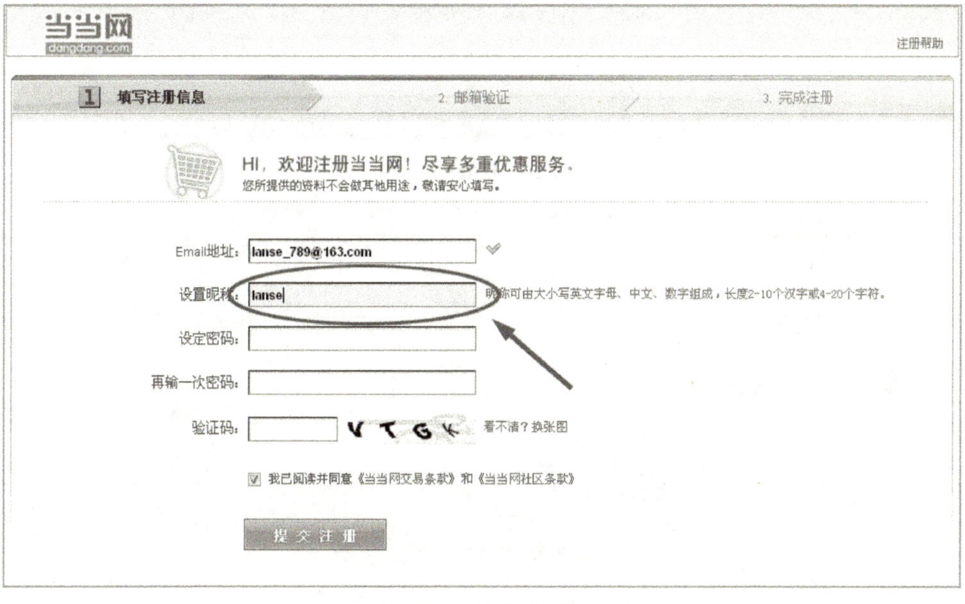


图 9.22　昵称的填写

（3）验证码的输入问题（如图 9.23 所示）。

① 请您确认您的输入法是在英文的半角状态，只有在这个状态下输入验证码才有效。

② 如果您的计算机显示不出证验码，请刷新页面或调整 IE 浏览器的设置。调整浏览器设置请到“工具”→“Internet 选项”(如图 9.24 所示) →“常规”，选择“删除文件(cookie)”并“清除历史记录”，如图 9.25 所示。

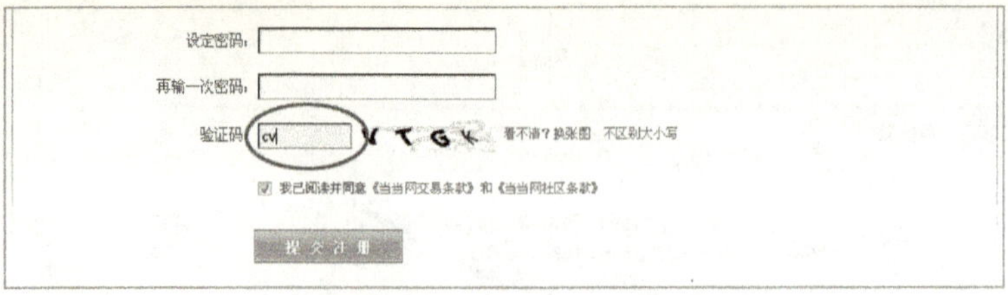


图 9.23　验证码的输入

基本注册信息填写完成后，仔细阅读《当当网交易条款》和《当当网用户使用条款》，单击“注册”按钮。

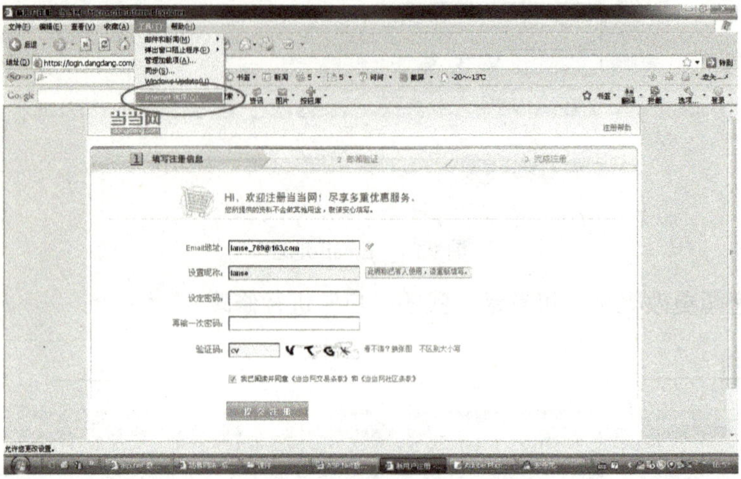

图 9.24　Internet 选项

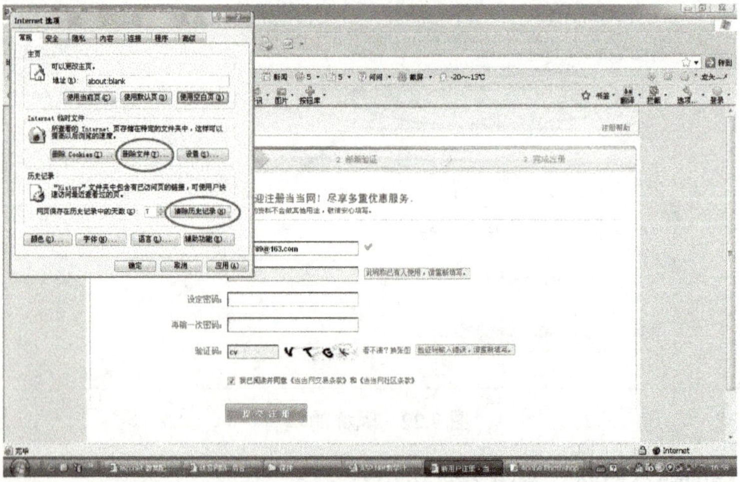

图 9.25　清除历史记录

3. 验证邮箱（如图 9.26 所示）

（1）单击“注册”按钮之后，系统会发送一封验证邮件到您已注册的电子邮箱里。

（2）如果您的邮箱收不到验证邮件，验证邮件可能被您的邮箱提供商认定为垃圾邮件或广告邮件，请查看您的垃圾邮件箱或广告邮件箱。您也可以在该页面更改电子邮件地址。

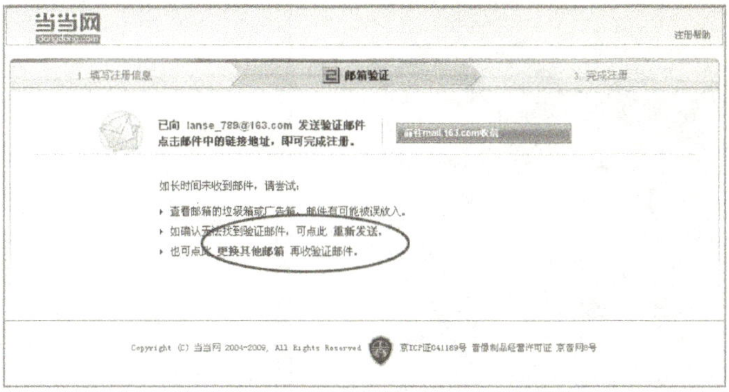


图 9.26 验证邮箱

（3）登录您注册时填写的邮箱，查询当当发送的验证邮件。只要将邮件中的验证码输入到图 9.26 中的输入框内，单击“完成”按钮就注册成功了。

## 模块四：技能训练

### 撰写一份《电子商务网站现状分析》报告

**【训练内容】**浏览国内较有名的电子商务网站，撰写一份《电子商务网站现状分析》

**【训练目的】**

（1）开阔视野，拓展思维。

（2）通过浏览网站，了解电子商务网站的现状，为自己制作电子商务网站打下坚实基础。

**【训练要求】**

（1）分析时所涉及的电子商务网站均需注明网址。

（2）主要从页面设计、功能设计两个方面展开分析。

# 第三节 “尚志都市商城”电子商务网站案例分析

## 模块一：应知应会

前几章，系统地学习了网站的基础知识，尤其在第二章全面讲解了电子商务网站的设计技术。编者在几年前曾经带领学生制作了一个“尚志都市商城”电子商务网站。现在该网站由编写者的学生实际运营与管理。本课将以“尚志都市商城”网站为例进行分析。以案例导航的方式，引导大家走进实践制作的新天地。

### 一、总体结构设计

“尚志都市商城”是一个典型的电子商务网站，在总体设计上，遵循了网上商城的一般规律，包括在线交易、商品展示和用户管理三大模块。

“尚志都市”网站整体效果如图 9.27 所示。网站总体业务流程如图 9.28 所示。

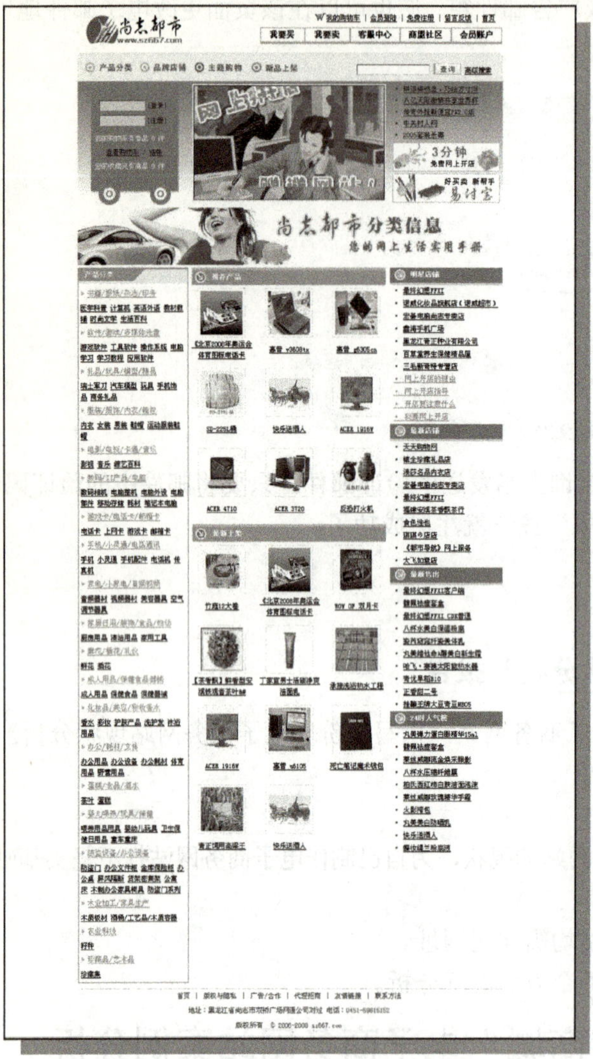


图 9.27 “尚志都市”网站整体效果

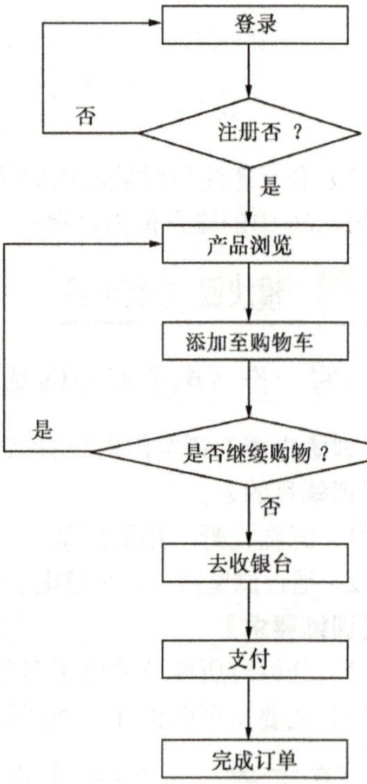


图 9.28 网站总体业务流程

## 二、版式规划

该网站属于典型的 T 型版式结构，其构成如图 9.29 所示。

<table>
<tr><td colspan="3">标志（Logo）及导航</td></tr>
<tr><td colspan="3">登录、广告、</td></tr>
<tr><td colspan="3">广告条、免费开店入口及一些产品链接</td></tr>
<tr><td>产品分类</td><td>推荐产品<br>最新上架</td><td>明星店铺<br>最新店铺<br>最新售出<br>24 小时人气榜</td></tr>
<tr><td colspan="3">尾部</td></tr>
</table>

图 9.29 版式结构

## 三、头部设计

### 1. 标志（Logo）与网站标题设计（如图 9.30 所示）

图 9.30　网站标志（Logo）

（1）网站设计者是怎么构思的？

该网站的 Logo 与标题为一体化，在构思设计上从功用性、识别性、艺术性三大方面进行了综合考虑。

① 功用性。从该一体化的 Logo 上，即看到了网络公司的图形标志，又明晰了该网站的文字名称“尚志都市”，同时还显著地指出了该商城的网址。达到了功用性的目的。尚志市不但是以革命英雄赵尚志命名的城市，而且还是中国的雪都，在网站的图形标志中，四条滑雪道从细到粗，象征前程越来越广阔，而一个金黄色的雪人则把尚志雪都表现得淋漓尽致。

② 识别性。该一体化的 Logo 以红黑组合的颜色，形成了鲜明的视觉冲击，色彩强烈、醒目、图形简练清晰，特征鲜明，令人一眼即可识别，并过目不忘。

③ 艺术性。本网站图形标志设计独特，艺术特点显明；采用艺术字体的网站名称，端正的网址，三者组合在一起，网站的艺术性一览无遗。

（2）网站设计者是怎么制作的？

在一体化的网站标志（Logo）的设计上，网站设计者遵循了标志（Logo）设计的三大原则；在制作上使用了以下方法：

① 图形标志采用了该公司的企业标志，通过扫描处理后供使用。

② 在工具上，利用了 PhotoShop 图像处理软件，将公司图标、公司名称和网址进行了组合处理。

### 2. 标语（Banner）的设计

该网站由于在主体正中居上的位置做了大幅广告“网上开店，赠送网站”，所以省略了头部的标语（Banner），在设计时一定要注意，头部的设计要与整体搭配和谐、自然统一。

### 3. 导航设计

该网站的导航十分简洁，但却包含了网上商城的全部功能，是一个典型的电子商务网站的设计模式。在设计上，将九大导航内容分为右上、左下两排，错落有致，分类清晰，十分符合消费者的心理，图 9.31 为右上导航条，其主要功能以客户为中心，为客户提供“我要买”、“我要卖”、“客服中心”、“商盟社区”、“会员账户”五项服务功能；而图 9.32 为左下导航条，其服务功能主要以产品为中心，将“产品分类”、“品牌店铺”、“主题购物”、“新品上架”产品销售的四项服务清晰明了地展现出来。

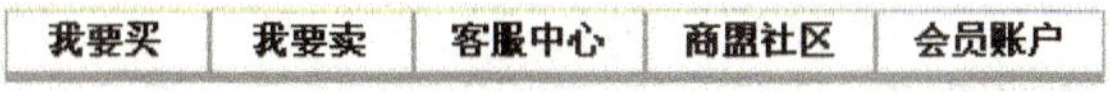


图 9.31　右上导航条

图 9.32　左下导航条

在制作上，以简洁大方为创意核心，巧妙地用了四种颜色的同心圆，刺激人们的视觉视经。在工具采用上使用了最为常用的 Photoshop 图形处理工具，相信在制作导航方面大家都能应心得手，在此不一一赘述。

### 4．其他功能设计

该网站还将产品搜索栏目（如图 9.33 所示）放在了头部，体现出以客为本的经营原则，极大地方便了客户需要，在制作上采用表单实现其功能，表单中放置了一个下拉列表框、一个输入框、一个按钮，另外还有一个“高级搜索”的文本标签。其代码如下：

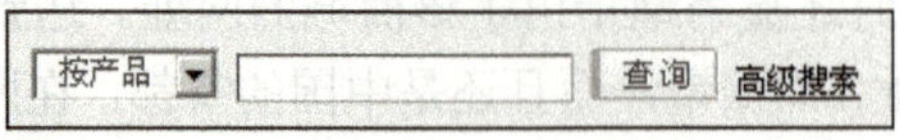


图 9.33　产品搜索

与搜索同存于头部的还有一些辅助功能，包括我的购物车、会员登录、免费注册、留言反馈，更巧妙的是还将首页一并放在了这里。一个巧妙的小购物车图标开始了这一辅助功能栏目，四个竖线分隔了五大功能，同样的简洁，不一样的效果。如图 9.34 所示。

图 9.34　辅助功能

## 四、栏目设计

该网站体部的结构采用 T 型，中规中矩。T 型的最上部有四部分内容（如图 9.35 所示），一是注册与登录界面，同时也显示购物车的内容；二是居中的广告，宣传网上商城；三是免费开店入口及一些产品链接；四是动画广告条。T 型的下部有三部分内容，一是产品分类，二是推荐及最新产品，三是明星店铺等栏目。

图 9.35　T 型上部设计

### 1．T 型上部的设计

（1）设计者是怎么构思的？

每一个电子商务网站都有一个会员注册与登录模块，而且其位置一般都是在左上部。该网站遵循了这一规律，由于网站刚编制出来，处在运营初期，在最主要位置为本网站进行广告宣传是明智之举，而“免费开店”及“支付宝”则是在线交易的两大重要模块，均在此位置予以设置。

（2）设计者是怎么制作的？

该部分以蓝色为主，采用 Photoshop 图像处理工具，其大体步骤如下：

① 启动 Photoshop，新建文件，并将背景设为从蓝到白的渐变；

② 左侧加入用 Photoshop 设计成购物车造型；中间预留了动画区，右侧上方加一张表格，用于一些产品链接，下边则为开店入口及支付宝区。

③ 然后用 Photoshop 将相关的图标及文字加入即可，这在第五章已经有详细介绍，在此不赘述。

**友情提醒**

使用 Flash 制作网站首部是目前网络广告制作的一种流行做法。

### 2．产品分类栏目的设计

（1）设计者是怎么构思的？

产品分类栏目，即网上商城的产品目录，如图 9.36 所示。分类全面、层次清晰是本栏目的最大特点，在颜色上，选择了类别标题用红色，类别内容用黑色，标准的 12 像素宋体字。整体效果相当简洁，把繁杂的类别清晰醒目地展现出来。

（2）设计者是怎么制作的？

该部分制作十分简单，只有栏目标题处用了一个图像，其他部分全部是纯文字，只要在 Dreamweaver 中先进行排版，然后设置 CSS 样式，对行间距进行规范即可。

### 3．推荐产品与最新上架栏目（如图 9.37 所示）

（1）设计者是怎么构思的？

目前，商品展示类电子商务网站，都是以图片加文字的形式进行说明（如图 9.37 所示），本网站的“推荐产品”及“最新上架”均属于商品展示类，标准的 75×75 像素图像，为了更整齐划一，还特别加了一个浅灰色的细线外框。红色的栏目标题上面还用了一条橘黄色的线条，引人注目的同时，更显生动活泼。

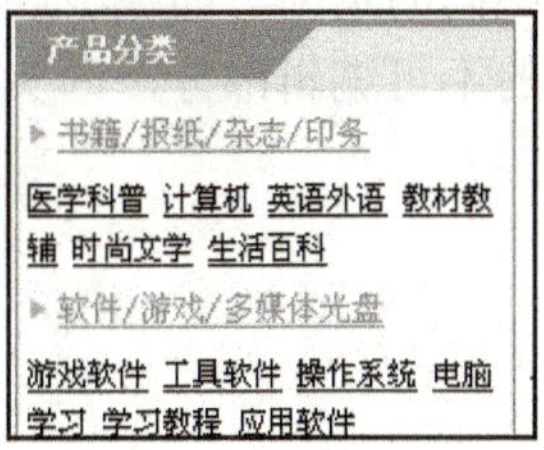


图 9.36 “产品分类”栏目

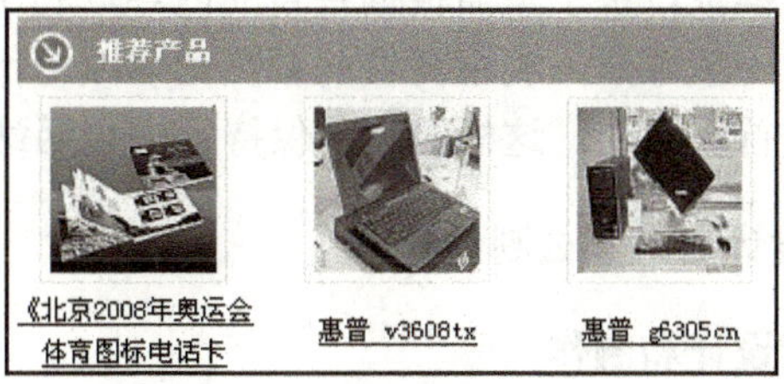


图 9.37 “推荐产品”栏目

（2）设计者是怎么制作的？

在网页制作前，准备好所有商品图片，并对每一个商品图片进行简单处理，使其正好能放在 75×75 像素的外框中。在 DreamWeaver 中以表格的方式排版，同时，在网站代码中，实现对图片的更换。

### 4. 右侧栏目

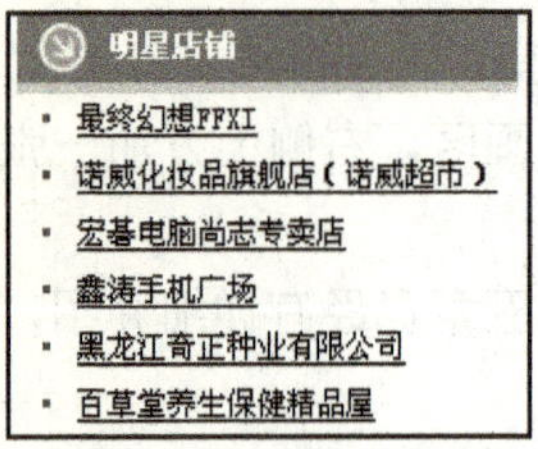


图 9.38　网站整体效果（见图 9.27）右侧四栏目之一

（1）编写者是怎么构思的

如图 9.38 所示，是图 9.27 所示的网站整体效果右侧的四个栏目之一，风格一致，制作方法统一。网站整体效果的左侧栏目是以红为主的色调，鲜艳夺目，但右侧如果继续使用以红为主的栏目色调，则整体效果大打折扣。为此，右侧在设计时以黑背影加一条灰色为衬，恰到好处，与左侧整合后，形成浑然一体的艺术效果。而其内容则为简洁的文字，与栏目标题十分搭配。

（2）编写者是怎么制作的

这四个栏目的制作十分简单，与产品分类基本相同，在此不复述。

## 五、尾部设计

该网站尾部（见图 9.39）由三行组成，第一行是由“首页”、“版权与隐私”、“广告/合作”、“代理招商”、“友情链接”、“联系方法”组成的功能栏目，其间由竖线分隔；第二行是公司地址及联系电话；第三行是版权页面。该部分没有使用图片，简洁明了，与整站风格一致，这是因为，该网站是一个流量很大的电子商务网站，尽可能少用图片，以减少服务器的压力，如图 9.39 所示。

图 9.39　“尚志都市商城”网站尾部

## 六、子页面设计

### 1. 设计者是怎么构思的

“尚志都市商城”的所有子页面都是通过后台编程自动生成的。在设计时，对各子页面均编写了模板，各子页面根据各自的内容，利用模板生成不同的页面。而模板则是根据模板制定的一般方法，利用商城的首页内容改写而成。模板的不可编辑部分，即头部与尾部均是商城首页内容。这样的设计保持了整个网站风格一致。

### 2. 设计者是怎么制作的

**模板设计和制作**

模板设计和制作经过以下几个步骤（具体操作请见作者网站视频教程）：

① 启动 DreamWeaver，调入网站首页 index. asp；

② 将网站首页中间部分删除，在体部只留一个与头部及尾部等宽的空表格；

③ 将头部与体部均设置为不可编辑区，将体部设置为可编辑区，如图 9.40 所示；

④ 另存为模板，名称为 SZMB 即可。

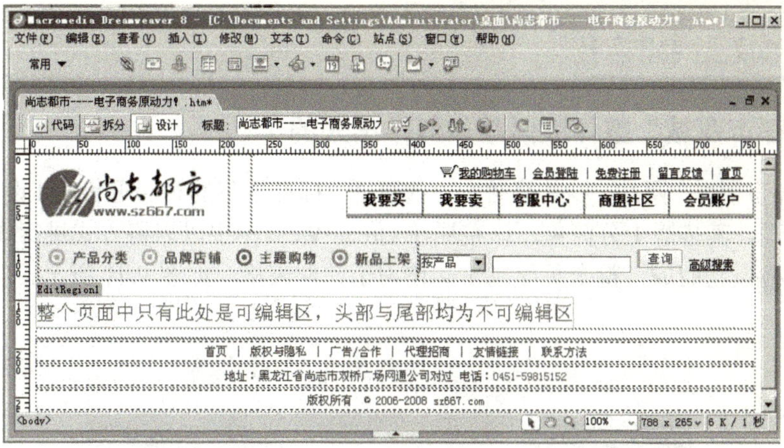


图 9.40 模板制作

## 模块二：高手点拨

### 网站开发高手成长的三个阶段：描红、临摹、创作

如何快速成长为一个网站开发人员？这是每一个人都想知道的问题，也是每个人都想得到的秘诀。其实很简单，像练习书法一样，“描红”、“临摹”、“创作”，沿着网站开发中的这三个阶段的成长轨迹，不断前进，你就会很快成功的。

#### 1. 描红

描红，就是照猫画猫。这一阶段要求尽可能相同地把目标网站原样做出来。练习书法时，完成了基本笔划的练习之后，接下来便要进行描红，描红是手段不是目的。通过反复描写，领悟书写的技巧，熟练掌握书写的要领，激发书写的兴趣。而网站制作与此类似，通过模仿他人的成品网站，能达到熟练掌握网页制作工具的使用，熟练网页的制作流程及要点，激发对网站制作的兴趣，这个过程一般要练习五十个左右的整站效果。

#### 2. 临摹

描红达到一定程度就要及时扔掉“描红拐杖”，尽早过渡到临摹。临摹就是照猫画虎。这一阶段要求根据目标网站加以简单修改，在保持原网站风格不变、布局不变的情况下，模仿出自己的网站。第一步，拟订自己欲制作的网站的主题，并收集相关的素材；第二步，上网广泛浏览与自己主题相同的网站，遇到令你眼前一亮的网站，立即将其确定为临摹对象，并用浏览器“另存为”功能，将其保存在你的硬盘上；第三步，用临摹目标的风格、布局，加上你的内容，制作你自己的网站；这个过程一般需要临摹练习大约三十个整站。

#### 3. 创作

用“描红”、“临摹”得来的经验，以及你睿智的思想和智慧，借助Photoshop、DreamWeaver等软件，你就可以随心所欲地创作自己的商务网站了。

## 模块三：制作实务

### “尚志都市商城”整体版面是如何排出来的

“尚志都市商城”网站，以其简洁大方的页面、标准规范的布局见长，其设计理念先进，布局科学合理。其排版十分简单，该布局在DreamWeaver中以表格方式进行布局，整个页面全部用表格嵌套而成，整个页面制作共使用了三层表格。如图9.41所示。

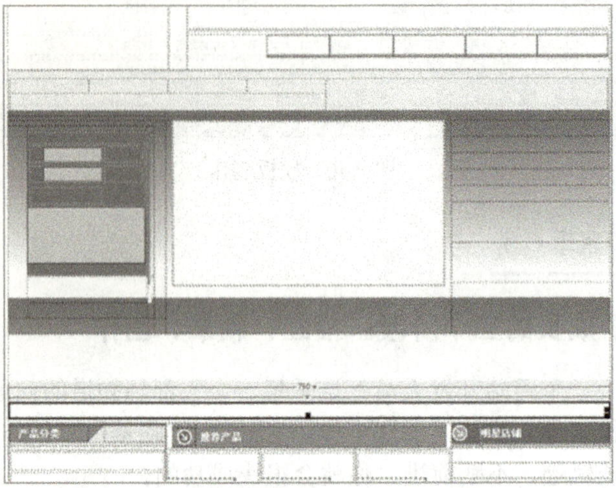

图9.41 “尚志都市商城”网站表格制作排版示例

## 模块四：技能训练

### 电子商务网站版面的设计与制作

**【训练内容】**模仿本节的尚志都市商城制作一个电子商务网站

**【训练目的】**

（1）综合使用所学知识，提高整体网站的制作能力。

（2）对电子商务网站知识进行全面巩固，并学以致用。

**【训练要求】**

（1）综合使用所学知识，进行系统全面规划，要先规划后制作。

（2）网站名称以你个人名称为主，一般为两个字。

（3）要先以模仿为主，模仿成功后，再自行创作。

## 本章小结

本章是全书的收篇之作，旨在指导学生综合运用全书知识，提高规划设计电子商务网站的综合能力。本章精心选择了三个电子商务网站作为实例，从不同侧面进行了综合分析。

第一个网站是由大型研发队伍建设的最权威的“淘宝网”，重点从创意、规划和制作三个层面进行了剖析，使学生通过这一实例重点掌握电子商务网站的创意与规划。在创意层面上从建站目标、整体创意、模式创意、功能创意、营销创意、内容创意、服务创意七个方面进行了综合分析，使学生学后如醍醐灌顶，彻底领悟“淘宝网”创意之绝妙。在规划上，则从总体设计、结构设计、风格设计三个方面做了讲解，实现上则简要进行了说明。第二个网站则是由小型网络公司制作的刚上线的“易万贝”网站，让学生重点从该网站学习其创意与制作技术。第三个网站则是由作者本人制作的名气还不是很大的电子商务网站，其重点也是实际制作。本章在实例的选择上，突破传统教材以单纯的成功网站为例的做法，从学生实际出发，用著名的“淘宝网”做引领，教会学生思想；用刚上线的“易万贝”做过渡，使学生加深了解；用作者本人建设的“尚志都市商城”做示范，让学生学会制作。

## 每 课 一 考

**拓展技能综合题（共 5 题，每题 20 分，共 100 分）**

1. 易趣网（http://www.eachnet.com/）是一个典型的电子商务网站，请对该网站进行全面分析，重点从以下几个方面入手。
   （1）版式；
   （2）色彩运用；
   （3）栏目设置；
   （4）主题与域名。
2. 请对下列 10 个电子商务网站的创意进行简要分析
   （1）万国商业网：http://china.busytrade.com/
   （2）环球资源内贸网：http://www.globalsources.com.cn/
   （3）当当网：http://home.dangdang.com/
   （4）卓越网：http://www.amazon.cn/
   （5）逛街网：http://www.togj.com/
   （6）鲜花礼品网：http://www.flowercn.com/
   （7）北斗手机网：http://www.139shop.com/
   （8）我爱打折网：http://www.55bbs.com/
   （9）天天购物网：http://www.7shop24.com/
   （10）孔夫子旧书网：http://www.kongfz.com/
3. 请对下列网站的页面布局进行分析
   （1）红孩子母婴网：http://www.redbaby.com.cn/
   （2）乐淘玩具城：http://www.letao.com/
   （3）央视音像精品网：http://www.goucctv.com/
   （4）返利网：http://www.goucctv.com/
   （5）家居易站：http://www.homee.com.cn/
4. 请对下以网站的功能进行分析
   （1）18900 手机网：http://www.18900.com/
   （2）快乐购：http://www.happigo.com/
   （3）名品导购网：http://www.mpdaogou.com/

5．请指出下列网站的主要栏目

（1）锐意网：http://www.rayi.cn/

（2）果皮网：http://www.guopi.com/

（3）绿森数码网：http://www.lusen.cn/

（4）华宇物流网：http://www.hoau.net/

# 附录 A　HTML 标记总表

表 A.1 给出了所有的 HTML 标记，供大家在电子商务网站建设与维护时查阅与参考。

表 A.1　HTML 标记总表

| 标　　记 | 使用程度 | 含　　义 | 标　　记 | 使用程度 | 含　　义 |
|---|---|---|---|---|---|
| **文件标记** | | | | | |
| <HTML> | 必用 | HTML 文档标记 | <TITLE> | 必用 | 标题 |
| <HEAD> | 必用 | 头部 | <BODY> | 必用 | 体部 |
| **排版标记** | | | | | |
| <! --注解--> | 常用 | 说明标记 | <PRE> | 不常用 | 预设格式 |
| <P> | 常用 | 段落标记 | <DIV> | 常用 | 定位标记 |
| <BR> | 常用 | 换行标记 | <NOBR> | 不常用 | 不换行 |
| <HR> | 常用 | 水平线 | <WBR> | 不常用 | 建议换行 |
| <CENTER> | 常用 | 居中 | | | |
| **字体标记** | | | | | |
| <STRONG> | 不常用 | 加重语气 | <BIG> | 不常用 | 字体加大 |
| <B> | 常用 | 粗体标记 | <SMALL> | 不常用 | 字体缩小 |
| <EM> | 不常用 | 强调标记 | <STRIKE> | 不常用 | 加删除线 |
| <I> | 常用 | 斜体标记 | <CODE> | 不常用 | 程式码 |
| <TT> | 不常用 | 等宽字体 | <KBD> | 不常用 | 键盘字 |
| <U> | 常用 | 加下画线 | <SAMP> | 不常用 | 范例 |
| <H1> | 不常用 | 1 级标题标记 | <VAR> | 不常用 | 变量 |
| <H2> | 不常用 | 2 级标题标记 | <CITE> | 不常用 | 斜体标记 |
| <H3> | 不常用 | 3 级标题标记 | <BLOCKQUOTE> | 不常用 | 向右缩排 |
| <H4> | 不常用 | 4 级标题标记 | <DFN> | 不常用 | 述语定义 |
| <H5> | 不常用 | 5 级标题标记 | <ADDRESS> | 不常用 | 地址标记 |
| <H6> | 不常用 | 6 级标题标记 | <SUB> | 不常用 | 下标字 |
| <FONT> | 常用 | 字体标记 | <SUP> | 不常用 | 上标字 |
| <BASEFONT> | 不常用 | 基准字体标记 | | | |
| **清单标记** | | | | | |
| <OL> | 不常用 | 顺序清单 | <DIR> | 不常用 | 目录清单 |
| <UL> | 不常用 | 无序清单 | <DL> | 不常用 | 定义清单 |
| <LI> | 不常用 | 清单项目 | <DT> | 不常用 | 定义条目 |
| <MENU> | 不常用 | 选项清单 | <DD> | 不常用 | 定义内容 |
| **表格标记** | | | | | |
| <TABLE> | 常用 | 表格标记 | <TD> | 常用 | 表格栏 |
| <CAPTION> | 不常用 | 表格标题 | <TH> | 不常用 | 表格标头 |
| <TR> | 常用 | 表格列 | | | |
| **表单标记** | | | | | |
| <FORM> | 常用 | 表单标记 | <SELECT> | 常用 | 选择标记 |

续表

| 标　记 | 使用程度 | 含　义 | 标　记 | 使用程度 | 含　义 |
|---|---|---|---|---|---|
| <TEXTAREA> | 常用 | 文字框 | <OPTION> | 常用 | 选项 |
| <INPUT> | 常用 | 输入标记 | | | |
| **图形、链接、框架标记** | | | | | |
| <IMG> | 常用 | 图形标记 | <FRAME> | 常用 | 窗口设定 |
| <A> | 常用 | 链接标记 | <IFRAME> | 常用 | 页内框架 |
| <BASE> | 不常用 | 基准标记 | <NOFRAMES> | 不常用 | 不支持框架 |
| <FRAMESET> | 常用 | 框架设定 | | | |
| **多媒体及其他** | | | | | |
| <MAP> | 不常用 | 影像地图名 | <BGSOUND> | 不常用 | 背景声音 |
| <AREA> | 不常用 | 链接区域 | <EMBED> | 不常用 | 多媒体 |
| <MARQUEE> | 不常用 | 走马灯 | <LINK> | 不常用 | 关系定义 |
| <BLINK> | 不常用 | 闪烁文字 | <STYLE> | 不常用 | 式样表 |
| <ISINDEX> | 不常用 | 页内寻找器 | <span> | 不常用 | 自订标记 |
| <META> | 不常用 | 开头说明 | | | |

# 参 考 文 献


[1] 曾兴元. 局域网工程师手册[M]. 北京：海洋出版社， 2001.

[2] 方美琪、齐鲁川 . 电子商务技术员教程[M]. 北京：清华大学出版社， 2005.

[3] 严亚丁 . 网站规范化设计实例精讲[M]. 北京：人民邮电出版社，2005.

[4] 凯文瑞克. PHP 5 & MySQL 5 基础与实例教程[M]. 北京：中国电力出版社，2007.

[5] 张李义，罗林，黄晓梅 . 网站开发与管理[M]. 北京：高等教育出版社，2004.

[6] 周贺来，李志民等 . 电子商务概论[M]. 北京：机械工业出版社，2006.

[7] 刘志成. 数据库系统原理与应用（SQL Sever 2000）[M]. 北京：机械工业出版社，2007.

[8] 魏应彬. 网页设计与制作[M]. 北京：北京大学出版社，2004.

[9] 尤克，常敏慧. 网页制作教程[M]. 北京：机械工业出版社，2008.

# 《电子商务网站建设与维护》读者意见反馈表

**尊敬的读者：**

感谢您选用本教材。为了适应高职教育的改革与发展，进一步提高教材质量，请您在使用了本教材之后，抽出宝贵时间填写以下内容，将您的感受和意见及时告诉我们，以便我们进一步改进服务，出版更加贴合实际的好教材，

姓名：________________ 电话：________________________

职业：________________ E-mail：________________________

邮编：________________ 通信地址：______________________

1．您对本书的总体看法是：

□很满意 □比较满意 □尚可 □不太满意 □不满意

2．您对本书的结构（章节）： □满意 □不满意 改进意见____________

______________________________________________

______________________________________________

3. 您对本书的例题： □满意 □不满意 改进意见________________

______________________________________________

______________________________________________

4．您对本书的习题： □满意 □不满意 改进意见________________

______________________________________________

______________________________________________

5．您对本书的实训： □满意 □不满意 改进意见________________

______________________________________________

______________________________________________

6． 您对本书的其他改进意见：

______________________________________________

______________________________________________

______________________________________________

______________________________________________

7．您感兴趣或希望增加的教材选题是：

______________________________________________

______________________________________________

______________________________________________

**请寄：100036 北京万寿路173信箱职业教育分社 收**

**电话：010-88254565 E-mail：gaozhi@phei.com.cn**

# 反侵权盗版声明

电子工业出版社依法对本作品享有专有出版权。任何未经权利人书面许可，复制、销售或通过信息网络传播本作品的行为；歪曲、篡改、剽窃本作品的行为，均违反《中华人民共和国著作权法》，其行为人应承担相应的民事责任和行政责任，构成犯罪的，将被依法追究刑事责任。

为了维护市场秩序，保护权利人的合法权益，我社将依法查处和打击侵权盗版的单位和个人。欢迎社会各界人士积极举报侵权盗版行为，本社将奖励举报有功人员，并保证举报人的信息不被泄露。

举报电话：（010）88254396；（010）88258888
传　　真：（010）88254397
E-mail：　dbqq@phei.com.cn
通信地址：北京市万寿路173信箱
　　　　　电子工业出版社总编办公室
邮　　编：100036